交通网络解析基础

主　编　胡启洲
副主编　张　兵　王作雷　沈家军

中国建筑工业出版社

图书在版编目（CIP）数据

交通网络解析基础/胡启洲主编．—北京：中国建筑工业出版社，2016.9
ISBN 978-7-112-19823-8

Ⅰ．①交…　Ⅱ．①胡…　Ⅲ．①交通网-研究　Ⅳ．①U491.1

中国版本图书馆 CIP 数据核字（2016）第 217218 号

《交通网络解析基础》是为交通工程专业的学生开设的一门专业方向课。本书针对交通网络的现状和宏观态势进行深入研究，探寻交通网络发展的内在机理，构建交通网络测度的理论体系，以提高交通网络评估和预警能力，实现交通系统安全有序、快捷方便、经济合理的可持续发展。全书内容共分为 10 章，包括：铁路交通网络、高速铁路交通网络、高速公路交通网络、经济圈交通网络、城市常规公共交通网络、城市快速公共交通网络、城市公共自行车交通网络、城市地铁交通网络、城市轻轨交通网络以及城市有轨电车交通网络。

本书可作为高等院校交通工程、管理科学、系统工程与控制工程等有关专业的高年级学生和研究生教材，也可以作为研究人员、工程技术人员和相关学者的参考书。

责任编辑：王　磊　李玲洁
责任设计：王国羽
责任校对：李欣慰　张　颖

交通网络解析基础
主　编　胡启洲
副主编　张　兵　王作雷　沈家军
*
中国建筑工业出版社出版、发行（北京西郊百万庄）
各地新华书店、建筑书店经销
北京佳捷真科技发展有限公司制版
北京建筑工业印刷厂印刷
*
开本：787×1092 毫米　1/16　印张：15½　字数：382 千字
2016 年 11 月第一版　　2016 年 11 月第一次印刷
定价：**48.00** 元
ISBN 978-7-112-19823-8
（29290）

前 言

《交通网络解析基础》是为交通工程专业的学生开设的一门专业方向课。现代交通的发展，离不开科学技术的进步，尤其是交通网络的集成技术。所以，解析交通网络已经成为交通工程专业的学生及从业工作者所必须具备的基础知识。本书针对交通网络的现状和宏观态势进行深入研究，探寻交通网络发展的内在机理，构建交通网络测度的理论体系，以提高交通网络评估和预警能力，实现交通系统安全有序、快捷方便、经济合理的可持续发展。全书分为三大部分共 10 章内容。首先，主要从时间上分析各类交通网络发展态势；其次，从空间上对主要的交通网络进行比较分析；最后，利用不确定性数学理论，对各类交通网络进行定量分析，提出各交通网络的评价方法、构建交通网络的优化模型、搭建交通网络的预测理论及方法。见图 1。

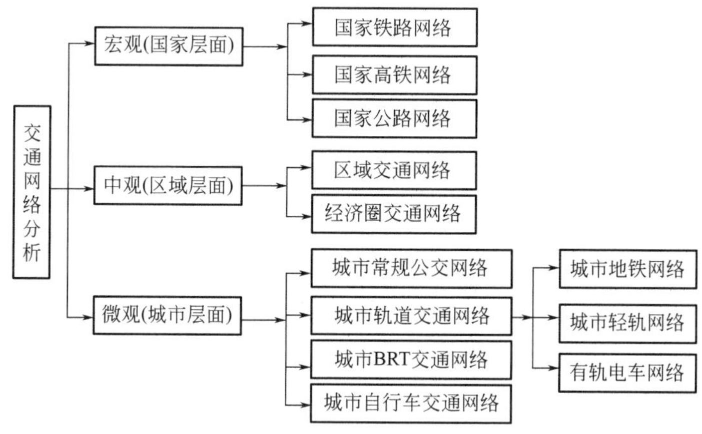

图 1　交通网络解析的架构

1. 研究思路

基于图 1 的研究架构，每层交通网络研究，采用如下理念：

（1）从时空角度，研究交通网络发展态势：过去——发展历史、现在——现状分析、将来——远景展望。

（2）从技术层面，研究交通网络性能特征：结构功能、系统特性、技术参数。

（3）从方法层面，研究交通网络测定技术：综合评价、组合优化、预测模型。

（4）从属性层面，研究不同交通网络的不同属性，交通网络大概分为三类：①道路交通网络，主要有高速公路交通网络、城市常规公共交通网络、城市快速公共交通网络等；②轨道交通网络，主要有普通铁路网络、高速铁路网络、城市地铁网络、城市轻轨网络、城市有轨电车网络等；③慢行交通网络，主要有自行车交通网络和步行交通网络（该网络本书没有涉及）。

2. 研究内容

本书的研究内容分为三大部分共10个章节，具体如下：

第一部分（第1章～第3章），从宏观层面（即从国家层面）研究国家铁路网络、国家高速铁路网络和国家高速公路网络的发展态势。分析三大国家交通网络的组成结构、性能特征、技术指标等，构建三大国家交通网络的评价方法、优化模型和预测理论等。

第二部分（第4章），从中观层面（即从区域层面）研究经济圈交通网络。在重点解析我国八大经济圈交通网络基础上，分析京津冀、长三角和珠三角经济圈等交通网络的优化理论与方法。

第三部分（第5章～第10章），从微观层面（即从城市层面）研究城市常规公共交通网络、城市快速公共交通网络、城市公共自行车交通网络和城市轨道（地铁、轻轨、有轨电车）交通网络等。并对国内外各城市交通网络综合分析基础上，解析国内外各种城市交通网络的发展态势，提出城市交通网络的测度理论与方法。

总之，交通网络解析基础是按照过去、现在和将来的时间顺序对交通网络进行系统解析，分析其特点、评估不足、总结其的经验和教训，为今后交通网络规划管理提供科学合理的决策依据，达到提高交通网络的服务水平，促进交通可持续发展。

3. 研究成员

本书由南京理工大学胡启洲、华东交通大学张兵、盐城师范学院王作雷、扬州大学沈家军等共同编写，胡启洲担任全书统稿工作。南京理工大学高速铁路科学研究所高宁波、郑丽媛、刘倩茜、吴鹏和刘琛等多位研究生也参与了编写工作。其中第1章、第2章由胡启洲、高宁波、张兵、诸云等共同完成；第3章、第4章由胡启洲、张兵、郑丽媛、诸云等共同完成；第5章、第6章由胡启洲、王作雷、张兵、诸云等共同完成；第7章、第8章由胡启洲、沈家军、高宁波、刘琛等共同完成；第9章、第10章由胡启洲、张兵、沈家军、诸云、郑丽媛、吴鹏、刘倩茜等共同完成。

本书得到了中央高校基本科研业务费专项资金项目（No. 30916011338）资助。

本书可作为高等院校交通工程、管理科学、系统工程与控制工程等有关专业的高年级学生和研究生教材，也可以作为研究人员、工程技术人员和相关学者有益的参考书。

目　录

第 1 章　铁路交通网络

1.1　铁路网络概述

铁路网是铁路进行运输生产的主要物质基础，它是随着国民经济发展、生产力布局、产业结构以及交通运输网的合理分工而逐渐发展起来的。其形成和发展过程一般是：在一个地区内根据运输需要和自然条件，以重要的政治经济中心、大工业城市、能源供应基地、矿产开发基地、河海港口等为控制点，设置必要的车站，并在这些车站间修建铁路线进行连接，然后逐步扩展到其他地区，形成地区间的客货运输通道。随着这些地区间纵横交错的运输通道的相互沟通，就形成了四通八达的铁路网。图 1-1 为全国铁路客运网络。

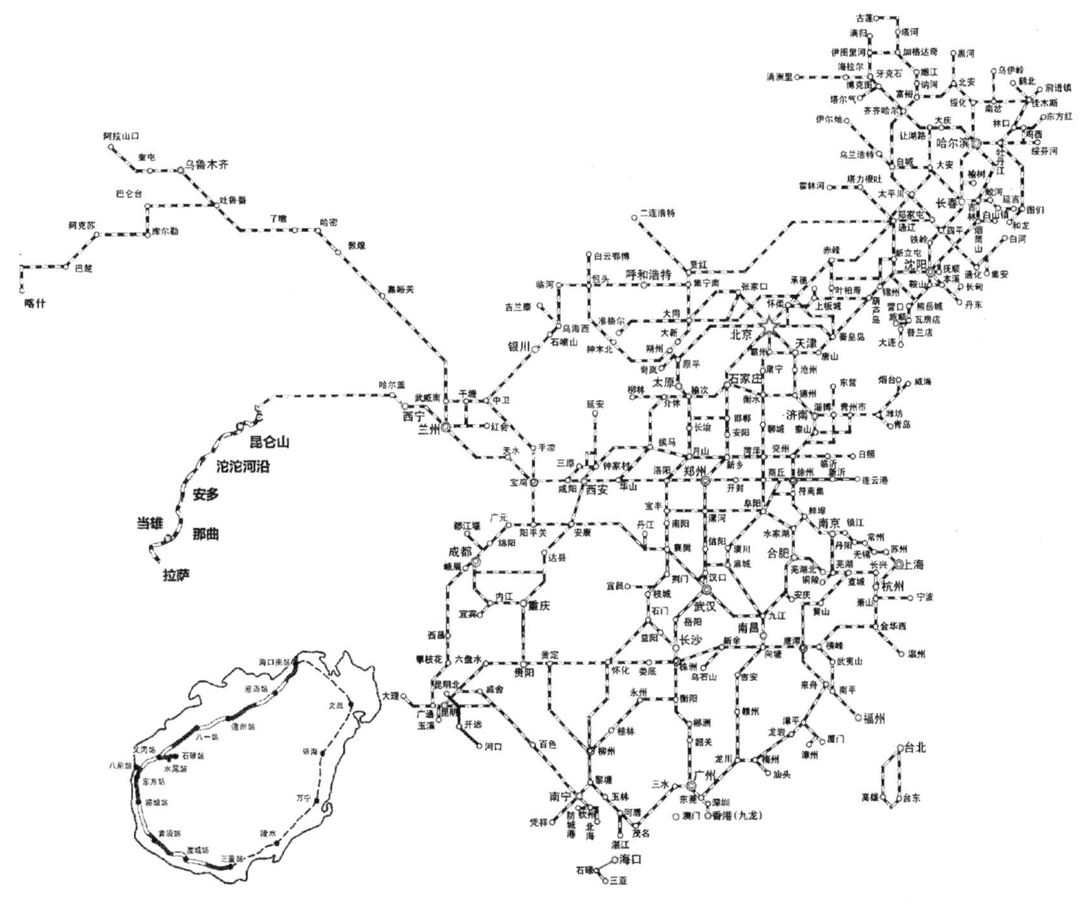

图 1-1　全国铁路客运网络

铁路网一般可分为世界路网、区域路网、国家路网、地区路网和枢纽五个层次。世界路网指整个地球用多条铁路构成一个复杂的交通网络，从现状看，世界上虽然有100多个国家拥有铁路，但相当一部分都互不联结，因此还形不成所谓的世界路网。区域路网主要指各洲的铁路网络，如欧洲铁路网络。国家路网主要由跨地区的铁路干线组成，是一个国家之内路网结构的骨架，担负着全路性的远程客、货运输任务；地区路网是由某一地区的干、支线及联络线衔接；干线、支线和联络线在城市或工业区、原燃料开采基地的汇合与衔接，构成铁路枢纽，以连接各个大城市或工矿基地内的运输起讫点。

（1）铁路（railway，railroad，rail）是供火车等交通工具行驶的轨道。铁路运输是一种陆上运输方式，以机车牵引列车在两条平行的铁轨上行走。但广义的铁路运输还包括磁悬浮列车、缆车、索道等非钢轮行进的方式，或称轨道运输。

（2）铁路网（railway network）是在一定空间范围内（全国、地区或国家间），为满足一定有历史条件下客货运输需求而建设的相互联结的铁路干线、支线、联络线以及车站和枢纽所构成的网状结构的铁路系统。

（3）铁路速度（railway speed）的分档一般定义为：时速50～100km称为低速；时速100～120km称为常速；时速120～160km称为中速；时速160～200km称为常速；时速100～200km称为准高速或快速；时速200～400km称为高速；时速400km以上称为超高速。

（4）国家铁路（national railway）是指由国家主管部门管理的铁路，简称国铁。由于国家铁路的性质十分重要，因此对国家铁路的管理不仅仅是行政管理，而且国家还要求交通运输部对国家铁路实行高度集中、统一指挥的运输管理体制。

（5）地方铁路（local railway）是指由地方人民政府管理的铁路。地方铁路主要是由地方自行投资修建或者与其他铁路联合投资修建，担负地方公共旅客、货物短途运输任务的铁路。

（6）合资铁路（joint venture railway）是在中国改革开放后出现的新事物。对于中国铁路建设和管理，建立适应市场经济的新体制，是一种有益的探索。合资铁路打破了多年来我国铁路建设投资主体单一的局面，调动了中央和地方两个积极性，拓宽了筹资渠道，铁路建设初步形成了投资主体多元化的格局。

（7）专用铁路（special-use railway）是指由企业或者其他单位管理，专为本企业或者本单位内部提供运输服务的铁路。专用铁路的概念也是从管理权限和管理主体上来划分的。一般来说，专用铁路大都是大中型企业自己投资修建，自备机车车辆，用来为完成自己企业自身的运输任务的铁路。也有一些军工企业、森林管理部门为运输生产需要修建了一些专用铁路。目前我国共有专用铁路25000多公里，其中工矿铁路13000多公里，森林铁路有9000多公里，其他专用铁路3000多公里。

（8）铁路专用线（railway special-use line）是指由企业或者其他单位管理的与国家铁路或者其他铁路线路接轨的岔线。铁路专用线与专用铁路都是企业或者其他单位修建的主要为本企业内部运输服务的，两者所不同的是，专用铁路一般都自备动力，自备运输工具，在内部形成运输生产的一套系统的运输组织，而铁路专用线则仅仅是一条线，其长度一般不超过30km，其运输动力使用的是与其相接轨的铁路的动力。铁路专用线也是铁路运输网的组成部分。

(9) 区间铁路（regional railway）亦称区间通勤铁路、通勤铁路、通勤铁路线或通勤铁道线，是一种提供市中心商业区及城市郊区的铁路运输系统计，以上班上学为主，乘客众多和集中。在很多城市群，每天都有大量的乘客使用区域铁路通勤上下班和上学放学。

(10) 重载铁路（heavy haul railways）是用于运载大宗散货的总重大、轴重大的列车、货车行驶或行车密度和运量特大的铁路。一般火车单列运输量约为2000～3000t，而重载火车单列运输量至少在5000t以上。总重大可达1～2万吨，轴重大可达30t，行车密度大可达1万吨·千米/千米。运输的大宗散货主要为煤炭、矿石、散粮等。重载铁路是一种效率甚高的运输方式，已引起铁路部门的重视。

1.1.1 铁路特点

铁路运输是一种陆上运输方式，以两条平行的铁轨引导火车。铁路运输是已知陆上交通方式中最有效的一种。铁轨能提供极光滑及坚硬的媒介让火车的车轮在上面以最小的摩擦力滚动。这样，在火车上面的人会感到更舒适，而且节省能量。如果配置得当，铁路运输可以比路面运输运载同一重量客货物时节省50%～70%的能量。而且，铁轨能平均分散火车的重量，令火车的载重力大大提高。一个铁路运输系统包括很多元素，而且它们之间是相辅相成的。铁路运输特点如下：(1) 运输能力大；(2) 运行速度快；(3) 运输成本低；(4) 运输经常性好；(5) 能耗低；(6) 通用性好；(7) 机动性差；(8) 投资大，建设周期长；(9) 占地面积少。

1.1.2 铁路发展历程

古希腊是第一个拥有路轨运输的国家，至少二千年前已有马拉的车沿着轨道运行。中国在公元前221年，秦始皇统一中国时，就采用马拉车沿着有木轨的道路运输物资和军队。1804年，理查·特尔维域克在英国威尔士发明了第一台能在铁轨上前进的蒸汽机车。1814年，史蒂芬孙成功地制造了第一台蒸汽作动力的火车机车。

(1) 蒸汽时代。第一台取得成功的蒸汽机车是乔治·史蒂芬孙在1829年建造的“火箭号”。1820年代，英格兰的史托顿与达灵顿铁路成为第一条成功的蒸汽火车铁路。1825年9月27日，世界上第一条行驶蒸汽机车的永久性公用运输设施，英国斯托克顿——达灵顿的铁路正式通车了。由于铁路以其迅速、便利、经济等优点，深受人们的重视。所以，19世纪50年代是英国铁路修建的高潮时期，1880年主要的线路基本完成，1890年全国性铁路网已形成，路网总长达32000km。

(2) 电气时代。高架电缆在1888年发明后，首条使用高架电缆的电气化铁路在1892年启用。第二次世界大战后，以柴油和电力驱动的列车逐渐取代蒸汽推动的列车。20世纪60年代起，多个国家均修建了电气铁路。而货运铁路亦连接至港口，并与船运合作，以货柜运送大量货物以大大减低成本。目前全球236个国家和地区之中，有144个设有铁路运输，其中约90个国家提供客运铁路服务。铁路依然是世界上载客量最高的交通工具，拥有无法取代的地位。

(3) 高速铁路时代。1964年日本的新干线系统开通，是史上第一个实现“营运速率”高于时速200km的高速铁路系统。日系新干线列车由川崎重工建造，行驶在东京—名古屋—京都—大阪的东海道新干线，营运速度每小时 271km，营运最高时速 300km。从此，人类进入了高速铁路时代。

1.2 世界各国铁路网络

世界铁路的分布很不均衡，根据有关部门对 120 多个国家的统计，总共有铁路营业里程约 130 万公里，其中美洲约占 36.8%，欧洲约占 34.2%，亚洲约占 17.5%，非洲约占 7.5%，大洋洲约占 4.0%。美洲、欧洲仍是铁路最发达的地区，而非洲、大洋洲铁路所占的比重最小。根据最新资料，世界各国中铁路网总里程超过 1 万公里的国家为：美国 20.1 万公里，俄罗斯 8.62 万公里，加拿大 7.15 万公里，印度 6.27 万公里，中国 11.3 万公里。从铁路网密度角度看：美国为 2.14m/km^2，加拿大为 0.72m/km^2，印度为 2.1m/km^2，俄罗斯为 0.51m/km^2，中国为 0.65m/km^2，美国和印度居首位。但欧洲一些国土面积较小的国家，其铁路网密度：瑞士为 12.9m/km^2，德国为 11.6m/km^2，比利时为 11.1m/km^2，卢森堡为 10.6m/km^2，奥地利为 6.7m/km^2，法国为 6.0m/km^2，英国为 6.4m/km^2，意大利为 6.5m/km^2。

1.2.1 亚洲铁路概况

亚洲是 1980 年之后世界上唯一铁路里程增长的地区，特别是中国近些年来不论是普通铁路建设还是高速铁路建设都处于世界领先地位。目前，亚洲国家中，中国运营铁路里程数达到 11 万多公里，高速铁路运营里程达到 1.9 万公里。日本运营铁路里程达到 2 万公里，新干线里程达到 2415km。印度运营铁路总里程长度为 6.4 万公里，目前没有开通高速铁路线路。

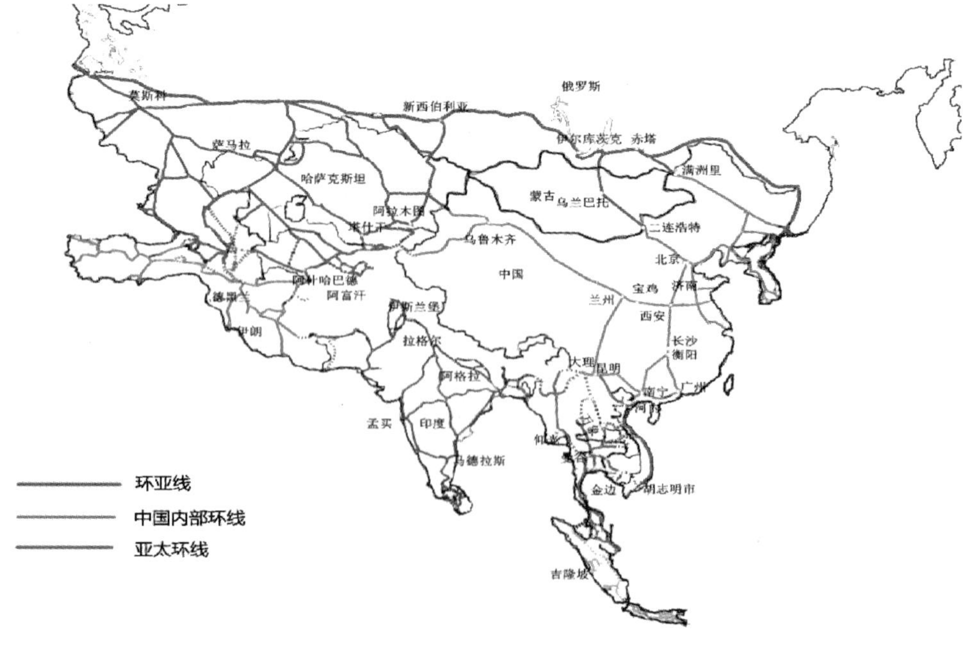

图 1-2　亚洲铁路线网

1. 印度铁路概况

印度是最早开通火车的亚洲国家，也是 20 世纪 90 年代前铁路总里程最长的亚洲国家。由于印度公路发展缓慢，没有高速公路，大城市间的高等级公路路况也较差，堵塞严重，铁路就成为国家重要的交通方式，具有突出的地位。1853 年，印度的第一条铁路正式运营，从孟买到塔纳，长 34km。1947 年，印度独立后印度政府接管殖民当局留下的铁路，1951 年印度国营铁路成立。从 1969 年开始，印度铁路就把主要干线旅客列车每小时的最高速提到 120km，1980 年再提到 130km，1988 年又提到 140km。1996 年后，几个特大城市间特快列车速度已经提到 140～160km，快速列车把首都新德里和各邦首府紧密地连接起来。

印度铁路运营里程从时间来看，一直呈现增长态势，但是增长速度缓慢。印度 1980 年的铁路里程为 6.12 万公里，到 2010 年达到 6.40 万公里，30 年期间仅增长了 0.28 万公里的运营铁路线路（见图 1-3）。同时，印度的铁路服务水平低下，运营速度较低。

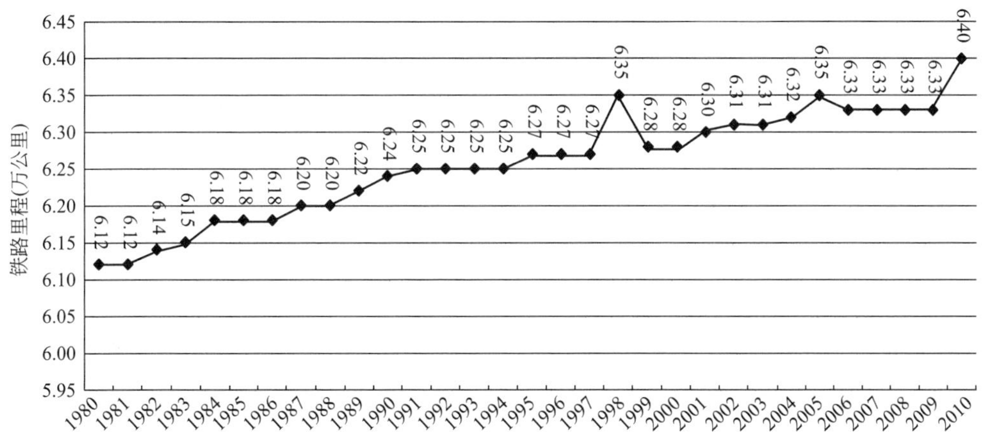

图 1-3　印度铁路里程增长变化情况

（1）发展现状。印度铁路以客运为主，货运量不高。目前印度拥有铁路里程达 64015km，年输送旅客 100 亿人次，货运量超过 10 亿吨。连接四大城市——德里、孟买、加尔各答和马德拉斯的四条干线（黄金四边形）加上两条对角线这六条线路是印度铁路最主要的干线，称为“高密度路网”。其线路长度仅占印度铁路总长度的 16%，但承担了 65%的货运周转量和 55%的客运周转量，是印度铁路的重中之重，印度铁路网络现状图如图 1-4 所示。

（2）发展规划。目前印度铁路的干线与我国铁路相似，基本是客运混运的。为了使货运能力满足货运量增长的需求，印度铁路计划建设总长达 10000km，轴重达 30t 的重载货运专线网，尽可能使客货列车分线行驶，从而增加线路通过能力。这些线路基本沿着“黄金四边形”线路以及其他高密度线路，新线与原有线路平行，并尽可能接近原有线路。

2. 日本铁路概况

日本第一条铁路开通于 1872 年，到二战爆发前，各式铁路系统已深入日本全国各地。战后，日本的铁路事业进入新的发展期。1960 年日本新干线开始运营，使日本铁路的发展水平达到世界前列。随后，又相继建设山阳东西段等多条新干线，形成了以四大新干线为主，全长 2145km，纵贯日本国土的高速铁路网，居世界第一。

图 1-4　印度铁路网络

日本运营铁路里程在 1982 年达到顶峰，总里程为 2.34 万公里，随后开始减少。直到 1989 年，日本运营铁路里程趋于平稳状态，保持在 2.03 万公里左右（见图 1-5）。日本的铁路线网已经基本饱和，并且随着高速铁路技术的发展，日本铁路网络的重心是将原有的旧线路改建更新为高速铁路电气化线路。

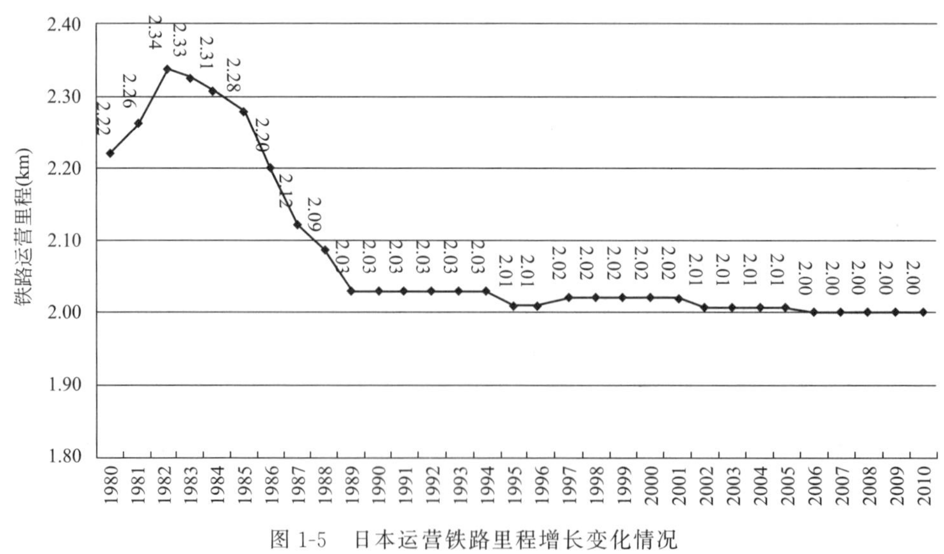

图 1-5　日本运营铁路里程增长变化情况

（1）发展现状。2013 年，日本目前已开通运营的高速铁路有东海道新干线、山阳新干线、东北新干线、上越新干线、长野新干线、九州新干线，秋田新干线、山形新干线八条，总里程长度达到 2501.5km。在建中的高速铁路有东北新干线（延伸段）、北海道新干线、北陆新干线、九州新干线（鹿儿岛线北段）四条，总长度达 580.5km。规划中的高铁线路以四国新干线、四国横断新干线、中国横断新干线、九州横断新干线等为主，主要为实现与中国、朝鲜、韩国的高速铁路衔接，形成快速的地面客流运输通道（见图 1-6）。

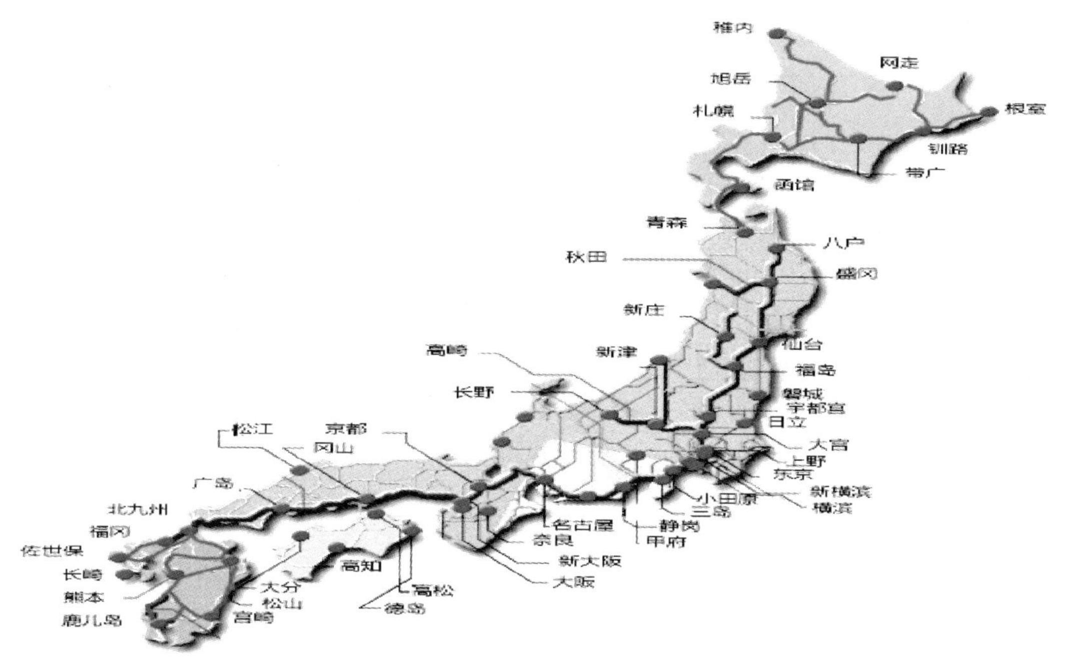

图 1-6　日本铁路路网现状图

（2）发展规划。日本新干线经过五十年的发展，运营里程从 500km 发展到 2500km，运营速度从起初的 210km/h 提高到平均时速 300km/h，从侧面反映了日本高速铁路运营技术的稳步提升。2000 年以后，中国、德国、法国以及意大利等国家的高速铁路技术也逐渐成熟，各个国家都修建了大量的高速铁路以适应现代化中长距离出行，缓解交通压力。日本也提出自己的高速铁路修建计划和目标，它们主要是为了实现日本岛内的高速铁路线路加密和对外形成与中国、朝鲜、韩国的四国高速铁路网络，形成四国地面快速客运通道，促进国家之间交流。

1.2.2　欧洲铁路概况

在欧洲铁路一体化发展合约框架下，英国、法国、德国等与周边国家均建设了跨国铁路线路，欧洲铁路线网框架已经建成（见图 1-7）。同时，欧洲高速铁路网项目已经开展，到 2020 年普通跨国铁路网将被高速铁路网络取代。

欧洲在客运或者货运方面的铁路系统发展完善，除英国外，德国、法国、俄罗斯的电气化铁路里程数量均占总里程数量的 50%以上（见图 1-8）。从 2008～2013 年期间，欧洲铁路客运量每年以超过 2%的速度持续增长，国际客运量将呈现出强劲的增长势头，欧洲铁路一体化建设是时代发展的需求。

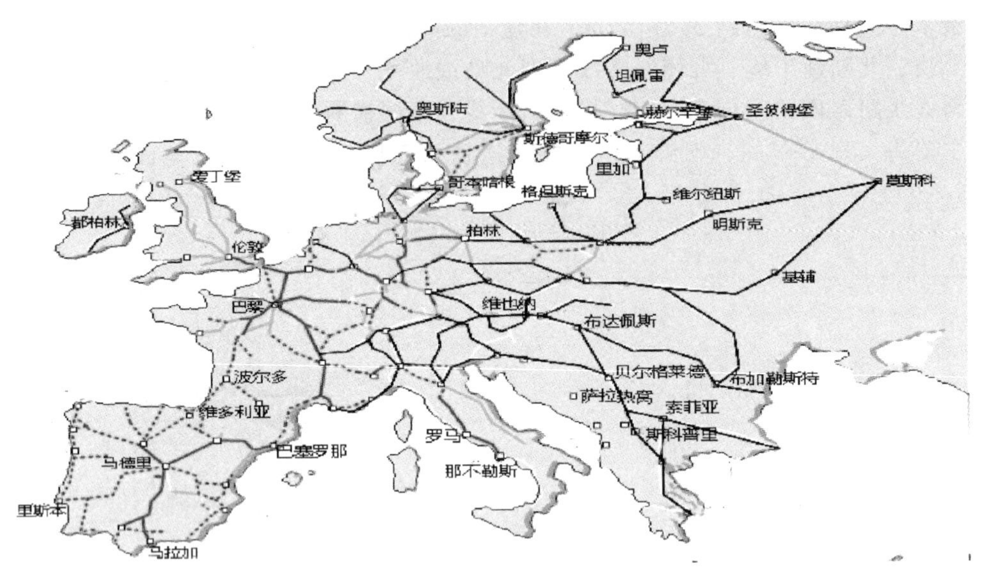

图 1-7 欧洲铁路线网现状

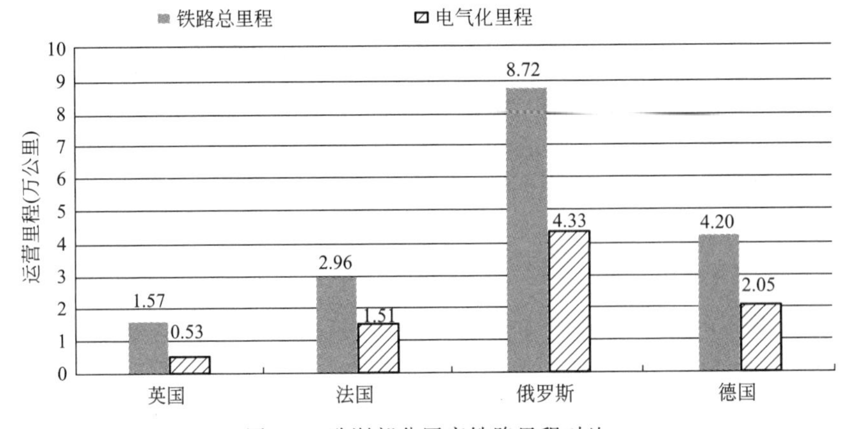

图 1-8 欧洲部分国家铁路里程对比

1. 英国铁路概况

英国位于欧洲西部，是铁路发展的起源地。英国铁路网在 19 世纪已基本成型，有着辉煌的历史成就，但是在 20 世纪后期，英国铁路发展滞后于其他欧洲国家，呈现负增长态势。但是从总体发展历史来看，英国铁路经历了以下四个关键时期：

(1) 快速增长期，1830～1910 年。1814 年史蒂芬森发明了第一辆蒸汽机车，1825 年世界上第一条铁路在英国通车，1850～1880 年期间是英国铁路修建的高潮时期，1880 年主要的线路基本完成，1890 年全国性铁路网已形成，路网总长达 32000km。

(2) 滞留倒退期，1910～1947 年。1910～1947 年期间，英国铁路市场由自由竞争向弱肉强食转变，最后走向多头垄断，英国铁路里程没有出现增长，甚至由于全行业性亏损导致许多线路被搁置，暂停运营。

(3) 改革重组期，1948～1997 年。为了解决英国铁路由于市场混乱带来的滞留衰退的困境，英国政府于 1948～1993 年间实行铁路国有化，并建立完善的管理体系，实现铁路业务类别的分割重组。

(4) 重新发展期，1994 年至今。目前英国政府也启动了高速铁路发展项目，在已有线路基础上，又规划了 2 条高速铁路，打算用 30 年时间构建英国的高速铁路网络。

英国经历了上述四个阶段的发展，运营模式从公有化到私有化再到公有化的过程。目前，英国铁路在“网运分离”模式下采取特许经营的模式运作，形成了一条线路有一个或者多个客运公司经营的现状。同时，英国铁路线网里程也随着英国铁路运营体制的改革变化，见图 1-9。

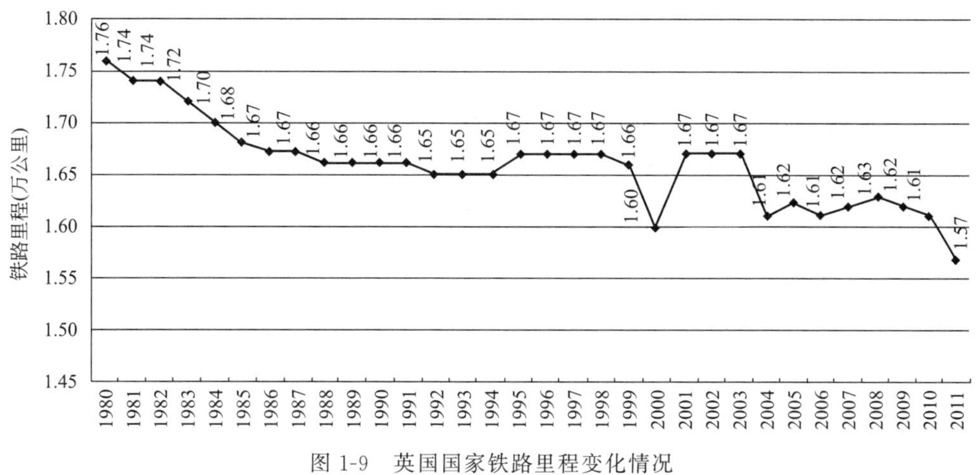

图 1-9　英国国家铁路里程变化情况

(1) 发展现状。英国曾经是铁路王国，有着光辉的历史，但是由于市场管理制度不完善，导致英国在近些年出行衰退，2011 统计的数据显示英国只拥有铁路总里程 1.57 万公里，电气化线路里程为 0.53 万公里，电气化率仅为 36.7%，与法国、德国、俄罗斯等国家相比，处于比较落后的水平。尽管如此，英国铁路总体布局以伦敦为中心向周边扩张，典型的发射状结构（见图 1-10），铁路网络系统仍然遍布全国，城际间铁路和地铁组成了完善的轨道交通网络，具有良好的衔接性和可达性，便捷的换乘方式，灵活的票价体系和方便的售票方式以及完善的服务监督体系，为旅客的出行提供了安全、高效与便利。

(2) 发展规划。高速铁路是世界铁路的发展趋势，英国由于财政和管理制度的原因在高速铁路发展领域起步较晚、研究进程较慢。但是根据规划，英国今后 5 年将大力提高铁路系统的投资，以改善铁路基础设施，进行铁路系统的升级改造，促进城市间交通发展。英国政府计划未来 10 年投资修建一个连接伦敦和伯明翰及北方主要城市的高速铁路网，并且已经建成第一条高速铁路一号线，另有高铁二号线正在积极筹建中。

2. 法国铁路概况

1827 年法国建成了用以煤炭运输的铁路，1831 年自主设计生产第一台蒸汽火车。此后，铁路在法国得到快速发展。1870 年商业开放的铁路线网全长达到 17700km，贯穿整个法国，从 1825～1875 年的 50 年间，法国铁路货物运输量增长 9 倍。1914 年，法国境内开放铁路线路总长达 39400km，达到历史的顶峰，主要得益于工业革命为法国城市区域铁路交通网络提供了资金保障和技术支撑。1938 年法国政府将铁路实行国营运营。直至 1970 年，法国铁路仍然以货运为主，1970 年后法国开始了高速客运列车的研发。

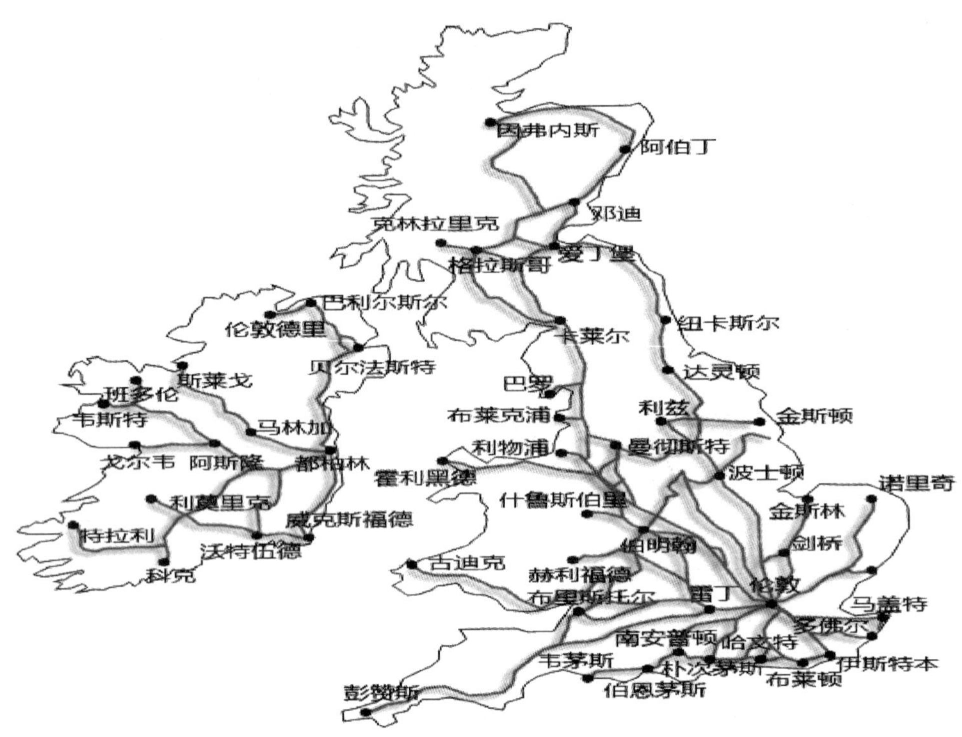

图 1-10　英国铁路线路现状图

法国铁路的建设在 1994 年之后，就开始进入衰退状态，铁路运营里程逐年减少，特别是在 2001～2007 年期间，开放铁路里程只达到 2.95 万公里左右。2008 年之后，法国开始将重心放到高速铁路建设方面，开放铁路的里程开始增加到 3.36 万公里，但是仍然低于 1914 年的 3.94 万公里，见图 1-11。

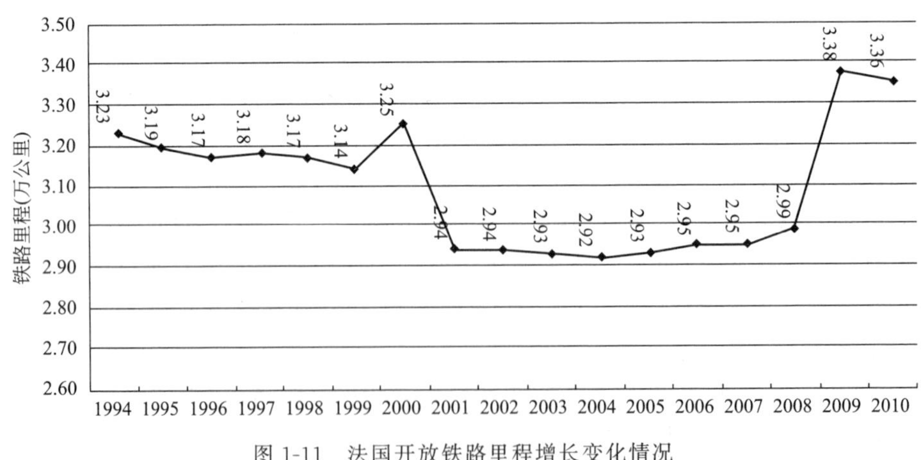

图 1-11　法国开放铁路里程增长变化情况

（1）发展现状。180 多年的铁路发展为法国建立了成熟的城市与区域的铁路交通网络，加强了区域之间的联系，同时对城镇间的联通也起到了很好的促进作用，为市民出行提供了便利。法国的面积只有 674483 万平方公里，但是拥有 5.29 万公里的铁路运输线，其中只有 3.36 万公里开放为商用运输线。其中，运营的高速铁路线有 1550km，电气化线路总里程为 14778km，1500V 直流电线路为 5885km，25kV 交流电线路为 8771km，819km 的货运专线。目前开放线路中，有 85%的铁路货运线和 90%的铁路客运线均实现电气化，法国铁路线的潜在和实际运能远大于运量。

（2）发展规划。铁路线网以巴黎为中心向外扩散（见图 1-12），同时法国属于欧盟成员国，跨国线路较多，例如从巴黎—里尔—比利时、巴黎—梅斯—德国、巴黎—第戎—瑞士、巴黎—波尔多—比亚里茨—西班牙，并且这些线路均为高速铁路线路。法国铁路将高速铁路网作为未来发展的主要目标，强调与周边邻国的快速铁路联系，在法国境内，将以高速铁路提速为发展目标，同时法国铁路强调提高铁路的服务设施。

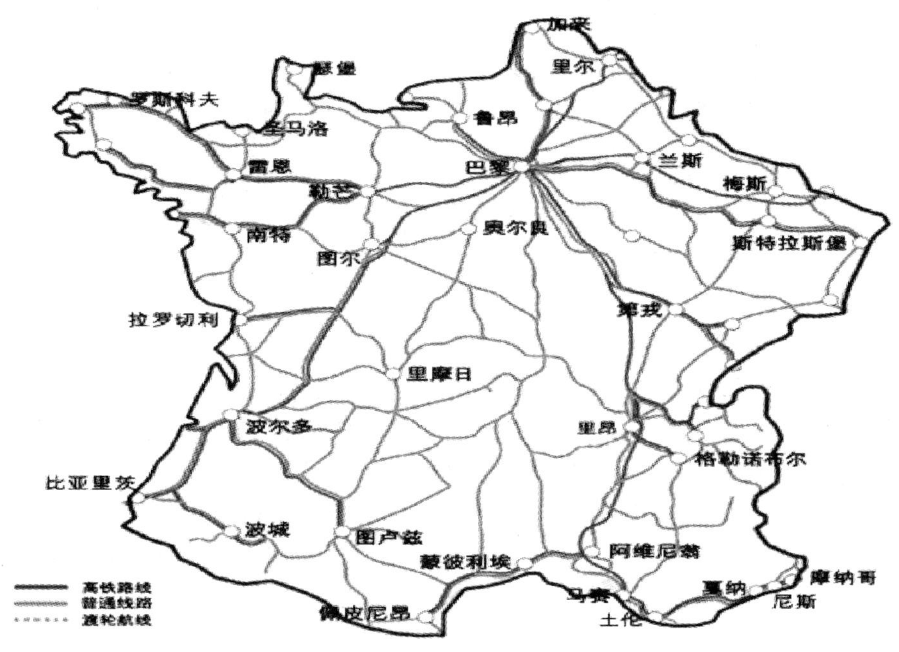

图 1-12　法国铁路线路现状图

3. 俄罗斯铁路概况

俄国第一台铁路蒸汽机车于 1834 年在塔吉尔建成，与此同时俄国第一条使用蒸汽机车牵引的铁路建成，全长为 854m。1837 年，俄国建成了第一条公用铁路——皇村铁路，连接了当时的俄国首都圣彼得堡和位于其市郊的皇家行宫所在地皇村，全长 26km，最高速度可达 60km/h，但这是一条专门为皇家军官服务的铁路。1856～1890 年，俄国迎来了两次铁路建设高潮，俄国的铁路事业迅速发展，大部分城市间都建立了铁路联系。苏联时期，政府将私营的铁路全部收为国有，此举使苏联在车辆技术方面取得了很大的成就。经历了二战的破坏，苏联开始对铁路进行大范围的复线化改造，俄罗斯联邦时期提出铁路改革构想。

（1）发展现状。俄罗斯国土面积广，各类交通基础设施齐全，铁路是俄罗斯主要的交通运输方式，承担了俄罗斯国内 39%的货运周转量和近 40%的客运周转量。目前，铁路运营线路总长为 8.5km，其中电气化铁路 4.2 万公里。俄罗斯的城市交通也比较发达，有轨电车线路 2800km，无轨电车线路 4900km，地铁线路总长 439km，如图 1-13 所示。

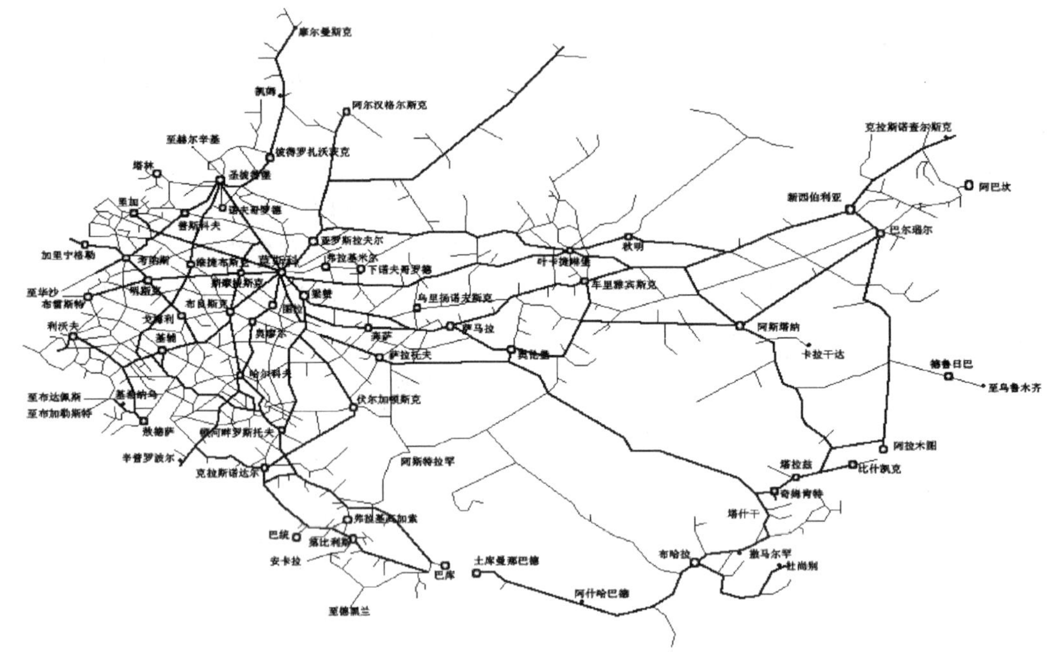

图 1-13　俄罗斯铁路现状图

(2) 发展规划。俄国铁路发展战略规划分为两个阶段实施：第一阶段为 2008～2015 年，主要是对全国的铁路进行改造，对技术设备和技术工艺制定新的技术要求，并开始新铁路线路的设计勘探和建设工作，计划建设超过 6400km 的新线其中包括高速铁路；第二个阶段为 2016～2030 年，主要是进一步扩大全国铁路网，计划建设总长度超过 1.58 万公里的货运铁路，以适应俄罗斯经济的发展需要。这一战略提出主要任务是消除铁路的瓶颈，建设大约 1.6 万公里的新铁路，包括莫斯科至圣彼得堡的高速铁路，同时使铁路的货运平均提速 16%。

4. 德国铁路概况

德国的第一条铁路建成于 1835 年。19 世纪 50 年代开始，德国的铁路建设达到了顶峰，开始形成铁路网。19 世纪 70 年代初，现代德国的铁路格局基本形成，其中普鲁士铁路占了主要份额。到了 20 世纪，德国铁路发展进入了相对缓慢的发展阶段，尤其是在第二次世界大战结束后，东德和西德政府几乎暂停了铁路建设，开始了大规模建设高速公路。在当时，高速公路的投资是铁路投资的 8～10 倍。但是随着公路运输的弊端日益显现，政府认识到轨道交通的优越性和发展高速铁路的必要性，并制定了优先发展铁路的政策。德国铁路自此进入新的时期，这一阶段主要分为两部分：1993 年以前为国有阶段，1994 年以后为民营化阶段。从 1994 年民营化经营以后，企业调整了收益和成本之间的平衡，对一些铁路线路进行了调整，导致在 1994～2010 年期间，德国铁路运营线路里程处于下降趋势。但是随着欧洲高速铁路一体化的建设，德国的铁路线路在 2011 年之后有抬头趋势（见图 1-14）。

(1) 发展现状。德国铁路的发展在全世界处于领先的地位，截至 2011 年德国的铁路里程数量达到 41981km，电气化里程达到 20497km，电气化率为 48.89%。货运铁路的

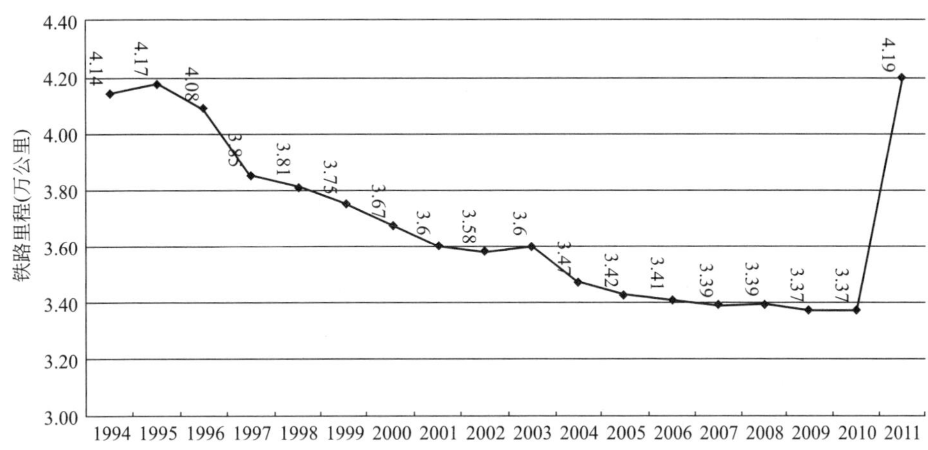

图 1-14　德国铁路里程变化情况

发展尤为突出，经过二十多年的改革发展，德国铁路已经初步形成了覆盖面广泛的货运中心体系。德国重视多式联运的货运发展模式，已形成独有的德式多式联运方法，货运中心的建设方面德国处于世界领先地位。客运方面，铁路客运公司根据市场需求开行多种形式的旅客列车，根据不同的列车制定不同的客票价格和优惠政策，满足不同乘客的出行需求。

德国铁路网可达范围广，但一直以来铁路发展的重心放在南北向干线，东西向干线明显不足（见图 1-15）。另外，在高速铁路的发展上，虽然德国相比于其他发达国家起步较晚，但经过 25 年的研究，德国的磁悬浮列车已进入了商业化历程。

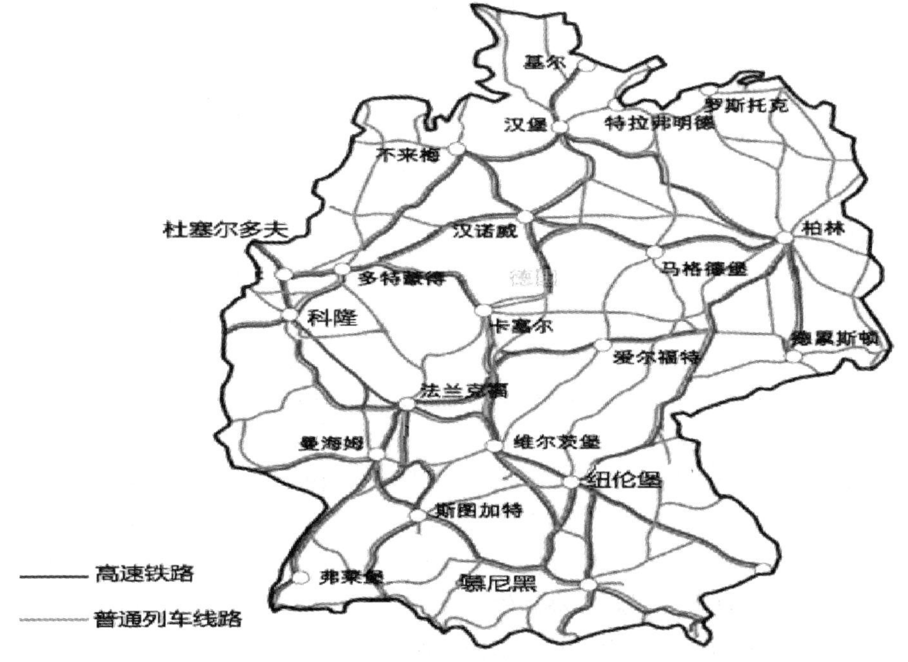

图 1-15　德国铁路路网现状图

（2）发展规划。根据德国铁路运输近年的发展趋势以及对铁路客、货运需求发展的测算和分析，德国铁路相关部分制定了路网的发展战略规划，一方面通过局部新建和改建一些线路，优化路网结构，提高路网效率，另一方面还制定了德国铁路路网的长远规划，其核心是最终要建设成客运和货运两大相对独立的干线路网，将快速和高速的客运和低速的货运两大干线网分离。

1.2.3 美洲铁路概况

美洲分为北美洲和南美洲。北美洲铁路总长 42 万多公里（见图 1-16）。其中美国东北部是交通最发达的地区。南美洲交通运输以铁路、公路为主，公路总长约 200 万公里，铁路总长约 85000km。阿根廷和巴西交通较发达。

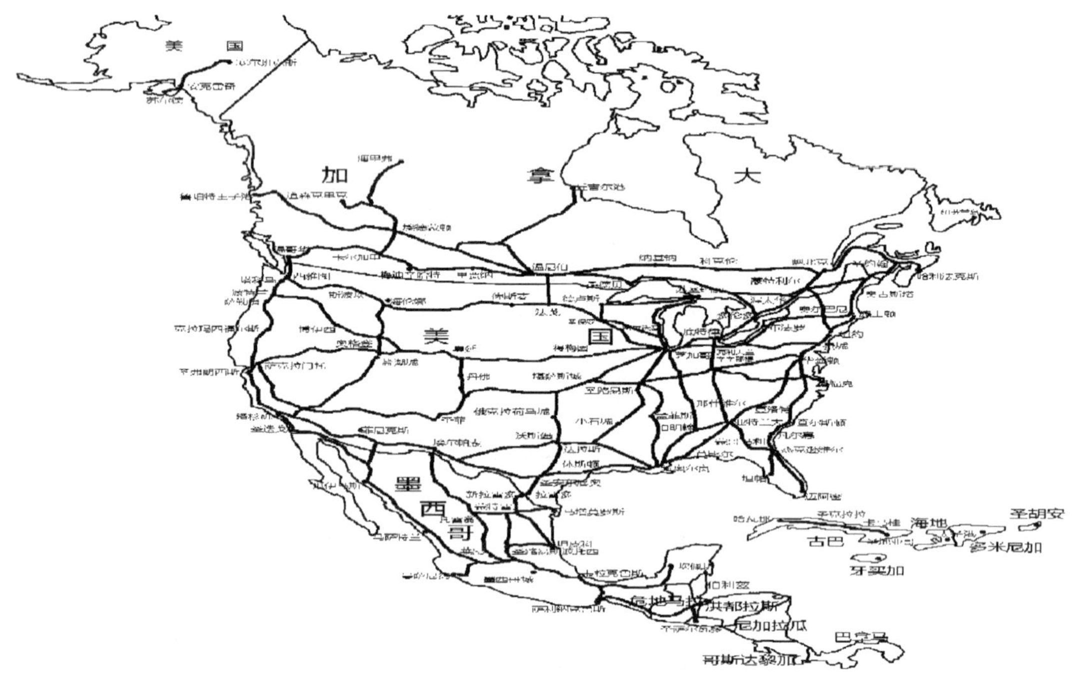

图 1-16 北美洲铁路路网现状图

1. 美国铁路概况

美国第一条铁路始建于 1827 年，1860 年路网扩展到 50274km。1916 年，美国铁路总里程达到历史最高峰，共 408745km。从 1850～1910 年的 60 年间，美国共修筑铁路 37 万余公里，平均年筑路达到 6000 余公里，其中 1887 年筑路达 20619km，创铁路建设史上的最高纪录。第二次世界大战以后，公路和航空运输业迅速崛起，铁路运输在 20 世纪 60 年代末面临全面危机，铁路被大量拆除。

纵观美国铁路的发展历程，大致分为起步阶段，从 19 世纪 20 年代末到内战结束；黄金时期，从 19 世纪 60 年代中期到 20 世纪 20 年代前；衰落期，从 1920～2004 年；稳定时期，从 2005～2010 年。美国铁路在 2004 年只有 15.67 万公里在运营，是历史的最低谷。2005 年，通过线路改造更新，提高铁路列车的服务水平，重新开通运营了新的铁路运营线路，到 2010 年有 22.85 万公里的铁路线路开通运营（见图 1-17）。

（1）发展现状。美国的铁路货运在世界运输系统中占有很大的优势，铁路货运系统的

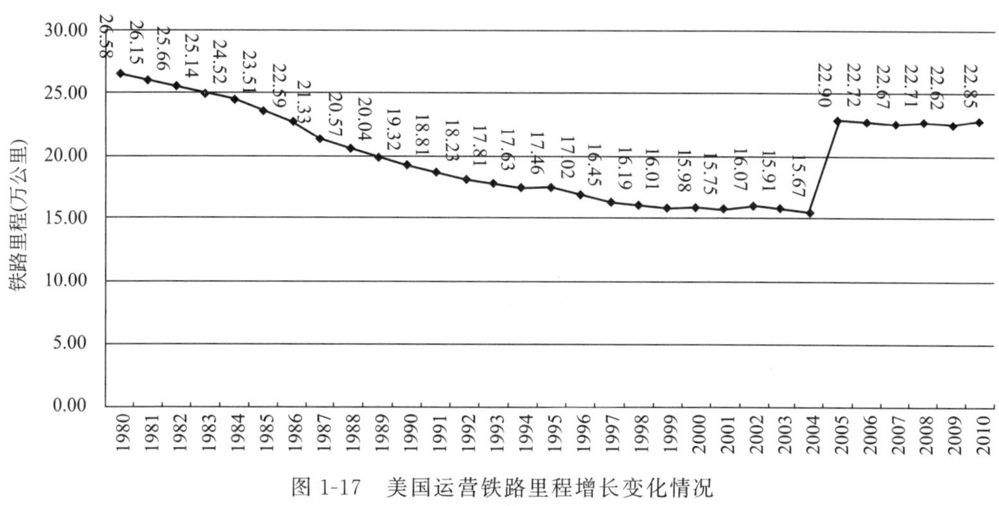

图 1-17　美国运营铁路里程增长变化情况

发展也相对完善，而铁路客运系统的发展却较为滞后。路网分布不均衡是其突出问题，以密西西比河为界，可将美国路网分成东西两部分。东部地区工业发达，人口稠密，铁路密度很高；西部山区人口较为稀少，铁路密度相对较低。美国铁路主要是单线，复线率仅为10%左右。平行的单线较多，主要干线有多条平行铁路线，构成运输走廊。此外，美国铁路的线路利用率相对不高，且运量分布不平衡：东西向运量较大，南北间的运量主要集中在美国东部地区（见图 1-18）。全国铁路运量的一半左右是由 10%的线路承担，同时又 30%的线路只承担 2%的运量。

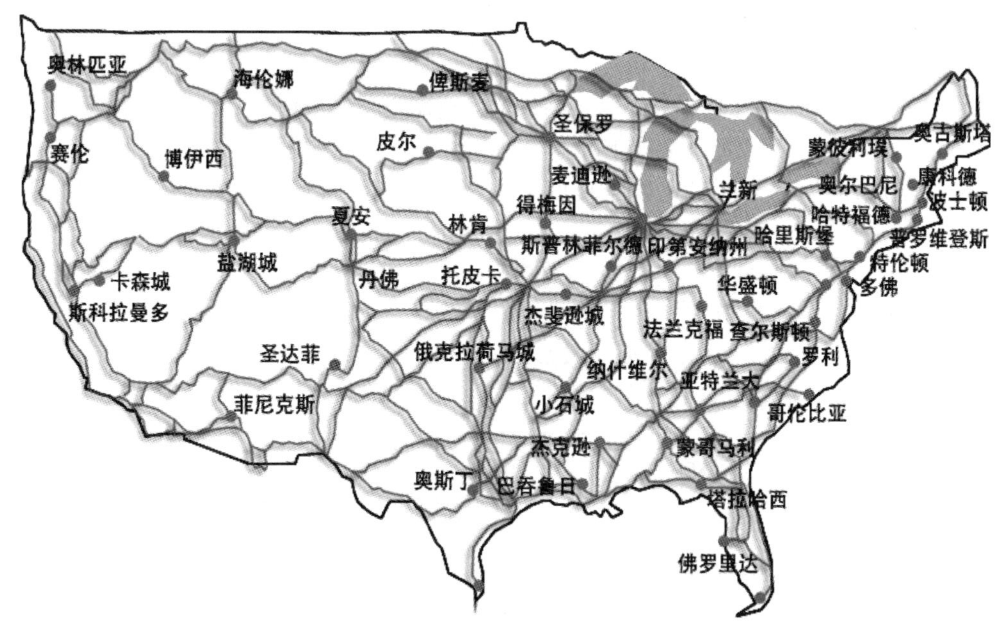

图 1-18　美国铁路路网现状图

(2) 发展规划。通过国家及各州长期工作而推出的城市间综合高速铁路网是重新构建铁路基本设施、改变美国交通系统的重要国家构建项目。现计划 11 条线路，远景规划是建立一个长达 1.7 万公里的先进高速铁路网络，并分期实施，图 1-19 为美国高速铁路规划图。

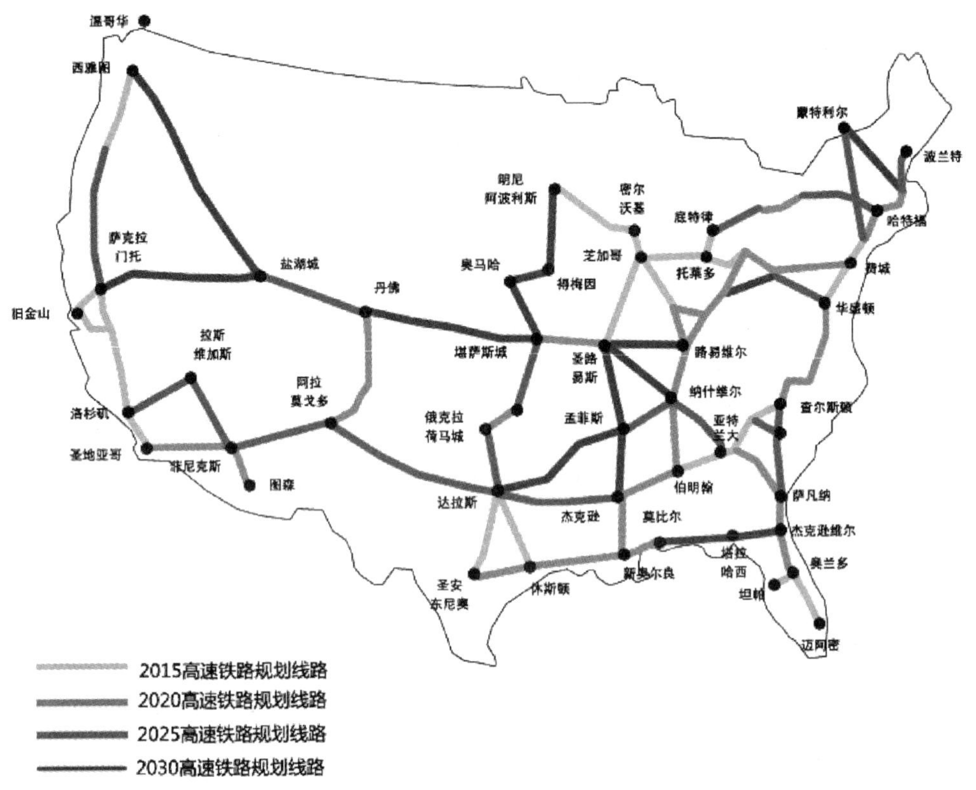

图 1-19　美国高速铁路规划

2. 巴西铁路概况

巴西于 1854 年开始修建铁路，至 1910 年迅速增至 19000km。20 世纪 50 年代末期，铁路发展达到最高峰，1960 年铁路网长度达到 38287km。随着公路的迅速发展，铁路进入了收缩、改造时期，上世纪末铁路长度为 30869km，巴西铁路里程变化情况如图 1-20 所示。

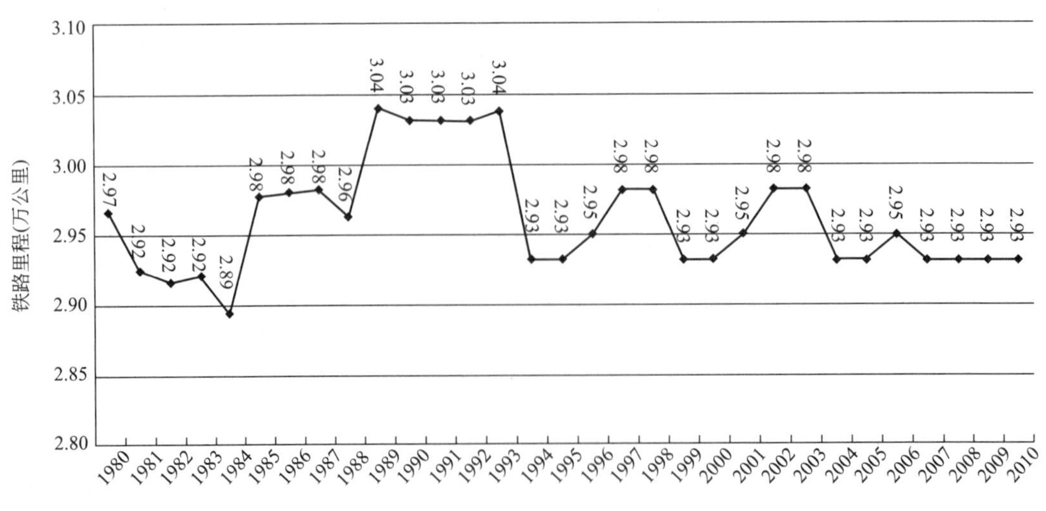

图 1-20　巴西铁路里程变化情况

（1）发展现状。巴西 2013 年的铁路网总长度为 29798km，巴西铁路运输占全国运输总量的 24%，铁路网以货运为主，客运运力有限，在全国 27 个州中，只有 11 个州府地区有客运服务，客、货兼营的铁路只有三条，如图 1-21 所示。目前，巴西已将全国铁路运输纳入了私营化计划，部分铁路已经私营化。

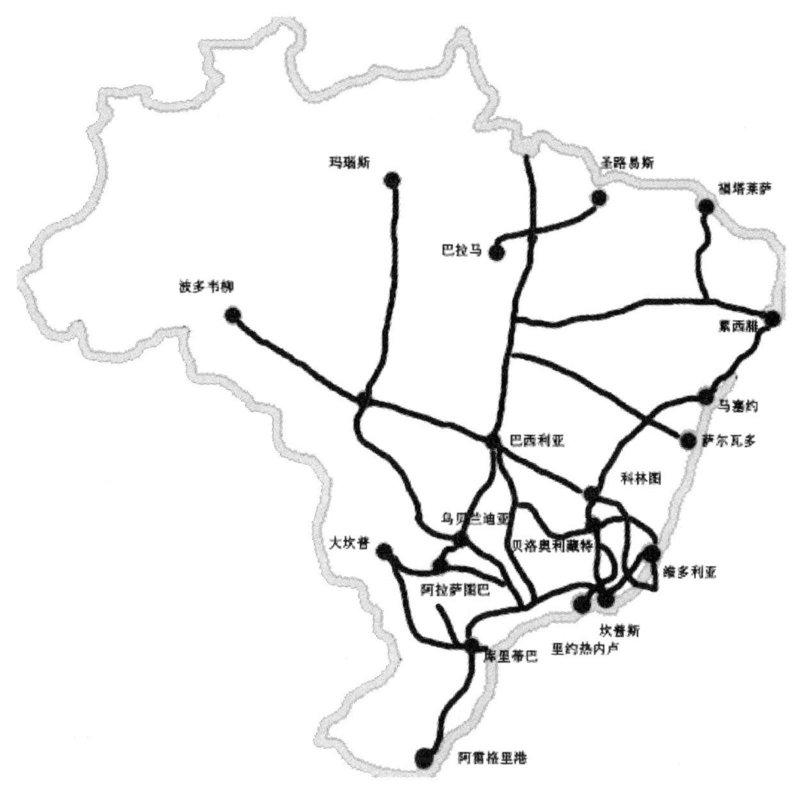

图 1-21　巴西铁路路网现状

（2）发展规划。为改善现有交通状况，巴西政府把发展铁路运输放在对加大基础设施投资项目的优先位置，制订了铁路网中期规划。规划的主要内容是完善铁路网结构，其中包括铁路安全系统、铁路提速、城郊运输、公、铁交叉立交桥、铁路沿线的住房拆迁和居民安置等，预计在五年内投资 120 亿雷亚尔。

3. 加拿大铁路概况

1836 年，加拿大第一条铁路建成，仅长 23.2km。新的交通方式的出现给客运开拓了广阔的天地，然并没有给货运带来太多的惊喜。这条铁路在此后的十年间向南延伸了 20km，和美国的一条铁路连通。19 世纪三四十年代的铁路建设，取得了一定的成绩，同时也积累了一些经验，为即将到来的加拿大铁路建设高潮拉开了序幕，但这期间加拿大铁路建设与运输业的发展严重滞后于美国以及一些欧洲国家。

加拿大铁路运营里程从 1982 年到 2010 年在时间上表现为先衰退后增长的特点（见图 1-22）：1982～1998 年期间，加拿大运营铁路里程从 5.25 万公里下降到 2.34 万公里；1998～2010 年期间，加拿大铁路里程从 2.34 万公里上升到 5.83 万公里。加拿大铁路路网现状如图 1-23所示，伴随着高速铁路的发展，加拿大铁路里程将会持续发展，与世界接轨。

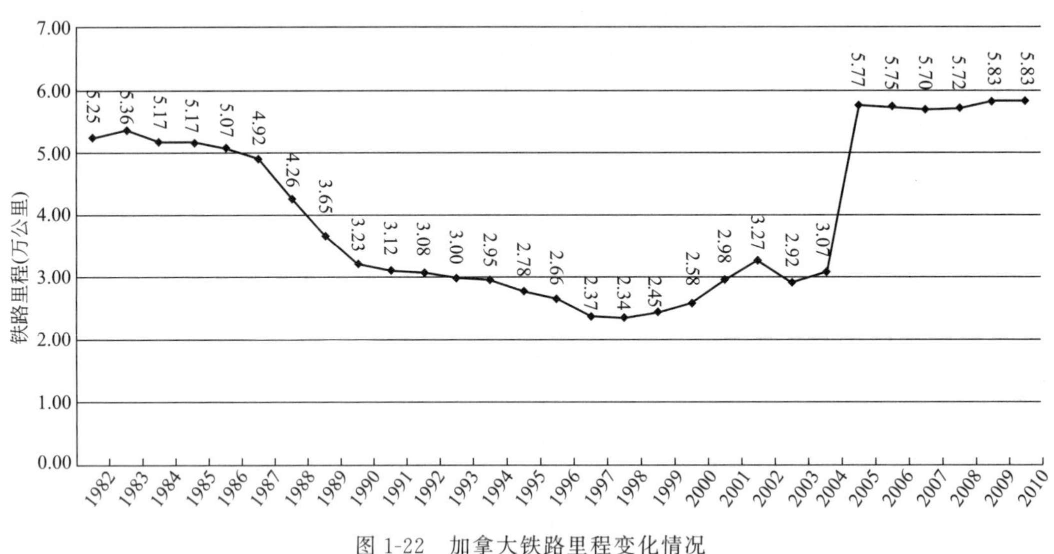

图 1-22　加拿大铁路里程变化情况

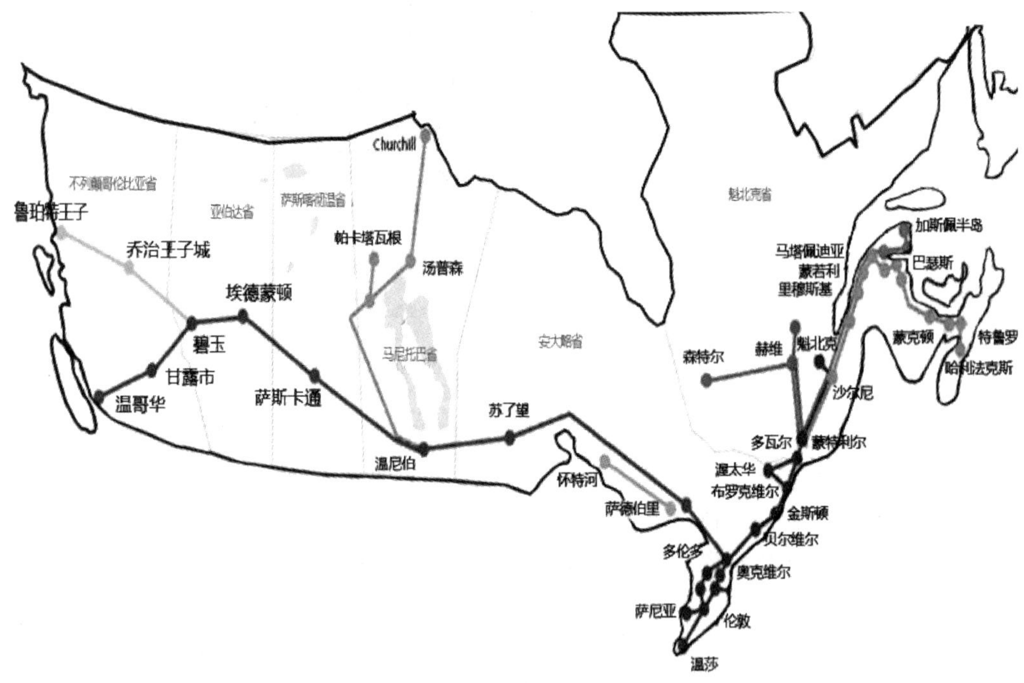

图 1-23　加拿大铁路路网现状图

1.2.4　非洲铁路概况

非洲面积约 3020 万平方公里（包括附近岛屿），约占世界陆地总面积的 20.2%，次于亚洲，为世界第二大洲。但非洲国家属于发展中国家，经济较落后，铁路运输也不太发达，其中非洲铁路较好的国家是南非。这是因为南非铁路承担着超过 80%的客运运力，也承担了国内大部分矿石的转运。目前，南非政府表示将建立一种富有成效的公私合作体系，为南非铁路进一步开发创造有利条件。2010 年 6 月非洲第一条高速铁路在南非约翰内斯堡开始营运，时速 160km。目前，南非铁路管理局表示，着眼于未来的铁路运输发展，南非政府将加大现有铁路机车以及铁路基础设施建设升级和改造的投入力度，非洲铁路网络如图 1-24 所示。

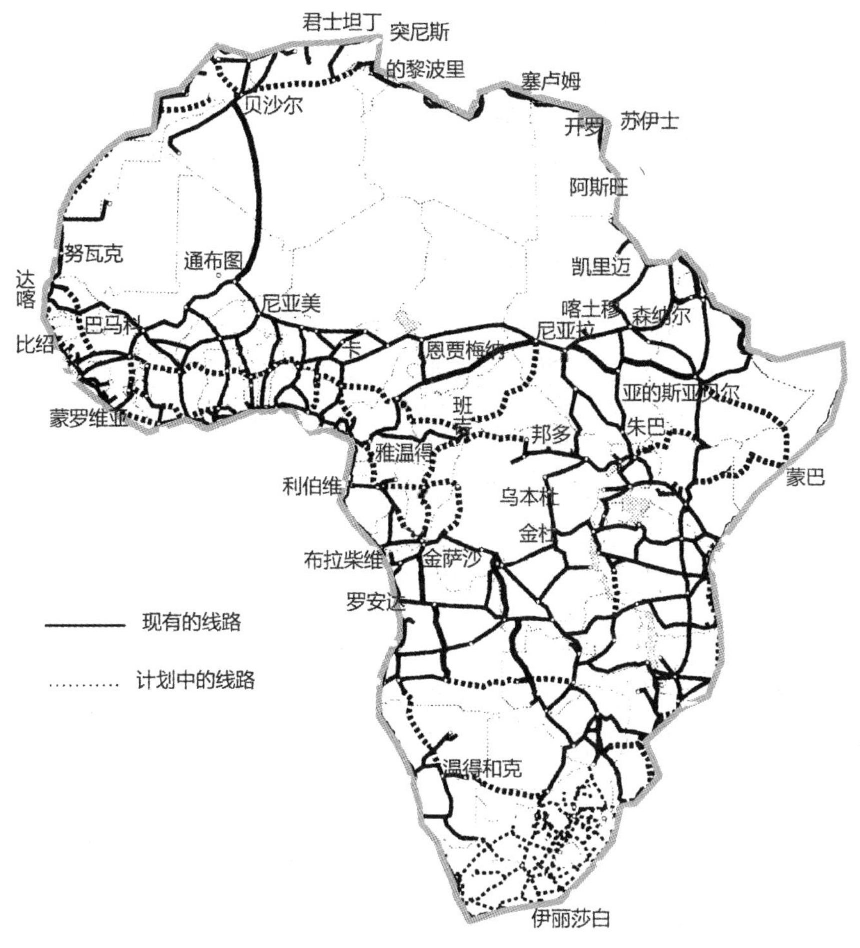

图 1-24　非洲铁路路网现状

1.3　中国铁路概况

1876 年，中国土地上出现了第一条铁路，是由英国的怡和洋行在华修建的吴淞铁路。在清政府洋务派的主持下，1881 年开始修建唐山至胥各庄铁路，从而揭开了中国自主修建铁路的序幕。但到 1894 年，近二十年的时间里仅修建约 400km 铁路。1949 年之前，全国铁路通车里程 2.18 万公里，而且偏于东北和华北两个地区，约占总里程的 60%，而西南、西北地区只占不到 6%。1949 年之后，随着国民经济的发展，铁路网的布局发生了很大的变化，改变了过去“少、偏、低”的状况。1998 年铁路运营里程达到 66428.5km（含合资铁路和地方铁路），约占世界铁路总里程的 1/20。按全国土地面积 960 万平方公里计算，平均每百平方公里密度为 0.69km；按全国当年总人口 12.4 亿计算，平均每万人铁路里程为 0.54km，这在世界各国中都是很低的。2009 年开始，我国铁路建设进入大规模发展阶段，2010 年底，全国铁路营业里程 9.1 万公里，居世界第二位；其中高铁运营里程达到 8358km，在建里程 1.7 万公里，居世界第一；复线率和电气化率分别提高到 41%和 46%。2013 年底，全国铁路营业里程 10.46 万公里，居世界第一位；2015 年，高速铁路达 1.9 万公里以上，铁路的投资维持在 3.5 万亿左右，全国铁路旅客发送量达到 30 亿人左右；到 2020 年，铁路客运量或达到 50 亿人。

1997～2007 年的 10 年时间，我国铁路已经历了六次大提速，极大地提升了铁路运输能力，使百姓乘火车更便捷。目前，随着越来越多的客运专线建成并投入使用，一批时速 200～350km 的动车组更驶出了铁路的"中国速度"。

1.3.1 基于神经网络的铁路客货预测

从 1876 年修建第一条铁路到现在，中国铁路已经走过了 130 年的历史。随着中国经济的快速发展，中国铁路的建设规模和技术水平不断提高，中国铁路目前已经形成北至黑龙江古莲南至海南三亚，东到宝岛台湾的台北，西至新疆的喀什的铁路网络。截至 2013 年，铁路年客运量和年货运量分别达到 210597 万人和 396697 万吨，国家铁路复线率达到 46.2%，铁路综合发展水平位列亚洲第一，世界前三（见表 1-1）。

2004～2013 年国内铁路客货运输测度数据统计　　表 1-1

测度指标 \ 年份	2013	2012	2011	2010	2009	2008	2007	2006	2005	2004
国家铁路客车拥有量(辆)	58965	55764	52838	50391	47436	43215	42471	40945	40328	39766
国家铁路货车拥有量(辆)	688042	664333	644677	622284	594388	584961	571078	558483	541824	520101
客运机车日车公里(km)	/	880	888	882	860	812	758	671	650	612
货运机车日车公里(km)	/	491	494	489	487	483	480	465	458	455
铁路客运量(万人)	210597	189337	186226	167609	152451	146193	135670	125656	115583	111764
铁路旅客周转量(亿人公里)	10596	9812	9612	8762	7879	7779	7216	6622	6062	5712
铁路货运量(万吨)	396697	390438	393263	364271	333348	330354	314237	288224	269296	249017
铁路货物周转量(亿吨公里)	29174	29187	29466	27644	25239	25106	23797	21954	20726	19289
客运密度(万人公里/公里)	/	1200	1235	1194	1197	1210	1084	1002	938	903
货运密度(万吨公里/公里)	/	3798	3929	3747	3611	3697	3475	3242	3140	2997
旅客列车旅行速度(km/h)	/	71	72	71	70	70	69	65	65	64
货物列车旅行速度(km/h)	/	34	34	33	33	33	33	32	32	32
旅客列车运行正点率(%)	/	99	99	99	99	99	99	99	98	96
货物列车运行正点率(%)	/	95	95	95	96	97	97	97	97	96

1. 中国铁路现状剖析

2013 年，我国铁路运输客流量达到 210597 万人，货运量达到 396697 万吨，是中长距离客流和物流的主要运输通道。随着铁路运输范围的不断扩大，机车速度提升，铁路运输能力逐步提高，我国铁路整体流量大范围增加。从 2004 年至 2013 年，我国铁路运营里程从 7.44 万公里，上升到 10.31 万公里，增长 38.8%。铁路年客运量从 111764 万人，上升到 210597 万人，增长 88.4%。铁路年货运量从 249017 万吨，上升到 396697，增长 59.30%。

（1）国内铁路主干线客运运输情况。收集国内包括京沪线、京九线、石太线、成昆线、兰新线等在内的 22 条主干铁路线路从 2004～2012 年的客运资料（见表 1-2），不同线路之间客运量变化有区别，但是总体而言都是呈现增长趋势。

2004～2012 年国内主干线客运量变化情况（单位：万人）　　表 1-2

年份 主干线	2012	2011	2010	2009	2008	2007	2006	2005	2004
京沪线	7480.88	8692.09	12477.07	14307.32	14526.60	13109.78	12785.70	10892.00	10562.00
新石线	803.17	684.78	615.59	608.11	580.06	533.93	538.08	453	395
沪昆线	9401.70	9233.94	7339.21	8352.72	8203.62	7648.00	6042.53	6118.00	6071.00
鹰厦线	1390.05	1337.10	1069.34	780.01	858.2	808.6	758.26	696	714
京九线	6844.57	6805.32	7034.63	6967.30	6787.86	6003.23	5285.58	4661.00	4380.00
京广线	15881.54	15849.9	14966.8	14607.70	14465.23	13274.03	13122.92	12634.00	12814.00
石太线	967.18	920.84	601.75	461.22	662.58	647.07	594.33	577	875
石德线	594.27	580.79	583.52	715.26	692.54	628.63	621.72	571	556
焦柳线	1849.81	1836.67	1724.64	1614.32	1513.05	1438.94	1428.35	1492.00	1741.00
京包线	2093.99	2244.04	2343.73	2216.60	1997.05	1854.03	1873.91	1635.00	1604.00
包兰线	962.99	962.02	960.56	912.76	836.45	732	651.9	559	546
北同蒲线	1430.96	1339.09	1278.42	1157.78	947.16	785.07	651.4	563	533
南同蒲线	2035.15	2057.50	1895.90	1724.05	1588.50	1390.26	1197.11	1264.00	1407.00
陇海线	9407.79	9415.78	9329.00	8,606.73	8151.39	7200.78	6794.70	6122.00	5365.00
宝中线	205.8	193.48	204.13	207.37	206.65	150.4	127.07	89	95
兰新线	2169.87	2157.53	1789.79	1653.29	1489.66	1465.83	1322.24	1185.00	1105.00
兰青、青藏线	780.08	767.59	712.58	635.47	545.8	551.53	382.76	355	375
宝成、成渝线	3168.55	3424.22	3433.78	2808.16	2466.90	2476.04	2784.14	2449.00	2361.00
襄渝线	1481.92	1571.60	1704.86	1784.29	1927.49	1907.37	1949.74	1871.00	1817.00
南昆线	656.94	683.59	285.74	595.99	533.87	462.74	285.95	301	476
成昆线	1555.52	1633.75	1126.92	1478.88	1516.87	1585.82	1554.60	1446.00	1394.00
京哈线	7535.14	7485.81	7657.29	7241.45	6365.90	5627.20	7830.36	8465.00	8274.00
平均值	3577.18	3630.79	3597.06	3610.76	3493.79	3194.60	3117.43	2927.18	2884.55

2004 年，国内 22 条主干铁路线路的平均客运量为 2884.55 万人，2012 年达到 3577.18 万人，增长幅度达到 24.00%。其中，北同蒲线、宝中线、兰青线、新石线的增长率分别达到 168.47%、116.63%、108.02%、103.34%。京沪线、宝成线、京哈线的客流量有所下降，下降幅度分别为 29.13%、18.44%、8.93%（见图 1-25）。

国内 2004～2012 年期间的主干铁路线路的客运周转量变化情况与客运量变化情况接近，总体上呈现增长趋势。

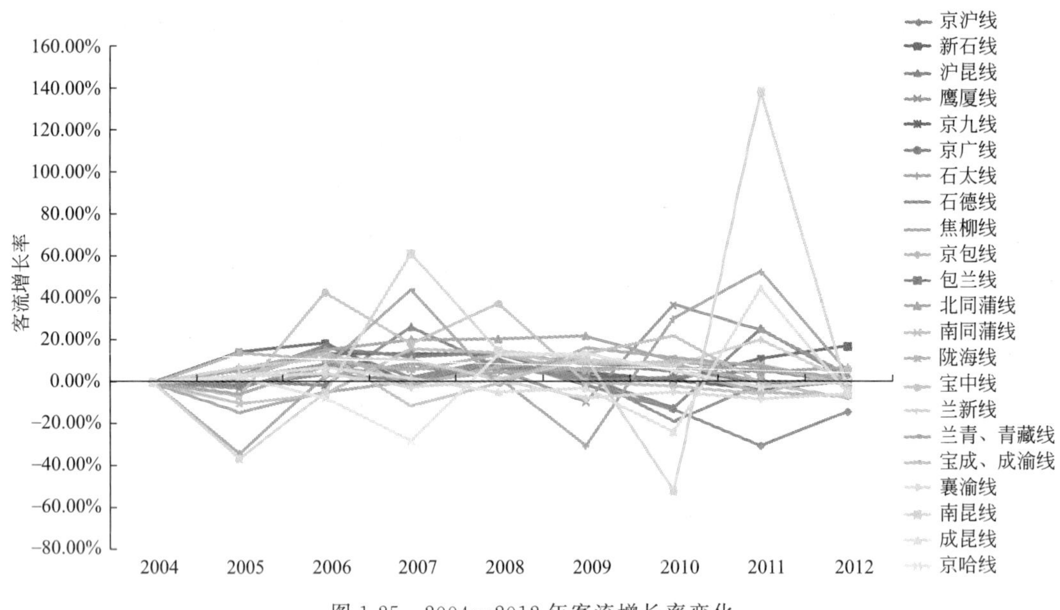

图 1-25　2004～2012 年客流增长率变化

2004～2012 年国内主干线客运周转量变化情况（单位：亿人公里）　　表 1-3

线路 \ 年份	2012	2011	2010	2009	2008	2007	2006	2005	2004
京沪线	565.57	665.34	804.21	764.23	778.03	699.63	710.85	684.39	602.39
新石线	28.98	25.65	22.41	21.49	21.44	20.44	22.93	17.84	16.21
沪昆线	857.37	874.3	802.29	766.34	789.45	722.71	455.55	409.34	392.82
鹰厦线	54.08	60.23	55.74	62.13	69.95	68.08	74.09	65.83	65.73
京九线	647.13	662.14	642.08	600.57	606.25	560.28	465.92	403.28	378.53
京广线	1308.31	1356.75	1277.52	1247.73	1255.87	1195.76	1140.20	926.43	967.95
石太线	9.55	9.57	5.43	8.7	21.42	20.95	17.61	19.39	21.36
石德线	38.69	38.13	33.92	31.88	33.83	32.56	18.44	25.12	22.14
焦柳线	153.54	160.35	144.66	128.79	126.09	112.34	102.4	90.23	98.41
京包线	80.47	91.2	108.67	99.71	95.81	88.62	82.99	75.5	72.75
包兰线	51.94	51.18	51.99	48.17	45.5	41.71	43.78	34.18	31.55
北同蒲线	30.1	29.62	29.58	26.66	22.62	18.87	12.98	14.52	13.45
南同蒲线	61.83	63.44	62.63	57.87	57.81	52.74	39.83	44.81	45.14
陇海线	649.95	648.87	664.97	613.79	593.7	556.53	509.42	460.54	417.56
宝中线	23.3	23.26	25.05	22.92	21.09	19.49	17.1	16.3	16.51
兰新线	348.22	329.16	275.38	251.15	240.41	233.16	239.35	191.08	180.17
兰青、青藏线	69.36	68.73	62.16	55.17	45.55	50.73	25.9	21.49	21.63
宝成、成渝线	130.04	131.34	125.95	126.8	130	144.47	111	133.56	124.32
襄渝线	166.26	165.21	150.33	137.92	145.65	140.71	69.59	120.17	123.75
南昆线	43.3	45.89	22.3	38.63	40.2	38.06	11.2	8.91	7.54
成昆线	76.4	79.62	54.71	61.6	61.6	64.54	65.67	58.15	54.83
京哈线	528.15	543.37	486.35	452.46	429.59	402.14	367.59	369.26	351.31
平均值	269.21	278.33	268.56	255.67	255.99	240.21	209.29	190.47	183.00

2004 年主干铁路的平均客运周转量为 183 亿人公里，2012 年达到 269.21 亿人公里，增长幅度达到 47.11%。其中，南昆线、宝成线、北同蒲线、沪昆线的客运周转量增幅分别达到 474.21%、220.66%、123.79%、118.26%。京沪线、鹰夏线、石太线的客运周转量分别下降了 6.11%、17.72%、55.29%（见图 1-26）。

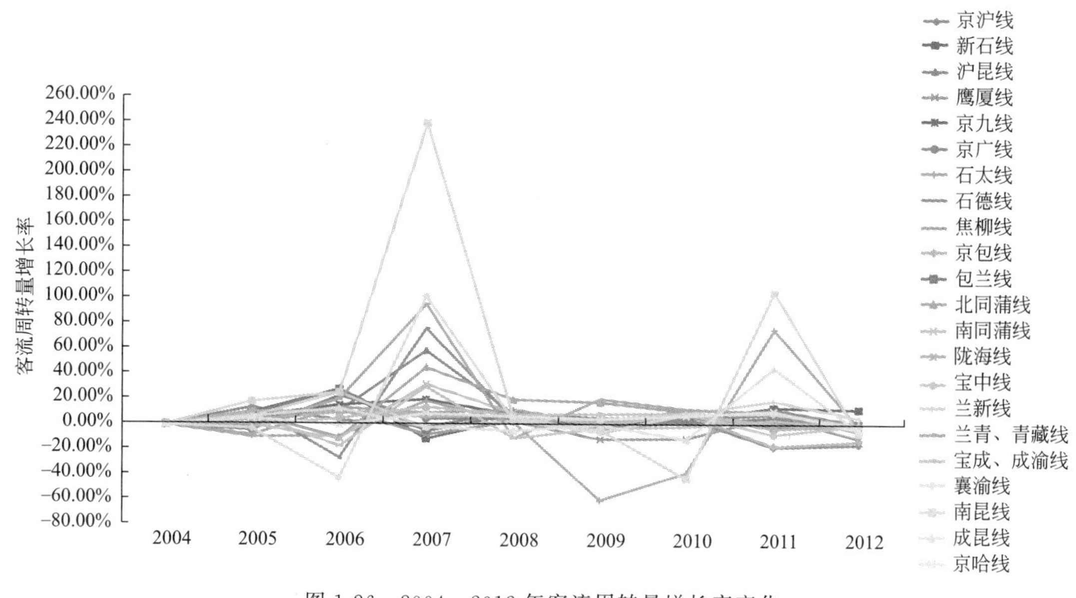

图 1-26　2004～2012 年客流周转量增长率变化

（2）国内铁路主干线货运运输情况。收集国内包括京沪线、滨州线、石德线、陇海线、胶济线等在内的 24 条主干铁路线路从 2007～2012 年的货运资料（见表 1-4），不同线路之间货运量变化有区别，但是总体而言都是呈现增长趋势。

2007～2012 年国内主干货运线货物运输量变化情况（单位：万吨）　　**表 1-4**

主干线 \ 年份	2012	2011	2010	2009	2008	2007
京哈线货运量	1253.00	1408.00	1451.00	1374.00	1496.00	1526.00
京广线货运量	7085.00	7413.00	6954.00	6362.00	6564.00	7012.00
京沪线货运量	5740.00	5733.00	5439.00	5317.00	5518.00	5700.00
京九线货运量	4163.00	4170.00	3697.00	3687.00	3932.00	3778.00
京包线货运量	14216.00	13231.00	8288.00	5975.00	5380.00	4514.00
滨洲线货运量	7518.00	7127.00	5665.00	4580.00	3964.00	3642.00
滨绥线货运量	1429.00	1623.00	1463.00	1419.00	1235.00	963
大秦线货运量	2731.00	2730.00	2074.00	1139.00	2241.00	1948.00
石太线货运量	5871.00	5985.00	6252.00	5971.00	5901.00	5765.00
石德线货运量	663	575	413	379	500	552
北同蒲线货运量	17612.00	16271.00	14471.00	12350.00	14895.00	15583.00
南同蒲线货运量	5537.00	5553.00	5527.00	4960.00	5824.00	6285.00

续表

主干线 \ 年份	2012	2011	2010	2009	2008	2007
包兰线货运量	8808.00	10039.00	10697.00	8777.00	7687.00	6860.00
新石线货运量	6382.00	6313.00	5507.00	5487.00	4457.00	4091.00
太焦线货运量	6946.00	6910.00	6765.00	6297.00	6189.00	5878.00
焦柳线货运量	3330.00	3894.00	4067.00	4114.00	4123.00	4000.00
胶济线货运量	1015.00	1194.00	1238.00	1276.00	1638.00	1656.00
陇海线货运量	6278.00	9207.00	8735.00	8359.00	7785.00	7380.00
沪昆线货运量	7274.00	8185.00	8800.00	8290.00	8467.00	8960.00
宝成线货运量	804	842	719	732	841	1005.00
南昆线货运量	1614.00	2033.00	2052.00	1590.00	1652.00	1573.00
成昆线货运量	3233.00	3236.00	2875.00	2725.00	2777.00	2800.00
兰新线货运量	5210.00	5282.00	3239.07	2783.00	2718.00	2715.00
青藏线货运量	2538.00	2228.78	2620.00	2130.00	1831.00	1286.00
平均值	5302.08	5465.95	4958.67	4419.71	4483.96	4394.67

2007 年，国内 24 条主干铁路线路的平均货运量为 4394.67 万吨，2012 年达到 5302.08 万吨，增长幅度达到 20.64%。其中，京包线、滨州线的客运量增长幅度较大，增长率分别达到 214.93%、106.42%。京沪线、南同蒲线、焦柳线、胶济线、陇海线、沪昆线、宝成线的货运量有所下降，下降幅度分别为 17.89%、11.90%、16.75%、14.93%、20.20%（见图 1-27）。

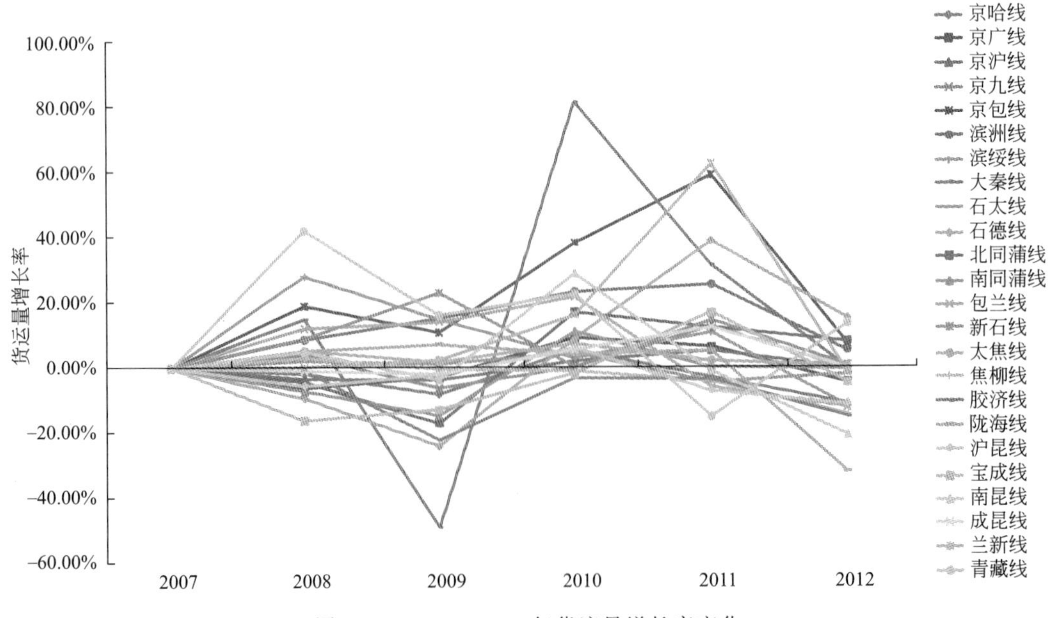

图 1-27　2007～2012 年货流量增长率变化

国内 2007～2012 年期间的主干货运线路的货运周转量变化情况与货运量周转量变化情况接近，总体上呈现增长趋势，见表 1-5。

2007～2012 年国内主干货运线货物运输量变化情况（单位：亿吨公里）　　表 1-5

主干线＼年份	2012	2011	2010	2009	2008	2007
京哈线货运量	545.48	585.94	553.92	549.56	639.16	794.95
京广线货运量	1366.34	1404.06	1302.22	1252.68	1354.89	1352.54
京沪线货运量	909.32	902.06	781.29	786.15	802.25	910.97
京九线货运量	1061.76	1118.81	1129.33	1074.69	1121.80	1094.07
京包线货运量	681.43	770.55	899.24	736.57	694.03	653.36
滨洲线货运量	621.42	577.84	509.61	444.93	409.8	386.56
滨绥线货运量	182.58	206.3	201.13	187.41	222.56	200.27
大秦线货运量	2482.01	2478.98	1452.68	1127.02	1336.57	1669.13
石太线货运量	230.41	236.41	216.12	213.77	208.88	233.71
石德线货运量	195.18	194.14	176.11	179.02	164.72	172.30
北同蒲线货运量	337.66	293.97	264.27	213.85	207.99	207.55
南同蒲线货运量	252.65	251.62	244.52	228.8	246.25	224.50
包兰线货运量	435.27	450.39	513.72	473.51	417.01	407.94
新石线货运量	636.26	633.21	604.43	561.27	563.9	496.21
太焦线货运量	97.06	94.2	115.18	104.92	103.95	100.55
焦柳线货运量	856.54	869.22	828.82	831.97	809.74	818.85
胶济线货运量	325.9	332.14	304.5	258.22	236.68	238.85
陇海线货运量	1600.00	1567.89	1541.42	1493.99	1436.76	1305.82
沪昆线货运量	1355.26	1409.35	1415.46	1342.11	1300.14	1343.64
宝成线货运量	218.95	218.26	209.69	261.12	255.05	264.60
南昆线货运量	309.65	317.61	321.34	305.67	293.73	303.30
成昆线货运量	357.64	357.74	357.54	373.52	394.24	370.68
兰新线货运量	1461.23	1383.83	1205.63	1085.78	1110.42	993.62
青藏线货运量	211.16	176.22	155.57	140.91	124.6	95.22
平均	697.13	701.28	637.65	592.81	602.29	609.96

2007 年，国内 24 条主干铁路线路的平均货运周转量为 609.96 亿吨公里，2012 年达到 697.13 亿吨公里，增长幅度达到 14.29%。其中，青藏线的客运周转量增长幅度较大，增长率达到 121.76%。宝成线、滨绥线、京九线、京哈线的货运量有所下降，下降幅度分别为 17.25%、8.83%、2.95%、31.38%（见图 1-28）。

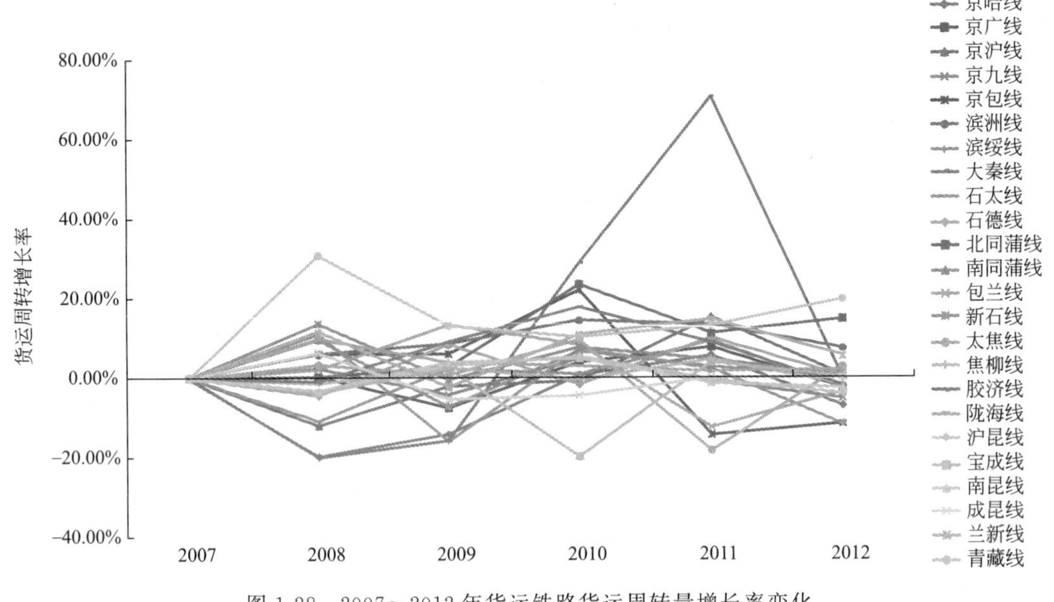

图 1-28　2007～2012 年货运铁路货运周转量增长率变化

2. 铁路客货运发展趋势预测

(1) BP 神经网络预测模型

神经网络是通过模仿生物神经系统功能结构处理非线性问题的数学动力系统，对多输入与多输出的数据具有较好的拟合能力，其基本组成单元是神经元，主要功能是将输入经过函数转化为期望输出。BP 神经元模型预测机制主要通过三步实现：

Step1　输入信息融合。通过输入信息向量 $X=\{x_1, x_2, \cdots, x_n\}$ 与其对应的权重向量 $W=\{w_{1j}, w_{2j}, \cdots, w_{nj}\}$ 乘积得到融合之后的信息 $p_j=\sum_i w_{ij}x_i$ 。

Step2　输出信息转化。p_j 大于神经元兴奋阈值 θ 时，神经元信息转换函数 f 对 p_j 转化得到输出信息 y_j，这里采用 Sigmoid 函数作为转化函数：

$$y_j=f\left(\sum_{i=1}^{n} w_{ij}x_i-\theta\right)=\frac{e^{\sum_{i=1}^{n} w_{ij}x_i-\theta}}{1+e^{\sum_{i=1}^{n} w_{ij}x_i-\theta}} \tag{1-1}$$

式中：y_j 是输出信息；θ 是阈值，通常用它来修正神经系统的内部偏差，取值 0～1 之间，通常建议取值 0.01。

Step3　误差反向传播。根据得到的神经元输出信息 y_j 与实际期望信息 y_j^* 之间的差值反向修正神经元权重 w_{ij}，这里采用改进的自适应动量梯度下降法作为权值修正函数：

$$w_{ij}^{k}=w_{ij}^{k-1}+\lambda\times g(y_j^*-y_j) \tag{1-2}$$

式中：w_{ij}^{k} 表示前层第 i 个神经元和后层第 j 个神经元之间第 k 次修正权值，λ 是动量因子，g 是梯度误差修正函数。

确定将年份作为输入，将铁路客运量、客运周转量、货运量、货运周转量指标作为输出，以 2004～2013 年全国铁路客货运输数据为训练样本，对其未来五年的发展态势进行预测。依据 Kolmogorov 定理：一个具有 n 个输入单元、$2n+1$ 个中间单元和 m 个输出单元的三层网络可以精确地表达任何映射，并且同时可以使中间层容量和训练时间最优，所以确定建立 1-3-4 的 BP 神经网络，见图 1-29：

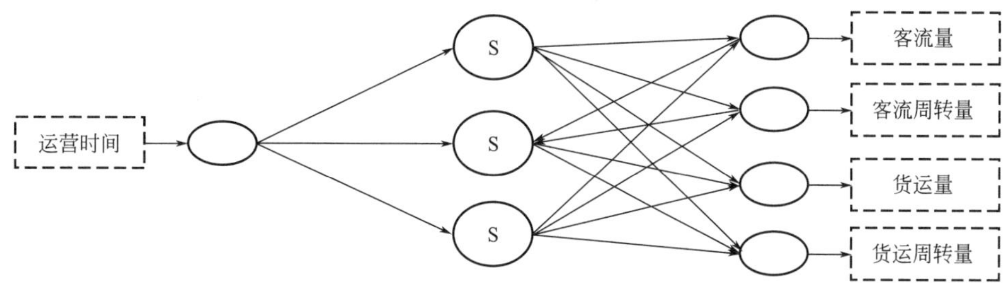

图 1-29　基于 BP 神经网络的铁路客货运输预测模型

(2) 灰色预测模型

1) 灰色关联度分析

假设存在以下两个数列：$X_i=\{x_i(1),x_i(2),\cdots,x_i(n)\},X_j=\{x_j(1),x_j(2),\cdots,x_j(n)\}$

以 $X_i(k)$ 为参考数列，$X_j(k)$ 为比较数列，定义：

$$\Delta_{ij}(k)=|x_i(k)-x_j(k)|,k=1,2,\cdots,n \tag{1-3}$$

存在关联函数：

$$\gamma(x_i(k),x_j(k))=\frac{\min\{\Delta_{ij}(1),\Delta_{ij}(2),\cdots,\Delta_{ij}(n)\}+0.5\max\{\Delta_{ij}(1),\Delta_{ij}(2),\cdots,\Delta_{ij}(n)\}}{\Delta_{ij}(k)+0.5\max\{\Delta_{ij}(1),\Delta_{ij}(2),\cdots,\Delta_{ij}(n)\}} \tag{1-4}$$

则比较序列 $X_j(k)$ 对根据序列 $X_i(k)$ 的灰色关联度为：

$$\tau(X_i,X_j)=\frac{1}{n}\sum_{k=1}^{n}\gamma(x_i(k),x_j(k)) \tag{1-5}$$

当指标间关联度大于 0.6 时便可建立灰度预测模型。

依据式（1-5）计算年份与铁路客运量、铁路客运周转量、铁路货运量、货运周转量的关联系数分别如表 1-6 所示：

年份与铁路运输测度指标的灰色关联度　　表 1-6

测度指标	铁路客运量	铁路客运周转量	铁路货运量	铁路货运周转量
关联系数	0.8306	0.7733	0.8323	0.8320

表 1-6 的结果表明铁路客运量、客运周转量、铁路货运量、铁路货运周转量与年份的灰色关联度系数均大于 0.75，因此可以分别构建年份—铁路客运量、年份—铁路客运量周转量、年份—铁路货运量、年份—铁路货运周转量的 GM（1，1）预测模型。

2) 构建 GM（1，2）模型

GM（1，2）模型的建立过程可以分为原始数据一阶累加、构建白化微分方程、微分方程离散化、参数标定四个步骤，具体过程如下：

步骤 1　原始数据一阶累加

假设存在原始数据 $X_i^{(0)}$，可得到：

$$X_i^{(1)}=(x_i^{(0)}(1),\sum_{k=1}^{2}x_i^{(0)}(k),\cdots,\sum_{k=1}^{m}x_i^{(0)}(k)) \tag{1-6}$$

$$x_i^{(1)}(k)=\sum_{j=1}^{k}x_i^{(0)}(j) \tag{1-7}$$

从 $X_i^{(0)}\rightarrow X_i^{(1)}$ 的过程称为一阶累加过程。

步骤 2　建立白化微分方程

数列 $X_i^{(1)}$（k）的时刻 $k=1$，2，…，m 看作连续的变量 t 的函数 $X_i^{(1)}=X_i^{(1)}$（t），可建立白化微分方程：

$$\frac{dX_1^{(1)}}{dt}+aX_1^{(1)}=b_2X_2^{(1)}+b_3X_3^{(1)}+\cdots+b_nX_n^{(1)} \tag{1-8}$$

式（1-8）微分方程模型记为 GM（1，n），令 $n=2$，得到 GM（1，2）白化微分方程：

$$\frac{dX_1^{(1)}}{dt}+aX_1^{(1)}=b_2X_2^{(1)} \tag{1-9}$$

步骤 3　微分方程离散化

将微分方程（1-8）参数列记为 $\hat{a}=(a,b_1,b_2,\cdots,b_n)^T$，设 $Y_m=(x_1^{(0)}(2),x_1^{(0)}(3),\cdots,x_1^{(0)}(m))^T$，对微分方程按差分法离散，得到线性方程组：

$$Y_m=B\hat{\alpha} \tag{1-10}$$

按照最小二乘法，有：

$$\hat{\alpha}=(B^TB)^{-1}B^TY_m \tag{1-11}$$

式中：

$$B=\begin{bmatrix} -\frac{1}{2}(x_1^{(1)}(1)+x_1^{(1)}(2)) & x_2^{(1)}(2) & \cdots & x_n^{(1)}(2) \\ -\frac{1}{2}(x_1^{(1)}(2)+x_1^{(1)}(3)) & x_2^{(1)}(3) & \cdots & x_n^{(1)}(3) \\ \vdots & \vdots & & \vdots \\ -\frac{1}{2}(x_1^{(1)}(m-1)+x_1^{(1)}(m)) & x_2^{(1)}(m) & \cdots & x_n^{(1)}(m) \end{bmatrix} \tag{1-12}$$

可得微分方程的近似解为：

$$\hat{x}_1^{(1)}(k+1)=\left(x_1^{(0)}(1)-\frac{1}{a}\sum_{i=2}^{n}b_ix_i^{(1)}(k+1)\right)e^{-ak}+\frac{1}{a}\sum_{i=2}^{n}b_ix_i^{(1)}(k+1) \tag{1-13}$$

步骤 4　参数标定

以年份—铁路客运量的 GM（1，2）模型为例，根据式（1-11）～式(1-18）得到：

$$B=\begin{bmatrix} -305265 & 4025 \\ -493047 & 6036 \\ -669964 & 8046 \\ -829994 & 10055 \\ -979317 & 12063 \\ -1120248 & 14070 \\ -1250911 & 16076 \\ -1371531 & 18081 \\ -1485204 & 20085 \end{bmatrix},\hat{\alpha}=[-1.261,-88.264]^{T}$$

同理可得年份—铁路客运周转量、年份—铁路货运量、年份—铁路货运周转量的 GM（1，2）模型的参数如表 1-7 所示：

铁路运输 GM（1，2）预测函数参数标定结果　　表 1-7

模型	年份—铁路客运量	年份—铁路客运周转量	年份—铁路货运量	年份—铁路货运周转量
a	0.374	0.411	0.572	0.619
b_1	36.252	2.013	107.810	8.691

年份—铁路客运量 GM（1，2）模型为：

$$\hat{x}_1^{(1)}(k+1)=(111764-96.930\hat{x}_2^{(1)}(k+1))e^{-0.374k}+96.930\hat{x}_2^{(1)}(k+1) \tag{1-14}$$

年份—铁路客运周转量 GM（1，2）模型为：

$$\hat{x}_1^{(1)}(k+1)=(5712-4.897\hat{x}_2^{(1)}(k+1))e^{-0.374k}+4.897\hat{x}_2^{(1)}(k+1) \tag{1-15}$$

年份—铁路货运量 GM（1，2）模型为：

$$\hat{x}_1^{(1)}(k+1)=(249017-188.479\hat{x}_2^{(1)}(k+1))e^{-0.374k}+188.479\hat{x}_2^{(1)}(k+1) \tag{1-16}$$

年份—铁路货运周转量 GM（1，2）模型为：

$$\hat{x}_1^{(1)}(k+1)=(19289-14.040\hat{x}_2^{(1)}(k+1))e^{-0.374k}+14.040\hat{x}_2^{(1)}(k+1) \tag{1-17}$$

3）预测结果和误差分析

灰色模型的预测结果是将式（1-8）计算结果通过累减还原为相应变量的预测结果：

$$\hat{x}_1^{(0)}(k+1)=\hat{x}_1^{(1)}(k+1)-\hat{x}_1^{(1)}(k) \tag{1-18}$$

其中，$\hat{x}_1^{(0)}(k+1)$ 即为 GM（1，3）模型所得的 $x_1^{(0)}(k+1)$ 的预测值。通常为了检验模型的有效性，采用原始数据 $X_1^{(0)}(k)$ 和预测结果 $\hat{X}_1^{(0)}(k)$ 的相对误差序列作为精度验证的度量：

$$MSE(k)=\frac{X_1^{(0)}(k)-\hat{X}_1^{(0)}(k)}{X_1^{(0)}(k)}\times 100\%,k=1,2,\cdots,m \tag{1-19}$$

式中：$MSE(k)$ 为相对误差序列。

（3）预测结果

为验证上述建立的 BP 神经网络和灰色预测模型的有效性，将表 1-1 中运营数据代入预测，通过对预测结果的误差分析，比较 BP 神经网络、GM（1，2）预测模型在铁路客货运输预测过程中的适用性。

1）铁路客货运输神经网络预测结果

将 2004～2013 年的客运数据带入神经网络预测模型式（1-1）和式（1-2），得到预测结果如表 1-8 所示。

基于 BP 神经网络模型的铁路运输预测结果与精度对比　　表 1-8

年份	铁路客运量		铁路客运周转量		铁路货运量		铁路货运周转量	
	预测值	相对误差	预测值	相对误差	预测值	相对误差	预测值	相对误差
2004	108752.24	2.69%	5437.14	4.82%	258732.12	3.90%	18144.32	5.93%
2005	110213.15	4.65%	5778.09	4.68%	258548.35	3.99%	19219.76	7.27%
2006	115232.47	8.30%	6113.57	7.68%	269749.43	6.41%	20673.07	5.84%
2007	124395.02	8.31%	6937.78	3.86%	299648.32	4.64%	22249.54	6.50%

续表

年份	铁路客运量		铁路客运周转量		铁路货运量		铁路货运周转量	
	预测值	相对误差	预测值	相对误差	预测值	相对误差	预测值	相对误差
2008	139766.86	4.40%	7528.23	3.22%	317546.75	3.88%	23765.34	5.34%
2009	149218.16	2.12%	7763.21	1.47%	348653.28	4.59%	24275.63	3.82%
2010	172395.69	2.86%	8614.92	1.68%	377438.92	3.61%	26487.96	4.18%
2011	188941.15	1.46%	9576.83	0.37%	386412.74	1.74%	28139.05	4.50%
2012	190254.26	0.48%	9745.50	0.68%	383246.85	1.84%	28765.66	1.44%
2013	209763.37	0.40%	9969.30	5.91%	391234.31	1.38%	29275.43	0.35%
2014	206781.17	/	10123.23	/	401254.17	/	29187.38	/
2015	203475.39	/	10086.34	/	411327.48	/	28786.32	/
平均值	159932.40	3.57%	8139.51	3.44%	341982.73	3.60%	24914.12	4.52%

表 1-8 预测结果表明：①年份—铁路客运量、铁路客运周转量、铁路货运量、铁路货运周转量 BP 神经网络的预测精度分别为 3.57%、3.44%、3.60%、4.52%，最大误差不超过 5%，预测结果精度较高，处于可接受范围内；②利用 BP 神经网络模型预测 2014 和 2015 年的客运量分别为 206781.17 万人和 203475.39 万人，客运量呈现微小下降趋势，说明在交通多元化发展的趋势下，出行者选择铁路出行的可能性略有降低；③利用 BP 神经网络模型预测 2014 和 2015 年的货运量分别为 401254.17 万吨和 411327.48 万吨，与 2013 年相比，铁路客运量有略微上升趋势，铁路仍然作为货流的中长距离的主要运输方式。

2）铁路客货运输灰色模型预测结果

将 2004～2013 年的数据带入式（1-14）～式(1-17）最后得到各个模型的预测结果如表 1-9所示：

基于 GM（1，2）模型的铁路运输预测结果与精度对比　　表 1-9

年份	铁路客运量		铁路客运周转量		铁路货运量		铁路货运周转量	
	预测值	相对误差	预测值	相对误差	预测值	相对误差	预测值	相对误差
2004	111764.00	0.00%	5712.00	0.00%	249017.00	0.00%	19289.00	0.00%
2005	86376.84	25.27%	4691.25	22.61%	220675.19	18.05%	17074.92	17.62%
2006	161835.28	28.79%	8615.73	30.11%	382199.66	32.61%	29192.19	32.97%
2007	200790.54	48.00%	10481.38	45.25%	433026.60	37.80%	32498.65	36.57%
2008	218680.75	49.58%	11230.48	44.38%	438971.60	32.88%	32548.15	29.64%
2009	224865.23	47.50%	11404.10	44.74%	429521.06	28.85%	31645.23	25.38%
2010	224914.44	34.19%	11305.51	29.03%	416991.77	14.47%	30661.21	10.91%
2011	222062.95	19.24%	11098.95	15.47%	405892.94	3.21%	29866.12	1.36%
2012	218124.57	15.20%	10868.89	10.77%	397390.40	1.78%	29298.08	0.38%
2013	214063.95	1.65%	10655.17	0.56%	391363.36	1.34%	28919.82	0.87%
2014	210349.75	/	10473.43	/	387303.91	/	28680.13	/
2015	207170.25	/	10326.94	/	384677.06	/	28534.65	/
平均值	191749.91	26.94%	9738.65	24.29%	378085.88	17.10%	28184.01	15.57%

表 1-9 预测结果表明：①年份—铁路客运量、年份—铁路客运周转量、年份—铁路货运量、年份—铁路货运周转量 GM（1，2）客运周转量的预测精度分别为 26.94%、24.29%、17.10%、15.57%，最大误差不超过 30%，处于可接受范围内；②利用 GM（1，2）模型预测 2014 和 2015 年的客运量分别为 210349.75 万人和 207170.25 万人，客运量呈现微小下降趋势，说明在交通多元化发展的趋势下，出行者选择铁路出行的可能性略有降低；③利用 GM（1，2）模型预测 2014 和 2015 年的货运量分别为 387303.91 万吨和 384677.06 万吨，与客运量一样，呈现略微下降趋势。

3）预测模型适应性分析

为进一步分析 BP 神经网络和灰度模型在铁路客货运输数据预测的适应性，分别将 BP 神经网络和灰度模型预测的相对误差绘制成图 1-30 至图 1-32。

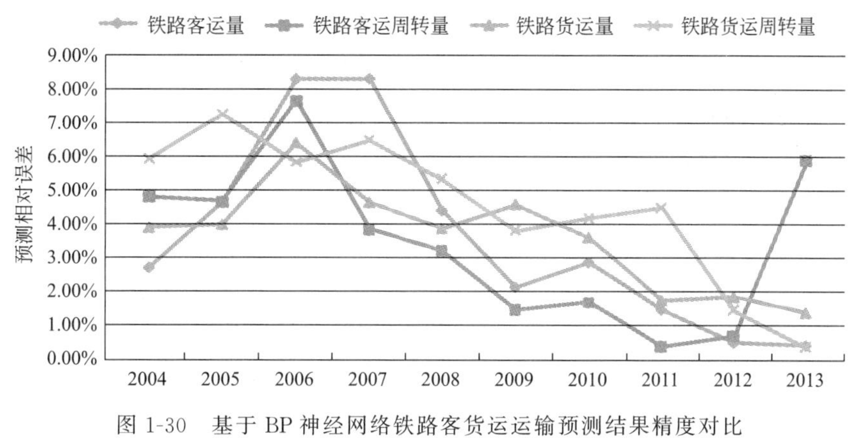

图 1-30　基于 BP 神经网络铁路客货运运输预测结果精度对比

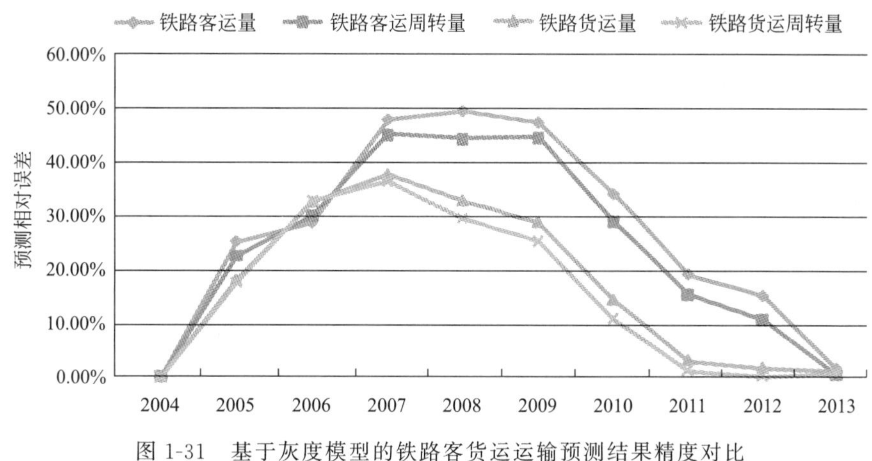

图 1-31　基于灰度模型的铁路客货运运输预测结果精度对比

通过图 1-30 可知，BP 神经网络对铁路客货运输的预测结果精度较高，最大误差不超过 9%，最小预测误差仅为 0.35%。从预测结果的时间趋势上看，BP 神经网络在对铁路客货运输预测过程中，BP 神经网络的预测误差按照数据的先后次序呈现从大到小的规律分布，这主要是由于随着年份增长，国内铁路客货运输量都在增长，基数增加，导致相对误差减少。

通过图 1-31 可知，灰度模型对铁路客货运输的预测结果精度较低，最大误差达到

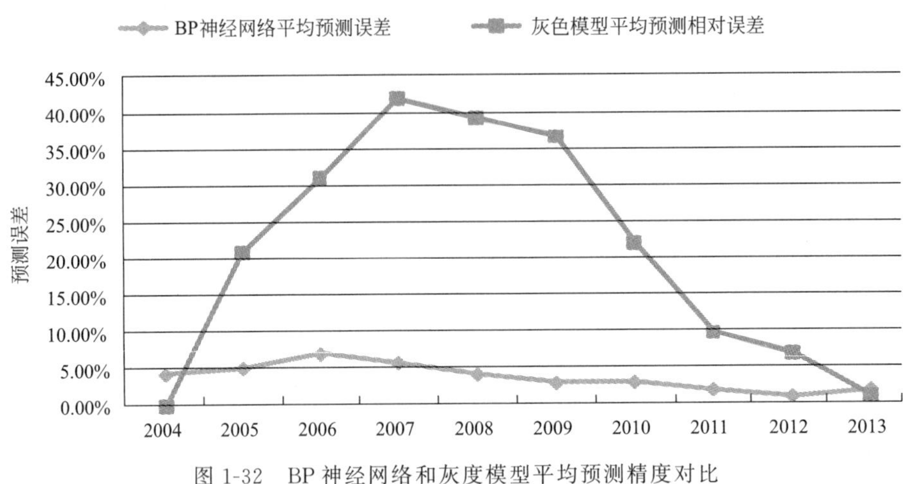

图 1-32　BP 神经网络和灰度模型平均预测精度对比

50%。从预测结果的时间趋势上看，灰度模型在对铁路客货运输预测过程中，的预测误差按照数据的先后次序呈现中间大、两头小的规律分布，这主要是由于灰度函数的累加特点造成的。

通过图 1-32 可知，BP 神经网络和灰度模型在对铁路客货运输的预测过程中：①BP 神经网络的平均相对误差为 3.78%，灰度模型的平均相对误差为 20.98%，从总是上看，BP 神经网络在铁路客货运输预测过程中的预测效果要优于灰度模型；②BP 神经网络的相对误差的方差为 0.018，灰度模型的相对误差的方差为 0.158，BP 神经网络在预测过程中的稳定性要优于灰度模型。

1.3.2　中国铁路网规划

运输能力紧张是我国铁路长期面临的最突出的矛盾。由于我国人口众多，铁路发展长期滞后，运输能力十分紧张，特别是春运期间，主要表现为：

(1) 铁路网整体能力长期紧张。按国土面积计算，我国每万平方公里有铁路 81.2km，仅为德国的 9%，英国的 10%，日本的 11%；按人口计算，我国人均拥有铁路仅为 6cm，不到一根香烟的长度。

(2) 繁忙干线瓶颈问题突出。目前，全路主要干线区段能力利用率超过 90%，京沪、京哈、京广、京九、陇海、沪昆六大繁忙干线平均运输负荷是全路平均值的 3 倍，其中客运密度是全路平均值的 4.8 倍，能力利用已到极限。

所以，为了促进我国铁路快速发展，国家《中长期铁路网规划》于 2004 年经国务院审议通过，其发展目标为：到 2020 年，全国铁路营业里程达到 10 万公里，主要繁忙干线实现客货分线，复线率和电化率均达到 50%，运输能力满足国民经济和社会发展需要，主要技术装备达到或接近国际先进水平。

1. 中长期铁路网规划的主要内容

(1) 建设客运专线

根据国家《中长期铁路网规划》内容，我国建设客运专线 1.9 万公里以上，客车速度目标值达到每小时 200km 及以上（见表 1-10）。

客运专线　　　　**表 1-10**

名　　称	线　　路		备　　注
“四纵”客运专线	1	北京～上海客运专线	贯通京津至长江三角洲东部沿海经济发达地区
	2	北京～武汉～广州～深圳客运专线	连接华北和华南地区
	3	北京～沈阳～哈尔滨(大连)客运专线	连接东北和关内地区
	4	杭州～宁波～福州～深圳客运专线	连接长江、珠江三角洲和东南沿海地区
“四横”客运专线	1	徐州～郑州～兰州客运专线	连接西北和华东地区
	2	杭州～南昌～长沙客运专线	连接华中和华东地区
	3	青岛～石家庄～太原客运专线	连接华北和华东地区
	4	南京～武汉～重庆～成都客运专线	连接西南和华东地区
三个城际客运专线	1	环渤海地区城际客运专线	覆盖区域内主要城镇
	2	长江三角洲地区城际客运专线	
	3	珠江三角洲地区城际客运专线	

(2) 开发新线路

根据国家《中长期铁路网规划》内容，我国铁路网络规划建设新线约 1.6 万公里，开发新线路主要有：

1) 新建中吉乌铁路喀什～吐尔尕特段，改建中越通道昆明～河口段，新建中老通道昆明～景洪～磨憨段、中缅通道大理～瑞丽段等，形成西北、西南进出境国际铁路通道；

2) 新建太原～中卫（银川）线、临河～哈密线，形成西北至华北新通道；

3) 新建兰州（或西宁）～重庆（或成都）线，形成西北至西南新通道；

4) 新建库尔勒～格尔木线、龙岗～敦煌～格尔木线，形成新疆至青海、西藏的便捷通道；

5) 新建精河～伊宁、奎屯～阿勒泰、林芝～拉萨～日喀则、大理～香格里拉、永州～玉林和茂名、合浦～河唇、西安～平凉、柳州～肇庆、桑根达来～张家口、准格尔～呼和浩特、集宁～张家口等西部区内铁路，完善西部地区铁路网络；

6) 新建铜陵～九江、九江～景德镇～衢州、赣州～韶关、龙岩～厦门、湖州～嘉兴～乍浦、金华～台州及东北东边道等铁路，完善东中部铁路网络。

(3) 改造既有线路

根据国家《中长期铁路网规划》内容，我国规划既有线增建二线 1.3 万公里，既有线电气化 1.9 万公里。

1) 在建设客运专线的基础上，对既有线进行扩能改造，在大同（含蒙西地区）、神府、太原（含晋南地区）、晋东南、陕西、贵州、河南、兖州、两淮、黑龙江东部等十个煤炭外运基地，形成大能力煤运通道。近期要优先考虑大秦线扩能、北同蒲改造、黄骅至大家洼铁路建设和石太线扩能，实现客货分运，加大煤炭外运能力。

2) 结合客运专线的建设，对既有京哈、京沪、京九、京广、陆桥、沪汉蓉和沪昆等七条主要干线进行复线建设和电气化改造。

3）以北京、上海、广州、武汉、成都、西安枢纽为重点，调整编组站，改造客运站，建设机车车辆检修基地，完善枢纽结构，使铁路点线能力协调发展。

4）建设集装箱中心站，改造集装箱运输集中的线路，开行双层集装箱列车。

2. 中长期铁路网规划的主要特征

（1）实现客货分线

《中长期铁路网规划》提出，实施客货分线，专门建设客运专线，在建设较高技术标准“四纵四横”客运专线的同时，为满足经济发达的城市密集群的城际间旅客运输日益增长的需求，规划以环渤海地区、长江三角洲地区、珠江三角洲地区为重点，建设城际快速客运系统。

（2）完善路网布局

《中长期铁路网规划》提出，2020年前，以西部地区为重点，新建一批完善路网布局和西部开发性新线，全面提高对地区经济发展的适应能力。西部地区在加快青藏铁路等新线建设的同时，集中力量加强东西部之间通道的建设，在西北至华北及华东、西南至中南及华东间形成若干条便捷、高效的通道，形成路网骨架，满足东西部地区客货交流的需要。东中部地区新建一批必要的联络线，增强铁路运输机动灵活性。新建和改扩建新疆通往中亚，东北通往俄罗斯，云南通往越南、老挝等东南亚国家的出境铁路通道，为扩大对外交流服务。

（3）提升既有能力

《中长期铁路网规划》提出，在建设客运专线和其他铁路线路的同时，加强既有铁路技术改造，扩大运输能力，提高路网质量。首先，以京哈、京沪、京九、京广、陆桥、沪汉蓉、沪昆等七条既有干线为重点，增建二线和电气化改造，扩大既有主干线的运输能力。其次，根据煤炭行业发展规划，结合铁路煤炭运输径路的实际，通过建设客运专线实现客货分线和对既有煤运通道进行扩能改造，形成铁路煤运通道18亿吨的运输能力。最后，在加快新线建设和既有线改造的同时，系统安排枢纽建设，强化重点客站，并与其他交通运输方式有机衔接；调整主要编组站，建设机车车辆检修基地，完善枢纽结构，使铁路点线能力协调发展，系统提高运输能力、运输质量和运输效率，最大限度地发挥路网整体作用。

3. 中长期铁路网调整规划方案

交通运输部2013年公布了《中长期铁路网调整规划方案》。新的调整规划根据综合交通网中长期发展规划，进一步扩大路网规模，完善布局结构，提高运输质量，体现了原规划快速扩充运输能力、迅速提高装备水平的要求。新调整的方案，将2020年全国铁路营业里程规划目标由10万公里调整为12万公里以上，其中客运专线由1.2万公里调整为1.9万公里，电化率由50％调整为60％，主要繁忙干线实现客货分线，基本形成布局合理、结构清晰、功能完善、衔接顺畅的铁路网络，运输能力满足国民经济和社会发展需要，主要技术装备达到或接近国际先进水平。调整后的方案特征如下：

（1）形成快速客运铁路网络

《中长期铁路网调整规划方案》中客运专线及城际铁路建设目标由1.2万公里调整为

1.9万公里以上。铁路快速客运网由客运专线、城际轨道交通和客货混跑快速线路组成，这一快速客运网连接所有省会及50万人口以上的大城市，覆盖全国90%以上人口，大大缩短城市间时空距离。届时，北京、上海、郑州、武汉、广州、西安、成都等中心城市，与邻近省会城市将形成1～2h交通圈，与周边城市形成0.5～1h交通圈。这一快速客运网建成后，以北京为中心，东到上海只需要4h，南到广州为6.5h、到昆明为8h，西到乌鲁木齐为11h，北到哈尔滨为5h。这样《调整方案》进一步加大繁忙干线客货分线力度，延伸并扩大客运专线覆盖面，加强客运专线之间相互连通和衔接，发挥整体优势。

（2）完善铁路网布局

《中长期铁路网调整规划方案》进一步扩大了西部路网规模，完善了中东部路网结构，将规划建设新线由1.6万公里调整为4.1万公里。新增中俄、中蒙等对外铁路通道，完善东北、西北、西南地区进出境国际铁路通道。规划新增向塘—莆田（福州）、合肥—福州、乐山—贵阳—广州、昆明—南宁—广州、西安—汉中—绵阳、乌鲁木齐—哈密—兰州等线路，进一步加强区际联系通道，各区域之间客运将实现快捷便利，货运将实现大出大入，长期困扰经济社会发展的铁路“瓶颈”制约状况将得到根本解决。新增喀什—和田、嘉峪关—策克、安康—张家界等铁路，扩大西部地区铁路网规模，总规模达到5万公里以上。新增上海—南通、广州—茂名—湛江、青岛—连云港—盐城等铁路，进一步完善东中部铁路网。

（3）构建以煤炭运输为主体的区际大能力通道

《中长期铁路网调整规划方案》为适应国民经济发展对煤炭运输的需求，围绕十大煤炭外运基地和新疆地区，对煤运通道进行了补充完善。在建设客运专线、实现干线客货分线运输、释放既有线能力的同时，加快大秦铁路等既有铁路扩能改造，增加建设“三西”地区煤炭下海和铁路直达中南、华东内陆地区通道，以及新疆地区煤炭外运通道及集疏运系统，煤运通道运输能力达到23亿吨以上。

（4）大规模改造既有铁路

在对既有京哈、京沪、京九、京广、陆桥、沪汉蓉和沪昆等7条主要干线进行复线建设和电气化改造的同时，对“五纵五横”综合运输大通道内既有铁路干线进行复线建设和电气化改造，进一步加强通道内铁路运输能力。《中长期铁路网调整规划方案》将增建二线建设规模由1.3万公里调整到1.9万公里，既有线路电气化建设规模由1.6万公里调整为2.5万公里。

（5）构建国际铁路网络

目前中国正在与17个国家协商关于建设亚欧高速，计划在十年内修建三条高速铁路线路贯穿南北，连通欧亚。届时，乘坐时速超过200km的火车，从伦敦到北京只需要两天时间。这三条计划线路分别为，一条向北延伸经俄罗斯到德国，与欧洲铁路系统会合；一条向南延展连接越南、泰国、缅甸以及马来西亚等东南亚国家；另有一条线路将连接中国与英国、新加坡、印度及巴基斯坦。

总之，《中长期铁路网调整规划方案》将城际客运系统由环渤海、长三角、珠三角地区扩展到长株潭、成渝、中原、武汉、关中、海峡西岸城镇群等经济发达和人口稠密地区，覆盖沿线各中心城市和主要城镇，实现小编组、高密度、公交化运输，有效满足地区大容量客运需求。《中长期铁路网调整规划方案》实施后，我国铁路网规模进一步扩大，路网结构更加合理，运输能力大幅度提高，运输质量迅速提升，繁忙通道实现客货分线，主要通道基本实现复线大能力化，东北和西北地区主要干线实现复线电气化，东中部和西南地区基本实现电化成网，中国铁路特有的速度、密度、重载运输结构得到协调兼顾。在运输质量上，客运专线网形成规模，城际铁路网基本覆盖，主要枢纽点线协调，城市间时空距离大幅度缩短，省会城市间总旅行时间节省50%以上。铁路与其他运输方式衔接更加紧密，客货集散更加方便、快捷。铁路重载运输、集装箱运输达到世界先进水平。

第 2 章　高速铁路交通网络

对于“高速铁路”一词，现时世界上并没有统一的定义，所以不同的组织或国家对“高速铁路”有着各异的标准。但近年来各种标准均趋于接近，国际铁路联盟（英文全称是 International Union of Railways，UIC 是法文全称的缩写）的建议是指透过改造原有线路使其设计速度达到 200km/h，或新建线路的设计速度达到 250km/h 以上。依据所谓的运输工具 3S 理论，高速铁路的列车不只是速度快（Speed），也会在乘坐空间加大舒适程度（Space），以及提升座舱的服务内容（Service）这样的服务才能使较高的票价物有所值。“狭义”上的高速铁路，是指传统的轮轨式高速铁路，这也是最普遍的一种理解；而“广义”上的高速铁路则包含使用磁悬浮技术的高速轨道运输系统。

2.1　高速铁路概况

根据国际铁路联盟（UIC）的定义，高速铁路，简称“高铁”，高速铁路是指通过改造原有线路（直线化、轨距标准化），使营运速度达到 20km/h 以上，或者专门修建新的“高速新线”，使营运速度达到 250km/h 以上的铁路系统。高速铁路除了在列车在营运达到速度一定标准外，车辆、路轨、操作都需要配合提升。世界上首条出现的高速铁路是日本的新干线，于 1964 年正式营运。

（1）欧盟。为了组织建立泛欧高速铁路网（Trans-European high-speed rail network，简称 TEN-R）体系，欧盟在 1996 年宣布对“高速铁路”提出新的定义，并发布了“96/48/EC 号指令”（DIRECTIVE 96/48/EC），给出“高速铁路”和“高速铁道机车车辆”两方面的标准。此标准现在普遍适用于欧盟成员国：

高速铁路：新建高速铁路的容许速度达到 250km/h 或以上；经升级改造的高速铁路，其容许速度达到 200km/h。

高速铁道机车车辆：在新建高速铁路上，运行速度最少达到 250km/h，并在可能的情况下达到 300km/h；在既有铁路上，运行速度达到 200km/h。

（2）联合国欧洲经济委员会。联合国欧洲经济委员会运输统计工作组织和欧盟一样，分别为“高速铁路”和“高速铁道机车车辆”两方面设立了标准。

高速铁路：高速铁路专线在主要路段的容许速度达到 250km/h 或以上；经升级改造的高速铁路，在主要路段的容许速度达到 200km/h。

高速铁道机车车辆：在高速铁路专线上的设计运营速度最少达到 250km/h；在经升级改造的高速铁路上，设计运营速度达到 200km/h 的高速摆式列车；最高运营速度达到 200km/h 的传统高速铁道机车车辆。

（3）日本。日本作为世界上最早开始发展高速铁路的国家，日本政府在 1970 年发布第 71 号法令，对高速铁路的定义是，凡一条铁路的主要区段，列车的最高运行速度达到

200km/h 或以上者，可以称为高速铁路。

（4）中国。中国铁道部对“高速铁路”的定义分为两部分：既有线改造达到 200km/h 和新建时速达到 200～250km/h 的线路，在这部分线路上运营的时速不超过 250km/h 的列车称为“动车组”；以及新建的时速达到 300～350km/h 的线路，这部分线路上运营的时速达到 300km/h 及以上的列车称为“高速动车组”。中国高速铁路使用的动车组列车类型有 CRH1，CRH2，CRH3，CRH5，CRH6，CRH380A，CRH380B，CRH380C，CRH380D 等。

2.1.1 高速铁路的基本特征

高速铁路上，随着列车速度的提高，对线路的建筑标准要求也不断提高。特别是高速列车通过隧道时会产生一系列的空气动力学效应，如压力拨动、出口处微气压波、洞内行车阻力增大等，这些对隧道横断面有很高的要求。因此，高速铁路有其特殊性。

1. 高速铁路的特殊性

（1）空间问题。列车沿地面高速运行时，将带动列车周围的空气随之运动，形成一种特定的列车风。这种列车风形成的列车气动力将威胁到沿线工作人员和站台旅客的安全，对沿线建筑物也有破坏作用，列车风卷起的杂物还可能威胁行车安全。而相邻线路的两列列车相向高速运行交会时，产生的空气压力冲击波易震碎车窗玻璃，使旅客耳朵感到不适，甚至影响列车运行的平稳性。所以，高速铁路要求有一个宽大的行车空间，它可以通过增大两线间的距离和加宽站台上旅客的安全退避距离来解决。

（2）曲线问题。高速铁路对线路曲线提出了更高的技术要求。高铁轨道的高平顺性，要求其空间线路曲线尽可能平滑，即线路平纵断面的变化尽可能平缓。因为无论是平面曲线还是立面曲线，曲率变化快的地段轮轨间的相互作用力都会增加，线形也难以保持，这往往是产生轨道不平顺的地方。同时，列车在曲线上运行，产生的离心加速度与列车速度的平方成正比，该比值直接影响列车运行的舒适、平稳和安全。因此，行车速度越高，平面曲线和立面曲线的半径增幅越大。

（3）隧道问题。缓解高速列车进入隧道诱发的空气动力学效应可采用放大隧道断面有效面积、在隧道洞口修建缓冲结构及增设辅助坑道等工程措施。隧道横断面由隧道建筑限界、轨道数量、线间距、应预留的空间、空气动力学影响所需的空间和设备安装空间构成。高速铁路隧道比普通铁路隧道的横断面大，受力比较复杂，且列车运行速度较高，隧道维修有一定的时间限制，对隧道衬砌的安全线、耐久性和防水性能要求提高。另外，高速铁路对隧道底部的强度较普通铁路要求更高，且高速铁路隧道的断面跨度较大，因此对底板厚度、混凝土强度等要求较高。

2. 高速铁路与普通铁路的区别

（1）高速铁路非常平顺，以保证行车安全和舒适性，高速铁路都是无缝钢轨，而且时速 300km 以上的高速铁路采用的是无砟轨道，就是没有石子的整体式道床来保证平顺性。

（2）高速铁路的弯道少，弯道半径大，道岔都是可动心高速道岔。

（3）大量采用高架桥梁和隧道。来保证平顺性和缩短距离。

（4）高速铁路的接触网，就是火车顶上的电线的悬挂方式也与普通铁路不同，来保证高速动车组的接触稳定和耐久性。

（5）高速铁路的信号控制系统比普通铁路高级，因为发车密度大、车速快、安全性一定要高。

3. 高速铁路的主要特征

（1）高速铁路的输送能力大。输送能力大是高速铁路主要技术优势之一。高速铁路的运载量是航空的 10 倍、是高速公路的 5 倍，但高速铁路的运输成本只是航空的 1/5、高速公路的 2/5。如日本东海道新干线高峰期平均每小时发车达 11 列，两个半小时的运行路程中，每天通过的列车达 283 列，每列车可载客 1200～1300 人，年均输送旅客达 1.2 亿人次。目前各国高速铁路几乎都能满足最小行车间隔时间 4min 及其以下（日本可达 3min）的要求，扣除维修时间 4h，则每天可开行的旅客列车约为 280 对；如每列车平均乘坐 800 人，年均单向输送能力将达到 82000 万人；如果采用双联列车或改用双层客车，载客高达 1.65 亿人。4 车道高速公路客运专线，单向每小时可通过小轿车 1250 辆，全天工作 20h，可通过 25000 辆。如大轿车占 20%，每平均乘坐 40 人；小轿车占 80%，每车乘坐 2 人，年均单向输送能力为 8760 万人。航空运输主要受机场容量限制，如一条专用跑道的年起降能力为 12 万架次，采用大型客机的单向输送能力只能达到 1500 万～1800 万人。

（2）高速铁路的速度快。速度是高速铁路技术水平的最主要标志，各国都在不断提高列车的运行速度。法国、日本、德国、西班牙和意大利高速列车的最高运行时速分别达到了 300km、300km、280km、270km 和 250km。如果作进一步改善，运行时速可以达到 350～400km。除最高运行速度外，旅客更关心的是旅行时间，而旅行时间是由旅行速度决定的。以北京至上海为例，在正常天气情况下，乘飞机的旅行全程时间（含市区至机场、候检等全部时间）为 5h 左右，如果乘高速铁路的直达列车，全程旅行时间则为 5～6h，与飞机相当；如果乘既有铁路列车，则需要 15～16h；若与高速公路比较，以上海到南京为例，沪宁高速公路 274km，汽车平均时速 83km，行车时间为 3.3h，加上进出沪、宁两市区一般需 1.7h，旅行全程时间为 5h，而乘高速列车，则仅需 1.15h。

（3）高速铁路的安全性好。高速铁路由于在全封闭环境中自动化运行，又有一系列完善的安全保障系统，所以其安全程度是任何交通工具无法比拟的。高速铁路问世以来，日本、德国、法国、中国等共运送了 60 亿人次旅客，但总共发生过 4 次交通事故。分别是：德国 1998 年 6 月 3 日的 ICE884 高速列车行驶在改建线上发生事故、2005 年日本新干线福知山线的特大列车出轨事故、2011 年我国的高速铁路追尾事故、2013 年西班牙的特大列车出轨事故外，其他各国高速铁路都未发生过重大行车事故，也没有因事故而引起人员伤亡。由于事故率及人员伤亡率远远低于其他现代交通运输方式，因此，高速铁路被认为是最安全的交通方式。与此成对比的是，据统计，全世界由于公路交通伤亡事故每年约死亡 30 万～50 万人，每 10 亿人公里的平均死亡数高达 140 人；每年全球民用航空交通中有 50 架左右飞机坠毁，2000 多人丧生。

（4）高速铁路受气候变化影响小，正点率高。高速铁路全部采用自动化控制，可全天候运营，除非发生地震。若装设挡风墙，即使在大风情况下，高速列车也只减速行驶而无须停运。据日本新干线风速限制的规范，若装设挡风墙，即使在大风情况下，高速列车也只要减速行驶，比如风速达到 25～30m/s，列车限速在 160km/h；风速达到 30～35m/s（类似 11、12 级大风），列车限速在 70km/h，而无须停运。飞机机场和高速公路等，在浓雾、暴雨和冰雪等恶劣天气情况下，则必须关闭停运。正点率高也是高速铁路深受旅客欢迎的原因之一。由于高速铁路系统设备的可靠性和较高的运输组织水平，可以做到旅客列车极高的正点率。西班牙规定高速列车晚点超过 5min 就要退还旅客的全额车票费；日本规定到发超过 1min 就算晚点，晚点超过 2h 就要退还旅客的加快费，每年东海道新干线列车平均晚点只有 0.3min。高速列车极高的准时性深得旅客信赖。

(5) 高速铁路舒适方便。高速铁路一般每 4min 发出一列车（日本在旅客高峰时每 3.5min 发出一列客车），旅客基本上可以做到随到随走，不需要候车。为方便旅客乘车，高速列车运行规律化，站台按车次固定化等。这是其他任何一种交通工具无法比拟的。高速铁路列车车内布置非常豪华，工作、生活设施齐全，座席宽敞舒适，走行性能好，运行非常平稳。减震、隔音，车内很安静。乘坐高速列车旅行几乎无不便之感，无异于愉快的享受。

(6) 高速铁路能源消耗低。以“人/公里”单位能耗来进行比较，并以普通铁路每人公里消耗的能源为 1，则高速铁路每人公里消耗的能源为 1.3、小轿车每人公里消耗的能源为 8.8、公共汽车每人公里消耗的能源为 1.5、大客车每人公里消耗的能源为 3.5，飞机每人公里消耗的能源为 9.8。高速列车用电力牵引，不消耗宝贵石油等液体燃料，可用多种形式能源。

(7) 高速铁路环境影响轻。世界各国对新一代交通工具选择的着眼点是对环境影响小。高速铁路符合这种要求，明显优于汽车和飞机。汽车、飞机使用的是不可再生的一次能源——汽油或煤油，而高速铁路使用的是二次能源——电力。由于高速铁路采用电力牵引，因此消除了粉煤烟和其他废气污染，噪声比普通铁路低。根据研究成果，每人公里污染治理费用，如以高速铁路每人公里污染治理费用为 1，则高速公路每人公里污染治理费用为 3.76，飞机每人公里污染治理费用为 5.21。

(8) 高速铁路经济效益好。高速铁路运行以来倍受旅客青睐，经济效益也十分可观。日本东海道新干线开通 7 年收回全部建设资金，1985 年后，每年纯利达 2 千亿日元。德国 ICE 城市间高速列车年纯利达 10.7 亿马克。法国 TGV 年纯利达达 19.44 亿法郎。中国京沪高铁线路 2010 年 10 月通车，2014 年 6 月收回成本。

2.1.2 高速铁路的发展历程

1964 年 10 月 1 日，日本的新干线系统开通，是史上第一个实现“营运速率”高于时速 200km 的高速铁路系统。1981 年 2 月 26 日，法国 TGV 在东南线创造了时速 380km 的速度纪录。1988 年 5 月 1 日，德国人用 ICE 首破 400km/h，达到了 406.9km/h。1988 年 12 月 12 日，法国 TGV 在东南线达到 408.4km/h。1989 年 12 月 5 日，法国 TGV 在大西洋线达到 482.4km/h。1990 年 5 月 18 日，又一个历史性时刻，法国 TGV 在大西洋线达到了 515.3km/h，人类铁路历史上首次突破 500km/h。2007 年 4 月 3 日，截至目前的轮轨世界纪录诞生，法国 TGV 在东欧线以三动两拖的试验车创造了 574.8km/h 的速度神话，让人叹为观止。2010 年中国南车在原铁道部的支持下，立项研制 500km/h 试验列车 (CIT500)，后来虽然遇到波折，但于 2011 年 12 月 25 日正式在青岛下线。2014 年铁科院正式购买 CIT500，并改为综合检测车，铁路总公司命名为“CRH380AM”，在沪昆高速杭长段试验线按时速 380km 以下试验运营。CIT500 是一个速度怪物，前后采用了不同的头型，前面头型原型是“青铜剑”，后面头型是在 CRH380A 火箭头型基础上进行改进的，比 CRH380A 头型更加细长。6 节编组的它，牵引功率就达到了 22800kW，而 CRH380A 的牵引功率只有 9600 千瓦。中国研制该车目标是突破轮轨 600km/h。在滚动试验台上，该车以 605km/h 进行试验，没有任何失稳迹象，运行处于极佳状态。概括来说，高速铁路发展经历如下几个阶段：

第一阶段（1964 年至 1990 年），起步阶段

1959 年 4 月 5 日，世界上第一条真正意义上的高速铁路东海道新干线在日本破土动工，经过 5 年建设，于 1964 年 3 月全线完成铺轨，同年 7 月竣工，1964 年 10 月 1 日正式通车。东海道新干线从东京起始，途经名古屋，京都等地终至（新）大阪，全长 515.4km，运营速度高达 210km/h，它的建成通车标志着世界高速铁路新纪元的到来。随后法国、意大利、德国纷纷修建高速铁路。1972 年继东海道新干线之后，日本又修建了山阳、东北和上越新干线；法国修建了东南 TGV 线、大西洋 TGV 线；意大利修建了罗马至佛罗伦萨。

第二阶段（1990 年至 20 世纪 90 年代中期），发展阶段

法国、德国、意大利、西班牙、比利时、荷兰、瑞典、英国等欧洲大部分发达国家，大规模修建本国或跨国界高速铁路，逐步形成了欧洲高速铁路网络。这次高速铁路的建设高潮，不仅仅是铁路提高内部企业效益的需要，更多的是国家能源、环境、交通政策的需要。

第三阶段（从 20 世纪 90 年代中期至 2010 年），成熟阶段

在亚洲（韩国、中国）、北美洲（美国）、澳洲（澳大利亚）世界范围内掀起了建设高速铁路的热潮。主要体现在：一方面是修建高速铁路得到了各国政府的大力支持，一般都有了全国性的整体修建规划，并按照规划逐步实施；另一方面是修建高速铁路的企业经济效益和社会效益，得到了更广层面的共识，特别是修建高速铁路能够节约能源、减少土地使用面积、减少环境污染、交通安全等方面的社会效益显著，以及能够促进沿线地区经济发展、加快产业结构的调整等等。

第四阶段（从 2010 年至 2015 年），完善阶段

无论是发达国家还是发展中国家，都制定了自己国家高速铁路的发展规划。各个国家高速铁路的规划蓝图不但设计运营的速度高，而且注意各国之间的有效衔接。预计到 2020 年全世界就可以实现高铁环境下的“地球村”。

第五阶段（从 2016 年至今），飞跃阶段

随着日本 2015 年 603km/h 的磁浮列车实验成功，以及美国超级高铁的理念推广，世界各国正面临一场新的高铁革命：最高运营速度不超过 400km/h 轮轨高铁，已不是各国研发的热点技术；而运营速度 500km/h 以上的磁浮列车成为时代新宠，特别是运营速度超过 1000km/h 超级高铁成为各国研发热点技术。

2.1.3　国外高速铁路发展现状

适合高速铁路的生存环境其实只有两条基本原则：第一是人口稠密和城市密集，而且生活水准较高，能够承受高速轮轨比较昂贵的票价和多点停靠，第二是较高的社会经济和科技基础，能够保证高速轮轨的施工、运行与维修需要。就这两点而言，以巴黎和柏林为核心的欧洲大陆和日本密集的城市带是最适合不过的。因此，世界最先进的高速轮轨技术诞生在德国、法国、日本等这 3 个国家就非常合乎逻辑。

1. 日本高速铁路概况

日本是世界上第一个建成实用高速铁路的国家。1964 年 10 月 1 日东海道新干线正式

营业，代表了当时世界第一流的高速铁路技术水平，标志着世界高速铁路由试验阶段跨入了商业运营阶段。2013 年 3 月 5 日，日本新干线速度最快的列车隼鸟号投入运营。主要高速铁路线路有（图 2-1）：

日本新干线东海道新干线：东京站至新大阪站，全长 515.4km。

山阳新干线：新大阪站至博多站，全长 553.7km。

东北新干线：东京站至新青森站，全长 674.9km。

上越新干线：大宫站至新潟站，全长 269.5km。

北陆新干线：高崎站至长野站，全长 117.4km。

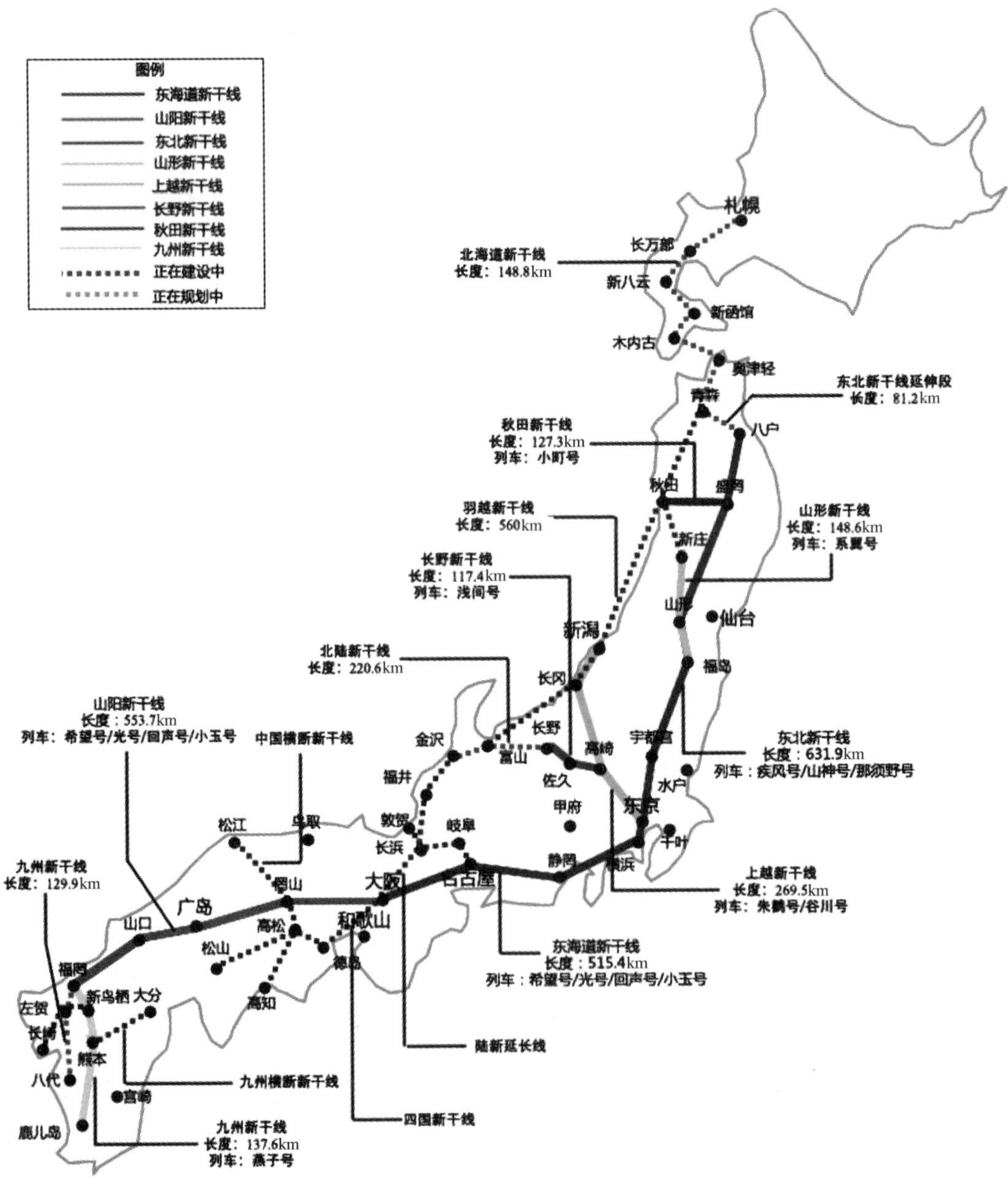

图 2-1 日本高速铁路运营线路

九州新干线：博多站至鹿儿岛中央站，全长 256.8km。

秋田新干线：盛冈站至秋田站，全长 127.3km。

山形新干线：福岛站至新庄站，全长 148.6km。

（1）日本高速铁路的特点

日本新干线于 1964 年 10 月 1 日开始通车营运，是全世界第一条载客营运高速铁路系统。日本的新干线技术成熟，运行稳定，安全性较高。从环保角度来看，由于新干线车辆轻巧，运行过程中排放的二氧化碳也就较少，可以说是比较环保的。从技术特点上看，新干线采用动力分散的运行方式，而不是用机车牵引。所谓动力分散，就是每节车厢的车轮部都安装了驱动装置，将列车的动力分散到各节车厢，这样就不需要沉重的机车，车厢的轴重由此也可大大减轻，不仅易于加减速和在大坡度线路上的平稳行驶，也降低了噪声和振动，提高了旅行舒适度。此外，由于降低了对轨面的压力，既降低了建设成本，又提高了经济效益，而且也没有噪声污染。

（2）日本高速铁路的发展历史

1）初始阶段：1964 年 10 月 1 日东海道新干线正式开通营业，高速列车运行速度达到 210km/h，从东京至大阪间旅行时间由 6h30min 缩短到 3h。

2）发展阶段：1971 年日本国会审议并通过了《全国铁道新干线建设法》，掀起了高速铁路建设的浪潮。1975 年山阳新干线通车营业，列车最高时速 270km；1985 年东北新干线通车营业，列车最高时速 240km；1982 年上越新干线通车营业，列车最高时速 240km；1997 年长野新干线通车营业，列车最高时速 260km。

3）成熟阶段：2011 年 3 月 6 日，日本最新子弹列车"隼鸟号"（Hayabusa）首度通车上路，在东京与北部城市仙台之间每天往返。这种新型列车现阶段最高时速 300km，可 3h10min 完成东京与青森之间大约 713km 行程。作为 14 年来首次在新干线采用新型列车的运营商，东日本铁路公司打算 2012 年底将"隼鸟号"列车的最快运行时速提高至 320km。

（3）日本高速铁路的社会意义

东海道新干线以其安全、快速、准时、舒适、运输能力大、环境污染轻、节省能源和土地资源等优越性博得了政府和公众的支持和欢迎。东海道新干线投入运营后，高速列车的客运市场占有份额迅速上升，每天平均运送旅客 36 万人次，年运输量达 1.2 亿人次。从而使包括东京、横滨、名古屋、大阪等大城市在内的东海道地区，原本旅客运输十分紧张的状况一下得到了缓和，也取得了预期的经济效益。使一度被贬为"夕阳产业"的铁路，显示出强大生命力，预示着"铁路第二个大时代"的来临。

2. 法国高速铁路概况

法国目前的高速铁路线路总里程为 1800km。虽然法国国营铁路公司最新研发的高速列车的测试时速接近 575km，但是商业运营的高速列车的平均时速大约在 260km 左右。法国的高速列车乘坐起来很便捷舒适。法国高速铁路线路主要有（图 2-2）：

法国 TGV 东南线：巴黎至里昂；

大西洋线：巴黎至图尔和勒芒；

北线：巴黎至加来和比利时边境；

罗纳-阿尔卑斯线：东南线至瓦朗斯；

地中海线：瓦朗斯至马赛；

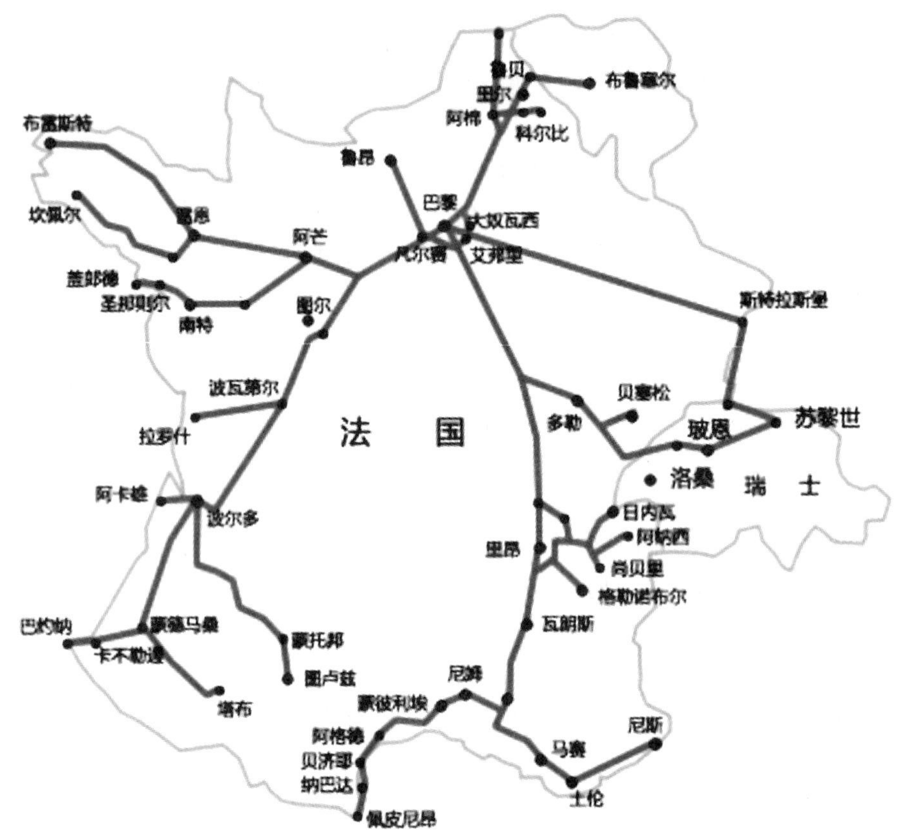

图 2-2　法国高速铁路网

东线：巴黎至斯特拉斯堡。

（1）法国高速铁路的优点

1）便捷性，就体现在购票上。既可以在国营铁路公司的售票点购买，也可以直接到火车站售票窗口或自动售票终端机上购买。最方便的还是上法国国营铁路公司的订票网站进行网上预订。虽然很多人选择乘高速铁路出行，在法国也不会出现买票难的问题。这是因为高速列车连通的是法国的主要大城市，车次较多、法国人口较少。

2）在舒适度方面，法国高速列车内人性化的设计是吸引旅客乘坐高速铁路的一个主要原因。例如二等车厢的座椅也可以稍微下放，坐起来也很舒适。而且，座位旁边一般都配备电源插座，可以边坐火车边工作，一点儿也不耽误时间。

3）对于票价来说，买票时间的早晚是影响车票价格的唯一因素，乘客越早买票价格越便宜。法国国营铁路公司针对不同人群推出不同的优惠，比如针对 26 岁以下青年人的“青年卡”和针对 60 岁以上老年人的“老年卡”，持有这些卡的人在购票时可享受不同程度的折扣。法国国营铁路公司的网上订票系统还经常推出一些“闪电销售”，这些票通常是不能改签不能退的，但价格非常便宜，头等车厢的票价甚至比没打折的二等车厢的票还便宜许多。

（2）法国 TGV 动车组概述

TGV 是法文 Trainà Grande Vitesse 单词的缩写，翻译过来是高速列车的意思。它有数代，每一代又有好几种车型。TGV 计划开始于 20 世纪 60 年代。当时，法国国家铁路局认识到，要与日益增长的私家车和快捷的空中交通竞争，他们除了提供快捷的速度外，别无他法。法国国家铁路局对 TGV 的构想是在列车保持兼容现有铁路设施的条件下开发高速铁路系统，这样有利于最大程度利用现行的铁道，特别是城市中心的铁路设施。另一个好处是在现行铁路的基础上，用 TGV 列车达到部分高速铁路的目标，逐渐改进现有铁道系统，一步一步地实现铁路高速化。

（3）法国 TGV 动车组的发展进程

1）初始阶段：TGV 计划启动于 1960 年，第一列样板车“TGV 001”以柴油作为动力，并以气体涡轮推动，是一种采用蒸汽涡轮动力的非电力机车，并在 1972 年 11 月 8 日创造了时速 318km 的世界纪录。但经过 1973 年的能源危机，燃料价格上涨，此设计便变得不可行。

2）发展阶段：1974 年，第一例 TGV 电动样板车制成，该设计于 1980 年开始量产，首条运营的 TGV 线路开通于 1981 年，在巴黎和里昂之间运行。20 世纪 70 年代后期，法国在巴黎到里昂之间铺建了一条全新的线路。1981 年 9 月 27 日，该线的第一部分开通投入运营。并以 380km 的时速打破了世界纪录。新型 TGV 取得了出人意料的成功，打败了巴黎到里昂的航空运输业，很快就盈利了，仅仅用十年的时间就完全抵偿了其自身的营建成本。TGV 已经成为法国的高技术象征。

3）成熟阶段：1989 年，TGV 线首次开通，运营于巴黎西部各个城市中心点。自此，新型的 TGV 和铁道线相继面世，而且在每一次的更新换代中都有很大的改进。在 1989 年，Atlantique 型 TGV 初次登台，从巴黎往西方向运营。这种新型的 TGV 改进了先前几代的缺陷，展示出了 TGV 继续向前发展的可能性。特别是在 1990 年 5 月 18 日，它创造出了令世界震惊的速度：515.3km 的时速。2007 年 4 月法国阿尔斯通公司制造的 V150 型高速电气机车（TGV）在巴黎东南部的一段经特殊加固的铁路线上，达到了时速 574.8km，创下新的有轨铁路行驶速度世界纪录。

法国 TGV 的最大优势在于传统轮轨领域的技术领先。1996 年，欧盟各国的国有铁路公司经联合协商后确定采用法国技术作为全欧高速火车的技术标准。因此 TGV 技术被出口至韩国、西班牙和澳大利亚等国，是被运用最广泛的高速铁路。TGV 技术如今已成为法国对外出口的一项技术。在西班牙，有引进 TGV 技术的 AVE 高速列车，在韩国，有从 TGV 变化而来的 KTX。另外，法国国家铁路局还积极向其他要发展高速列车的国家和地区推荐 TGV。

3. 德国高速铁路概况

德国首条高速铁路 1991 年投入商业运营，是全世界继日本、法国之后第三个全面掌握高速铁路技术的国家。目前德国国内运营的高速铁路基本上属于传统的轮轨技术，它的线路总长至少达到 1560km。德国高速铁路线路主要有（图 2-3）：

（1）德国 ICE 汉堡经汉诺威、法兰克福至弗赖堡、瑞士巴塞尔；

（2）汉堡经不来梅、汉诺威、富尔达、纽伦堡至慕尼黑；

（3）汉堡经柏林、莱比锡、纽伦堡至慕尼黑；

（4）汉堡经多特蒙德、科隆、法兰克福至斯图加特、慕尼黑或弗赖堡、瑞士巴塞尔；

（5）汉堡、不来梅经汉诺威至柏林；

（6）巴塞尔（瑞士）、弗赖堡、斯图加特经法兰克福至柏林；

（7）萨尔布吕肯经法兰克福、莱比锡或哈勒、至柏林或德累斯顿；

（8）多特蒙德、明斯特经过埃森、科隆、法兰克福国际机场至纽伦堡慕尼黑。

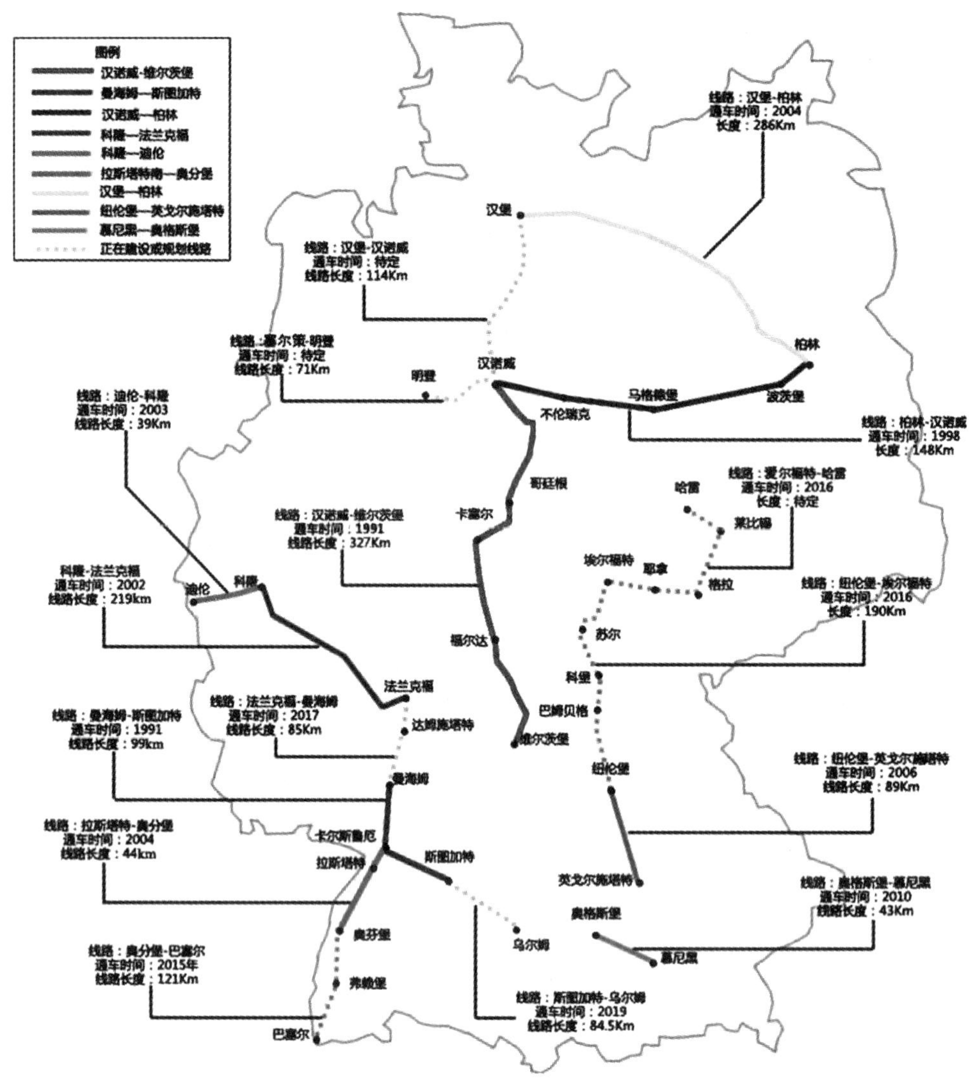

图 2-3 德国高速铁路网络

德国的 ICE 则是目前德国高速铁路中起步最晚的项目。ICE（Intercity-Express 的简称）的研究开始于 1979 年，其内部制造原理和制式与法国 TGV 有很大相似之处，目前的最高时速是 1988 年创下的 409km。因此现在德国与法国政府正在设计进行铁路对接，用各自的技术完成欧洲大陆上最大的两个国家铁路网的贯通。ICE 起步较晚和进展比较落后的一个重要原因是德国人在高速轮轨和磁悬浮的两线作战。由于磁悬浮在设计理念上的先天优势（没有固态摩擦），德国的常导高速磁悬浮一直是其铁路方面科研的重点。磁悬浮的设计理念与传统意义上的轮轨完全不同，因此当法国的 TGV 顺利投入运行，而且速度不亚于当时的磁悬浮时，德国人才开始在高速轮轨方面奋起直追，但是至今仍与法国 TGV 技术有不小的差距。

德国铁路最大的特点就是高速路段与普通路段联网混行。也就是高速火车在高速路段能高速运行，而在非高速路段就按照普通铁路的行车速度运行。此外，由于德国高速列车车厢是全密封的，因此即便是在车速达到 300km/h 左右的时候，运行仍然非常平稳，乘客也几乎感觉不到噪声。由于德国火车站一般设在市中心，提前两三分钟到就可以上车，乘客不用排队候车。如果来不及买票，也可以先上车，等到列车员检票时候再买。德国高速列车十分方便、快捷，而且很舒适。乘客座位上都有本次列车的运行时刻表，而每排乘客座位下都有电源插口，乘客可以给手机充电或给电脑供电。

2.1.4　世界高速铁路发展态势

20 世纪 70 年代世界范围内发生了严重的石油危机，石油短缺的阴影笼罩全球。为了保持经济可持续发展，各国反思之余，要求彻底改革传统的交通能源结构模式，而铁路是唯一能采用非石油能源的交通模式。自 1964 年日本建成世界上第一条高速铁路——东京至大阪高速铁路 40 多年来，高速铁路从无到有，迅速发展。截至目前，全球投入运营的高速铁路近 2.5 万公里，分布在中国、日本、法国、德国、意大利、西班牙、比利时、荷兰、瑞典、英国、韩国、中国台湾等 17 个国家和地区。高速铁路作为一种安全可靠、快捷舒适、运载量大、低碳环保的运输方式，已经成为世界交通业发展的重要趋势。

1. 高速铁路的几种典型模式

目前，世界上运营的高速铁路，总体来说有四种发展模式，即：

第一，日本的新干线模式。该模式全部修建新线，旅客列车专用。1964 年 10 月 1 日东海道新干线正式开通营业，运行速度达到 210km/h，日均运送旅客 36 万人次，年运输量达 1.2 亿人次。这条专门用于客运的电气化、标准轨距的双线铁路，代表了当时世界第一流的高速铁路技术水平。1975 年至 1985 年间又依次开通了山阳新干线、东北新干线、上越新干线，1997 年北陆新干线通车营业，形成了日本完善的国内高速铁路网骨架。

第二，法国的 TGV 模式。该模式部分修建新线，部分改造旧线，旅客列车专用。1971 年，法国政府批准修建 TGV 东南线（巴黎至里昂），1976 年 10 月正式开工，1983 年 9 月全线建成通车。1989 年和 1990 年，法国又建成大西洋线。1993 年，法国第三条高速铁路 TGV 北欧线开通运营，以巴黎为起点穿过英吉利海峡隧道通往伦敦，并与欧洲北部国家相连，是一条重要的国际通道。1999 年，地中海线建成。法国 TGV 列车可以延伸到既有线上运行，所以通行范围覆盖大半个法国国土。

第三，德国的 ICE 模式。该模式全部修建新线、旅客列车及货物列车混用。德国高速铁路 ICE 于 1985 年首次试车，1991 年曼海姆至斯图加特线建成通车，1992 年汉诺威至维尔茨堡线建成通车，1992 年德国购买了 60 列 ICE 列车，其中 41 列运行于第 6 号高速铁路，分别连接汉堡、法兰克福、斯图加特。目前，德国的泛欧高速铁路和第三期高速铁路陆续建成，实现了高速铁路国际直通运输。

第四，中国的 CRH 模式。中国高速铁路的发展走在世界前列。近年来，中国在高速铁路领域发展迅速，取得了举世瞩目的成就。中国高速铁路的营业里程已达到 1 万公里以上，是全世界高速铁路运营里程最长、在建规模最大的国家。2015 年，中国铁路营业里程达到 13 万公里以上，其中新建高速铁路达到 1.9 万公里，中国高速铁路网初具规模。中国铁路坚持原始创新、集成创新和引进消化吸收再创新相结合，系统掌握了时速 250km 和时速 350km 及以上速度等级的高速铁路成套技术，构建了具有自主知识产权和世界先进水平的高速铁路技术体系。

2. 高速铁路发展态势

（1）城市间高速铁路的城际列车。在日本，按照国家高速铁路规划，其早期目标就锁定了建造连接大城市之间的高速铁路。特别是1971年日本国会审议并通过了《全国铁道新干线建设法》后，掀起了城际高速铁路建设的浪潮。法国、德国等欧洲国家在日本成功经验的启发下也加快发展城市间高速铁路。1983年9月，法国建成列车最高时速270km的巴黎至里昂TGV东南线。1989年和1990年，法国又建成巴黎至勒芒、巴黎至图尔的大西洋线，列车最高时速高达300km。1993年，由巴黎经里尔穿过英吉利海峡隧道通往伦敦并与比利时布鲁塞尔、德国科隆、荷兰阿姆斯特丹相连的TGV北欧线开通，这是一条重要的连接国际城市间的通道。中国也建成了城市间高速铁路，如沪蓉城市间高速铁路、沪宁城市间高速铁路、京沪城市间高速铁路等。

（2）高速铁路与地铁和城市铁路实现无缝连接。在欧洲、韩国、日本等国，其密集的高速铁路路网与地铁和城市铁路之间充分考虑了无缝连接的方式。这是因为，在缺乏城市内部地铁和铁路基础设施的情况下，会严重影响到高速铁路的客流量和利用率，这就像具有密集高速公路和通畅的市内道路会推动驾车旅行一样。例如，日本大城市连接高速铁路的轨道交通，其每天人均使用量名列世界前茅，每年换乘旅客量高达60亿人次。相比之下，航空系统年世界旅客总量仅为44亿人次。又如，欧美各国在修建高速铁路之初，就确定了高速列车可在高速铁路与普通铁路上运行的技术政策和组织模式。因此，目前法国高速铁路虽然仅超过1200km，但是TGV高速列车的通行范围已达5900km以上，覆盖了大半个法国，成为通勤工具。

（3）高速铁路下的地球一体化。高速铁路创造了城市发展新的增长点，推动中心城市与卫星城镇一体化，增强中心城市对周边城市的辐射带动作用，强化相邻大城市的“同城效应”。特别随着世界各国大力发展高速铁路，在可预计的未来，高速铁路将成为连接各地区国家的主要地面交通方式，成为和空中航线一并开启“地球村”时代，坐着高速铁路周游世界成为旅游时尚。所以，随着高速铁路技术不断完善，世界各国和地区之间，高速铁路好似公交，车次多、间隔短却无高速公路的拥堵、空中飞机的延误，使旅行时间减少，达到全世界的“同城效应”。所以，目前在世界范围内掀起了建设高速铁路的热潮。我国远期规划的跨境高速铁路线网见图2-4。

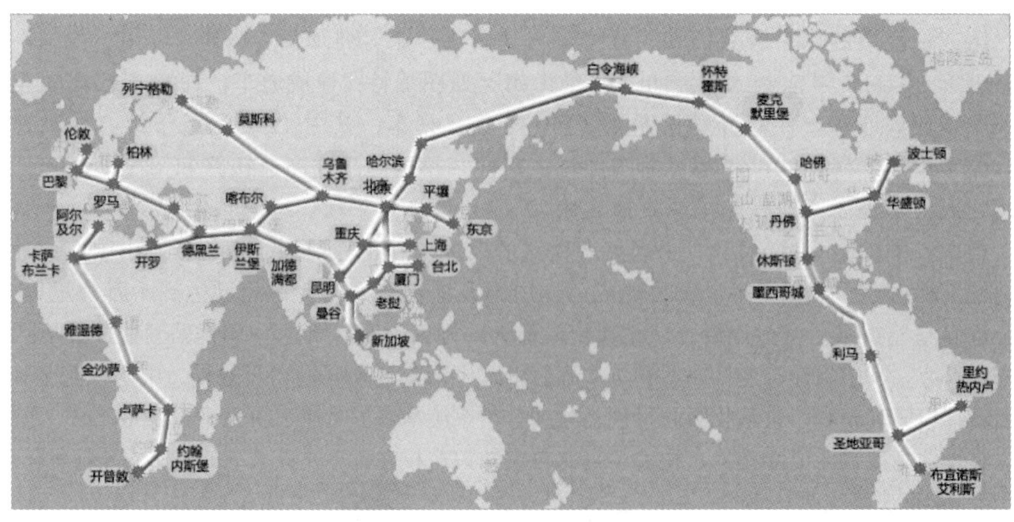

图2-4　世界高速铁路规划线路

2.2　我国高速铁路概况

中国疆域辽阔，内陆深广、人口众多且流动规模庞大，自新中国成立以来就始终存在的铁路运能不能满足社会经济发展需求的矛盾一直未能得到有效解决。中国的国情决定迫切需要建设一个运能充足、功能完善、点线协调的快速铁路网和具备可持续发展能力的高速列车技术与装备体系。

2.2.1　我国高速铁路发展里程

1994 年 12 月 22 日，中国第一条 160km/h 铁路——广深线投入运行，标志着中国准高速铁路的到来；1999 年，广深线开始按时速 200km/h 运营，虽然其上运行的是完全进口的 X2000 电力机车，但它已经具备了高速铁路特征。特别是 2007 年中国铁路第六次大提速，时速 250km 动车组上线运行，使中国铁路正式进入了高速时代。

2008 年 2 月 26 日，中国科技部和铁道部联合发起《中国高速列车自主创新联合行动计划》，其目标是自主研发最高运营时速 380km 的新一代高速列车，建立并完善具有自主知识产权、国际竞争力和可持续发展能力的中国高速列车技术、装备与创新体系。2008 年 8 月 1 日，时速 350km 京津城际铁路开通运营，这是中国铁路发展史上的一个重大里程碑。随后 2009 年 12 月至 2010 年 10 月，武广高速、郑西高速、沪宁高速、沪杭高速铁路相继开通运营；特别 2011 年 7 月京沪高速开通运营，中国自主创新研制的 CRH380 系列高速列车在世界规模最大的中国高速铁路网上实现运营，并创造了 486.1km/h 世界最高运营速度。2013 年，中国高速铁路营业里程达到 13000km，在建里程 1.9 万公里，无论是路网规模还是速度等级，都将居世界第一，中国已经进入世界高速铁路俱乐部。

2.2.2　我国高速铁路发展态势

中国已成为世界上高速铁路发展最快、系统技术最全、集成能力最强、运营里程最长、运营速度最高、在建规模最大的国家。伴随着一条条时速 350km 的高速铁路和时速 200～250km 客运专线的建成通车，以高速铁路为龙头的国家快速铁路网未来几年将在中国大地上铺就，“城乡之间连走廊，城市之间架桥梁”将化为现实。

目前，我国已有的高速铁路为：台湾高速铁路、秦沈客运专线、京津城际、昌九城际、石太客运专线、长吉城际铁路、胶济客运专线、武广客运专线、郑西高速铁路、甬台温高速铁路、温福高速铁路、福厦高速铁路、合宁高速铁路、合武高速铁路、成灌高速铁路、沪杭高速铁路、沪宁城际铁路、广珠城际铁路、广深港高铁、海南东环铁路、京沪高速铁路、郑武高速铁路等。中国高速铁路目前日均开行动车组 1579 列，发送旅客约 133 多万人次，占全路发送量的 25.7%。京沪线日均发送 14.6 万人，最高日 29.4 万人。我国已成为“世界上高速铁路系统技术最全、集成能力最强、设计速度最高、运营里程最长、在建规模最大的国家”。哈大、京石武、兰新二线、沪昆、大西、贵广、合蚌、合福、宁杭、沈丹、哈齐等高速铁路，以及一批城际铁路在 2015 年前相继建成。

2.2.3　中国高速铁路发展规划

根据《中国铁路中长期发展规划》，到 2020 年，为满足快速增长的旅客运输需求，建立省会城市及大中城市间的快速客运通道，规划“四纵四横”铁路快速客运通道以及四个城际快速客运系统。建设客运专线 1.9 万公里以上，客车速度目标值达到 200km/h 及以上。

（1）四纵四横的基本网络。2013 年 12 月，中国铁路营业里程达到 13 万公里以上，其中新建高速铁路将达到 1.9 万公里，是全世界高速铁路运营里程最长、在建规模最大的国家。并形成以省会城市为节点的四纵四横高速铁路网。而且邻近省会城市将形成 1～2h 交通圈、省会与周边城市形成半小时至 1 小时交通圈。例如北京到全国绝大部分省会城市将形成 8 小时以内交通圈：1 小时内能到达天津、石家庄等城市；2 小时能到达郑州、济南、沈阳、太原等城市；3 小时能到达南京、合肥、长春、大连等城市；4 小时能到达上海、杭州、武汉、西安、哈尔滨等城市。除海口、南宁、昆明、乌鲁木齐、拉萨、台北外，北京到全国省会城市都将在 8 小时以内。

（2）客货快运的畅达网络。到 2020 年，中国铁路营业里程将达到 12 万公里以上。其中，新建高速铁路将达到 1.9 万公里以上；加上其他新建铁路和既有线提速线路，中国铁路快速客运网将达到 5 万公里以上，连接所有省会城市和 50 万人口以上城市，覆盖全国 90%以上人口，“人便其行、货畅其流”的目标将成为现实。

（3）五纵七横八连线的规划网络（表 2-1）。从 2010 年起至 2040 年，用 30 年的时间，将全国主要省市区连接起来，形成国家网络大框架。考虑现实，线路东密西疏；照顾西部，站点东疏西密。

五纵七横八连线 **表 2-1**

序号	名称	备　注
1	五纵	沪线、京沪线、京港线、集昆线、西湛线
2	七横	沈兰线、青银线、盐西线、沪蓉线、沪昆线、沪南线、杭广线
3	八连线	津唐线、开河线、宁南线、宁宁线、金温线、汉福线、南厦线、衡南线
4	八纵	沪线、京沪线、大京港线、济茂线、新集昆线、徐三线、太温线、包湛线

（4）世界高速铁路规划开启“地球村”时代。高速铁路是路面交通方式的一次变革，其主要优点是快速和安全。当前世界有经济实力的国家都在规划修建高速铁路，并且许多国家正在联合规划修建跨国高速铁路网，其中中国和周边 17 个国家正在就修建亚欧铁路和泛亚铁路进行协商，泛亚铁路和欧亚铁路的一些线路已经处于建设当中。目前，世界高速铁路线网规划主要由泛亚线、亚欧线和越洋中美线三条主线组成。其中：泛亚线主要是连通中国以及越南、老挝、新加坡、曼谷等东南亚地区；欧亚线主要连通中国、俄罗斯、英国、法国等亚欧地区；中美越洋线是从中国哈尔滨出发，经过俄罗斯东部，跨过白令海峡，穿过加拿大抵达美国。根据我国高速铁路规划，在不远的将来世界将会形成以高速铁路网为主要路面运输通道，进入全球“地球村”时代。

目前，欧洲拥有高速铁路的 9 个国家计划投资 2000 亿美元，使总长 7000km 的高速铁路延长到 1.6 万公里。日本已经启动了磁悬浮中央新干线的建设项目，这条连接东京和大阪的高速铁路上，列车时速 500km，届时成为世界上最快的铁路列车。在美国，作为传统以公路运输为主的国家，也开始建设高速铁路，到 2024 年，高速铁路要覆盖 80%的美国人。而中国高速铁路的发展是从无到有，从追寻者到领跑者，建设规模与速度都走在世界前列，到 2024 年，我国 90％的人可以坐着高速铁路出行。所以 2024 年，世界将成为高铁时代的“地球村”。

2.3　高速铁路安全运营评估的测度模型

目前关于高速铁路安全评估的研究文献比较少，国内外主要以定性研究为主，如利用模糊数学评估高速铁路安全，给出了基于 DEA 层次分析法筛选指标法；以属性数学中的定性分析方法研究高速铁路安全评估综合评估问题。这些研究结果的主观性较强，特别是属性数学具有计算过程复杂等特性，在实际中很难应用。由于粗糙集合仅仅分析隐藏在数据中的事实，并没有带入人为的模糊性，所以粗糙集理论是采用精确的数学方法分析不精确系统的一种理想方法。所以利用粗糙测度基本原理，在应用客观赋权法确定测度指标的权重系数情况下，评估高速铁路安全运营态势。特别是在高速铁路安全运营评估中，存在如何定量描述处于不可预测的未确知状态下具有确知性质的事物，因此通过对高速铁路系统安全运营状态中测度指标体系的构建，建立高速铁路安全运营评估的测度模型，并在确定各危险性因素的存在及其客观发生情况的基础上，从风险因素中寻找可能引发高速铁路事故的主要因素和可靠性不高的危险因素，以期达到减少高速铁路安全运营中的各危险因素的存在，杜绝高速铁路事故发生的目的。

2.3.1　高速铁路安全运营评估的测度指标体系及分级界定

由于高速铁路安全运营的测度指标体系是描述、测度高速铁路安全运营的重要依据。所以，作为高速铁路安全运营的测度体系：一方面，它能够衡量一个高速铁路安全运营不同时期发展态势的变化；另一方面，它能够测度同一时期不同高速铁路安全运营发展态势的差异。所以，在构建高速铁路安全运营评估的测度指标体系基础上，应用粗集理论对高速铁路安全运营评估的测度指标进行约简后，提取影响高速铁路安全运营态势的主要测度指标，然后应用测度模型进行综合测度。并利用客观赋权法确定高速铁路安全运营评估的测度指标权重系数基础上，依据单指标测度矩阵和评估标准，得到高速铁路安全运营评估的综合测度结果。

1. 高速铁路安全运营评估的测度指标体系

高速铁路安全运营是一个动态的概念，它伴随着社会发展而不断充实和演变，其内涵已经延伸到经济、便利、快捷、舒适、低污染、低噪声、可靠等范围。所以，高速铁路安全运营评估的测度指标体系的构成根据高速铁路安全运营的内涵，按照系统分析原理，以综合性、实用性、可测性和可比性为原则，来建立高速铁路安全运营评估的测度指标体系。通过综合分析可知，对高速铁路安全运营主要影响因素有：

（1）人员因素。在高速铁路安全运营中，高速铁路系统内部人员的综合素质、教育水平和劳动态度等是保证安全运营的关键因素。据有关资料表明，在铁路行车事故中由于人的过失而造成事故的比重超过 70％，所以人是高速铁路运营安全的核心因素。

（2）设备因素。高速铁路系统中质量良好的设备既是进行高速铁路安全运营的物质基础，也是高速铁路运营安全的重要保证。因此，高速铁路系统中各类设备的安全性和先进性，尤其是维修和保养制度方面的完善程度等，都会对高速铁路安全运营造成很大影响。

(3) 环境因素。既包括社会环境、自然环境和作业环境，也包括作业场所周围的空间和一切生产设施构成的人工环境，因此消除或降低各种环境中的有害因素，才能克服高速铁路系统潜在的不安全因素，保证高速铁路的安全运营。

所以，通过综合分析和考察，构建的高速铁路安全运营测度指标体系，见表 2-2。

高速铁路安全运营评估的测度指标体系与分级界定 **表 2-2**

高速铁路安全运营评估的测度指标			标准等级				
			优秀	良好	中等	一般	较差
			90～100	80～90	70～80	60～70	0～50
			5	4	3	2	1
人员指数	I_1	技术业务能力	非常好	很好	好	一般	差
	I_2	安全教育水平	很高	高	一般	低	很低
	I_3	整体工作态度	非常好	很好	好	一般	差
	I_4	综合素质水平	很高	高	一般	低	很低
评估指数	I_5	机车传动技术	非常先进	很先进	先进	一般	差
	I_6	机车制动技术	非常先进	很先进	先进	一般	差
	I_7	机车车体技术	非常先进	很先进	先进	一般	差
	I_8	机车转向技术	非常先进	很先进	先进	一般	差
设备指数	I_9	轨道供电系统	特别齐全	很齐全	齐全	较齐全	不齐全
	I_{10}	运营控制系统	特别齐全	很齐全	齐全	较齐全	不齐全
	I_{11}	运输安全设备系统	非常合理	很合理	合理	较合理	不合理
	I_{12}	运营监测系统	特别齐全	很齐全	齐全	较齐全	不齐全
环境指数	I_{13}	风速监控系统	非常合理	很合理	合理	较合理	不合理
	I_{14}	雨量监控系统	非常合理	很合理	合理	较合理	不合理
	I_{15}	异物侵限监控系统	非常合理	很合理	合理	较合理	不合理
	I_{16}	地震监控系统	非常合理	很合理	合理	较合理	不合理

2. 高速铁路安全运营评估测度指标的分级界定

高速铁路安全运营评估测度指标分级标准以指标实际值的国家标准或国外高速铁路达到平均水平为参考上限（高级），以国内高速铁路客运现状平均水平为参考中间值（中级），其余由内查或外推确定。将表 2-2 中的 16 项高速铁路安全运营的测度指标界定为：优秀、良好、中等、一般、较差等 5 个级别，并给出每个级别界定区间。具体分级情况参见表 2-2。为了便于粗糙集约简，将原始数据进行离散化处理。以高速铁路安全运营评估中的 16 项测度指标为条件属性，分为 5 个级别，记为｛5、4、3、2、1｝，代表｛优秀、良好、中等、一般、较差｝，见表 2-2。并对高速铁路安全运营评估的综合测度结果分为 5 类，作为决策属性，记为 $D=\{5、4、3、2、1\}$，代表｛好，较好，中，较差，差｝。

2.3.2 高速铁路安全运营评估的测度模型

对高速铁路安全运营态势进行综合评估时，寻求一种科学、客观、合理且量化的高速铁路安全运营评估方法，是十分必要且必需的。波兰学者 Pawlak. z. 1982 年提出的粗糙集（rough set）理论是一种研究不完整、不确定知识的表达、学习及归纳的数学方法。该方法计算简单，完全从数据中分析各个预测方法的重要程度，克服了一些专家评估方法的主观性，使得综合评估更具客观性。所以，根据高速铁路安全运营影响因素建立了评估的测度指标体系，并依据有关国家标准和相应的统计数据，利用粗糙集综合评估方法对高速铁路安全运营进行综合测度，以定量的数值表示测度的结果。测度结果能够把铁路安全运营评估中的定性与定量信息、历史事故数据与评估现状信息等紧密地联系在一起，动态地构成一个有机测度体系。

设 x_1，x_2，…，x_n 表示 n 条待评估安全运营态势的高速铁路，记为 $X=\{x_1,x_2,\cdots,x_n\}$，称之为论域；测度高速铁路 $x_i(x_i\in X)$ 的 16 项指标体系 I_1，I_2，…，I_{16}，记为$I=\{I_1,I_2,\cdots,I_{16}\}$。用 x_{ij} 表示高速铁路 x_i 在高速铁路安全运营评估的测度指标 I_j 下的观测值。设 $C=\{c_1,c_2,\cdots,c_k\}$为高速铁路安全运营的评估空间，其中 $c_k(1\leqslant k\leqslant K)$ 为高速铁路安全评估的第 k 个评语等级。

1. 高速铁路安全运营评估的单指标测度

高速铁路 x_i 关于高速铁路安全运营评估的测度指标 I_j 的观测值 x_{ij}不同时，则该速铁路安全运营评估的测度指标使高速铁路 x_i 处于各评语等级的程度也不同。设 x_{ij}使高速铁路 x_i 处于运营安全评估的第 k 个评估等级 c_k 的程度为 $\mu_{ijk}=\mu(x_{ij}\in c_k)$。那么 μ_{ijk} 满足：

$$0\leqslant \mu_{ijk}\leqslant 1,\mu\left[x_{ij}\in\bigcup_{k=1}^{K}c_k\right]=\sum_{k=1}^{K}\mu(x_{ij}\in c_k),\mu(x_{ij}\in c)=1\text{。}$$

其中，$i=1,2,\cdots,n$；$j=1,2,\cdots,16$；$k=1,2,\cdots,K$。

称 μ_{ijk}为未知测度，简称高速铁路安全运营评估的测度，即

$$(\mu_{ijk})_{m\times K}=\begin{bmatrix}\mu_{i11} & \mu_{i12} & \cdots & \mu_{i1K}\\ \mu_{i21} & \mu_{i22} & \cdots & \mu_{i2K}\\ \vdots & \vdots & \cdots & \vdots\\ \mu_{im1} & \mu_{im2} & \cdots & \mu_{imK}\end{bmatrix},(i=1,2,\cdots,n) \tag{2-1}$$

则称$(\mu_{ijk})_{m\times K}$为高速铁路 x_i 的单指标测度评估矩阵。其中 $\mu_j^i(1\leqslant j\leqslant 16)$ 表示 x_{ij}使 x_i 处于各个评语等级的未知测度。

2. 高速铁路安全运营评估的测度指标权重系数

由于高速铁路系统的复杂性，无法获得较多的训练样本，因此不能采用客观赋权法，也无法通过计算属性测度向量的相关系数求得高速铁路安全运营的测度指标权重值。为了增大决策过程的客观性，本文采用模糊离差赋权法确定高速铁路安全运营评估的测度指标权重系数。则高速铁路安全运营评估的测度指标 I_i的权重系数：

$$w_i=\Delta_i\cdot\left[\sum_{i=1}^{16}\Delta_i\right]^{-1} \tag{2-2}$$

其中 $\Delta_i=\frac{1}{n}\sum_{j=1}^{n}|b_{ji}-\bar{b_i}|$ 且$\bar{b_i}=\frac{1}{n}\sum_{j=1}^{n}b_{ji}$。

3. 高速铁路安全运营评估的综合测度

由式（2-1）可知高速铁路 x_i 的安全运营评估的单指标测度矩阵，由式（2-2）可知高速铁路 x_i 的各测度指标分类权重系数，可令

$$\begin{aligned}\mu^i &= W\cdot(\mu_{ijk})_{m\times K}\\ &=(w_1,w_2,\cdots,w_m)\cdot\begin{bmatrix}\mu_{i11} & \mu_{i12} & \cdots & \mu_{i1K}\\ \mu_{i21} & \mu_{i22} & \cdots & \mu_{i2K}\\ \vdots & \vdots & \cdots & \vdots\\ \mu_{im1} & \mu_{im2} & \cdots & \mu_{imK}\end{bmatrix}\\ &=(\mu_{i1},\mu_{i2},\cdots,\mu_{iK})\end{aligned}\tag{2-3}$$

则 μ^i 为高速铁路 x_i 的安全运营评估测度向量。

4. 高速铁路安全运营评估的测度准则

高速铁路安全运营评估测度的评语等级划分是有序的，测度的第 k 个评语等级 c_k “好于”测度的第 $k+1$ 个评语等级 c_{k+1}，所以最大测度识别准则不适合，而应改用置信度识别准则。

准则一、高速铁路安全运营评估的评估等级界定

置信度识别准则：设高速铁路安全运营评估的置信度为 $\lambda(\lambda>0.5)$，通常取 0.6，令

$$k_o=\min_k\left[\left(\sum_{l=1}^{k}\mu_{il}\right)\geqslant\lambda,k=1,2,\cdots,K\right]\tag{2-4}$$

则测定高速铁路 x_i 属于安全运营中的第 k_o 个评估等级 c_{k_o}。

准则二、高速铁路安全运营评估排序值的界定

$$p_i=\max(\mu_{i1},\mu_{i2},\cdots,\mu_{iK})\tag{2-5}$$

依据测度模型就可以得到第 i 条高速铁路 x_i 安全运营评估的综合测度值 p_i。依据测度理论，测度值 p_i 越大表示该高速铁路安全运营态势越好；相反，测度值 p_i 越小表示该高速铁路安全运营态势越差。因此，根据高速铁路安全运营态势的测度值 p_i 判断各条高速铁路安全运营态势基础上，也可对 m 条高速铁路安全运营态势进行大小排序研究。

2.3.3 案例分析

根据《中国铁路中长期发展规划》，到 2020 年，为满足快速增长的旅客运输需求，建立省会高速铁路客运专线及大中高速铁路客运专线间的快速客运通道，规划“四纵四横”铁路快速客运通道以及四个城际快速客运系统。其中“四纵四横”具体规划建设内容：“四纵”客运专线：（1）北京～上海客运专线，贯通京津至长江三角洲东部沿海经济发达地区；（2）北京～武汉～广州～深圳客运专线，连接华北和华南地区；（3）北京～沈阳～哈尔滨（大连）客运专线，连接东北和关内地区；（4）杭州～宁波～福州～深圳客运专线，连接长江、珠江三角洲和东南沿海地区；“四横”客运专线：（1）徐州～郑州～兰州客运专线，连接西北和华东地区；（2）杭州～南昌～长沙客运专线，连接华中和华东地区；（3）青岛～石家庄～太原客运专线，连接华北和华东地区；（4）南京～武汉～重庆～成都客运专线，连接西南和华东地区。本文选取“四纵四横”中的 10 条高速铁路线路（见表 2-3）进行综合分析，并根据文中粗糙测度模型对所选取的 10 条高速铁路安全运营态势进行综合评估。

高速铁路客运专线概况　　**表 2-3**

代号	线路名称	设计速度	线路长度	通车日期	所属“四纵四横”客运专线
R_1	合宁线路	250km/h	166km	2008.04.18	沪汉蓉客运专线
R_2	胶济线路	250km/h	364km	2008.12.20	青太客运专线
R_3	石太线路	250km/h	190km	2009.04.01	青太客运专线
R_4	合武线路	250km/h	351km	2009.04.01	沪汉蓉客运专线
R_5	温福线路	250km/h	298km	2009.09.28	东南沿海客运专线
R_6	甬台温线路	350km/h	268km	2009.09.28	东南沿海客运专线
R_7	沪杭甬线路	350km/h	158km	2011.12.28	东南沿海客运专线
R_8	福厦线路	200km/h	273km	2010.04.18	东南沿海客运专线
R_9	宜万线路	200km/h	377km	2010.04.30	沪汉蓉客运专线
R_{10}	汉宜线路	200km/h	293km	2012.01.01	沪汉蓉客运专线

2012 年 8 月，课题组对上述 10 条高速铁路进行了调查分析，获得一些有效数据。然后利用粗糙集理论进行属性约简，再对 10 条高速铁路安全运营态势进行综合测度。根据 10 条高速铁路（R_1、R_2、R_3、R_4、R_5、R_6、R_7、R_8、R_9、R_{10}）运营安全态势给出的评分表，依据高速铁路安全运营评估的测度指标数据和专家评分数值，建立高速铁路安全运营评估离散化后的决策表，见表 2-4。

高速铁路安全决策表　　**表 2-4**

指标	高速铁路安全评估指标的考察值																专家评估分值				
	I_1	I_2	I_3	I_4	I_5	I_6	I_7	I_8	I_9	I_{10}	I_{11}	I_{12}	I_{13}	I_{14}	I_{15}	I_{16}	1	2	3	均分	D
R_1	2	3	3	2	3	4	2	3	2	2	3	3	2	3	3	3	84	83	79	82	4
R_2	3	4	3	3	3	4	2	3	2	3	2	3	3	3	3	4	87	85	83	85	4
R_3	2	3	3	3	3	3	3	3	2	3	4	3	3	3	3	3	76	78	80	78	3
R_4	3	3	4	4	4	3	3	4	3	3	3	3	3	3	4	4	80	79	78	79	3
R_5	2	2	4	3	3	3	3	3	3	3	3	3	4	4	3	2	81	87	84	84	4
R_6	2	2	2	4	2	3	3	3	3	2	2	4	2	4	3	3	80	88	84	84	4
R_7	3	3	3	2	2	2	4	4	4	3	4	2	4	2	4	4	78	76	71	75	3
R_8	3	2	3	2	3	4	2	4	3	3	3	3	3	2	4	2	73	78	88	79	3
R_9	3	2	2	4	3	4	2	3	3	4	3	3	3	2	4	2	87	81	84	84	4
R_{10}	2	4	4	4	3	3	2	3	3	4	3	3	2	4	3	3	81	82	80	81	4

1. 粗糙属性约简

对高速铁路安全运营评估的决策表 4 进行属性约简。由表 2-4 中数据可求出哪些是高速铁路安全运营评估中的冗余属性，哪些是高速铁路安全运营评估中的核属性。由于整个测度指标体系及约简算法的复杂性，本文采用编程进行属性约简。属性约简后高速铁路安全运营评估的测度指标体系如表 2-5 所示。表 2-5 中的测度指标体系约简去了“安全教育水平、整体工作态度、机车传动技术、机车车体技术、运输安全设备系统、雨量监控系统、地震监控系统”等 6 个高速铁路安全运营评估的测度指标。所以，表 2-5 中高速铁路安全运营评估的测度指标体系除去了冗余信息，具有较强的操作性。

约简后高速铁路安全运营评估的测度指标 表 2-5

目标层	高速铁路安全运营评估的测度指标	
高速铁路安全运营评估	I_1	技术业务能力
	I_4	综合素质水平
	I_6	机车制动技术
	I_8	机车转向技术
	I_9	轨道供电系统
	I_{10}	运营控制系统
	I_{12}	运营监测系统
	I_{13}	风速监控系统
	I_{15}	异物侵限监控系统

2. 综合测度

根据测度模型，对表 2-5 中 10 条高速铁路客运专线（R_1、R_2、R_3、R_4、R_5、R_6、R_7、R_8、R_9、R_{10}）的运营安全态势进行评估。调查表采用对原始测度指标体系约简后得到表 5 中的测度指标体系，评语空间为｛好，较好，中等，一般，较差｝。其中，高速铁路安全运营评估的测度指标共 9 个，每项测度指标以 5 分计，分布于 5 个评语等级上，见表 2-2。这样每个评估对象均得 5 分，区别在于每个待评对象的等级不同。基于待评估对象（设为高速铁路客运专线 R_1）的统计数据，得到高速铁路安全运营评估的单指标测度矩阵。

$$\mu_{1jk}=\begin{bmatrix} 0.3251 & 0.2745 & 0.2113 & 0.1406 & 0.0481 \\ 0.1413 & 0.2322 & 0.3111 & 0.2332 & 0.0822 \\ 0.1035 & 0.2439 & 0.3591 & 0.2319 & 0.0616 \\ 0.1258 & 0.1356 & 0.3332 & 0.3227 & 0.0827 \\ 0.1501 & 0.2311 & 0.3131 & 0.1266 & 0.1781 \\ 0.1336 & 0.2122 & 0.2693 & 0.2357 & 0.1492 \\ 0.1513 & 0.3341 & 0.3203 & 0.1026 & 0.1017 \\ 0.0762 & 0.1683 & 0.3571 & 0.2339 & 0.1645 \\ 0.0817 & 0.1175 & 0.4155 & 0.3236 & 0.0617 \end{bmatrix}$$

根据式（2-2）计算高速铁路安全运营评估的测度指标权重向量

$$W=(0.1117,0.1103,0.1111,0.1115,0.1012,0.1213,0.1203,0.1104,0.1012)$$

由式（2-3）可得，高速铁路客运专线 R_1 的测度向量

$$\mu^1=W\cdot\mu_{1jk}=(0.1437,0.2183,0.3293,0.2155,0.1033)$$

取 $\lambda=0.6$，根据式（2-4）有：当 $k_o=3$ 时，$0.3293+0.2183+0.1033=0.6509>0.6$。

所以，高速铁路客运专线 R_1 的安全运营态势属于“三”级。根据式（2-5）可知高速铁路客运专线 R_1 的排序值 $p_1=0.3293$。

同理，其他高速铁路安全运营专线（R_2、R_3、R_4、R_5、R_6、R_7、R_8、R_9、R_{10}）安全态势评估的测度向量与排序值见表 2-6。

高速铁路安全运营评估的测度向量与排序值　　表 2-6

名称	高速铁路安全评估的评估向量	排序值	所属等级
客运专线 R_1	$\mu^1=(0.1437,0.2183,0.3293,0.2155,0.1033)$	$p_1=0.3293$	三
客运专线 R_2	$\mu^2=(0.1563,0.1793,0.2984,0.2173,0.1113)$	$p_2=0.2984$	三
客运专线 R_3	$\mu^3=(0.1247,0.2078,0.3083,0.1667,0.0987)$	$p_3=0.3083$	三
客运专线 R_4	$\mu^4=(0.1421,0.2278,0.3187,0.2017,0.1782)$	$p_4=0.3187$	三
客运专线 R_5	$\mu^5=(0.1227,0.2323,0.3376,0.2152,0.1013)$	$p_5=0.3376$	三
客运专线 R_6	$\mu^6=(0.1551,0.2313,0.3501,0.1203,0.1114)$	$p_6=0.3501$	三
客运专线 R_7	$\mu^7=(0.1278,0.2059,0.3392,0.1807,0.1623)$	$p_7=0.3392$	三
客运专线 R_8	$\mu^8=(0.1217,0.2237,0.3224,0.2001,0.1611)$	$p_8=0.3224$	三
客运专线 R_9	$\mu^9=(0.1199,0.2339,0.3021,0.1999,0.1315)$	$p_9=0.3021$	三
客运专线 R_{10}	$\mu^{10}=(0.1617,0.2071,0.3207,0.2114,0.1051)$	$p_{10}=0.3207$	三

所以，由排序值可知，10 条高速铁路客运专线的安全态势评估排序为：

$$R_6>R_7>R_5>R_1>R_8>R_{10}>R_4>R_3>R_9>R_2$$

通过优先排序可以知道“四纵四横”中的 10 条高速铁路安全运营的发展态势，所以排在后面的高速铁路要想排名提前，达到较高管理水平，应采取智能化原则来提高高速铁路安全运营水平。主要以先进的科学技术为基础，在资源合理利用和保护生态环境的指导思想下，提高整个高速铁路客运效率，在经济合理地满足社会发展需求的同时，促进整个高速铁路系统的快速运营，如采取先进监测报警系统和采用先进自动安全信号系统。

2.3.4　小结

在科学评估高速铁路安全运营态势的基础上，构建了高速铁路安全运营评估的测度指标体系，并应用粗集理论对高速铁路安全运营评估的测度指标进行约简的情况下，提取了影响高速铁路安全运营评估的主要测度指标，然后应用粗糙测度模型对高速铁路安全运营态势进行了综合测度。依据高速铁路安全运营的单指标测度矩阵和评估标准，得到了高速铁路安全运营态势评估的测度结果。其测度结果具有明确的实际意义，不但全面地反映了高速铁路安全运营的发展态势，而且较完整地反映了高速铁路安全运营的综合发展水平，所以该方法在高速铁路安全运营态势评价领域中具有良好的应用前景，同时该方法也为铁路运输安全综合评价提供了一种有效的方法。

第 3 章　高速公路交通网络

高速公路是 20 世纪 30 年代在西方发达国家开始出现的为汽车交通提供特别服务的基础设施，经过 70 多年的探索和发展，目前全世界已有 80 多个国家和地区拥有高速公路，通车里程超过了 20 万公里，其中美国、日本、德国、加拿大等发达国家已经构筑起与本国经济和社会发展相适应的高速公路网。高速公路不仅是交通运输现代化的重要标志，同时也是一个国家现代化的重要标志。审视世界高速公路发展史，我们不难发现，以“快速、安全、经济、舒适”为特征的高速公路如同汽车一样，从诞生的那一刻起，就深刻影响着它所服务的每一个人和触及的每一寸土地，高速公路的发展不仅仅是经济的需要，也是人类文明和现代生活的一部分。所以，在审视国内外高速公路发展历程和实践经验的基础上，深入分析高速公路对经济和社会发展以及交通运输远景需求的适应性，全面认识高速公路的功能和价值，从而更准确地把握高速公路未来发展的方向。

3.1　公路网络简介

“公路”是以其公共交通之路得名。公路是连接城市之间、城市之间、城市与乡村之间以及工矿基地之间的按照国家技术标准修建的，由公路主管部门验收认可的道路。但不含田间或农村自然形成的小道。主要供汽车行驶并具备一定技术标准和设施的道路称公路。

3.1.1　公路网的基本概念

公路网是一定区域内相互联络、交织成网状分布的公路系统。

基本组成：他由不同道路功能和不同技术等级的公路组成，以适应该区域内城市和乡村之间，居民区、工业区、农业区和商业区之间，以及公路和其他运输方式（铁路、水运、航空、管道）之间，该区域与其他区域之间，其他区域经过本区域的过境交通等的公路交通运输的需要。

公路分类：公路根据使用任务、功能和适应的交通量分为高速公路、一级公路、二级公路、三级公路、四级公路等五个等级。如果按照公路所适应的年平均昼夜交通量及其使用任务和性质，将公路分为若干技术等级。中国交通运输部于 1981 年颁发的《公路工程技术标准》，对公路分为五个技术等级。

（1）高速公路。能适应年平均昼夜汽车交通量 25000 辆以上。具有特别重要的政治、经济意义，专供汽车分道高速、连续行驶，全部设置立体交叉和控制出入，并以长途运输为主的公路。

（2）一级公路。能够适应年平均昼夜汽车交通量 5000～25000 辆，连接重要政治、经济中心，通往重要工矿区、可供汽车分道快速行驶、部分控制出入和部分设置立体交叉的公路。

（3）二级公路。能适应按各种车辆折算成中型载重汽车的年平均昼夜交通量 2000～5000 辆，连接政治、经济中心或大型工矿区以及运输繁重的城郊公路。

（4）三级公路。能适应按各种车辆折算成中型载重汽车的年平均昼夜交通量 2000 辆以下，沟通县与县或县与城市的一般干线公路。

（5）四级公路。能适应按各种车辆折算成中型载重汽车的年平均昼夜交通量 200 辆以下，沟通县与乡、镇之间的支线公路。

3.1.2　公路网的分类

（1）公路网的分类。公路网可以从区域范围、道路功能、行政管理、技术等级等方面进行分类，如表 3-1 所示。其中按道路功能分类，公路网内的所有公路可分为干线公路、地方公路和集散公路等三大类。干线公路一般提供城市与较大城镇、经济技术开发区、交通枢纽之间的直接交通服务，它生成并吸引大部分较远距离的出行；地方公路主要为县、乡镇或乡区的单独用地使用服务；中间性功能的集散公路主要将地方道路网与干线公路相连接。上述分类主要考虑的是进路和机动性两个因素，干线公路主要满足机动性要求，因而需对其进入作适当控制；而地方公路则服务于土地利用的进出方便，因而其机动性要求程度较弱；集散公路则处于上述二者之间。

公路网分类　　**表 3-1**

序号	分类方式	类型
1	区域范围大小	国家公路网、省（市、区）公路网、地（市）级公路网、县乡公路网四级
2	道路功能分类	公路网内的所有公路可分为干线公路、地方公路和集散公路三大类
3	行政管理分类	公路网内的公路有国道、省道、县道和乡道四级
4	技术等级划分	公路分为高速公路、一级公路、二级公路、三级公路、四级公路和等外公路

（2）公路网的技术等级划分。由于公路分为高速公路、一级公路、二级公路、三级公路、四级公路和等外公路（等外公路是指 1979 年公路普查时，已确定的未达到或未能全部达到国家公路技术标准的公路。从 1980 年以后，新增加的不符合公路工程技术的公路里程，不再统计上报），技术等级划分，见表 3-2。

公路技术等级划分　　**表 3-2**

名称	技术等级	属于类型
公路	干线公路	高速公路、一级公路和二级公路
	地方公路	三级公路、四级公路和等外公路
	集散公路	一级、二级和三级公路

3.2　高速公路概述

高速公路是经济发展的必然产物。这是因为：一方面，高速公路适应工业化和城市化的发展。城市是产业与人口的集聚地，成为汽车的集聚中心，因此高速公路的建设多从城市的环路，辐射路和交通繁忙路段开始，逐步成为以高速公路为骨干的城市交通。另一方面，汽车技术的发展，对高速公路建设提出客观要求。目前汽车已成为人类社会必不可少的交通工具，因此需要高速公路等基础设施的配合汽车的轻型化和载重化是两大发展趋势，前者要求速度保障后者要求承载力，而高速公路恰能使二者有机结合。

3.2.1 高速公路的基本概念

高速公路属于高等级公路。其建设情况反映着一个国家和地区的交通发达程度乃至经济发展的整体水平。世界各国的高速公路没有统一的标准，命名也不尽相同。美国、加拿大、澳大利亚把高速公路命名为 freeway，德国把高速公路命名为 autobahn，法国把高速公路命名为 autoroute，英国把高速公路命名为 motorway。各国尽管对高速公路的命名不同，但都是专指有 4 车道以上、两向分隔行驶、完全控制出入口、全部采用立体交叉的公路。此外，有不少国家对部分控制出入口、非全部采用立体交叉的直达干线也称为高速公路。国际道路联合会在历年的统计年报中，把直达干线也列入高速公路范畴。

我国交通运输部《公路工程技术标准》规定，高等级公路包括高速公路、汽车一级专用公路和汽车二级专用公路。高速公路是指“能适应年平均昼夜小客车交通量为 25000 辆以上，专供汽车分道高速行驶并全部控制出入的公路”。一般能适应 120km/h 或者更高的速度，要求路线顺畅，纵坡平缓，路面有 4 个以上车道的宽度。中间设置分隔带，采用沥青混凝土或水泥混凝土高级路面，为保证行车安全设有齐全的标志、标线、信号及照明装置；禁止行人和非机动车在路上行走，与其他线路采用立体交叉、行人跨线桥或地道通过。其中：四车道高速公路应能适应将各种汽车折合成小客车的年平均日交通量 25000～55000 辆。六车道高速公路应能适应将各种汽车折合成小客车的年平均日交通量 45000～80000 辆。八车道高速公路应能适应将各种汽车折合成小客车的年平均日交通量 60000～100000 辆。

(1) 高速公路的界定。从定义可以看出，高速公路应符合下列 4 个条件：①只供汽车高速行驶；②设有多车道、中央分隔带，将往返交通完全隔开；③设有平面、立体交叉口；④全线封闭，出入口控制，只准汽车在规定的一些立体交叉口进出公路。

(2) 高速公路的优缺点。高速公路的优点：高速行车；通行能力大，运输效率高。高速公路的缺点：占地多，对环境影响大；投资大，造价大。

① 行车速度快、通行能力大。一般高速公路行车速度在 120km/h 以上。一条车道每小时可通过 1000 辆中型车，比一般公路高出 3～4 倍。在美国高速公路仅占公路总里程的 1.1%，却承担全国公路车管理的 19%，平均日行车密度是全部公路平均数的 18.6 倍。

② 物资周转快、经济效益高。一般运距在 300km 以内，使用大吨位车辆运输，无论从时间或经济角度考虑，均优于铁路和普通公路运输。虽然高速公路的投资大，但是综合经济效益也大，能促进沿路地区的经济发展，其投资一般在 5～7 年内收回。如我国的广佛高速公路，其投资费用回收期不到 6 年。

③ 交通事故少、安全舒适好。因为高速公路有严格的管理系统，全段采用先进的自动化交通监控手段和完善的交通设施，全封闭、全立交，无横向干扰，因此交通事故大幅度地下降。据国外资料统计，与普通公路相比，美国下降 56%，英国为 62%，日本为 89%。另外高速公路的线形标准高、路面坚实平整、行车平稳，乘客不会感到颠簸。

(3) 高速公路的主要技术指标如表 3-3 所示。

高速公路主要技术指标　　表 3-3

<table>
<tr><td colspan="2">公路等级</td><td colspan="6">高　速　公　路</td></tr>
<tr><td colspan="2">计算行车速度 km/h</td><td colspan="3">120</td><td>100</td><td>80</td><td>60</td></tr>
<tr><td colspan="2">车道数</td><td>8</td><td>6</td><td>4</td><td>4</td><td>4</td><td>4</td></tr>
<tr><td colspan="2">行车道宽度 m</td><td>2×15.0</td><td>2×11.25</td><td>2×7.5</td><td>2×7.5</td><td>2×7.5</td><td>2×7.0</td></tr>
<tr><td rowspan="2">路基宽度</td><td>一般值</td><td>42.5</td><td>35.0</td><td>27.50 或 28.0</td><td>26.0</td><td>24.5</td><td>22.5</td></tr>
<tr><td>变化值</td><td>40.5</td><td>33.0</td><td>25.5</td><td>24.5</td><td>23.0</td><td>20.0</td></tr>
<tr><td colspan="2">极限最小半径 m</td><td colspan="3">650</td><td>400</td><td>250</td><td>125</td></tr>
<tr><td colspan="2">停车视距 m</td><td colspan="3">210</td><td>160</td><td>110</td><td>75</td></tr>
<tr><td colspan="2">最大纵坡%</td><td colspan="3">3</td><td>4</td><td>5</td><td>5</td></tr>
<tr><td rowspan="2">车辆荷载</td><td>计算荷载</td><td colspan="6">汽车—超 20 级</td></tr>
<tr><td>验算荷载</td><td colspan="6">挂车—120</td></tr>
</table>

(4) 高速公路的分类

20 世纪 30 年代西方一些国家开始修建，20 世纪 60 年代以来世界各国高速公路发展迅速。高速公路分类如表 3-4。

高速公路分类　　表 3-4

<table>
<tr><td>名　称</td><td colspan="2">划　分　类　型</td></tr>
<tr><td rowspan="2">功能划分</td><td colspan="2">城市内部高速公路</td></tr>
<tr><td colspan="2">城市间高速公路</td></tr>
<tr><td rowspan="3">距离长短划分</td><td>近程高速公路</td><td>500km 以内</td></tr>
<tr><td>中程高速公路</td><td>500～1000km</td></tr>
<tr><td>远程高速公路</td><td>1000km 以上</td></tr>
<tr><td>布局形式划分</td><td colspan="2">平面立体交叉高速公路、路堤式高速公路、路堑式高速公路、高架高速公路和隧道高速公路</td></tr>
</table>

3.2.2　高速公路的基本特征

(1) 高速公路的时速特点。高速公路设计行车速度，在城市外大多按地形的不同，分为 80、100、120 和 140km/h 等四个等级；通过城市大多采用 60 和 80km/h 两个等级。高速公路平面线形大多以圆曲线加缓和曲线为主，并重视平、纵、横三维空间立体线形设计。

(2) 高速公路的车道特点。高速公路在郊外大多为 4 或 6 个车道，在城市和市郊大多为 6 或 8 个，甚至更多。路面现多采用磨光值高的坚质材料（如改良沥青），以减少路表液面飘滑和射水现象。路缘带有时用与路面不同颜色的材料铺成。硬路肩为临时停车用，也需用较高级材料铺成。在陡而长的上坡路段，当重型汽车较多时，还要在车行道外侧另设爬坡车道。必要时，每隔 2～5km 在车行道外侧加设宽 3m、长 10～20m 的专用临时停车带。

(3) 高速公路的交叉口特点。高速公路与铁路或其他次要公路相交，可修筑分离式立体交叉；当与其他重要公路相交而转弯车流较多时，应修筑互通式立体交叉。在高速公路两旁适当地点，应修筑集散道路以及加速和减速车道，以控制汽车进出高速公路。高速公路通过城市时，大多沿城市周围的环道绕过，如有必要穿过城市交通繁忙地区，为减少车辆拥挤、废气和噪声污染，多修成高架式、路堑式或隧道式，有时还要修筑多层式立体交叉或天桥，形成立体交通网。

(4) 高速公路的道路特点。如果高速公路的中央分隔带较窄，则须于其上设置防眩板或防护栅。高速公路上应设置夜间能发光或反光的交通标志牌。中央分隔带和渠化岛的边缘以及路面标线上均宜镶设反光器，桥梁、隧道、立体交叉以及城市地区设置大型照明设备。高速公路沿线每隔一定距离要设置收费站、加油站、公用电话、停车场、饭店和旅馆等服务设施。在高速公路交通繁忙地区，可设置交通监视中心，整个地区车辆运行情况，由电视摄像机传到荧光屏，据以指挥交通，还可利用无线电将信息传送给汽车驾驶员。当路上发生交通事故，监视中心可派巡视车或直升机到现场进行处理。

3.2.3 高速公路和普通公路区别

任何事物的诞生和发展在不同程度上具有一定的特殊性和它本身所具的局限性。公路的发展与社会经济发展是互动的，社会的发展，经济的腾飞必须有完备的交通运输作为基础，而交通运输的进一步发展，又依赖于经济的支持和促进。高速公路在这方面体现得更加明显。公路运输本身具有机动灵活、适应性强、“门对门”服务、量大面广等特点，但普通公路也存在线型标准低、路面质量不高、车速低、混合交通相互干扰大、开放式管理造成侧向行人与非机动车等干扰、事故多、安全性差等到缺点，而高速公路与普通公路相比既有像设计指标量上的区别，又有像管理这样质上的区别。

(1) 高速公路对交通实施限制，不仅能做汽车专用，而且对某些机动车（如：农用车、装载危险品等特殊货物的车辆等）也作了限制。

(2) 高速公路根据普通公路中间无分隔带，对向车辆在行驶中超车、占道的客观现象，不仅在对向车道中间设有较宽的中央分隔带，还对同向车道也严格划分，真正做到分道行驶，提供一个宽敞的行使环境。

(3) 高速公路采用全封闭、全立交，路段两侧均设置禁入栅，交叉口全立交，避免横向穿越，使车速的提高和安全有了保证。

(4) 高速公路除道路本身的设施质量较好外，还设有许多附属设施，如：安全设施(防撞护栏、反光标志等)、监控设施、紧急电话和服务区等。这些高质量的设施使车辆快速、安全、舒适地行驶有了充分保障，另一方面也使公路所适应的运输距离变得越来越长。

3.2.4 高速公路的主要功能

(1) 高速公路的灵活性。公路运输具有门到门直达运输的灵活性，尤其适宜于客运和鲜货、集装箱的零担运输。这种功能，高速公路更为突出。有些发达国家在较长运距的运输中，公路比铁路的效率高、运量大、成本低。

(2) 高速公路的安全性。高速公路在运输速度方面有很大的提高，如日本名神高速公路建成后比原有公路节约旅程时间约75%。高速公路比其他公路肇事率和死亡率也低得多。

(3) 高速公路的效益性。各国高速公路里程一般只占公路总里程的1%~2%，但其所担负的运输量占公路总运输量的20%~25%。虽然高速公路造价高，用地多；但行车速度高、通行能力大、交通事故率小，故其投资费用一般只要7~10年即可由于其所节约的行车费用（包括燃料消耗、轮胎磨耗、汽车修理和养路费支出等）和运行时间以及所减少的行车事故而得到回偿。

因此，许多国家当交通量发展到一定程度时，只要财力许可就修建高速公路。高速公路通常采取分段分期办法修建，以避免积压资金。资金来源，除国家投资或资助外，还采取由私人集资的办法筹集资金，定期若干年内收取过路费，期满后收归国家管理。

3.2.5　高速公路的设计规则

高速公路设计有它的特点，不同于一般公路设计，见表3-5。

高速公路设计规则　　**表3-5**

序号	名称	特　征
1	设计基本依据	车速、交通量、通行能力是高速公路设计的基本依据，三者之间又是互为因果的
2	几何设计标准	高速公路的几何设计标准和要求，同一般公路有较大差别。各国设计标准也有差别
3	总体设计	①线路最短距离；②过较大山谷时建桥跨越；③高山越岭线山腰用隧道穿过；④通过城镇，往往采用高架道路；⑤在山坡较陡路段，常傍山设高架道路；⑥考虑远景发展，征地预留较宽范围
4	线形和纵断面设计	①平、竖曲线的配合；②行车道；③视距和视野；④超高；⑤中央分隔带；⑥立体交叉

3.3　世界高速公路概况

高速公路是20世纪30年代在西方发达国家开始出现的专门为汽车交通服务的基础设施。高速公路在运输能力、速度和安全性方面具有突出优势，对实现国土均衡开发、建立统一的市场经济体系、提高现代物流效率和公众生活质量等具有重要作用。目前全世界已有80多个国家和地区拥有高速公路，通车里程超过了23万公里。高速公路不仅是交通现代化的重要标志，也是国家现代化的重要标志。从现有统计资料分析知，到2012年底，建设高速公路排名前5位的国家分别是美国、中国、加拿大、德国、法国。全世界范围内高速公路总里程为344470km，除了中国外，国外的高速公路里程为248270km。其中，美国2012年拥有约100000km高速公路，连接了美国所有5万人以上的城镇；俄罗斯高速公路里程约为30000km的；加拿大共修建了17000km高速公路，占公路网总长度的1.8%；西班牙拥有15152km高速公路；德国拥有12800公里高速公路。各国公路网总长度见图3-1。

到2013年底，中国高速公路通车总里程达到10.4万公里，已超过美国跃居世界第一。1988年10月31日，上海至嘉定18.5km高速公路建成通车，使中国大陆有了高速公路。此后17年间，我国高速公路建设突飞猛进：1999年突破1万公里，跃居世界第四位；2000年达到1.6万公里，跃居世界第三；2001年达到1.9万公里，跃居世界第二；2004

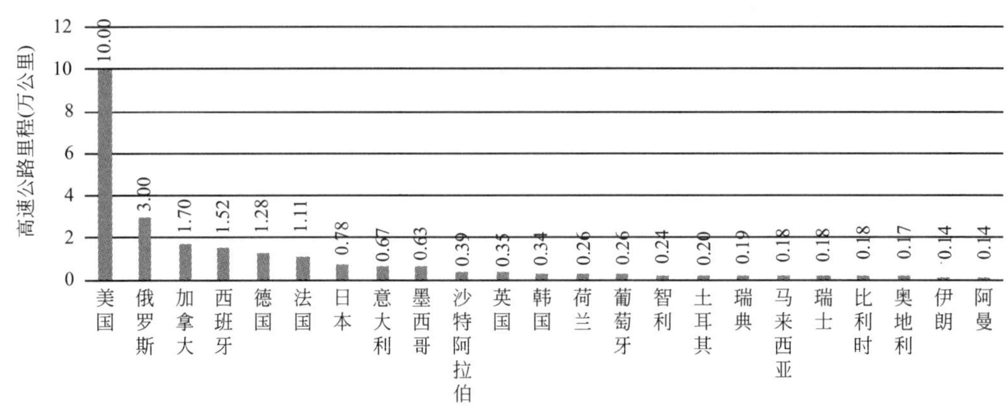

图 3-1　国外部分国家高速公路里程

年 8 月底突破了 3 万公里，比世界第三的加拿大多出近一倍。

3.3.1　欧洲高速公路

欧洲高速公路是指包括德国、法国、英国、西班牙等在内的欧洲国家的国际道路网，也被称作欧洲道路或者国际 E-R（Eourpean-Roads）网络，是目前国际上高速铁路发展较好的国家（见图 3-2）。根据欧洲委员会的决定，E-R 道路网络以后还将包括欧盟国家、欧洲委员会参加国以及中亚的哈萨克斯坦，意味着将建设越来越多的跨国境的欧洲高速公

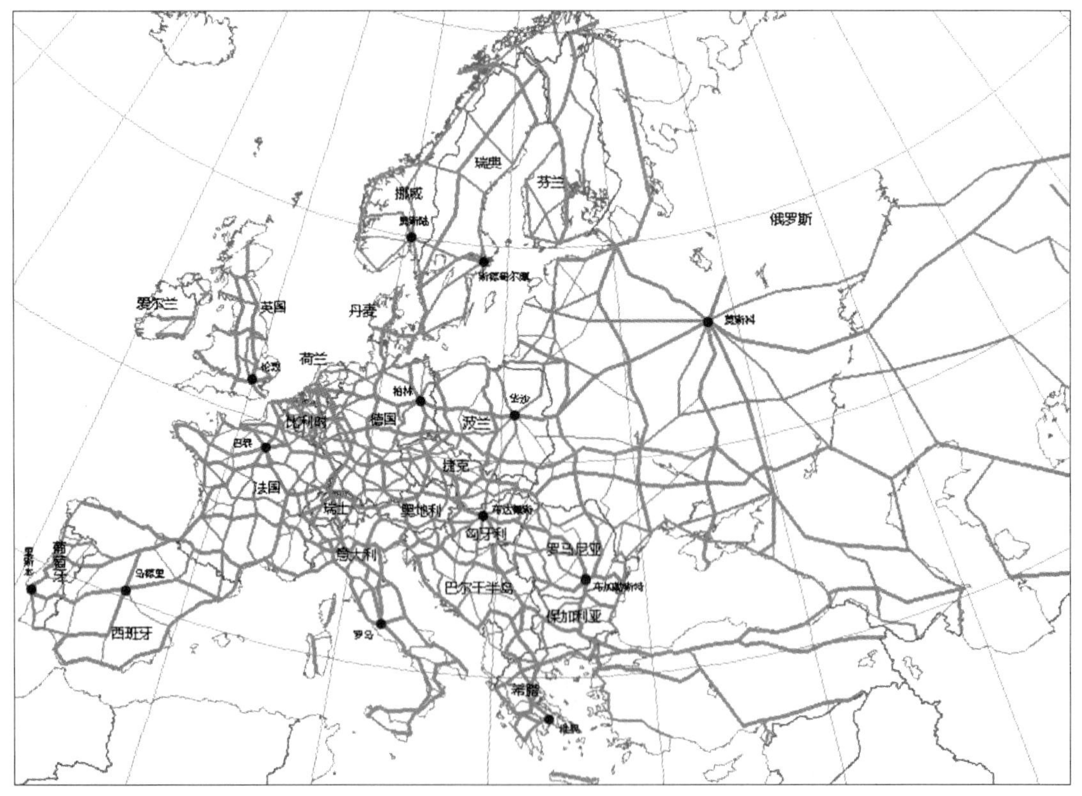

图 3-2　欧洲高速公路网

路。E-R道路网络的一个明显特征是欧洲大部分国家针对欧洲高速公路建立了统一的道路标识，树立在高速公路附近。但是也有国家如英国没有设置道路标识，爱尔兰直到最近才开始计划为道路设置一定的指示标志。但是，高速公路的道路标志标识随着欧洲高速公路的联合建设实现统一和规范。

根据2012年公布的数据，在所有的欧洲国家中，俄罗斯的高速公路建设规模排名第一（世界第三），长度为3000km。其次是西班牙，高速公路建设规模排名世界第五，长度为15152公里。德国、法国和意大利紧随其后，里程分别为12800km、11000km、6700km（见图3-3）。

图3-3 2012年欧洲各国高速公路里程分布

1. 德国高速公路

德国高速公路被称为Autobahn，其德文正式名称为Bundesautobahn（BAB，联邦高速公路）。德国高速公路传统上是没有速度限制的，但是随着车辆的增加，许多经过城镇的路段（大约占50%）都先后设立了速限。德国高速公路与世界上其他高速公路一样，都是拥有多线道、双向分离行驶、完全控制出入口、全部采用两旁封闭和天桥与道口以及容许高速行驶的道路。

德国科隆市市长康拉德·阿登纳于1932年构思、并建造了世界上第一条高速公路——艾福斯公路。刚开始时的路面是以水泥构成的，在二次世界大战后才逐渐以沥青加以覆盖。当初兴建时的最高设计速度为大约每小时160km，还有最大8%的横坡（路面横向的坡度），这在战后修复时期更被改为4%。1932年至2013年，德国高速公路保持较快的增长趋势，其增长如图3-4所示。2013年，德国的高速公路网总长度约为12845km。

德国高速公路已有60多年的历史，并以气魄雄伟、质地优良而闻名于世。它的路面一般宽40m，分上下行道，有3条或4条车道。在上下车道之间用2m高的水泥墙隔开，有的地方则是4～5m宽的中央间隔带，在间隔带上种植草坪、花和灌木。在高速路上，没有任何其他公路、铁路同其平面交叉，均采用立体交叉避开。德国高速公路与世界上其他高速公路一样，都是拥有多线道、双向分离行驶、完全控制出入口、全部采用两旁封闭和天桥与道口以及容许高速行驶的道路。在德国，大部分高速公路无限速或者动态调整限速，其他路段通常规定120～130km/h，在无限速的条件下，建议速度值为130km/h。德国高速公路网见图3-5。

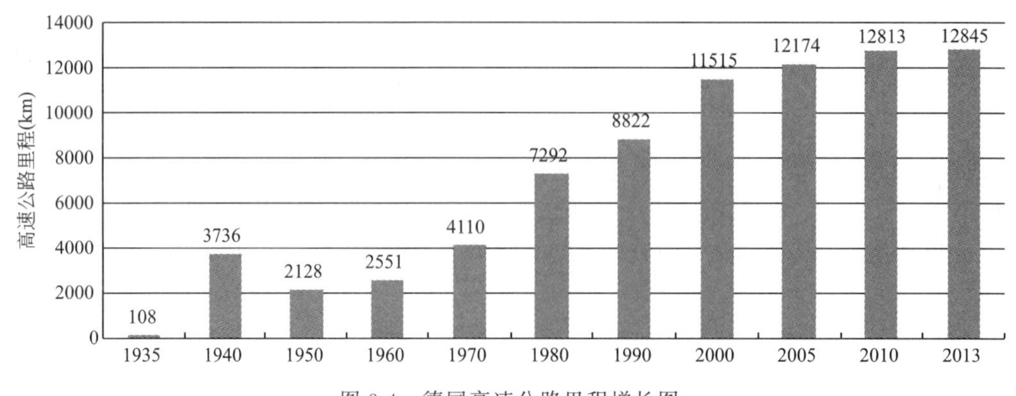

图 3-4　德国高速公路里程增长图

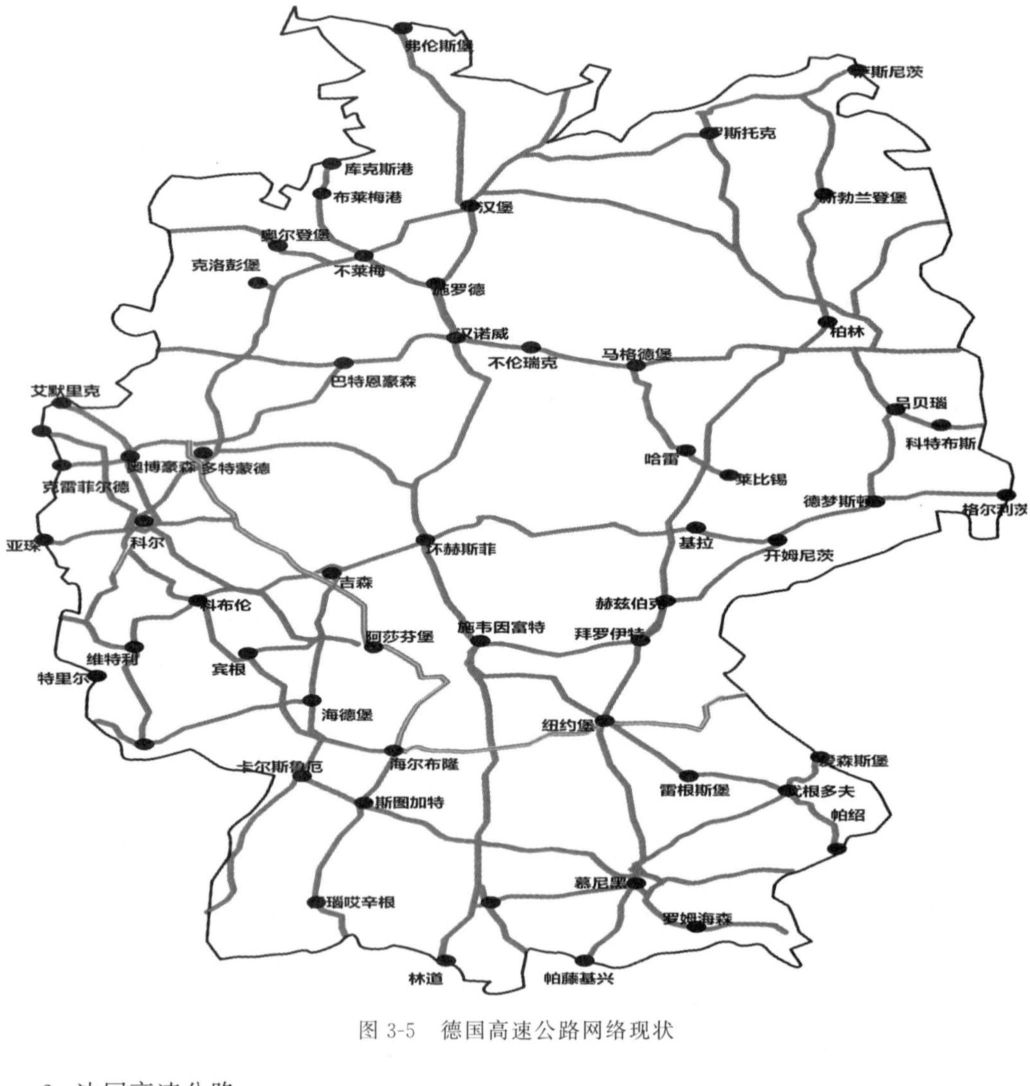

图 3-5　德国高速公路网络现状

2. 法国高速公路

20 世纪二三十年代，法国开始建造高速公路，而大规模的建设是在第二次世界大战以后。在第二次世界大战期间，法国的公路遭到了严重破坏，到战争结束时基本上处于瘫痪状态。在恢复国民经济的基础上，他们加速对公路的建设，用现代化的技术改造原有的公路，大力发展高速公路，扩大基础设施建设，逐步构成了运输畅通的全国公路网络。法国从 1946 年开始修建高速公路，一直到 1970 年才建成北起里尔，中经巴黎、里昂，南到马塞的长达 1000km 的法国第一条经济大动脉。法国高速公路网见图 3-6。

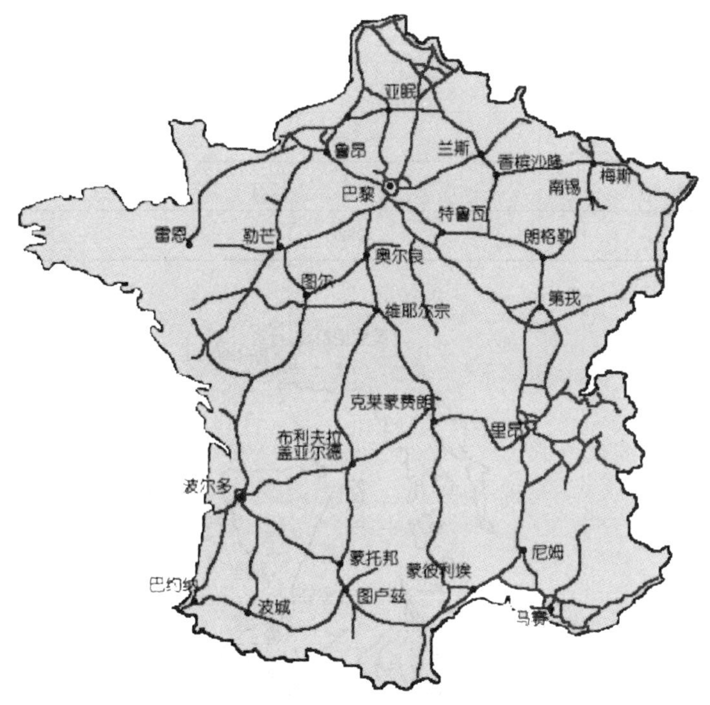

图 3-6　法国高速公路网络

法国公路由高速公路、国道、省道和市镇辖道四种道路构成，分别由中央政府、省和市、镇负责投资与管理。高速公路和国道由中央政府负责修筑管理，沟通全国各大中城市和连接各省省会，并与国际高速公路相连接，东接意大利，南联西班牙，北达比利时与德国。省道是各省省内的交通要道，由省议会责成地方公路团修筑和管理，经费由各省自筹，中央酌情资助。市镇辖道是连接市镇之间的道路，由市镇筹资修筑管理，中央、省政府予以补助。这四种公路总长度为 80.3 万公里，其中高速公路为 6085km。法国的公路就其质量和密度而言，居欧洲国家首位。高速公路的建造有力地推动了公路网的建立，对开发落后地区，活跃国内经济起了重大作用。有力地推动了高速公路的建设速度，拥有全世界最发达的公共交通系统。

3. 英国高速公路

M1 高速公路是最早全线贯通的英国高速公路。整个公路建设的工程共分为四个阶段。大部分的路段于 1959 年以及 1965 年至 1968 年间开通。之后公路的南端和北端于 1977 年及 1999 年两度被延伸。最初的 M6 路段建于 1958 年 12 月，它也是英国最早开放的高速公路。由于 M6 高速公路是连接伦敦和格拉斯哥的高速公路网的主要组成部分，它是英国最繁忙的高速公路之一。英国主要高速公路见表 3-6，高速公路网络见图 3-7。

英国主要高速公路　　表 3-6

编号	里程(km)	起止点
M1	311	伦敦—利兹
M4	—	伦敦—西英格兰
M6	364.8	伦敦—格拉斯哥
M8	—	格拉斯哥—爱丁堡
M25	—	伦敦外环高速公路
M50	34	—
M60	56	曼彻斯特的环线高速公路
M62	172	利物浦—赫尔

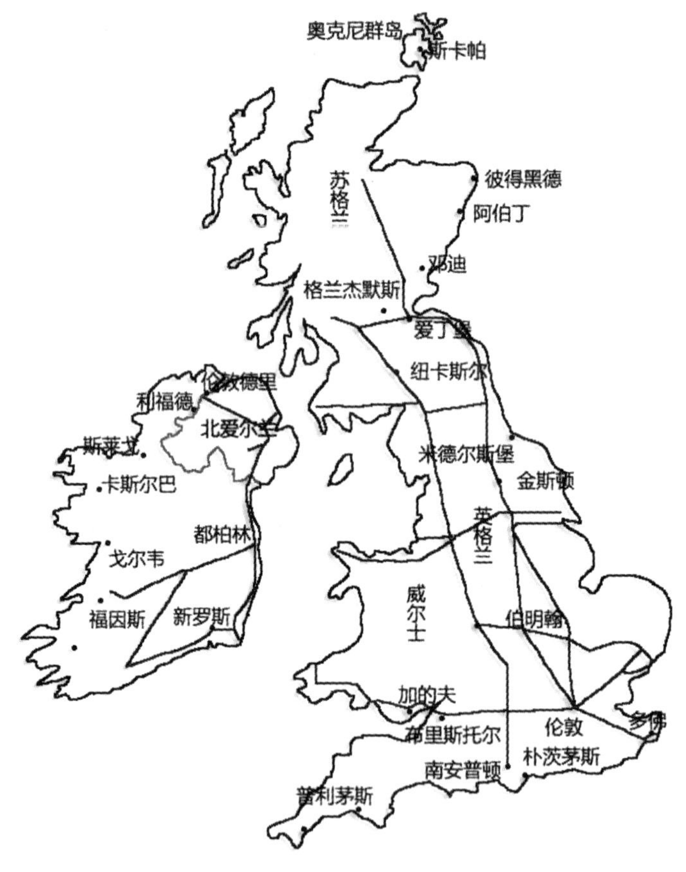

图 3-7　英国高速公路网络

3.3.2 亚洲高速公路

亚洲国家都在大力发展高速公路，其中以日本和东南亚国家为最。亚洲高速公路发展最早的国家是日本，日本从 1956 年开始建设高速公路，目前已拥有全长 110 多万公里的公路，其中国家高速公路长度达到 8730km。亚洲高速公路发展最迅速的中国，中国从 1989 年开始规划和建设高速公路，在不到 30 年的时间里面，2013 年已经通车里程达到 10.4 万公里，成为世界第一。

亚洲其他国家，例如新加坡、马来西亚的高速公路发展态势均良好。马来西亚作为东南亚国家中陆路交通系统最完善的国家，公路系统里程总长为 65877km，其中高速公路里程达到了 1192km。新加坡公路总长度为 3000km，高速公路 140km，以泛岛高速、中央高速和淡滨尼高速为主的 9 条高速公路已经构筑起一个高度发达的立体陆路交通网。由于印度建设的许多道路质量和服务水平未达到世界高速公路的水平，所以从实际来说，印度当前建设和拥有的高速公路里程为 200km。亚洲高速公路网络见图 3-8。

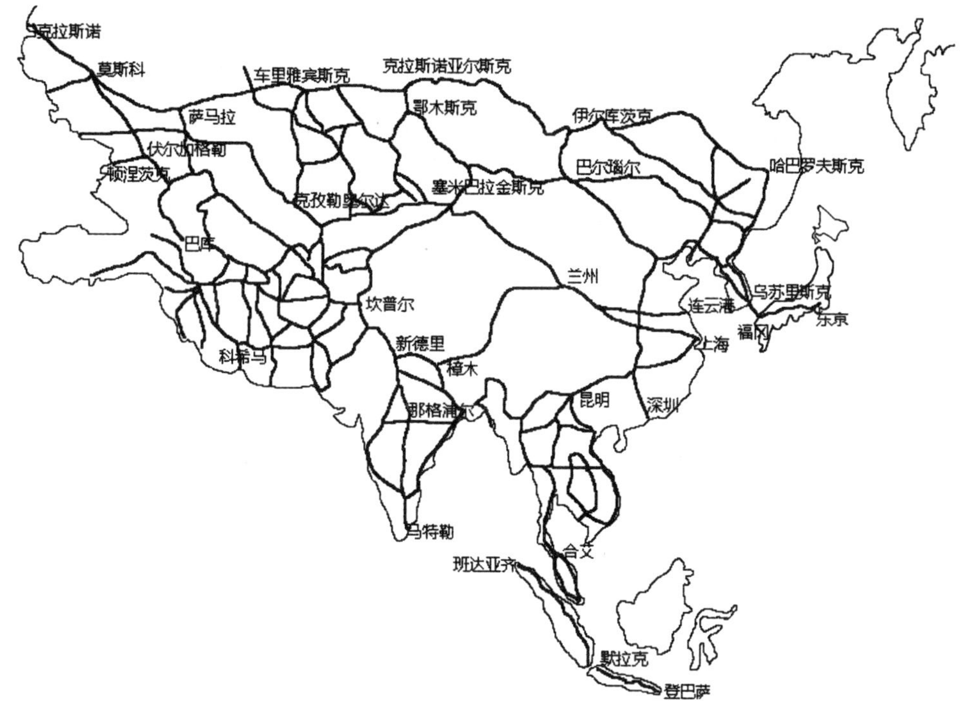

图 3-8　亚洲高速公路网络

1. 日本高速公路

日本的高速公路，正式名称为高速自动车国道，特征如下：(1) 道路宽度。高速公路的车道宽度为 3.5～3.75m 区间，路肩为 2.5～3.5m 区间，原则上内侧车道为超车线，外侧车道为行驶线。(2) 车道数量。多数高速公路为具有中央分隔带的双向 4 车道，车流量大的路段则会有双向 6 车道规格，少数路段拥有 7 车道和 8 车道的规格，部分位处乡村地方的路段仅设双向 2 车道，中间以栅栏隔开，预留有未来拓宽至 4 车道的标准。(3) 道路速度。高速公路上的最高速度限制为 100km/h，同时也实施 50km/h 的最低速度限制。无法达到最低速度限制的车辆，被禁止进入高速公路。此外，日本高速公路可以分为国家高速公路和都市高速公路两种。其中，日本的国家高速公路组成了日本的大部分高速公路网络，可实现从本州北部的青森县到九州南部的鹿儿岛以及四国岛的联通；都市高速公路属于日本大都市圈的城市内部联络线，因缺乏足够的空间，许多路段都以高架桥形式建设在普通道路上方，两个最大的路网是东京都区域的首都高速公路和大阪府区域的阪神高速公路。日本国家高速公路网如图 3-9 所示。

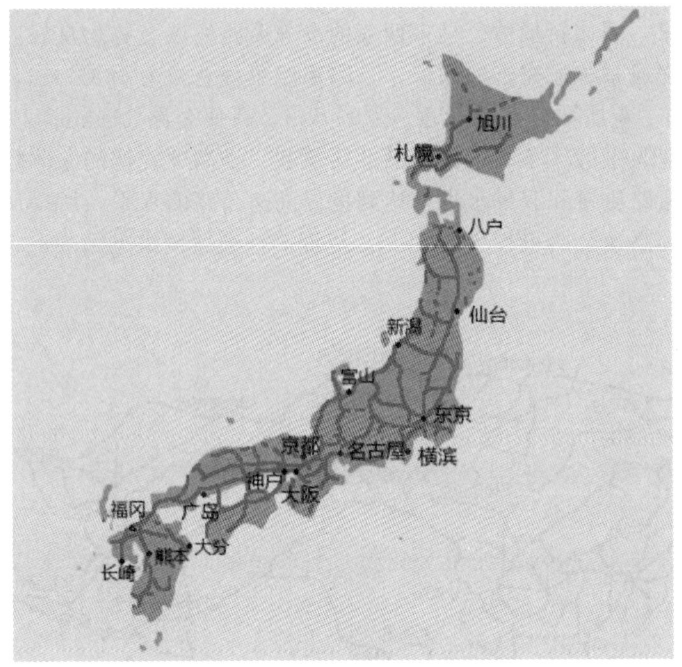

图 3-9　日本国家高速公路线网

2005 年 10 月，日本道路公团、首都高速公团、阪神高速公团和本州四国联络桥公团私有化成功，日本高速公路网络按地域重新划分为东日本高速公路、中日本高速公路和西日本高速公路。到 2012 年，日本的高速公路里程达到 6114km，位居世界第八，亚洲第二。日本高速公路里程变化情况如图 3-10 所示。

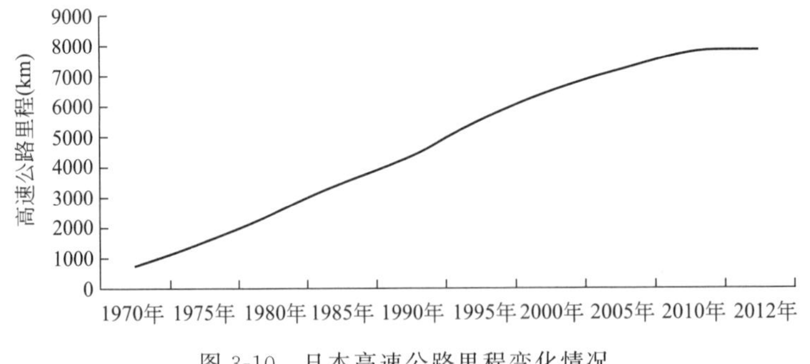

图 3-10　日本高速公路里程变化情况

2. 印度高速公路

印度政府将公路划分为国家高速路、邦级公路、县级公路、农村公路以及边境公路五个等级。因此，实际上印度的高速公路定义与世界其他国家的定义有所区别，主要体现在道路建设质量、道路车流量、道路车道以及双向隔离等方面。与中国的高速公路定义对比，印度大部分的国家高速路为敞开式，其质量等级相当于中国的普通的国道或省级道路。

印度国家高速路的路面质量较好，宽阔平坦，路标齐全醒目，路旁还设有里程碑，在窄路以及拐弯处，设有明显的英文标志或路障，部分路段没有进行隔离，到底印度实际行车速度缓慢。邦级公路，属国家高速路的支线，是各邦内部的主要交通干线，但路面较窄，普遍没有隔离带，在实际行驶过程中，没有车道划分。县级、农村公路，归地方政府管辖，主要用来解决邦内各区县的交通运输，土路居多，雨季泥泞难行，严重制约了印度运输行业的发展。印度真正意义上按照世界标准和规范建设的高速公路数量非常少，被认可的仅有 200km，全世界排名 55 位。但是，2013 年底印度整体公路建设里程达到 468.9842 万公里，在全世界范围内排名第二，仅次于美国的 658.6610 万公里。2012 年底，印度国家级公路覆盖里程 7.1772 万公里，邦级道路里程达 13.1899 万公里。印度国家公路网如图 3-11 所示。

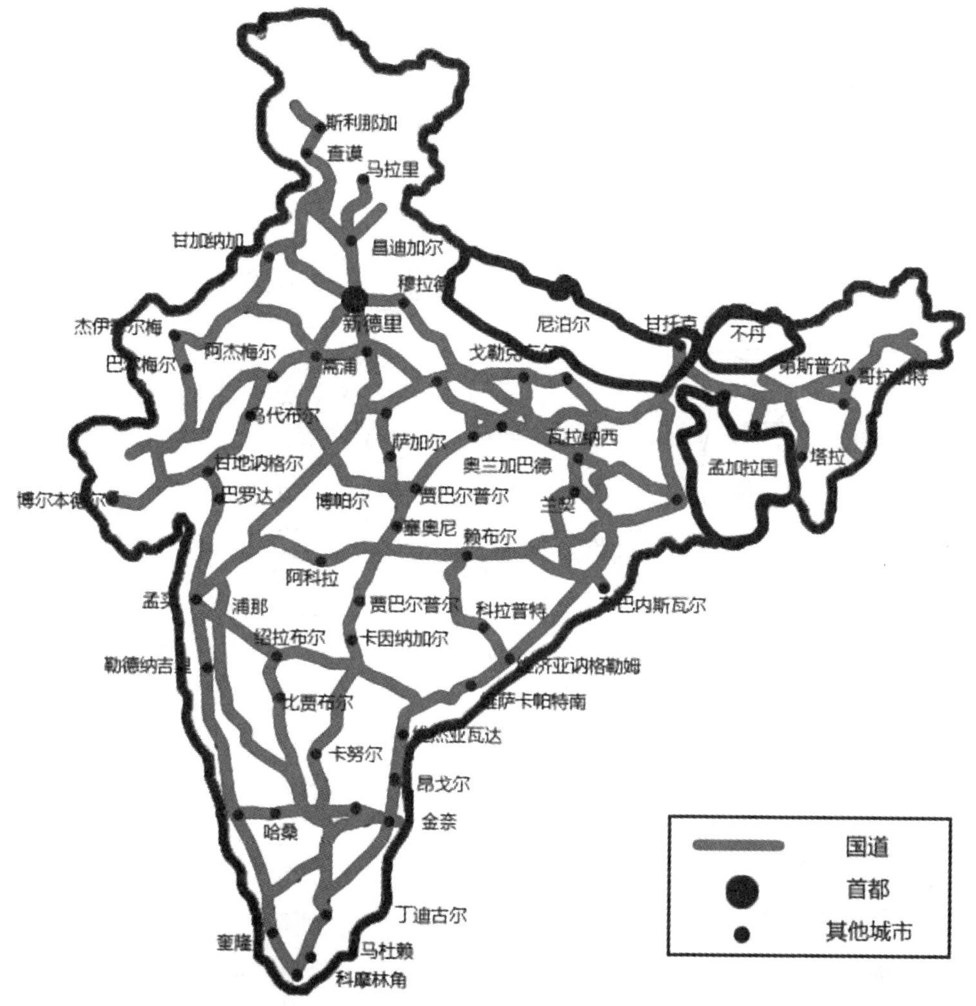

图 3-11　印度国家公路网

目前，印度 50 多条国家级公路干线形成了联系各大城市、乡村的全国公路网。其中，以首都新德里为中心的公路干线，向西直通巴基斯坦边境城市拉合尔，向东通往加尔各答，向南直达印度最南端科摩林角，向北直达克什米尔。另外一条南下公路通往孟买，在全国范围总体上形成了以新德里、孟买、加尔各答、金奈四大城市为中心的国家级公路网。

印度将公路发展规划划分为四个阶段，第一个阶段展开四车道金四边走廊建设，第二个阶段开展四车道南北—东西走廊建设，第三阶段开展 10000km 国家级公路网加密建设，第四阶段开展既有二车道 2000km 公路改造任务，第五阶段开展六车道 6500km 国家级公路的建设，第六阶段开展 1000km 世界级高速公路建设，第七阶段投资 36.2 亿美元用以道路天桥、街道及其他道路附属设施的建设。此外，印度政府已经开始考虑加速印度东北部公路的发展计划，这些公路的发展目标主要是发展那些联系东北部首府与重要城市的公路，包含了一些对东北部经济发展有帮助的城市，并建立国家级公路和省级公路以加强这些城市之间的联系。印度路网规划如图 3-12 所示。

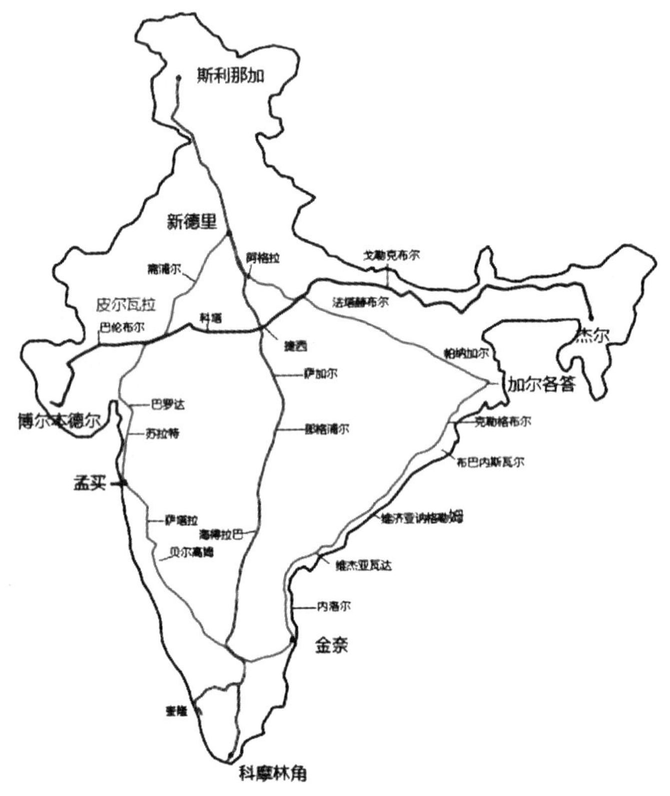

图 3-12　印度高速公路规划图

3.3.3　美洲高速公路

在 20 世纪，美洲高速公路一直处于世界领先地位。美洲高速公路发展最完善的国家是美国。美国从 1937 年开始修建高速公路，2012 年达到 92000km。其次是加拿大，虽然起步较晚，从 1967 年才开始修建，但发展速度较快，截至 1995 年底，已经修建了 16000km 的高速公路，高速公路占公路网总长度的 1.8%，2012 年，加拿大修建了高速公路 17000km。美洲高速公路网络如图 3-13 所示。

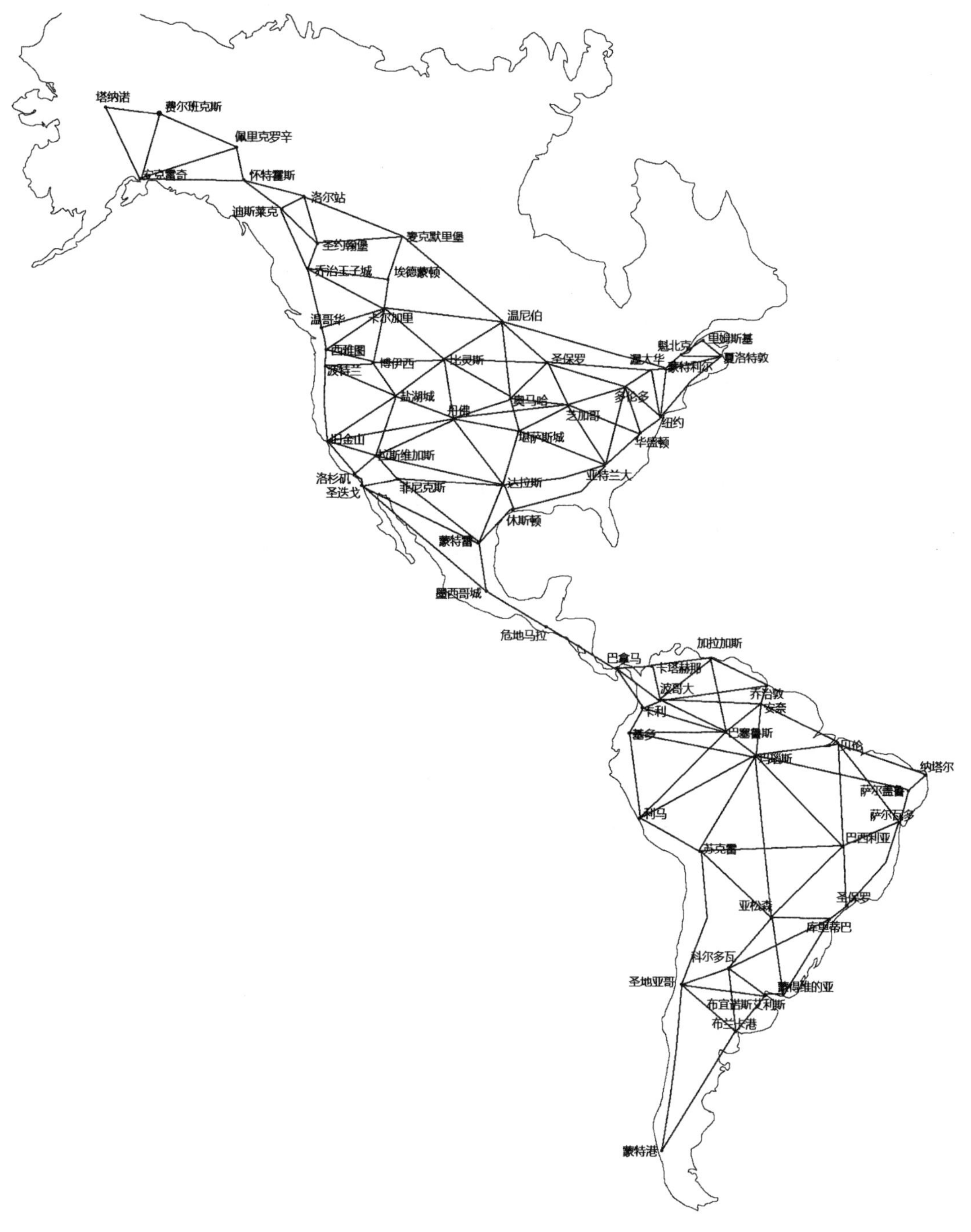

图 3-13　美洲高速公路网络

1. 美国高速公路

美国高速公路系统称为洲际公路系统，正式名称为艾森豪威尔全国洲际及国防公路系统，属于美国公路系统的一部分，大多属高速公路，全线至少四线行车。美国洲际公路速度限制具有区域特点，在大城市附近为 80～90km/h，郊区一般在 105～129km/h。1937 年，美国开始修筑第一条高速公路-宾夕法尼亚州高速公路，线路全长 257km；1938 年提出建设总长度约 4.3 万公里的跨区域公路系统设想；1941 年罗斯福总统通过研究后提出建设总长度为 6.3 万公里的国家洲际公路系统；1944 年的“联邦资助公路法案”采纳建设国家洲际公路系统，并将总长度扩展到 6.5 万公里；1945 年，为提高部队机动能力，美国政府提出修建高速公路网以连接全国大中城市，具体规划内容为：建设 5470km 高速公路连接所有超过 30 万人口大城市，以及连接 80%的 5 万以上人口的中小城市；1953 年国家洲际公路系统完成 1.03 万公里。2009 年，美国已完成以洲际高速公路为核心的高速公路网，形成了美国高速公路框架，连接了所有 5 万以上人口的城镇，并与加拿大、墨西哥等周边国家相连。到 2012 年，美国高速公路达到 92000km，2013 年底，美国高速公路里程突破 100000km。美国高速公路网如图 3-14 所示。

图 3-14　美国高速公路网

从美国高速公路发展现状上看，美国高速公路呈现西部建设密度明显低于东部，北部建设密度高于南部的特点。特别是在科罗拉多、比灵斯等地区的高速公路线网密度低于芝加哥、亚特兰大等地区。

2. 加拿大高速公路

加拿大的国家级高速公路占全国道路系统的比例不到 10%，但是使用率约占车公里总数的 25%。加拿大国家级高速公路主要包括省际和国际客货运输主要干道，加拿大高速公路主要具备以下功能：(1) 省府与商业中心连接、人口经济中心连接；(2) 加拿大与美国高速公路网连接的出入口；(3) 多种运输方式连接的通道。加拿大高速公路网络如图 3-15 所示。

在加拿大所有的高速公路中，运输量最大的属于 401 号公路，它是一条魁北克城和温莎间的全自动高速公路。根据统计，加拿大 401 号高速公路每天平均通行 3 万辆。这主要

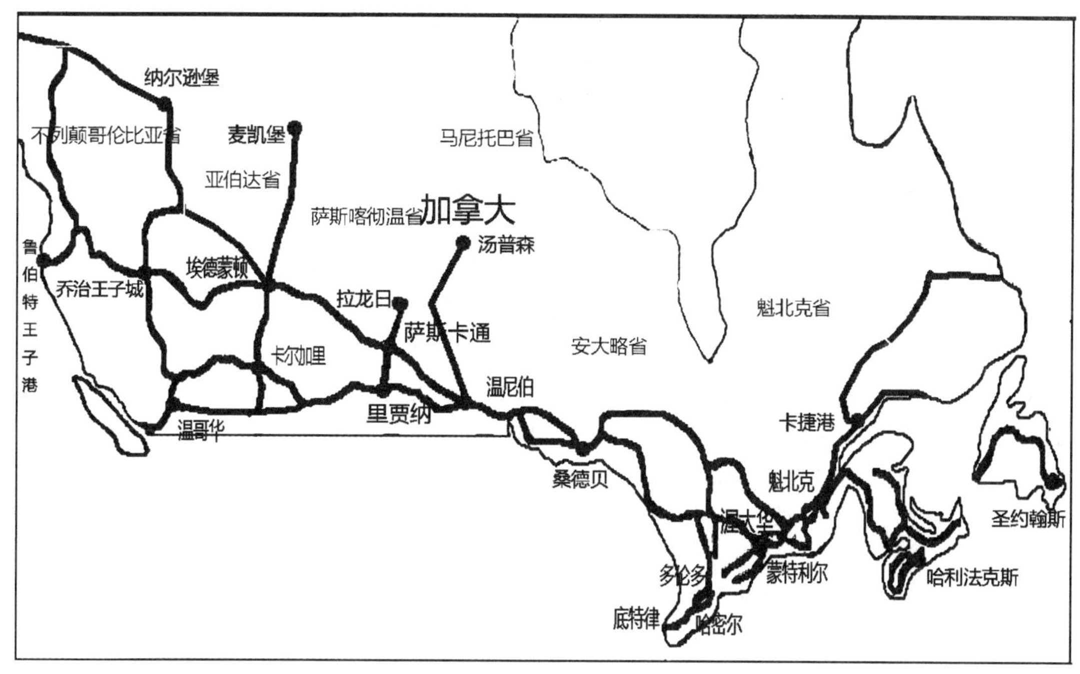

图 3-15　加拿大高速公路网络

是由于加拿大汽车运输中心位于多伦多、蒙特利尔和温哥华等城市，这些城市的货运运输主要集中在 401 号和 40 号高速公路走廊，特别是在蒙特利尔核心的 40 号高速公路区段日通行交通量超过 15 万辆，多伦多附近的 401 号高速公路区段日通行交通量超过 40 万辆。此外，加拿大其他地区最繁忙的高速路段要属于从齐力洼到温哥华区间，其日通行交通量超过 5 万辆，特别是大温地区内超过 12 万辆。

3.3.4　非洲高速公路

非洲高速公路与欧洲高速公路建设模式相似，属于跨国高速公路。但是，由于非洲经济发展落后于欧洲国家，所以非洲国家的洲际高速公路网络目前并不完善，不成规模。从发展现状来看，非洲目前共建设高速公路 9 条，总里程约为 6 万多公里，不到中国的 60% 左右（见表 3-7）。

非洲已建高速公路　　表 3-7

公路名称	编　　号	里程(km)
开罗－达喀尔高速公路	非洲横贯公路网 1 号高速公路	8636
跨撒哈拉高速公路	非洲横贯公路网 2 号高速公路	/
的黎波里-开普敦高速公路	非洲横贯公路网 3 号高速公路	10808
开罗-开普敦高速公路	非洲横贯公路网 4 号高速公路	10228
泛萨赫勒高速公路	非洲横贯公路网 5 号高速公路	900
恩贾梅纳-吉布提高速公路	非洲横贯公路网 6 号高速公路	/

续表

公路名称	编　　号	里程(km)
非洲西部沿海横贯高速公路	非洲横贯公路网7号高速公路	4560
拉各斯—蒙巴萨高速公路	非洲横贯公路网8号高速公路	10269
贝拉—洛比托高速公路	非洲横贯公路网9号高速公路	3523

非洲高速公路网络现状见图3-20。其中，各条高速公路的具体建设过程如下：

（1）开罗—达喀尔高速公路。开罗—达喀尔高速公路属于联合国非洲经济委员会、非洲开发银行以及非洲联盟共同推行的“非洲横贯公路计划”中的1号路线。公路全长约863km，从开罗出发，经过北部非洲的地中海沿岸和西北非洲的大西洋沿岸，直至达喀尔结束，除了毛里塔尼亚到摩洛哥之间的边境路段尚未施工，以及摩洛哥和阿尔及利亚因为国界关闭而无法贯通之外，线路已经全线建成通车。

（2）跨撒哈拉高速公路。跨撒哈拉高速公路属于跨国高速公路项目，从北非的大西洋南部的地中海开始，经过阿尔及利亚的阿尔及尔到尼日利亚的拉各斯，连接北部和西部非洲之间，它又被叫做阿尔及尔—拉各斯公路或拉各斯—阿尔及尔公路。由于此段公路的开通，改善跨越撒哈拉沙漠现有的贸易路线边检手续。

（3）黎波里—开普敦高速公路。黎波里—开普敦高速公路是非洲横贯公路网3号公路，属于联合国非洲经济委员会、非洲开发银行、非洲联盟正在开发建设中的洲际公路，路线全长10808km的长度，目前仅完成40%。

（4）开罗—开普敦高速公路。开罗—开普敦高速公路是非洲横贯公路网4号公路，属于联合国非洲经济委员会、非洲开发银行、非洲联盟正在开发建设中的洲际公路，路线全长10228km。

（5）泛萨赫勒高速公路。泛萨赫勒高速公路跨越撒哈拉地区，属于跨国高速公路，改善了萨赫勒地区在西部的公路路线，又名恩贾梅纳—达喀尔公路，是非洲横贯公路网5号公路。泛萨赫勒高速公路经过七个国家和五个国家的首都，路线全长约900km。

（6）恩贾梅纳—吉布提高速公路。恩贾梅纳—吉布提高速公路是非洲横贯公路网的6号公路，由联合国非洲经济委员会、非洲开发银行、非洲联盟联合开发，线路从萨赫勒地区连接到吉布提的吉布提国家海洋港口。

（7）非洲西部沿海横贯高速公路。非洲西部沿海横贯高速公路属于联合国非洲经济委员会、非洲开发银行、非洲联盟联合建设的“非洲横贯公路计划”中的7号路线，连接了西部非洲12个沿海国家，东端终点设在尼日利亚的拉各斯，西端的终点尚未确定。非洲西部沿海横贯高速公路规划全长为4560km，其中有3777km的路段已经建设完成。

（8）拉各斯—蒙巴萨高速公路。拉各斯—蒙巴萨高速公路属于非洲横贯公路中的8号公路，是非洲西部和非洲东部之间的主要公路路线，线路全长6259km，连接达喀尔、拉各斯，路线穿过尼日利亚、喀麦隆、中非共和国、刚果民主共和国、乌干达和肯尼亚等国家。

（9）贝拉—洛比托高速公路。贝拉—洛比托高速公路属于非洲横贯公路网的9号高速公路，其中穿越安哥拉，刚果民主共和国，赞比亚，津巴布韦和莫桑比克中部的公路里程达到3523km。

图 3-16　非洲高速公路网络图

3.4　中国高速公路概况

中国高速公路发展从 1988 年沪嘉高速公路的建成通车实现中国大陆高速公路零的突破，到 2013 年底，高速公路通车总里程达到 10.4 万公里，已超过美国跃居世界第一。中国地域辽阔，地形地貌差别极大，给高速公路的建设带来很大的挑战性。在初期，高速公路的建设从经济发达同时修建难度比较小的地区开始建设，随着国家主干道计划（“五纵七横”规划）的逐步而实施，为实现成网的要求，建设重点也向地形复杂的地区转移，长大隧道及高跨、长跨桥梁占的比例也越来越大，同时高速公路的平均造价也大幅度提高。“十五”期间中国共建成高速公路 2.47 万公里，是“八五”和“九五”建成高速公路总和的 1.5 倍。到 2005 年底，高速公路总里程达到 4.1 万公里，继续稳居世界第二，仅次于美国。2006年末，中国高速公路里程达4.5万公里，2007年底达5.36万公里，创造了世界高速公路发展的奇迹。而在20多年前，中国的高速公路连一米都没有。2010年12月28日我国高速公路通车里程达7.4万公里。2011年底，8.6万公里国家高速公路网已经建成6.4万公里，占75%，在建的约1万公里，占11%。2012年底，高速公路总里程达9.56万公里。到2013年底，高速公路通车总里程达到10.4万公里。世界排名第一。

3.4.1 中国高速公路发展历程

中国高速公路建设开始于20世纪80年代末期，比美国、法国、英国等西方国家晚了50年的时间。但是经过20年的发展，我国高速公路在2013年底通车总里程达到10.4万公里，超过美国跃居世界第一。我国高速公路发展历程可划分为如下三个阶段：

1. 第一阶段：1978～1989年

1978～1989年正处于改革开放初期，一方面随着国民经济的增长，公路的客货运量需求急剧增加，我国的公路系统无法满足发展带来的客货运需求；另外一方面国内公路设施十分落后，主要干线公路拥堵严重、事故频发、运输效率低下。根据发达国家的实践经验，建设高速公路是解决我国干线公路系统交通现存问题的有效途径。1988年，上海至嘉定高速公路建成通车，高速公路带来的效益坚定了我国建设高速公路的决心。1989年7月，在沈阳召开的高等级公路建设现场会上，时任国务院副总理的邹家华同志得出必须建设国家高速公路系统的结论。高速公路建设属于国家层面的大型工程，需要大量的资金和技术支持。

2. 第二阶段，1990～1997年

在确定建设高速公路系统的决定后，被誉为“神州第一路”的沈大高速公路与1990年全线建成通车，标志着我国高速公路发展进入了一个新的时代；1992年，我国交通部制定“五纵七横”国道主干线规划并付诸实施，为我国高速公路持续、快速、健康发展奠定了基础；1993年京津塘高速公路建成，是第一条利用世界银行贷款建设的跨省市的高速公路；此后，我国相继建成了沈大、京津塘、成渝、济青等一批具有重要意义的高速公路，突破了高速公路建设的多项重大技术“瓶颈”，积累了设计、施工、监理和运营管理等经验，截止到1997年底，我国高速公路通车里程达到4771km，10年间年均增长477km。为1998年后的快速发展奠定了基础。在这一阶段，我国的高速公路技术不断积累沉淀，高速公路发展逐渐走向成熟。

3. 第三阶段：1998年至今

1998年，为应对亚洲金融危机，国家实施积极财政政策，加快基础设施建设步伐。1998年底，我国高速公路通车总里程达到8733km，跃居世界第六；1999年，全国高速公路里程突破1万公里，位居世界第四；2000年，国道主干线京沈、京沪高速公路建成通车，在我国华北、东北、华东之间形成了快速、安全、畅通的公路运输通道，全国高速公路总里程达到1.9万公里；2001年，有“西南动脉”之称的西南公路出海通道；2002年我国高速公路通车里程突破2.5万公里，位居世界第二位；2004年底，我国高速公路超过3.4万公里；2007年新修通高速公路8300公里，是历史上最多的一年；2013年底，我国高速公路通车总里程已达到10.4万公里，跃居世界第一，成为世界上规模最大的高速公路系统。

3.4.2 中国高速公路发展规划

我国国家高速公路从起始建设至今，共先后提出“五纵七横”、“7918”以及“7118”

线网规划。其中，“五纵七横”高速公路线网规划于1992年提出，2007年底建成。“7918”线网规划于2005年提出，2012年完成。“7118”线网规划于2013年提出，在“7918”规划基础上，在我国西部增加了两条南北纵线，预计2020年完成。

1. 我国高速公路的“五纵七横”网

1992年，中华人民共和国交通部制定“五纵七横”国道主干线规划，计划建设省际高速公路体系，包括12条关键性的交通走廊：5条南北走向，7条东西走向，全长3.5万公里。其中，高速2.5万公里，计划2010年前建成。五纵七横高速公路网将贯通北京和直辖市及各省（自治区）省会城市，将人口在100万以上的所有特大城市和人口在50万以上大城市中连接起来，连接的城市总数超过200个，覆盖的人口达到6亿，占全国总人口的50%。

2. 我国高速公路的“7918”网

“7918”规划是在综合考虑国家发展战略和全局要求的基础下制定的。随着“五纵七横”公路网规划建设已经基本完成，交通运输部于2005年1月公布“国家高速公路网规划7918网”。“7918”规划中要求我国高速公路网覆盖面要10亿人口，即总人口的70%以上，并且我国人口超过20万的城市将全部连接起来。中国国家高速公路网采用放射线与纵横网格相结合布局方案，由7条首都放射线、9条南北纵线和18条东西横线组成，简称为“7918”网，总规模约8.5万公里，其中主线6.8万公里，地区环线、联络线等其他路线约1.7万公里。

3. 我国高速公路的“71118”网

“71118”规划实质上是对“7918”网规划的补充。2013年6月20日，交通运输部正式公布《国家公路网71118规划（2013～2030年）》。“71118”规划建立在“71118”规划基础上，提出在西部增加了两条南北纵线，并且规划总里程增加到11.8万公里。具体来说，“71118”规划由7条首都放射线、11条北南纵线、18条东西横线，以及地区环线、并行线、联络线等组成。

国家公路网规划总规模国家公路网约40万公里，其中国家高速公路共36条，计11.8万公里；普通国道共200条，计26.5万公里。到2030年将建成布局合理、功能完善、覆盖广泛、安全可靠的国家干线公路网线，实现首都辐射省会、省际多线连通、地市高速通达、县县国道覆盖。国家高速公路网规划采用放射线与纵横网格相结合的布局方案，形成由中心城市向外放射以及横连东西、纵贯南北的大通道，由7条首都放射线、11条南北纵向线和18条东西横向线组成，简称为“71118网”，总规模约8.5万公里，其中：主线6.8万公里，地区环线、联络线等其他路线约1.7万公里。具体见表3-8。

71118网　　**表3-8**

序号	名称	条数	备　注
1	首都放射线	7条	北京—上海、北京—台北、北京—港澳、北京—昆明、北京—拉萨、北京—乌鲁木齐、北京—哈尔滨
2	南北纵向线	11条	鹤岗—大连、沈阳—海口、长春—深圳、济南—广州、大庆—广州、二连浩特—广州、呼和浩特—北海、包头—茂名、银川—百色、兰州—海口、银川—昆明

续表

序号	名称	条数	备　注
3	东西横向线	18 条	绥芬河—满洲里、珲春—乌兰浩特、丹东—锡林浩特、荣成—乌海、青岛—银川、青岛—兰州、连云港—霍尔果斯、南京—洛阳、上海—西安、上海—成都、上海—重庆、杭州—瑞丽、上海—昆明、福州—银川、泉州—南宁、厦门—成都、汕头—昆明、广州—昆明
4	其他线路	37 条	辽中环线、成渝环线、海南环线、珠三角环线、杭州湾环线共 5 条地区性环线、2 段并行线和 30 余段联络线

4.《国家公路网规划（2013～2030 年）》

我国所面临的公路交通的压力，是世界上其他国家不可比拟的。目前我国公路承担的货运量是美国的 3.7 倍，公路货物的周转量是美国的 2.8 倍。今后将面临更大的交通需求和压力。中国目前还有 900 多个县没有国道连接，18 个新增城镇人口在 20 万以上的城市和 29 个地级行政中心未与国家高速公路相连接。而且部分国家高速公路通道运能紧张、拥堵严重，网络效率不高。特别是近年来我国公路交通发展迅速，国家级干线公路规划与建设仍面临一些问题：如覆盖范围不全面、主要通道能力不足、网络效率有待进一步提高、与其他运输方式需要进一步加强衔接等。所以，2012 年国家发改委与交通运输部编制新的国家公路网规划。根据国家发改委与交通运输部编制的《国家公路网规划（2013～2030 年）》，到 2030 年，我国国家公路网总规模约 40 万公里，1000 公里以内的省会间可当日到达。并且未来收费公路将占整个里程的 3%左右，其余 97%都是非收费公路。

《国家公路网规划（2013～2030 年）》的目标是形成“布局合理、功能完善、覆盖广泛、安全可靠”的国家干线公路网络，千公里内的省会间可当日到达，东中部地区省会到地市可当日往返、西部地区省会到地市可当日到达。

首先，根据《国家公路网规划（2013～2030 年）》，国家公路网由普通国道、国家高速公路两个路网构成，总规模约 40 万公里。其中，普通国道由 1981 年的 10.6 万公里增加到 26.5 万公里。普通国道需新建路段只有 8000 公里，另有 10 万公里需原路升级改造。调整后的国家高速公路约 11.8 万公里；另规划远期展望线 1.8 万公里，远期展望线路主要位于西部地广人稀的地区。国家高速公路待建路段约 2.5 万～3.3 万公里。

其次，《国家公路网规划（2013～2030 年）》对于资金问题也作了专项研究，普通国道约 10 万公里的升级改造和 8000 公里的新建需 2.2 万亿元。高速公路新建 2.5 万～3.3 万公里需 2.5 万亿元，总的投资大约是 4.7 万亿元。

最后，《国家公路网规划（2013～2030 年）》提出，未来我国公路网总规模约 580 万公里，其中国家公路约 40 万公里，占总规模的 7%，省级公路占 9%，乡村公路占 84%。

到 2030 年，中国将建成总规模约 40 万公里的国家公路网，投资约 4.7 万亿元。总规模 40.1 万公里的国家公路网由普通国道和国家高速公路两个路网构成。建成后，全国所有县级及以上行政区将全部实现普通国道覆盖，国家高速公路也将连接所有地级行政中心和城镇人口超过 20 万的中等及以上城市。普通国道网由 12 条首都放射线、47 条北南纵线、60 条东西横线和 81 条联络线组成，总规模约 26.5 万公里。国家高速公路网由 7 条首都放射线、11 条北南纵线、18 条东西横线，以及地区环线、并行线、联络线等组成，约

11.8万公里。另规划远期展望线1.8万公里，位于西部地广人稀地区。新规划首次研究了中国未来公路网的总体规模和层次结构，提出总规模约为580万公里，其中国家公路约40万公里的建设目标。

3.5　基于属性识别的高速公路交通安全评价模型

对影响高速公路交通安全因素综合分析基础上，构建高速公路交通安全评价的指标体系。利用五级标度法确定评价指标权重系数的情况下，建立基于属性识别的高速公路交通安全评价模型。评价模型根据单指标的属性测度值与多指标的综合属性测度值，利用置信度准则来识别高速公路交通安全的现状水平。应用结果表明利用属性评价模型，不但可以找出影响高速公路交通安全的问题成因和限制因素，而为高速公路规划和改造提供科学决策依据。

3.5.1　高速公路交通安全评价指标体系

目前，对高速公路交通安全的评价方法主要有层次分析法、模糊综合评价法和模糊区间评价法。层次分析法为定性描述方法，评价过程主观性强，评价结果科学性差；模糊综合评价法会出现分类不清、结果不合理的问题，主要原因是模糊综合评价是对不同论域上的模糊集合之间进行“取大取小”运算是无意义的，并且最大隶属度准则不能比较细微的分类程度，不能解决有序分割类的识别问题；模糊区间评价法由于需要人为设计区间参数，区间点个数的选取尚无理论指导，而且随着评价指标个数的增加将影响收敛速度，计算过程也将复杂。由于高速公路交通安全问题属于第二类评价问题，无法获得较多的训练样本，而属性综合评价法的置信度准则可较有效的解决有序分割类的识别问题，能够比较细微的分类程度，识别正确率较高，比传统的评价方法具有较好的评价效果，可找出影响高速公路交通安全的限制因素及潜在风险，减少高速公路交通事故发生。因此，在依据高速公路的自身特点，利用属性数学的识别理论，在定性分析和定量分析相结合的基础上，建立高速公路交通安全评价的属性识别模型。

1. 评价指标体系

由于影响高速公路交通安全的因素较多，既有内部因素（如道路线形、车辆性能等），又有外部因素（如管理水平、气候服务等），所以，如何建立高速公路交通安全的评价指标体系，至今没有一套公认行之有效的方法。高速公路交通安全的评价指标体系是高速公路系统进行交通安全诊断、危险点识别、安全控制与管理的前提，也是不同于目前一般的安全管理体系的新的评价指标体系。所以，通过综合分析，本章构建的高速公路交通安全评价指标体系，见表3-9。

2. 指标评价标准

为科学、合理、有效地评价城市公共交通系统，将城市公共交通系统评价的指标体系中每个指标测度范围分为：优秀、良好、中等、一般、较差等五个测试区间。即评价集$\{c_1, c_2, c_3, c_4, c_5\}$＝{优秀，良好，中等，一般，较差}。

如何选择适宜的指标评价分类标准是决定评价是否合理的关键。由于无法获得较多的训练样本，因此不能采用聚类分析法求得评价类的中心值。确定的各个指标评价标准，以国内或国际标准以及国际或国内公认的高速公路交通安全标准来制定指标标准值，指标分级标准以指标实际值的国家标准或国外城市达到的平均水平为参考上限（优秀），以国内高速公路交通安全现状评价水平为参考中间值（中等），其余内插或外推确定，具体的分级标准值及各标准值的区间范围，见表 3-9。

高速公路交通安全评价指标体系及量化标准　　表 3-9

目标层	准则层	指标层		评价类				
				优秀	良好	中等	一般	较差
高速公路交通安全评价指标体系	迅捷性	u_1	路网连通度	0.85～1.0	0.75～0.85	0.65～0.75	0.55～0.65	0.0～0.55
		u_2	路网密度(m/km^2)	0.02～0.05	0.015～0.02	0.01～0.015	0.005～0.01	0.0～0.005
		u_3	节点通达度	0.8～1.0	0.7～0.8	0.6～0.7	0.5～0.6	0.0～0.5
		u_4	路网车速(km/h)	80～150	70～80	60～70	50～60	0.0～50
		u_5	路网流量(人/日)	>1	0.8～1	0.7～0.8	0.5～0.7	0.0～0.5
	安全性	u_6	视距(km)	>0.2	0.15～0.2	0.1～0.15	0.05～0.1	0.0～0.05
		u_7	交通隔离	0.9～1.0	0.8～0.9	0.7～0.8	0.6～0.7	0.0～0.6
		u_8	保护设施	0.9～1.0	0.8～0.9	0.7～0.8	0.6～0.7	0.0～0.6
		u_9	照明设施	0.9～1.0	0.8～0.9	0.7～0.8	0.6～0.7	0.0～0.6
		u_{10}	隧道设施	0.9～1.0	0.8～0.9	0.7～0.8	0.6～0.7	0.0～0.6
		u_{11}	监控设施	0.9～1.0	0.8～0.9	0.7～0.8	0.6～0.7	0.0～0.6
	准确性	u_{12}	引导设施	0.9～1.0	0.8～0.9	0.7～0.8	0.6～0.7	0.0～0.6
		u_{13}	信息设施	0.9～1.0	0.8～0.9	0.7～0.8	0.6～0.7	0.0～0.6
		u_{14}	气象情报设施	0.9～1.0	0.8～0.9	0.7～0.8	0.6～0.7	0.0～0.6
	满意性	u_{15}	道路线形条件	0.9～1.0	0.8～0.9	0.7～0.8	0.6～0.7	0.0～0.6
		u_{16}	路面状况	0.9～1.0	0.8～0.9	0.7～0.8	0.6～0.7	0.0～0.6
		u_{17}	事故率(次/年)	0～2.0	2.0～5.0	5.0～10.0	10.0～15.0	>15.0
		u_{18}	沿线景观	0.9～1.0	0.8～0.9	0.7～0.8	0.6～0.7	0.0～0.6
	舒适性	u_{19}	里程饱和率(%)	0.9～1.0	0.8～0.9	0.7～0.8	0.6～0.7	0.0～0.6
		u_{20}	拥挤度	0.0～0.05	0.05～0.1	0.1～0.15	0.15～0.20	0.20～1.0
		u_{21}	行车平稳度	0.9～1.0	0.8～0.9	0.7～0.8	0.6～0.7	0.0～0.6

注：表中各指标的量化标准，其中指标 u_1，u_2，u_3，u_4，u_5，u_6是基于定量计算来划分，其余指标是基于定性分析来划分。

3.5.2　高速公路交通安全的综合评价原理

属性理论是对事物或自然现象属性的定性描述进行定量化研究的数学理论。在对属性集和属性测度研究的基础上，提出了属性综合评价模型，该模型由三部分组成：单指标属性测度分析，多指标综合属性测度分析，属性识别分析及评分准则。设高速公路交通安全系统 x_i 的第 j 个评价指标实际测量值 x_{ij} ，由于高速公路交通安全系统的现状水平可由评价指标的测量值综合反映，且对研究对象空间 X 中的每个高速公路交通安全系统 x_i 可由 21 个指标确定其属性值。所以，可把高速公路交通安全系统 x_i 的现状水平表示为一个 21

维向量 $x_i=(x_{i1}, x_{i2}, \cdots, x_{i21})$，$1\leqslant i\leqslant n$。在已知每个指标的评价分类标准和指标权重的基础上，基于属性数学理论建立高速公路交通安全系统综合评价模型，判断高速公路交通安全系统 x_i 属于哪一个评价类。

1. 单指标属性测度分析

设 x_{ij} 为第 i 个高速公路交通安全系统第 j 个指标测量值。当“$x_{ij}\in C_k$”时，表示 x_{ij} 属于第 k 类 C_k，且具有属性 C_k 的测度 $\mu_{ijk}=\mu\ (x_{ij}\in C_k)$，其中 $1\leqslant i\leqslant n$，$1\leqslant j\leqslant 21$，$1\leqslant k\leqslant 5$，满足：$\sum_{k=1}^{5}\mu_{ijk}=1$。

由于 c_1，c_2，c_3，c_4，c_5 构成属性空间 F 的一个有序分割类，且 $c_1>c_2>c_3>c_4>c_5$。每个指标的分类标准已知，写成分类标准矩阵。则第 i 个高速公路交通安全系统的分类标准矩阵

$$\begin{bmatrix} a_{i11} & a_{i12} & a_{i13} & a_{i14} & a_{i15} \\ a_{i21} & a_{i22} & a_{i23} & a_{i24} & a_{i25} \\ \cdots & \cdots & \cdots & \cdots & \cdots \\ a_{i21,1} & a_{i21,2} & a_{i21,3} & a_{i21,4} & a_{i21,5} \end{bmatrix} \tag{3-1}$$

满足，$a_{ij1}<a_{ij2}<a_{ij3}<a_{ij4}<a_{ij5}$ 或 $a_{ij1}>a_{ij2}>a_{ij3}>a_{ij4}>a_{ij5}$，$1\leqslant i\leqslant n$，$1\leqslant j\leqslant 21$。

属性测度计算是属性数学方法的关键，由于正态分布函数的评价精度要高于线性函数，选择正态分布函数作为属性测度函数。设 $a_{ijk}\sim a_{ijk+1}$ 为第 i 段高速公路交通安全系统第 j 个指标的第 k 级评价分类标准取值区间，令

$$b_{ijk}=0.5\,|a_{ijk}+a_{ijk+1}| \tag{3-2}$$

$$c_{ijk}=0.6\,|a_{ijk}-a_{ijk+1}| \tag{3-3}$$

对正向指标（指标值越大越优秀，$a_{ij1}<a_{ij2}<a_{ij3}<a_{ij4}<a_{ij5}$）和负向指标（指标值越大越差，$a_{ij1}>a_{ij2}>a_{ij3}>a_{ij4}>a_{ij5}$），$x_{ij}$ 属于 C_k 属性集的属性测度 μ_{ijk}（$x_{ij}\in C_k$）函数均为[5]：

$$\mu_{ijk}(x_{ij}\,|x_{ij}\in c_k)=e^{-\left[\frac{r_{ij}-b_{ijk}}{c_{ijk}}\right]^2} \tag{3-4}$$

2. 确定指标的权重系数

选用五级标度法确定评价指标的权重系数，这种方法的优点无需样本数据，可处理多个因素以上的问题。由于各评价指标在高速公路交通安全系统评价中所起的作用不同，所以可根据各指标对评价问题的重要性程度，把所有评价指标划分为五个级别，见表 3-10。

指 标 级 别　　　　**表 3-10**

等级	一级	二级	三级	四级	五级
属性	特别重要	极重要	较重要	重要	一般
取值范围	(0.9,1.0)	(0.8,0.9)	(0.7,0.8)	(0.6,0.7)	(0.5,0.6)

在具体的高速公路交通安全评价中，结合实际情况就可以得到不同评价指标的属性级别，然后根据指标级别的取值范围就可得到评价指标 G_j（$j=1, 2, \cdots, 21$）的初始权重值

$z_j(j=1,2,\cdots,21)$。然后运用模糊数学中的隶属函数，将它模糊处理。令

$r_j=(z_j-a)/(b-a)$，$(j=1,2,\cdots,21)$（一般情况下 $a=0.5$，$b=1.0$）。

为了使权重满足归一化条件，令

$$w_j=r_j/(\sum_{i=1}^{21}r_i),j=1,2,\cdots,21 \tag{3-5}$$

则高速公路交通安全系统各评价指标的权重为 $W=(w_1,w_2,\cdots,w_{21})$，$w_j\geqslant 0$，$\sum_{j=1}^{21}w_j=1$。

3. 多指标综合属性测度

根据单指标属性测度 μ_{ijk} 和评价指标的权重向量 $W=(w_1,w_2,\cdots,w_{21})$，则第 i 个高速公路交通安全系统具有属性 C_k 的多指标综合属性测度

$$\mu_{ik}=\sum_{j=1}^{21}w_j\cdot\mu_{ijk} \tag{3-6}$$

由 μ_{ik} 构成的向量 $\mu_i=(\mu_{i1},\mu_{i2},\mu_{i3},\mu_{i4},\mu_{i5})$ 为第 i 个高速公路交通安全系统具有属性 C_k 的多指标综合属性测度。对子系统层的多指标综合属性测度进行属性识别就构成了子系统层综合评价，对要素层的多指标综合属性测度进行属性识别就构成了要素层综合评价结果。

4. 属性识别分析

属性识别分析的目的是由综合属性测度 μ_i 对第 i 个高速公路交通安全系统属于哪个评价类做出判断。置信度准则是从“强”的角度考虑的，即越“强”越好，而且“强”的类应占相当大的比例。λ 的取值范围 $0.5<\lambda<0.7$，一般取 $0.6\leqslant\lambda\leqslant 0.7$。由于 F 为弱序分割类，根据置信度准则，对置信度 λ，若

$$g_0=\min\left\{g:\sum_{k=1}^{k}\mu_{ik}\geqslant\lambda,g=5,4,3,2,1\right\} \tag{3-7}$$

则认为第 i 个高速公路交通安全属于 C_{g0} 类，即识别规则要求是强类应占较大的比例。对不同高速公路交通安全系统的排序，就需要对综合属性测度向量 μ_i 进行排序。由于属性集之间有强弱关系，可以用分值表示属性集的强弱关系，强属性集的分值比弱属性集的分值大[5]。设属性集 C_i 的分数为 $n_i=i$，可得出多指标综合属性测度的总评分 q_i 为：

$$q_i=\sum_{k=1}^{5}\mu_{ik}\cdot n_k \tag{3-8}$$

根据式（3-8）计算高速公路交通安全度分值，若 $q_i>q_j$，即认为第 i 个高速公路交通安全状况比第 j 个高速公路交通安全状态好。如果需要对不同研究对象进行排序，则可利用评分准则，先计算第 i 个高速公路交通安全状况的综合评价分数

$$s_i=\sum_{k=1}^{5}(6-k)\cdot\mu_{ik} \tag{3-9}$$

然后依据 s_i 的大小对 i 个高速公路交通安全进行比较和排序。

3.5.3 实例分析

为了对某地区现有高速公路交通安全进行合理的评价，交通部门组织有关专家对某地

区高速公路进行了一次实地乘客询问调查和考察，获得很多有关高速公路交通安全要素的有效数据，然后用上面提出的属性识别模型对某地区现有高速公路交通安全总体水平做出的综合评价。具体评价过程如下：

Step1　依据式（3-2）～式（3-4），计算得到子系统层多指标综合属性测度向量，见表 3-11～表 3-15。

Step2　依据式（3-5），计算得到高速公路交通安全评价中 21 个指标的权重系数，见表 3-11～表 3-15。

高速公路交通安全中的迅捷性评价结果　　表 3-11

评价对象	权重	安全度评价类				
		优秀	良好	中等	一般	较差
		属性测度				
路网连通度	0.043	0.0113	0.2112	0.4311	0.4032	0.2131
路网密度	0.056	0.0221	0.3013	0.5382	0.4723	0.3181
节点通达度	0.045	0.0175	0.1161	0.3371	0.4041	0.2123
路网车速	0.061	0.0108	0.1142	0.5132	0.4671	0.2732
路网流量	0.041	0.0132	0.1033	0.4771	0.4833	0.2533
迅捷性子系统		0.0149	0.1692	0.4591	0.4462	0.2542

高速公路交通安全中的安全性评价结果　　表 3-12

评价对象	权重	安全度评价类				
		优秀	良好	中等	一般	较差
		属性测度				
视距	0.037	0.0212	0.3312	0.4213	0.2176	0.2113
交通隔离	0.048	0.0137	0.3401	0.3313	0.3328	0.3118
保护设施	0.059	0.0187	0.5217	0.2357	0.5102	0.3313
照明设施	0.037	0.0233	0.1003	0.1847	0.1703	0.2727
隧道设施	0.033	0.0183	0.1221	0.4332	0.2233	0.2518
监控设施	0.038	0.0233	0.2109	0.5007	0.4371	0.3317
安全性子系统		0.0198	0.2381	0.3512	0.3152	0.2851

高速公路交通安全中的准确性评价结果　　表 3-13

评价对象	权重	安全度评价类				
		优秀	良好	中等	一般	较差
		属性测度				
引导设施	0.042	0.0313	0.3513	0.3321	0.2117	0.2881
信息设施	0.039	0.0151	0.3771	0.4117	0.1002	0.1773
气象情报设施	0.031	0.0223	0.5127	0.3787	0.2337	0.3318
准确性子系统		0.0229	0.4137	0.3721	0.1819	0.2657

高速公路交通安全中的满意性评价结果　　表 3-14

评价对象	权重	安全度评价类				
		优秀	良好	中等	一般	较差
		属性测度				
道路线形条件	0.044	0.0123	0.3811	0.4333	0.2724	0.1773
路面状况	0.046	0.0188	0.2717	0.5101	0.1331	0.2313
事故率	0.052	0.0317	0.4233	0.2708	0.2713	0.2185
沿线景观	0.046	0.0227	0.3811	0.3881	0.3233	0.1886
满意性子系统		0.0214	0.3643	0.4006	0.2385	0.2039

高速公路交通安全中的舒适性评价结果　　表 3-15

评价对象	权重	安全度评价类				
		优秀	良好	中等	一般	较差
		属性测度				
里程饱和率	0.055	0.0423	0.4231	0.3871	0.2718	0.3771
为拥挤度	0.043	0.0231	0.3172	0.2799	0.1237	0.1223
行车平稳度	0.052	0.0178	0.5122	0.4127	0.2881	0.2702
舒适性子系统		0.0277	0.4131	0.3599	0.2279	0.2702

Step3　依据表 3-11～表 3-15，计算得到系统层多指标综合属性测度向量，见表 3-16。

高速公路交通安全中的综合评价结果　　表 3-16

评价对象	安全度评价类				
	优秀	良好	中等	一般	较差
	属性测度				
迅捷性子系统	0.0149	0.1692	0.4591	0.4462	0.2542
安全性子系统	0.0198	0.2381	0.3512	0.3152	0.2851
准确性子系统	0.0229	0.4137	0.3741	0.1819	0.2657
满意性子系统	0.0214	0.3643	0.4006	0.2385	0.2039
舒适性子系统	0.0277	0.4131	0.3599	0.2279	0.2702
高速公路交通安全系统	0.0213	0.3197	0.3889	0.2819	0.2558

Step4　依据式（3-7）和式（3-8），得到各子系统层和系统层的评价值。

其中，迅捷性子系统安全度属于“中等”类，评价值为 4.7864；安全性子系统安全度属于“中等”类，评价值为 4.2359；准确性子系统安全度属于“中等”类，评价值为 4.0287；满意性子系统安全度属于“中等”类，评价值为 3.9249；舒适性子系统安全度属于“中等”类，评价值为 4.2962；高速公路交通安全系统属于“中等”类，评价值为 4.2342。

Step5　评价结果分析

某地区现有高速公路交通安全系统评价结果为“中等”，和文献的评价结果一致。通过综合评价分析可以知道，解决高速公路交通安全问题需要从各个方面综合治理，加强对高速公路使用者，尤其是高速公路车辆驾驶员的安全教育，提高交通法规意识；提高车辆安全性能，保障车辆行驶安全；提高高速公路道路管理服务水平，加强管理力度，完善道路安全设施和行车条件等都是重要的环节。目前，应该以交通安全目标管理为导向，以现代科技为先导，以法规建设和充分的资金投入为保障，以实施最严格的管理措施为手段，采取特别措施将保障道路交通安全的 4 大措施——教育、工程、执法和急救统一规划，协调推进。

3.5.4　小结

根据高速公路交通安全评价指标的分类标准，利用五级标度法确定评价指标权重系数的基础上，构建了高速公路交通安全的属性综合评价模型。属性评价模型将高速公路交通安全多目标评价问题转化成为单目标评价问题，使高速公路交通安全的评价问题变得简单易行。而且该法对进一步发展高速公路交通安全，改善高速公路交通安全具有重要的理想意义和实用价值。并通过分析评价结果，找出解决高速公路交通安全的限制因素和问题成因。应用结果表明属性识别模型的评价结果不但可以直观地反映出高速公路交通安全的现状水平，而且对构建高速公路现代化的管理机制和提高管理水平具有现实意义。

第 4 章　经济圈交通网络

在区域交通网络中，最活跃的交通网络要算经济圈交通网络。从世界范围内城市与区域社会经济发展的历程来看，经济圈是一个国家最具创新活力的区域，并对整个国家的经济发展具有强大的带动作用。我国已经初步形成了长江三角洲、珠江三角洲和京津冀等三大代表性的经济圈，其他一些经济圈也在形成之中。这些经济圈的崛起对中国经济的持续快速发展起到了至关重要的作用。所以，通过对经济圈交通网络进行综合研究，可以找出经济圈交通发展中的不足，有效整合经济圈内交通资源，构建一体化的经济圈交通网络体系。

4.1　经济圈交通网络

经济圈以经济发展为核心，而经济发展又必须以交通网络建设为依托和保障。所以，经济圈的形成和成长在很大程度上依赖于交通网络的完善，而快速便捷、高效安全、互连互通的交通网络是实现经济圈空间整合的基础。交通网络是完成经济圈经济系统的物质生产要素与产品等空间位移的主要载体，功能较完善的交通网络可以强化经济圈经济系统内外的经济联系，加大和提高系统开放的程度和效率，加大经济系统间的非平衡性，带来运费降低、区域可达性提高等直接效果，从而引起区域产品成本下降、产品市场扩大、区域经济比较优势增强等一系列良性间接效果。

4.1.1　经济圈的基本概念

经济圈又称大城市群、城市群集合、大经济区、大都会区或都会区集合，属于 20 世纪 90 年代开始渐多出现的中文地域经济用语。经济圈是指一定区域范围内的经济组织实体，是生产布局的一种地域组合形式。经济圈是主要从地域的自然资源、经济技术条件和政府的宏观管理出发，组成某种具有内在联系的地域产业配置圈。经济圈通常指疆域极广的国家内部某一特定区域，常为城市群体的集合或在国家经济总量（GDP）中占有很大比重，并且全球经济产生影响。世界上大的经济圈在世界经济和产业分工中具有重大影响。根据中国城市发展报告显示，全世界范围内，美国三大都会区（大纽约区、五大湖区、大洛杉矶区）的 GDP 占全美国的份额为 67%，日本三大都市圈（东京・横滨都市圈、京阪神都市圈和名古屋都市圈。）的 GDP 占全日本的份额则达到 70%，中国大陆三大经济圈（环渤海湾经济圈、长江三角洲经济圈和珠江三角洲经济圈。）的 GDP 占全国 GDP 总量的 38%。

1. 经济圈交通系统的相关概念界定

（1）经济圈交通系统。根据经济圈的相关理论将经济圈交通系统界定为：在由若干城市组成的经济圈经济联合体中，通过一种或多种交通方式将其中的重要枢纽（诸如主要城市和重要枢纽等）连接起来的系统称为经济圈交通系统。即：经济圈交通系统：一方面、在宏观层次上经济圈交通系统研究的是经济圈整体；另一方面、在微观层次上具体研究分析经济圈内重要枢纽与运输通道布局、运输通道内的运输方式的构成、综合枢纽规划以及交通网络的效率和质量特性，进行整个经济圈交通网络的规划和建设。

（2）经济圈交通枢纽。交通枢纽是交通网络的重要部分，交通需求产生的空间集中点，也是交通通道的联结点、转换点。枢纽的选择是经济圈交通网络布局的基础和重要步骤，枢纽选择的范围直接关系到经济圈交通网络布局方案的合理性和研究工作的繁杂程度。所以本章界定经济圈交通枢纽是经济圈交通通道的联结点、转换点。

（3）经济圈运输通道。运输通道也称为运输走廊，是伴随运输通道理论而产生的。本章界定经济圈运输通道的界定是指连接和覆盖源地与目的地的、承担一定方向上大量客货运输任务的、由公路、铁路、航空、水运及管道等几种运输方式共同承担并完成运输任务的一个大系统。

2. 我国八大经济圈

经济圈的特点表现为内部具有比较明显的同质性与群体性，与外部有着比较明确的组织和地域界限。一般认为中国的城市群、经济圈正在发展和形成过程之中，由于之前的地方保护主义、行政区划导致的条块分割等因素，缺少真正意义的区域经济合作和统一城市规划。目前，形成比较完善的城市群有：珠江三角洲经济圈，长江三角洲经济圈，环渤海地区（京津冀）城市群。长三角、珠三角和环渤海三大城市经济圈，土地面积合计为 90.4 万平方公里，占全国的 9.42％；人口为 4.37 亿，占全国 34.23％；实现年均国内生产总值占全国的 38％。因而在中国经济发展中具有举足轻重的地位。

近几年，珠三角、长三角、环渤海等三大经济圈已渐成熟，十二五规划中，中国区域发展的新格局是，以城市群为基础和核心，形成八大经济圈。小圈促大圈，大圈小圈串连成片，所以针对国内经济圈划分比较盲目随意，综合权衡区域经济发展背景、现状和发展趋势，在“十二五”规划中，标定了中国区域发展的新格局，并以城市群为基础和核心，形成中国八大经济圈。见表 4-1。

八大经济圈　　**表 4-1**

序号	经济圈	范　围	备　注
1	大长三角经济圈	长三角城市群为核心的大长三角经济圈	包括长三角城市群和江淮城市群
2	泛渤海经济圈	以京津冀、山东半岛为核心的泛渤海经济圈	
3	大珠三角经济圈	以珠三角为核心的大珠三角经济圈	泛珠三角经济圈，即“9＋2”模式
4	东北经济圈	以辽中南为核心的东北经济圈	
5	海峡经济圈	以海峡西岸城市群和台北为核心的海峡经济圈	台湾海峡西岸共同构成海峡经济圈
6	中部经济圈	以长江中游、中原城、湘中城市群为核心的中部经济圈	中部经济圈不包括安徽，即江淮城市群
7	西南经济圈	以川渝城市群为核心的西南经济圈	
8	西北经济圈	以关中为核心的西北经济圈	

（1）大长三角经济圈。以长三角城市群为核心的大长三角经济圈。包括现在的长三角城市群和江淮城市群。见表 4-2。

大长江三角经济圈 **表 4-2**

名　称	备　注
所含省市区	上海、浙江北部、江苏南部、安徽南部
所含大都市圈及其中心城市	上海、南京、杭州、苏州
环上海都市圈	上海、南通、苏州、嘉兴、舟山
环南京都市圈	南京、合肥、扬州、泰州、镇江、滁州、芜湖、马鞍山、铜陵、宣城、巢湖
环杭州湾都市圈	杭州、绍兴、宁波、舟山、嘉兴、上海
环太湖都市圈	苏州、无锡、常州、嘉兴、湖州

(2) 大珠三角经济圈。以珠三角为核心的大珠三角经济圈。2003 年时提出叫泛珠三角经济圈，现在提出“9+2”模式，所以改变为大珠三角经济圈。见表 4-3。

珠江三角洲经济圈 **表 4-3**

名　称	备　注
所含省市区	广东中部、香港、澳门
所含大都市圈及其中心城市	广州、深圳、香港
珠三角都市圈	广州、深圳、珠海、佛山、东莞、惠州、中山、江门
大珠三角都市圈	香港、广州、深圳、澳门、珠海、佛山、东莞、惠州、中山、江门、肇庆、清远

(3) 泛渤海经济圈。以京津冀、山东半岛为核心的泛渤海经济圈。过去提出的环渤海经济圈包括辽宁，但根据经济联系，辽宁和吉林、黑龙江以及内蒙古东部联系更密切，和山东半岛和京津冀的联系并不密切，因此泛渤海经济圈没有包括辽宁。山西虽划分在中部，但是它和河南、湖北、湖南的联系不如和京津冀更密切。内蒙古中部和京津冀、山东半岛联系很密切，所以泛渤海把山西和内蒙古中部划进来。为了和环渤海经济圈进行区别，所以提出泛渤海经济圈。见表 4-4。

泛环渤海经济圈 **表 4-4**

名　称	备　注
所含省市区	北京、天津、河北、辽宁、山东
所含大都市圈及其中心城市	北京、天津、沈阳、大连、济南、青岛
渤海西岸(西渤或京津冀)都市圈	北京、天津、石家庄、唐山、秦皇岛、承德、张家口、保定、廊坊、沧州
辽东半岛(沈大)都市圈	沈阳、大连、鞍山、抚顺、锦州、本溪、营口、铁岭、阜新、辽阳、盘锦、葫芦岛、丹东
山东半岛(济青)都市圈	济南、青岛、潍坊、淄博、泰安、滨州、东营、莱芜、烟台、威海、日照

(4) 海峡经济圈。以海峡西岸城市群和台北为核心的海峡经济圈。以福建为主体的海峡西岸和台湾的经济联系非常密切。所以要把台湾海峡两岸共同构成海峡经济圈。见表 4-5。

(5) 环北部湾经济圈。以海南和两广为核心的经济圈。见表 4-6。

(6) 东北经济圈。以辽中南为核心的东北经济圈。见表 4-7。

(7) 中部经济圈。以长江中游、中原城、湘中城市群为核心的中部经济圈。中部经济圈不包括安徽，即江淮城市群。见表 4-8。

台湾海峡经济圈　　表 4-5

名　　称	备　　注
所含省市区	福建、台湾
所含大都市圈及其中心城市	厦门、福州、台北、高雄
海峡西岸(西峡)都市带	厦门、福州、漳州、泉州、莆田、宁德
海峡东岸(东峡)都市带	台北、高雄、基隆、新竹、台中、嘉义、台南

环北部湾经济圈　　表 4-6

名　　称	备　　注
所含省市区	海南、广东西部、广西南部
所含大都市圈及其中心城市	南宁、湛江、河内、海防
环北部湾东岸(东湾)都市带	南宁、湛江、海口、三亚、茂名、北海、钦州、防城港、崇左
环北部湾西岸(西湾)都市带	河内、海防、谅山、广宁、太平、南定、清化

大东北经济圈　　表 4-7

名　　称	备　　注
所含省市区	黑龙江南部、吉林中部、辽宁
所含大都市圈及其中心城市	哈尔滨、长春、沈阳、大连
哈长都市圈	哈尔滨、长春、齐齐哈尔、大庆、佳木斯、牡丹江、绥化、伊春、吉林、松原、四平、辽源
辽东半岛(沈大)都市圈	沈阳、大连、鞍山、抚顺、锦州、本溪、营口、铁岭、阜新、辽阳、盘锦、葫芦岛、丹东

长江中游经济圈　　表 4-8

名　　称	备　　注
所含省市区	湖南北部、湖北东部、江西西北部
所含大都市圈及其中心城市	武汉、长沙、南昌
环武汉都市圈	武汉、鄂州、黄石、黄冈、咸宁、孝感、天门、仙桃、潜江
环长株潭都市圈	长沙、株洲、湘潭、岳阳、衡阳、常德、娄底、益阳、萍乡
赣西北都市带	南昌、九江、宜春、新余、萍乡
环洞庭湖都市圈	荆州、常德、益阳、岳阳

(8) 西南经济圈。以川渝城市群为核心的西南经济圈。见表 4-9。

长江上游经济圈　　表 4-9

名　　称	备　　注
所含省市区	重庆、四川东部、云南北部
所含大都市圈及其中心城市	昆明、成都、重庆
成渝都市圈	重庆、成都、绵阳、德阳、遂宁、南充、达州、巴中、广元、广安、资阳、眉山、内江、自贡、乐山、雅安、泸州、宜宾
昆明都市圈	昆明、玉溪、曲靖、楚雄、攀枝花

4.1.2 经济圈交通规划的理论需求

由于我国长期对交通实行分方式管理，部门之间缺乏沟通协调的保障机制，导致各种交通运输网络及枢纽的布局规划、建设、管理等方面很难做到统筹协调和一体化运作，限制了运输资源的合理配置和有效利用，同时也限制了规模经济效益的实现以及“客运快速化、货运物流化”发展目标的推进，严重影响了运输系统整体效率的提高和运输资源的优化配置。因此，为了科学地进行经济圈交通网络资源的优化配置，促进经济圈可持续发展，应首先深入研究分析经济圈对交通规划的理论需求。

1. 经济圈对交通规划的需求分析

交通规划作为实现交通资源优化配置的一种重要手段，其目的从本质上说，就是在资源、环境等约束条件下通过配置其他资源，并进行交通基础设施建设，实现交通资源在物性、空间和时间上的耦合效应，以满足规划主体在政治、经济、国防、社会及环境的需要。由于经济圈交通活动和交通资源在运输通道内的聚集，运输通道内的交通资源变得越来越稀缺，这就要求对运输通道内交通资源进行合理配置。交通规划作为一种比较典型的公共规划，是政府利用手中掌握的有限资源实现对社会资源的调动，经济有效地实现系统外部资源向交通系统内部专属资源的转化，因此，交通规划是实现交通资源优化配置的重要手段。经济圈对交通规划的需求具体体现在：

(1) 经济圈对交通规划的一致性需要。由于经济圈里面包含了许多城镇系统，所以，一致性需求包括两方面的内容，即空间布局上的统一和建设时序上的协调。从目前我国的实际情况看，交通网络的规划建设与城镇体系的发展在空间布局上基本吻合。在空间布局统一的前提下，经济圈交通网络的建设时序也应与城镇体系规划的实施相协调，重点是主要运输通道的建设要与中心城镇的发展在时间上相互协调，并适当超前。根据城镇化发展的趋势，这些地区城镇密集，网络化经济格局已经形成，物流、人流交互频繁，需要在运输通道规划建设的同时，根据经济圈城镇体系的等级结构和职能分工，优化通道内网络布局。

(2) 经济圈对交通规划的网络化需求。根据我国各地的经济条件、产业条件和自然条件，在全国范围内将呈现群带结合、疏密相间的城镇分布形态，并逐渐演化成经济圈。特别随着经济圈内城镇数量的增加和规模的扩大，这种分布形态不仅需要干线交通网络的支持，更需要综合网络的相互衔接配合。按照经济圈内不同规模城市的布局，逐步形成以中心城市为核心的放射状交通网络，突出中心城镇在经济圈城镇体系中的核心作用。所以，经济圈交通规划是实现中心城镇在经济圈城镇体系中的核心作用的主要手段。

(3) 经济圈对交通规划的高速化需求。随着市场经济的发展，经济区域化的趋势更加明朗，即经济圈逐步形成。所以，城镇群和城镇密集区等作为经济圈经济发展中的一个节点，与其他经济区或经济协作区联系的方便程度和时间距离，是制约其经济发展和城镇化发展的重要因素，经济圈内城镇群之间对运输效率的要求越来越高，交通运输高速化的需求已经显现出来。通过交通规划的手段，应逐步建设以我国经济圈经济中心城市为核心的、覆盖整个经济区的交通圈，促进区内城镇的经济交往、促进城镇群的发展。

（4）经济圈对交通规划的协调性需求。交通规划是实现经济圈交通系统与城镇系统协调发展的有效途径。所以，一方面，要加强经济圈交通网络与城镇建设的协调性；另一方面，也要加强交通网络与资源保护区、环境敏感区、历史风貌保护区的协调性。特别通过交通规划的手段，在经济圈交通网络建设中也要特别重视与城市道路网系统的衔接，避免交通网络直接穿越城镇，高等级公路在城镇发展用地范围内的出入口布局，要遵从城镇总体规划布局要求，处理好与城市道路出入口的节点关系。

2. 经济圈与城市交通规划的不同点分析

分析和理解经济圈与城市交通规划的不同点，是建立经济圈综合交通规划理论体系，也是进行经济圈交通网络资源的优化配置的第一步。所以，首先要从经济圈特性出发，依据交通科学理论，分析二者的不同。通过调查研究发现，经济圈与城市在辖属范围、经济、人口、产业等方面均不相同，而且差别很大。所以，这就导致了经济圈交通规划与城市交通规划存在着比较大的差别，而这些差异与经济圈交通网络资源优化配置有着直接的联系，对经济圈交通系统研究起着重要作用。因此，通过综合分析研究，经济圈与城市交通规划的不同点主要表现在：交通需求、交通供给，以及导致的规划方法。

（1）交通需求方面

1）经济圈交通需求范围不同。经济圈交通规划一般是针对整个经济圈，规划范围比较大，并且规划区内存在大量未开发或未完全开发的地域；而城市交通规划一般局限于城市的规划市区，规划范围比较小，并且规划区内多为建设用地。由于范围的不同，使得经济圈各种运输方式的平均运距及出行者的出行时间较城市要大许多。

2）经济圈交通网络需求主体不同。经济圈交通网络主要服务于经济圈间或经济圈城市间的交通运输需求，主要与经济圈内的物资与人员交流有关，特别是经济圈货物的互补性交流、竞争性交流以及递接式交流，同时也包括客运，但主要是商务、公务或者旅游出行者；而城市交通网络主要服务于城市内部交通需求，主要与城市居民出行有关。

3）经济圈交通需求产生机理不同。经济圈交通需求主要来源于社会生产和消费领域，受人们社会经济活动和资源分布的影响，有一定生产活动所需要的原材料带来的货物运输以及与经济活动相关的客运出行等产生的交通需求。由于经济圈一些大宗货物如煤、石油、矿石等具有很明显的流动方向，使得经济圈交通需求在方向上具有较大的不平衡性，而城市交通需求一般在方向上基本稳定。

4）经济圈交通需求空间特性不同。经济圈交通需求的空间特性与城市不相同，相对城市而言，旅客或货物在经济圈的空间位移要大，交通发生和吸引更加集中于中心城市。城市交通需求空间特性取决于土地利用形态，空间分布相对均匀。

5）经济圈交通需求时间特性不同。经济圈交通需求时间特性也与城市不尽相同，由于很多产业生产有季节性，这就造成经济圈交通需求在时间上具有一定不均衡性；对于城市交通需求时间特性方面，由于昼夜反差很大，时间上的不均衡性表现得更突出，白天需求较大，而晚上需求较小，并且城市需求高峰期主要表现在上下班等通勤出行时间段。

（2）交通供给方面

1）经济圈交通通道的构成不同。经济圈内交通主要由铁路、公路、航空、水运等大的交通方式构成，其网络布局比较稀疏，并且每种运输方式都独立成网络。而城市交通主要由步行、自行车、小汽车、公交（包括常规公交和轨道交通）等交通方式构成，一般有着比较密的城市道路网络、城市常规公交网络和轨道网络等。

2）经济圈交通网络拓扑不同。经济圈交通网络间距大距离长，网络呈现较少节点与较少的路段组成的简单网络，导致交通需求预测更加重要；而城市网络路段节点多、不同小区间的路径众多、网络结构比较复杂，所以交通网络分析更加重要。

3）经济圈节点特性不同。经济圈的节点既是交通通道联结转换的空间集中点，也是交通需求产生的空间集中点，一般为主要城市；城市网络的节点一般为道路网络的几何节点，与发生和吸引无关，也和交通方式的转换无关。

（3）规划方法方面

1）经济圈建模理论不同。对于经济圈而言，一方面由于涉及范围广、行政单位多、管理层次复杂等原因，大规模进行交通 OD 调查非常困难；另一方面缺乏长期的、连续的、保持一致性的交通基础数据。因此，传统的基于 OD 调查的“四阶段法”不再完全适用于经济圈，需要根据经济圈及经济圈交通的特点探索新的建模理论，并用新的方法进行 OD 调查。而城市交通规划的建模一般是基于居民出行调查数据，采用传统的“四阶段法”进行，都能够得到满意的效果。

2）经济圈规划内容不同。由于大多数经济圈发展尚未定型，发展变化速度极快，进行经济圈交通规划主要是从整个运输系统的角度，实现对经济圈交通网络资源的优化配置，特别是主要交通枢纽的布设和通道布局以及通道内各种交通方式的合理配置。经济圈交通规划的目的在于合理地引导和控制未来交通运输发展模式，提高经济圈交通资源的使用效率。而城市交通规划主要是进行城市道路网、常规公交网、轨道网、对外交通以及停车规划等专项规划，也是城市发展的重要基础设施规划，以满足城市发展的需要。

4.2 经济圈交通网络的评价指标体系

评价的过程与结果是决策的依据，科学的经济圈交通网络评价是经济圈合理规划发展的依据。通过对经济圈交通网络进行评价，可以找出经济圈交通发展中的不足。同国外成熟的经济圈对比，可以找出自身发展的差距，以及改进的方向和重点，为经济圈交通网络优化发展提供决策和支持。目前，我国对单一运输方式的运输网络比选方法的研究已比较成熟，但在综合交通运输网络的综合评价方面，还缺少对表征指标进行更深入的研究。与单一运输方式的运输网络的评价相比，综合交通网络评价更加复杂。所以，本章只能以经济圈交通网络最普遍、应用范围最广泛的公路交通网络与轨道交通网络为研究对象，以此为研究范围进行指标的选取，并对其进行综合评价。由于经济圈内公路交通和轨道交通客货运量占有的份额远超过其他交通方式，所以在选取指标时，主要以经济圈公路交通客货运输以及轨道交通客运运输为研究对象，暂且不考虑航道运输、管道运输以及航空运输等。

1. DPSIR 模型概述

在建立经济圈交通网络评价模型前，要先确定经济圈交通网络评价指标体系。通过对经济圈经济特征和交通基础设施网络的研究，提出刻画经济圈交通网络系统表征关系的关键指标，研究经济圈交通网络系统的要素构成形式及其相互联系。通过 DPSIR 框架模型将能反映经济圈交通网络系统性能的各种指标进行分析提取，构建经济圈交通网络评价指标体系。

最初的 DPSIR 模型是由 OECD（联合国经济合作开发署）建立的压力-状态-响应模型（PSR）发展起来的。但是 PSR 模型只是针对环境问题建立，在分析社会问题以及交通问题上存在一定的难度；同时，在模型中人类活动对环境的影响只能通过状态指标间接地反映出来，缺乏直接的描述指标。因此，欧洲环境署（EEA）对 PSP 模型进行了改进，增加了人类活动对环境的压力和影响分析，最终形成 DPSIR 模型。DPSIR 模型通常是在环境系统中广泛使用的评价指标体系概念模型，它是作为衡量环境及可持续发展的一种指标体系而开发出来的，它从系统分析的角度看待人和环境的相互作用。它将表征一个自然系统的评价指标分成驱动力（Driver forces）、压力（Pressure）、状态（State）、影响（Impact）和响应（Response）五种类型，每种类型中又分成若干种指标。DPSIR 模型是一种基于因果关系组织信息及相关指标的框架，根据这一框架，存在着驱动力（Driver forces）→压力（Pressure）→状态（State）→影响（Impact）→响应（Response）的因果关系链。各指标类型之间的关系如图 4-1 所示。

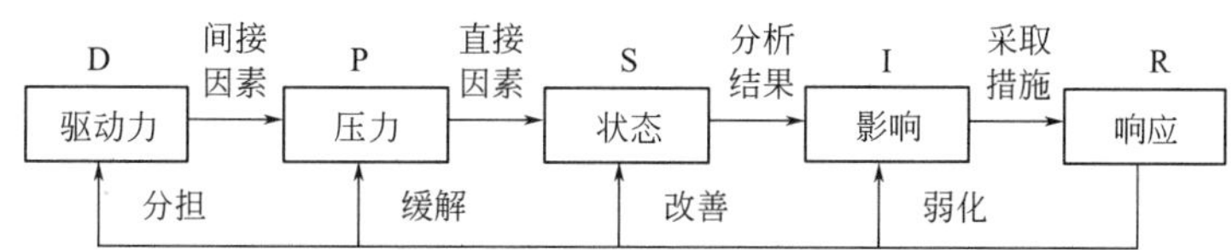

图 4-1　DPSIR 指标分析模型

DPSIR 框架模型可以提供发现、解决交通问题的思路，从中可以分析出能反映经济圈交通网络与社会经济之间的表征关系，从而找到能表征经济圈交通网络基础设施与社会经济相关的指标。首先找出推动经济圈交通发展以及提搞交通运行质量的间接因素，主要是社会经济、环境发展等方面的指标，即驱动力指标（Driving force）；其次，是分析出经济圈社会经济影响交通基础网络设施发展的直接因素，例如经济圈内交通发展所带来的污气排放、资源利用等人类活动对交通系统的直接压力，即经济圈压力指标（Pressure）；再次，分析在这种压力下，表现经济圈中交通网络系统各层面的状态或趋势，即状态指标（State）；然后，分析表征整个交通系统对经济系统、环境系统所导致的结果，也就是状态导致结果的直接因素，即影响指标（Impact）；最后，得到为促进交通网络系统与经济圈经济发展所采取的政策或对经济圈交通状态做出反应的相应方法及对策，即响应指标（Response）。

2. 基于 DPSIR 模型的指标初选

（1）驱动力指标。经济圈交通网络发展的驱动力，主要来源于经济圈人口增长、经济的活跃程度、科学技术的进步等。通常，经济圈内常住人口及流动人口的数量决定着基本出行需求的大小，同时人口结构的差异又直接影响着出行方式的不同。而经济的快速发展，使经济圈内居民收入不断增加，导致居民出行需求进一步提高，导致居民交通频率增加以及交通出行模式的变化。所以，经济圈交通网络的发展离不开上述驱动力因素，选取的驱动力指标主要有人口密度、人均 GDP、GDP 增长率、第三产业比重、城市化水平、交通网络投资比重、交通网络维护费用和经济效益费用比等。

(2) 压力指标。经济圈交通网络系统的压力因素繁芜复杂，除了机动车数量快速增长、交通出行费用高涨等来源于社会经济层面的常规压力外，来源于生态环境层面的压力因素对交通系统的压力也日益显著。所以，根据经济圈交通网络系统的压力因素分析，可以归纳经济圈交通网络评价的压力指标主要有万人机动车拥有量、交通客运经济强度、交通货运经济强度，交通网络平均负荷度、交通出行平均时耗、交通事故数、交通出行费用指数、交通环境污染指数、交通网络噪声指数、交通资源消耗指数等。

(3) 状态指标。状态指标是经济圈交通网络系统在驱动力和压力影响下维持现状的直接反映，主要表现在经济圈内交通网络的建设状况，包括交通网络的密度是否达标、交通网络是否分布均衡、交通网络是否通畅等。本章选取表征经济圈交通网络在驱动力和压力影响下状态的指标主要有公路网络密度、轨道网络密度、公路网高等级道路比重、交通网络综合技术等级、交通网络布局均衡度、交通网络连通度、交通网络可靠性、交通网络非直线系数、交通出行换乘系数、经济圈公路网络理想规模接近度、公路网中位点吻合度、交通网络覆盖面积率、经济圈交通通道覆盖区经济比重等。

(4) 影响指标。影响指标是经济圈交通网络系统状态所导致结果的直观表现，是状态指标的变化对整个系统造成的影响。影响指标的选取需要参考状态指标，使它们相互对应，以突出交通网络在经济圈经济发展中的重要性。因此，为了表征经济圈交通网络的影响因素，可以选取交通网络平均车速、交通网络平均延误、交通网络复杂度、轨道交通出行率、核心城市可达性、交通网络服务水平指标、交通网络智能化水平指标等作为表征指标。

(5) 响应指标。响应指标反映了人的主观能动性，是对经济圈交通网络发展状态所作出的响应以及采取的政策措施。响应指标的选取原则是需要能够预防或减少经济圈交通网络系统压力，改善经济圈交通网络系统发展状态限制，以及能够补救或减少系统的不利影响。通过对经济圈交通网络系统响应因素的分析，选取响应指标主要有交通政策贯彻力指标、交通政策与经济发展适配性指标、交通网络建设与经济圈可持续发展战略协调性。

通过以上分析可以看出，驱动力、压力、状态、影响与响应各因素之间相互作用、相互影响，共同组成经济圈交通网络系统可持续性发展不可缺失的部分。基于 DPSIR 模型的经济圈交通网络表征关系如图 4-2 所示。

通过对经济圈交通网络系统进行 DPSIR 模型分析，初选出 40 个表征评价指标，如表 4-10 所示。

由于交通安全指标仅是经济圈交通网络在结构、功能、社会经济影响等系统中的很小部分，不能够全面反映经济圈交通网络的本质，因此在上述指标中没有将交通安全指标作为独立的一部分进行评价分析，而相应的评价可以参考一些区域交通安全评价体系的指标设置与评价方法，见表 4-11。

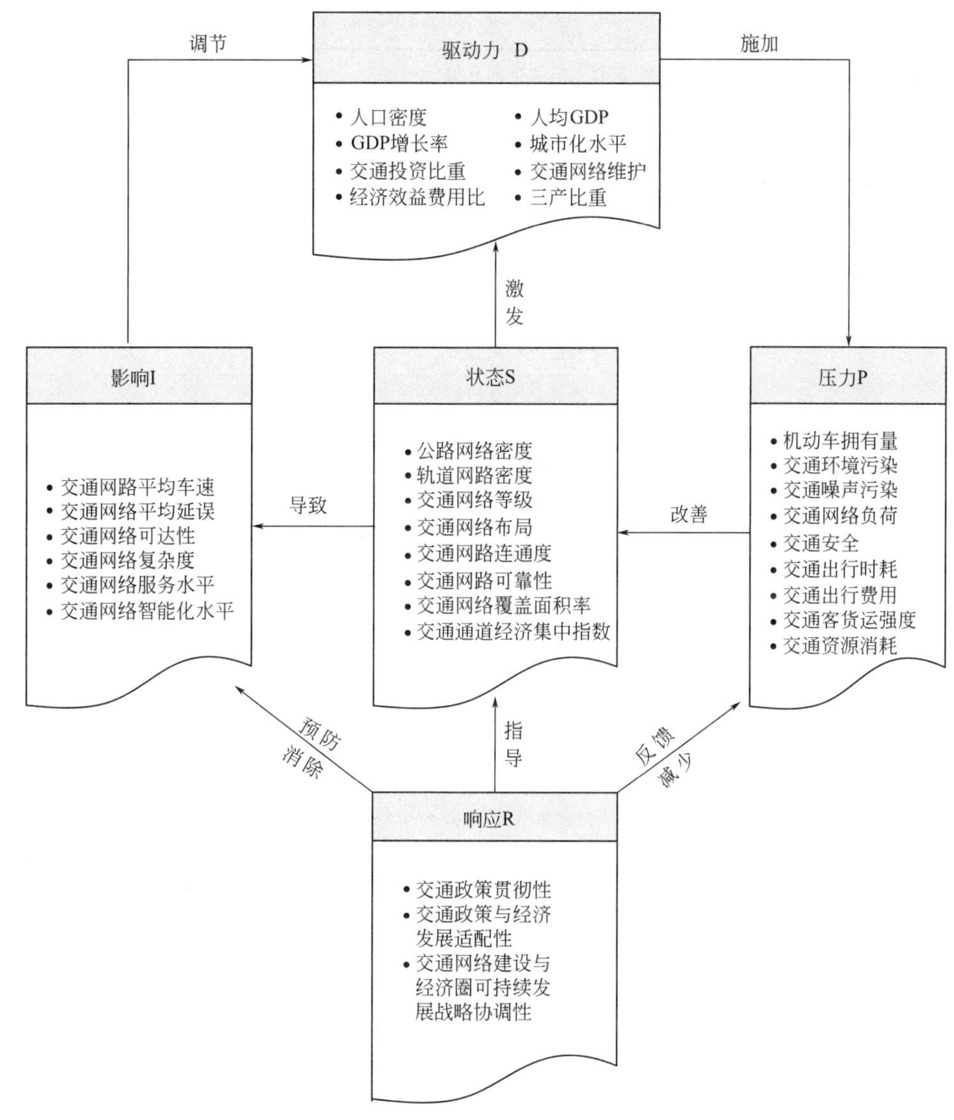

图 4-2　基于 DPSIR 模型的经济圈交通网络表征关系图

基于 DPSIR 模型的经济圈交通网络系统初选指标　　**表 4-10**

类　型	指　标　层	编号
驱动力指标	人口密度	C_1
	人均 GDP	C_2
	GDP 增长率	C_3
	第三产业比重	C_4
	城市化水平	C_5
	交通网络投资比重	C_6
	交通网络维护费用	C_7

续表

类　　型	指　标　层	编号
压力指标	万人机动车拥有量	C_8
	交通网络客运经济强度	C_9
	交通网络货运经济强度	C_{10}
	交通网络平均负荷度	C_{11}
	交通出行平均时耗	C_{12}
	交通事故数	C_{13}
	交通出行费用指数	C_{14}
	交通环境污染指数	C_{15}
	交通网络噪声指数	C_{16}
	交通资源消耗指数	C_{17}
状态指标	公路网络密度	C_{18}
	轨道网络密度	C_{19}
	公路网高等级道路比重	C_{20}
	交通网络综合技术等级	C_{21}
	交通网络布局均衡度	C_{22}
	交通网络连通度	C_{23}
	交通网络可靠性	C_{24}
	交通网非直线系数	C_{25}
	交通网络换乘系数	C_{26}
	公路网理想规模接近度	C_{27}
	公路网中位点吻合度	C_{28}
	交通网络覆盖面积率	C_{29}
	交通通道覆盖区经济集中指数	C_{30}
影响指标	交通网络平均车速	C_{31}
	交通网络平均延误	C_{32}
	交通网络复杂度	C_{33}
	轨道交通出行率	C_{34}
	交通网络可达性	C_{35}
	交通网络服务水平	C_{36}
	交通网络智能化水平	C_{37}
响应指标	交通政策贯彻性	C_{38}
	交通政策与经济发展适配性	C_{39}
	交通网络建设与经济圈可持续发展战略协调性	C_{40}

经济圈交通网络评价指标体系　　表 4-11

目标层 A	准则层 B	子准则层 C	指标层 D
经济圈交通网络评价指标体系	经济圈社会经济水平 B_1	社会影响 C_1	人口密度 D_1
			人均 GDP D_2
			第三产业比重 D_3
			经济圈城市化水平 D_4
		经济影响 C_2	交通网络投资比重 D_5
			交通通道覆盖区经济集中指数 D_6
	经济圈交通政策与环境影响 B_2	环境影响 C_3	交通环境污染指数 D_7
			交通网络噪声指数 D_8
		政策影响 C_4	交通政策贯彻性 D_9
			交通政策与经济发展适配性 D_{10}
	经济圈交通网络设施水平 B_3	交通网络服务能力 C_5	交通网络客运经济强度 D_{11}
			交通网络货运经济强度 D_{12}
		交通网络服务质量 C_6	交通网络平均车速 D_{13}
			交通网络平均负荷度 D_{14}
			交通网络综合技术等级 D_{15}
			轨道交通出行率 D_{16}
		交通网络技术 C_7	交通网络连通性 D_{17}
			交通网络可达性 D_{18}
			交通网络可靠性 D_{19}
			公路网理想规模接近度 D_{20}

4.3　基于支持向量机理论的经济圈交通网络综合评价

由于经济圈交通网络综合评价非常复杂，各个因素互相影响，呈现出复杂的非线性关系，可以看成是一个典型的非线性、高维模式的分类问题，所以运用支持向量机理论对其进行评价，根据支持向量机具有较强的模式识别能力，通过对已有小样本评价指标数据进行机器学习，计算出经济圈交通网络发展水平的正确分类，从而确定经济圈交通网络发展水平等级。基于支持向量机理论的综合评价完全依靠评价数据映射在高维特征空间内的分布状态，消除了评价过程中的随机性和评价专家主观上的不确定性以及认识上的模糊性，同时，评价过程完全可以运用计算机编程实现，操作简单，学习效率高，从而具备了较高的评价效率。

4.3.1　支持向量机的基本理论

支持向量机理论（Support Vector Machine，简称 SVM）最初来自于对数据分类问题的处理。SVM 的原理就是通过在原空间或经投影后在高维空间中构造最优分类面，将给定的属于两个类别的训练样本分开，构造超平面的依据是两类样本离超平面的距离最大化。目前，SVM 可解决线性可分问题、近似线性可分问题和非线性可分问题。对于线性可分问题，其原理是设定划分训练集的初始超平面，并根据最大间隔原则对其进行优化，确定最终的决策超平面（决策函数），从而使得训练集中的样本能够正确分类；对近似线性可分问题，则是通过引入松弛变量，来“软化”线性可分问题对优化间隔的要求，即允许有不满足约束条件的样本点存在，并引入一个惩罚参数加以适当限制，从而将近似线性可分问题转化为线性可分问题进行求解。而对于非线性可分问题，可通过一个非限制性核函数将输入向量影射到高维线性特征空间，将非线性可分问题转化为线性可分问题进行求解。所以，近似线性可分问题和非线性可分问题最终都可以转化为线性可分问题进行求解。

假设线性可分类问题的训练集为：

$$T=\{(x_1,y_1),\cdots,(x_n,y_n)\}\in(X\times Y)^n \tag{4-1}$$

其中，$x\in X=R^n$ ，$y_i\in Y=\{+1,\ -1\}$ ，$i=1,\ 2,\ \cdots,\ n$ ；考虑问题为线性可分，则在 n 维欧式空间 R^n 中必存在着超平面：

$$\{x\in R^n\,|\,(\omega\cdot x)+b=0\}\ ,\omega\in R^n\ ,b\in R \tag{4-2}$$

使得训练点中的正类输入和负类输入分别位于该超平面的两侧，或者是存在参数对 $(\omega,\ b)$，使得

$$y_i=\mathrm{sgn}((\omega\cdot x)+b) \tag{4-3}$$

根据规范超平面的形式及其充要条件，结合最大间隔原则，上述分类问题可以表述成一个最优化问题：$\min\limits_{\omega,\ b}\tau(\omega)=0.5\ \|\omega\|^2$

$$s.t.\ y_i((\omega\cdot x_i)+b)\geqslant 1\quad i=1,2,\cdots,n \tag{4-4}$$

对于近似线性可分问题，由于需要适当“软化”对间隔的要求，即允许有不满足约束条件 $y_i((\omega\cdot x_i)+b)\geqslant 1$ 的样本点存在，故引入松弛变量 $\xi_i\geqslant 0,i=1,\ 2,\ \cdots,\ n$ ，从而得到“软化”了的约束条件：

$$y_i((\omega\cdot x_i)+b)\geqslant 1-\xi_i\ ,i=1,2,\cdots,n \tag{4-5}$$

为了避免 ξ_i 取太大的值，可引入惩罚参数 $C>0$，在目标函数里对它们进行惩罚。于是，原始问题转化为最优化问题：$\min\limits_{\omega,\ b,\ \xi_i}\tau(\omega)=0.5\ \|\omega\|^2+C\sum\limits_{i=l}^{l}\xi_i$

$$\begin{gathered}s.t.\ y_i((\omega\cdot x_i)+b)\geqslant 1-\xi_i\ ,i=1,2,\cdots,n\\ \xi_i\geqslant 0\ ,i=1,2,\cdots,n\end{gathered} \tag{4-6}$$

按照最优化理论中凸二次规划的解法，可将其转化为 Wolfe 对偶问题来求解。为此，构造 Lagrange 函数并推导出原问题的 Wolfe 对偶问题为：

$$\min_{a}\frac{1}{2}\sum_{i=1}^{l}\sum_{j=1}^{l}y_iy_j\alpha_i\alpha_j(x_i\cdot x_j)-\sum_{j=1}^{l}\alpha_j \tag{4-7}$$

$$s.t.\ \sum_{i=1}^{l}y_i\alpha_i=0\ ,0\leqslant\alpha_i\leqslant C$$

式中，α_i 为 Lagrange 乘子，应满足 Kuhn-Tucker 条件。设 $\alpha^*=(\alpha_1^*,\ \cdots,\ \alpha_l^*)^{\mathrm{T}}$是在上面对偶问题的任一解，则由该任一解出发，可以得到原始问题的一个解（ω^*，b^*，ξ^*），线性支持向量机是解决该问题的有效方法。然后计算 $\omega^*=\sum\limits_{i=1}^{l}y_i\alpha_i^*x_i$ ；选择 α^* 的一个小于

C 的正分量 α_j^*，并据此计算 $b^* = y_j - \sum_{i=1}^{l} y_i \alpha_i^* (x_i \cdot x_j)$。最后构造分划超平面 $(\omega^* \cdot x) + b^* = 0$，由此求得决策函数：

$$f(x) = \operatorname{sgn}((\omega^* \cdot x) + b^*) \tag{4-8}$$

对于非线性可分问题，引入一个实现线性映射的核函数 $K(x_i, x_j)$：

$$\min_{\alpha} \frac{1}{2} \sum_{i=1}^{l} \sum_{j=1}^{l} y_i y_j \alpha_i \alpha_j K(x_i \cdot x_j) - \sum_{j=1}^{l} \alpha_j \tag{4-9}$$

选择不同的核函数 $K(x_i, x_j)$，可构成不同的支持向量机，其决策函数的一般形式为：

$$f(x) = \operatorname{sgn}\left[\sum_{i=1}^{l} \alpha_i^* y_i K(x, x_i) + b^*\right] \tag{4-10}$$

一般来说，从低维空间向高维空间映射过程中空间维数会急速增长，大多数情况下，在特征空间中直接计算最优分类超平面将变得非常复杂，而支持向量机采用核函数则可以将这一问题转化到输入空间中进行。目前，常用的核函数主要有：

① 线性核函数：$K(x_i, x) = x_i \cdot x$

② 多项式核函数：$K(x_i, x) = (\gamma x_i \cdot x + r)^d$

③ 径向基核函数（RBF 核函数）：$K(x_i, x) = \exp\left(\frac{-\|x - x_i\|^2}{\sigma^2}\right)$

④ 多层感知器核函数（Sigmoid 核函数）：$K(x_i, x) = \tan(kx_i \cdot x + \theta)$

公式（4-10）中的核函数一般取 RBF 核函数。这是由于 RBF 函数可以将样本非线性地映射到更高维的空间中，从而解决类别和属性间非线性的关系，并且 RBF 数值限制条件较少，核函数中参数的数目也较少。而线性核函数是 RBF 核函数的特例，sigmoid 核函数取某些特定参数时的性能与 RBF 相同。

4.3.2　基于支持向量机的综合评价

基于支持向量机理论的综合评价实质上就是将评价对象经标准化处理，代入理想分类器，经决策函数运算，输出分类结果即为综合评价等级。支持向量机评价不仅避免了模糊综合评价和灰色聚类等方法权重赋值和隶属函数确定中的人为因素的影响，而且在有较多评价对象时，具有较高的评价效率。基于支持向量机理论的综合评价步骤为：

（1）确定评价的种类。若评价对象划分为 e 个等级，本章运用“一对多”分类方法，共构造 e 个两分类支持向量机。

（2）按照评价对象各评价指标的 e 个分类等级，每个等级分别设计 m 个训练样本，这样总训练样本数为 $m \times e$ 个。

（3）先用训练样本进行训练，对参数进行校正，通过实验确定不同的参数，然后进行比较选择较好的参数，这里取 $\sigma^2 = 0.2$，$C = 1$。采用 k－fold 交叉验证优化参数，其基本思想是首先将样本随即等分成 k 份，每份中的二类样本数有相同的比例，然后轮流选择其中 1 份为测试集，其余（$k-1$）份为训练集，进行交叉验证，不断调整核参数，当测试误差达到理想值时，即可得到最优核参数 C 和 r，得到的分类器即为理想分类器。

（4）将评价对象数据标准化，即将数据转换到［0，1］区间内，输入支持向量机模型中求解出特征值。

(5) 根据输出的特征值，确定每一个评价对象的分类。

基于 SVM 的综合评价模型如图 4-3 所示。

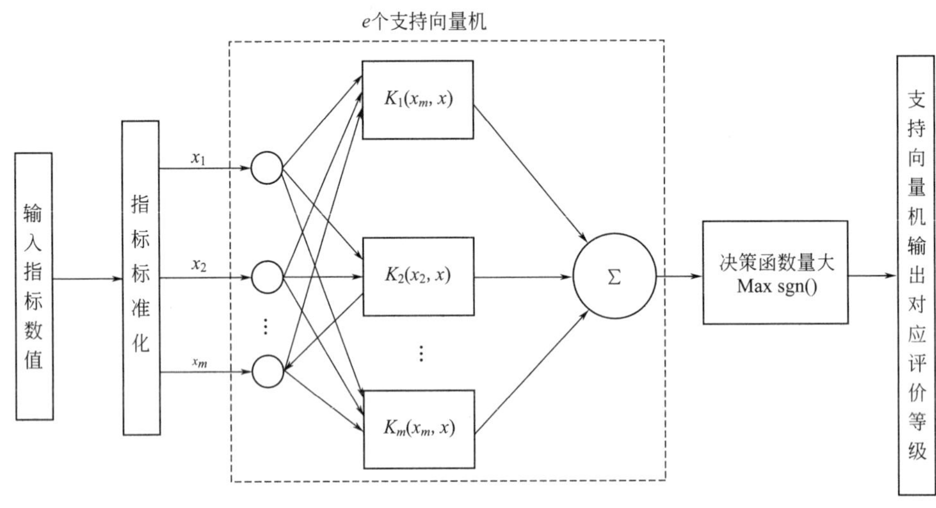

图 4-3 基于 SVM 的综合评价模型

4.3.3 实例分析

根据长江三角洲经济圈与珠江三角洲经济圈指标考察数据，对其运用基于支持向量机理论的评价模型进行横向对比和纵向对比评价。评价指标对应数据如表 4-12 所示。

珠三角经济圈与长三角经济圈交通网络评价指标属性值 表 4-12

评价指标		珠三角(2006 年)	珠三角(2007 年)	珠三角(2008 年)	珠三角(2012 年)	珠三角(2020 年)	长三角(2006 年)
		X_1	X_2	X_3	X_4	X_5	X_6
人口密度(单位:人/km^2)	D_1	819.3	827.6	835.0	868.6	939.9	755.2
人均 GDP(单位:元)	D_2	7022	8143	9314	11500	19400	4788
第三产业比重(单位:百分比)	D_3	40.6	41.8	43.2	48.3	60.0	42.7
经济圈城市化水平(单位:百分比)	D_4	72.6	79.4	80.1	81.0	85.0	56.2
交通网络投资比重(单位:百分比)	D_5	7.75	7.98	8.22	9.26	10.00	6.56
交通通道覆盖区经济集中指数	D_6	51.00	52.67	54.36	61.85	80.00	62.70
交通环境污染指数	D_7	1.12	1.02	0.98	0.86	0.6	1.04
交通网络噪声指数	D_8	70	69	69	66	60	65
交通政策贯彻性	D_9	75	76	77	81	90	62
交通政策与经济发展适配性	D_{10}	72	73	74	79	90	68
交通网络客运经济强度	D_{11}	0.60	0.54	0.53	0.45	0.30	0.46
交通网络货运经济强度	D_{12}	1.10	1.19	0.95	0.63	0.30	1.04
交通网络平均车速(单位:km/h)	D_{13}	63.2	64.5	65.5	70.0	80.0	58.0

续表

评价指标		珠三角（2006 年）	珠三角（2007 年）	珠三角（2008 年）	珠三角（2012 年）	珠三角（2020 年）	长三角（2006 年）
		X_1	X_2	X_3	X_4	X_5	X_6
交通网络平均负荷度(单位:百分比)	D_{14}	72	69	64	60	55	71
交通网络综合技术等级	D_{15}	2.65	2.50	2.37	1.89	1.50	2.17
轨道交通出行率(单位:百分比)	D_{16}	1.80	2.00	2.65	20.00	40.00	7.25
交通网络连通性	D_{17}	1.58	1.66	1.74	2.11	2.50	1.72
交通网络可达性	D_{18}	3.5	3.2	2.8	2.0	1.0	3.2
交通网络可靠度(单位:百分比)	D_{19}	95	96	95	97	99	95
公路网理想规模接近度(单位:百分比)	D_{20}	51.20	48.46	49.89	47.98	51.38	52.6

1. 基于 SVM 的经济圈交通网络综合评价过程

根据 SVM 相关理论及 SVM 多分类器原理，基于支持向量机理论的经济圈交通网络综合评价步骤为：

步骤 1　抽取训练样本和测试样本

按照评价指标体系分级标准，对应每一等级建立 10 组样本数据，共 5×10=50 组样本数据，每一组样本数据对应 20 个指标数值和一个对应等级值，“优”、“良”、“中”、“一般”、“差” 五个等级分别用数值 “1”、“2”、“3”、“4”、“5” 一一对应。最后，在样本数据中从每个等级抽取 2 组数据，作为测试样本，则测试样本共计 10 组。

步骤 2　评价指标标准化

由于各个指标属于不同的数量级，没有统一的度量标准，因此要对原始数据进行标准化处理，使之无量纲化和归一化。

设 x_{ij}（$i=1, 2, \cdots, n$；$j=1, 2, \cdots, m$）为评价系统内第 i 个评价对象中第 j 个指标的原始值，设 x_{0j} 为第 j 个指标在各评价对象中的最优值（“效益” 型指标取该指标在各评价对象中的最大值，“成本型” 指标取该指标在各评价对象中的最小值），于是 $X_0=(x_{01}, x_{02}, \cdots, x_{0m})$ 为该系统内的最优指标集（所对应的方案为最优方案），即参考数列。实验表明，若不进行指标标准化处理，则会降低机器评价运算速度，增加评价误差。

对于效益型指标：

$$x'_{ij}=\frac{x_{ij}-\min\limits_{i} x_{ij}}{\max\limits_{i} x_{ij}-\min\limits_{i} x_{ij}} \tag{4-11}$$

对于成本型指标：

$$x'_{ij}=\frac{\max\limits_{i} x_{ij}-x_{ij}}{\max\limits_{i} x_{ij}-\min\limits_{i} x_{ij}} \tag{4-12}$$

将训练样本集、测试样本集以及评价对象数据，按照上述标准化公式，统一进行标准化处理。通过实验证明，若不进行指标标准化处理，则会降低机器评价运算速度，增加评价误差。

步骤 3　构造多分类支持向量机

选择一对多方法构造多分类 SVM 模型，并基于 Matlab7.0 软件以及 SVM 工具箱进行编程，其中核函数取 RBF 核函数。初设惩罚因子初值 $C=1$，$\sigma^2=0.2$，将步骤 1 中的 50 个有效样本对支持向量进行训练。将 10 组测试样本代入 SVM 模型，输出的对应类别若不符合实际，则根据 K－fold 交叉验证优化参数，直到输出和测试样本类别一致为止。

步骤 4　判别评价对象所属类别

将指标数据标准化后的六组评价对象输入支持向量机模型（SVM 综合评价程序），计算求出所属类别。通过计算，当惩罚因子 $C=2$，$\sigma^2=0.4$ 时，分别进行五次运算输出六组评价对象的所属类别如表 4-13 所示。

为了验证输出类的正确性，即评价结果的合理性，按照物元评价方法进行评价，结果如表 4-13 所示，所计算结果与运用 SVM 分类完全相同。为了验证 SVM 评价方法在机器评价中的优势，按照基于 BP 神经网络评价方法，对同一样本数据及评价对象进行评价。设置神经网络隐层节点数 NodeNum＝20，输出维数 TypeNum＝5，训练次数 Epochs＝100，对上述 50 组有效样本进行训练学习，然后输入六组待评价数据，分别进行五次运算，计算结果和运算时间如表 4-13 所示。

基于 SVM 的经济圈交通网络评价结果　　**表 4-13**

评价方法	评价结论（所属等级）						运算时间(s)	备注
	X_1	X_2	X_3	X_4	X_5	X_6		
物元评价	4	3	3	3	2	4	—	无编程运算
SVM 综合评价	4	3	3	3	2	4	0.5938	连续运算五次
	4	3	3	3	2	4	0.8750	
	4	3	3	3	2	4	0.7188	
	4	3	3	3	2	4	0.9219	
	4	3	3	3	2	4	0.7344	
神经网络评价	5	3	3	2	2	4	15.6875	连续运算五次
	4	3	4	3	2	3	15.9531	
	3	3	3	2	2	4	15.9219	
	4	3	3	3	2	4	15.9688	
	4	3	3	3	3	4	16.0781	

由表 4-13 可以看出，基于 SVM 的评价算法效果明显提升，与基于神经网络的评价相比，计算时间至少提高 17 倍以上，并且经过多次连续运算结果稳定，没有出现过学习和泛化性问题。而基于神经网络的评价，经过五次运算得到的评价结论不尽相同。这是由于基于神经网络的评价机理决定了其分类最终获得的分割面将相当靠近训练集中的点，从而出现“过学习”现象，造成神经网络方法的泛化性能较差。而 SVM 评价方法中引入了最优超平面，寻找一个满足分类要求的分割平面，并使训练集中的点距离该分割平面尽可能远，也就是保证分割平面两侧的空白区域最大，因此评价结果稳定性较好。

2. 评价结论及分析

对评价结果进行分析，可以看出 2020 年珠三角经济圈交通网络发展水平为等级“2”，即发展水平为“良”，2007 年、2008 年、2012 年珠三角经济圈交通网络发展水平为等级“3”，即都处于“中等”状态，而 2006 年珠三角经济圈与 2007 年长三角经济圈交通网络发展水平则处于“一般”状态。由于评价对象 X_1 和 X_6 分类结果都为等级“4”，X_2、X_3 和 X_4 的分类结果都为等级“3”，则需要进一步对评价对象进行优劣排序，可以根据评价对象数据映射到特征空间内与最优超平面之间的最短距离判断其优劣。计算同一等级下，评价指标数据在 SVM 中映射到特征空间内时与超平面的距离值，计算结果如表 4-14 所示。

经济圈交通网络 SVM 评价距离值　　**表 4-14**

对象	X_2	X_3	X_4	X_1	X_6
所属分类	3	3	3	4	4
距离值	0.5077	0.5910	0.7090	0.3895	0.4218

从表 4-14 中可以看出，在同一等级“3”时（评价等级“中”），评价对象 X_2、X_3 和 X_4 的评价指标数据在 SVM 中映射到特征空间中与超平面（分类 3）的距离排序有 $d_4 > d_3 > d_2$，因此评价对象 $X_4 > X_3 > X_2$（“$>$”表示优于），即珠三角经济圈交通网络发展水平状况为 $X_5 > X_4 > X_3 > X_2 > X_1$。而在输出等级为 4 时（评价等级“一般”），评价对象 X_1 和 X_6 的评价指标数映射到特征空间中与超平面（分类 4）的距离相比较有 $d_6 > d_1$，即 $X_6 > X_1$，因此 2006 年长三角经济圈交通网络的发展水平比同时期的珠三角经济圈交通网络发展水平要好一些。综上，可以确定评价对象的优劣排序为：$X_5 > X_4 > X_3 > X_2 > X_6 > X_1$。

通过上述应用可以看出，当确定合适的核函数以及相应的惩罚参数时，支持向量机在模式识别及数据分类上具有明显效果，在经济圈交通网络多指标综合评价中有着较好的应用前景。基于支持向量机理论对经济圈交通网络进行综合评价方法的核心是构造理想分类器，然后将相应的评价标准数据和指标实测数据提供给理想分类器，经计算机分析可计算得到评价结果。与传统的机器评价方法——BP 神经网络评价方法相比，支持向量机可以充分利用训练样本的分布特性而在模型的复杂性和学习能力之间寻求最佳折中，保证了小样本数据较好的泛化性能，推广性更好。支持向量机理论用于评价可以避免模糊综合评价和灰色聚类等评价方法在权重赋值和隶属函数确定中的人为因素，与传统综合评价方法相比，该方法计算简便、客观，实用性较强。

4.4　基于微分进化算法的经济圈公路网双层优化模型

由于经济圈公路网作为经济圈交通网络中的骨干网络，它的结构和布局对经济圈交通效率起着决定性的作用；同时经济圈公路网优化是一项投资少、见效快、易于实施的有效措施。所以，在兼顾客货和运营企业两者利益的同时，运用不确定性数学理论，建立经济圈公路网优化的数学模型，并通过微分进化算法，得到数学模型定量的数值优化结果，达到解决问题的目标。

4.4.1　经济圈公路网优化的基本知识

由于经济圈公路网是客货流的主要承担者，所以合理的线网布局，可以充分发挥经济圈公路交通的优势、提高运营效率、改善服务水平、缓解交通紧张状况、方便出行、促进经济圈交通可持续发展；同时也可以减轻其他方式交通量对道路的占用、减轻经济圈道路系统的交通压力。所以，经济圈公路网优化的核心内容就是结合经济圈交通需求时空分布特点和道路网络的布局特点，运用先进的交通规划理论及计算技术，在现有经济圈道路系统和公路交通运力的基础上，通过对经济圈公路网进行合理布局，对现有公路运力进行优化组合、最大限度地发挥系统的最佳效益。其优化目的是：

服务水平最佳化：通过对经济圈公路网的优化调整，使经济圈公路网络系统能够最大限度地满足各种交通需求。整个经济圈公路交通系统以安全、快捷、经济、环保、可靠、准点、运量大、运效高、服务质量高的方式运行。

能源占用最小化：通过对经济圈公路网的优化调整，使经济圈公路交通系统单位产值的交通能耗最小化，达到"成本最小化，利益最大化"。

环境影响最小化：通过对经济圈公路网的优化调整，使经济圈公路交通对人的生存环境和活动的影响和干扰最小，实现经济圈交通环境的可持续发展。

经济圈公路网优化就是运用科学方法对经济圈公路网进行系统研究，使在客流调查基础的经济圈公路网的客流分配能符合客流的实际运行状况，方便客货出行、提高运营企业效益、促进经济圈交通的可持续发展。所以，在公路网优化中，应该考虑以下原则：

方便客货出行原则：经济圈公路网络中的线路走向必须与主要客货流流向一致，为更多的客货提供服务。

提高运营企业效益原则：尽可能地利用经济圈已有道路，使经济圈线路上的客货流分布均匀，充分发挥运载工具的运能。

满足交通系统可持续性发展原则：经济圈公路线路系统的布设不仅符合当前经济圈客货流发生和分布的客观规律，而且反映经济圈未来发展的交通变化。

4.4.2 经济圈公路网优化的目标函数

经济圈公路网的优化问题是一个复杂的非线性问题，涉及因素很多，其问题的关键是目标函数的选取。在不同情况下，不同学者对公路网优化的目标函数选取不同。因此，很难有一套标准的优化目标函数供大家通用。特别由于经济圈公路网优化的目标较多，各优化目标之间的相互联系会造成信息相互重叠和干扰，从而难以客观地反映各优化目标的相对地位，为了过滤掉重复信息，依据公路网的优化原则，采用主成分分析法，得到公路网优化的主要目标函数：

(1) 基于出行者效益最大的优化目标函数

目标函数一、经济圈出行者的总出行时间

$$f_1=\lambda_1 t_1+\lambda_2 t_2+\lambda_3 t_3+\lambda_4 t_4+\lambda_5 t_5 \tag{4-13}$$

式中：f_1 为经济圈内每位出行者的总出行时间；t_1 为每位出行者从出行点到相应车站的平均时间；t_2 为每位出行者车站候车的平均时间；t_3 为每位出行者中转换乘的平均时间；t_4 为每位出行者在车辆行驶中的平均时间；t_5 为下车后每位出行者步行到达目的地的平均时间；λ_1，λ_2，λ_3，λ_4，λ_5 为修正系数（主要根据具体情况，采用专家咨询法来确定其值）。

目标函数二、经济圈出行者的直达率

$$f_2 = \sum_{i=1}^{n}\sum_{j=1}^{n} q_{ij} \Big/ \sum_{i=1}^{m}\sum_{j=1}^{m} D_{ij} \tag{4-14}$$

式中：f_2 为经济圈内出行者的直达率，q_{ij} 为经济圈内线路起终点（i，j）之间直达乘客量（人次），D_{ij} 为经济圈内交通枢纽 i 至交通枢纽 j 间的 O—D 量（人次），n 为经济圈内通行车辆的道路网结点数，m 为经济圈内交通枢纽总数。

（2）基于运营者效益最大化的优化目标函数

目标函数三、经济圈运营者的经济成本

$$f_3 = \sum_{i=1}^{m}(c_{1i} + C_{2i}) + \sum_{j=1}^{n}(c_{1j} + c_{2j}) + \sum_{k=1}^{l}(c_{1k} + c_{2k}) + c_t \tag{4-15}$$

式中：f_3 为运营者的经济成本；C_{1i} 表示第 i 条交通运输线路的建造费用；C_{2i} 表示第 i 条交通运输线路的维护费用；m 为经济圈内交通运输线路的数目；C_{1j} 表示第 j 个交通枢纽的建造费用，C_{2j} 表示第 j 个交通枢纽的维护费用；n 为经济圈内交通枢纽的数目；C_{1k} 表示第 k 种载运工具的购置单价；C_{2k} 表示第 k 种载运工具的维护费用；l 表示第 k 种载运工具的数量。C_t 表示交通管理系统设备的总购置费用。

目标函数四、经济圈运营者的收益率

$$f_4 = c_1/(c_2 + c_3 + c_4 + c_5 + c_6 + c_7) \tag{4-16}$$

式中：f_4 运营者的收益率，为 c_1 为运营者年均经济收入（万元），c_2 为年均经济圈公路网建设费用（万元），c_3 为年均经济圈公路网维修费用（万元），c_4 为年均车辆购置费用（万元），c_5 为年均车辆维修费用（万元），c_6 为年均工作人员工资福利等费用（万元），c_7 为年均运营者其他费用（万元）。

（3）基于可持续发展的经济圈公路网优化目标函数

目标函数五、经济圈公路网环境污染

$$f_5 = \sum_{j=1}^{4}\sum_{k=1}^{m}\sum_{i=1}^{n-1} q_{i,i+1,k} l_{i,i+1,k} \sigma(v_{jk}) / \sum_{j=1}^{4}\sum_{k=1}^{N}\sum_{i=1}^{n-1} q_{i,i+1,k} l_{i,i+1,k} \sigma_o(v_{jk}) \tag{4-17}$$

式中：f_5 为经济圈公路网环境污染，$j=1$，2，3，4 分别表示 CO，CO_2，NO_X 和 HC；$l_{i,\ i+1,\ k}$ 第 k 条线路的节点 i 至 $i+1$ 路段的长度；$\sigma(v_{jk})$ 表示第 k 条线路上的车速 v_k 行使情况下第 j 种污染物的实际排放浓度（mg/m^3）。$\sigma_o(v_{jk})$ 表示第 k 条线路上的车速 v_k 行使情况下第 j 种污染物的排放标准浓度（mg/m^3）。

目标函数六、经济圈公路网能源消耗

$$f_6 = \sum_{k=1}^{m}\sum_{i=1}^{z} l_k \cdot q_k^i \cdot \tau_i(v_k^i) \tag{4-18}$$

式中：f_3 为经济圈公路网能源消耗，l_k 为公路网中第 k 条线路的长度；q_k^i 为公路网中第 k 条线路上第 i 种车型的交通流量；v_k^i 为公路网中第 k 条线路上第 i 种车型的行驶速度；$\tau_i(v_k^i)$ 为公路网中第 k 条线路上第 i 种车型以 v_k^i 速度行驶时的能源消耗因子；z 为整个经济圈行驶车的车型数。

目标函数七、经济圈公路网线网效率最大

$$f_7 = \sum_{i,j,k\in R} l_k \cdot q_{i,j,k} \Big/ \sum_{k\in R} l_k \cdot \delta_{i,j,k} \tag{4-19}$$

式中：f_7 为经济圈内公路网线网效率，$q_{i,\ j,\ k}$ 为经济圈内线路 k 从站点 i 至站点 j 的客流量，$\delta_{i,\ j,\ k}$ 为经济圈内经过节点 i 至节点 j 的客运需求量在路线 k 上的分配的比例，R 为经济圈内所有线路的集合，l_k 为经济圈内线路 k 的长度。

4.4.3 经济圈公路网优化的双层模型

1. 双层优化模型的基本原理

双层优化是具有两个层次系统的规划与管理问题。其原理是：上层给下层一定的信息，下层在这些信息下，按自己的利益或偏好做出反应，上层再根据这些反应，做出符合全局利益的决策。上层给出的信息是以一种可能的决策形式给出的，下层的反应实际上是对上层决策的对策，这种对策在下层看来是最好的，它显然与上层给出的信息有关，为了使整个系统获得"最好的"利益，上层必须综合下层的对策，调整自己的决策。一般来说，双层优化模型具有如下形式：

双层优化的上层模型

$$\begin{aligned} &\min_{x} F(x,y) \\ &s.t.\ \ G(x,y) \leqslant 0 \end{aligned} \tag{4-20}$$

其中，$y=y(x)$ 由下面的规划求得

双层优化的下层模型

$$\begin{aligned} &\min_{y} f(x,y) \\ &s.t.\ \ g(x,y) \leqslant 0 \end{aligned} \tag{4-21}$$

2. 经济圈公路网优化的双层模型

经济圈公路网优化模型是整个经济圈线网优化的基础，模型的好坏直接影响优化的效果，作为一个好的优化模型应清晰、简洁，易于实施。但由于经济圈公路网优化的理论模型是一个多目标非线性规划问题，其目标多，在实际应用过程中，考虑到模型的合理性及可实施性，应对其进行简化，使主要目标予以保留，次要目标转化为约束条件或将其并入主要目标。所以经济圈公路网优化问题不存在一般意义的最优解，更不存在惟一的最优解，这是因为：一方面在经济圈公路网优化中，假设条件与实际情况存在很大差别，基于解析的最优解与假设条件直接相关，具有条件敏感性；另一方面在经济圈公路网优化中，一般不存在单一的优化指标，而多目标优化往往导致多个解决方案。所以，应该接受有效解决方案的概念，而且还要接受一般情况下存在着多个有效解决方案的事实。在这种情况下，根据具体情况，依据双层规划模型，建立经济圈公路网优化的双层模型。

(1) 经济圈公路网优化的上层模型

根据经济圈交通可持续发展的原则，上层模型的目标函数除了考虑环境污染、能源消耗外，还应该引入线网效率指标。因此，依据式 (4-17)～式 (4-19)，将 3 个指标相加来构建经济圈公路网双层优化的上层模型：

$$\min S(x) = w_5\alpha_5 f_5 + w_6\alpha_6 f_6 - w_7\alpha_7 f_7 \tag{4-22}$$

式中：w_5，w_6，w_7 为权重系数，α_5，α_6，α_7 为经济转化系数（主要解决不同目标函数的量纲问题，一般采用层次分析法确定其值）。

经济圈公路网的上层模型将经济圈线网效率、环境承载力和能源消耗统一纳入考虑范围，优化的目标在于使得经济圈的环境污染和能源消耗的负效应最小、线网效率最大，即实现经济圈交通的可持续发展。上层模型综合体现了交通功能目标、环境保护目标和资源

利用目标。

（2）经济圈公路网优化的下层模型

在经济圈公路网优化中，一方面为了使经营者的运营成本最小化，效益最大化；另一方面使出用者的出行时间最小化、直达率最大化。所以，依据式（4-13）～式（4-16），将4个指标相加来构建经济圈公路网双层优化的下层模型：

$$\min Z(x)=w_1\alpha_1 f_1-w_2\alpha_2 f_2+w_3\alpha_3 f_3-w_4\alpha_4 f_4 \tag{4-23}$$

式中：w_1，w_2，w_3，w_4 为权重系数，α_1，α_2，α_3，α_4 为经济转化系数（确定其值方法如上）。

经济圈公路网双层优化的下层模型将运营成本、运营效益、出行时间、直达率等统一纳入考虑范围，优化目标使出行者实现“便捷、快速”，运营者实现“成本最小化、利润最大化”的目标。

4.4.4　经济圈公路网双层优化模型的微分进化算法

微分进化（Differential Evolution，简称 DE）算法是新近提出的一种智能优化方法，已被证明在求优过程中具有高效性、收敛性、鲁棒性等优点。由于该算法采用了自然界“优胜劣汰，适者生存”的思想，所以对于连续变量的函数优化。DE 能更快更稳定地收敛到问题的全局最优解与传统优化算法及一般的进化算法相比，DE 算法能直接将约束条件以及多目标性结合到进化算子中，描述问题的方式更接近实际。因此，利用 DE 算法对经济圈公路网优化问题进行研究。实例分析表明，该法过程合理、意义明确，决策结果能够直接地反映了公路网的优化过程。

1. 微分进化算法的基本原理

微分进化算法由参数矢量构造、初始群体生成、变异扰动矢量合成、交叉操作、边界处理以及目标函数等构造。主要包括以下几个基本操作步骤：

（1）参数矢量及初始群体的构造。初始群体通常采用统一的概率分布来随机选择，第 g 代群体以 s（g）来表示：

$$s(g)=\{x_1(g),x_2(g),\cdots,x_u(g)\}$$

式中：u 为群体规模；个体 $x_i\in R^d$（$i=1$，…，u）参数矢量由实数分量构成，表示一个优化问题的一个可能解。

（2）变异扰动矢量合成。对第 g 代的每一个参数矢量 x_i（$i=1$，…，u）通过下式的计算得到其对应的第 g 代扰动矢量：

$$v_i=x_{r_1}+F\cdot(x_{r_2}-x_{r_3}) \tag{4-24}$$

式中：r_1，r_2，$r_3\in$［1，2，…，u］是随机选取的整数，且满足 $r_1\neq r_2\neq r_3$，$F\in$［0，2］是加权系数两个参数矢量差别的放大倍数。

（3）交叉操作及下一代群体生成。微分进化算法中引入交叉操作以保持群体的多样性。第 g 代参与交叉的两个矢量是互相对应的原个体矢量和扰动矢量并产生一个新的矢量 x'（g）：

比较 x 和 x' 即可以求得第 $g+1$ 代群体：

$$\begin{cases}\text{如果 } x'_i(g)\Phi(x'_i(g))<\Phi(x_i(g))\text{，则 } x_i(g+1)=x'_i(g)\Phi(x'_i(g))\\ \text{如果 } x_i(g)\Phi(x'_i(g))>\Phi(x_i(g))\text{，则 } x_i(g+1)=x_i(g)\Phi(x_i(g))\end{cases} \tag{4-25}$$

式中：Φ 为个体矢量的极小化目标函数。

(4) 边界处理。扰动矢量合成过程中计算出的矢量分量中可能超越实际问题取值范围，微分进化算法一般采取下面方法处理：

$$\begin{cases}\text{如果 } \beta_i x'_{ji}(g) > \beta_j, \text{则 } x'_{ji}(g) = \beta_i x'_{ji}(g) \\ \text{如果 } \alpha_j x'_{ji}(g) > \alpha_j, \text{则 } x'_{ji}(g) = \alpha_j x'_{ji}(g)\end{cases} \tag{4-26}$$

式中：α_j，β_j 分别为参数矢量各分量的最大值和最小值；$j=1, 2, \cdots, d$；$i=1, 2, \cdots, u$。

(5) 目标函数。计算每个参数矢量 x 的目标函数值：

$$\Phi(x) = \sum_{i=1}^{n} w_i f_i \tag{4-27}$$

式中：w_i 为权值系数且 $\sum_{i=1}^{n} w_i = 1$。

(6) 利用相对比较法确定权重系数。设三级比例标度两两相对比较评分的分值为 q_{ij} 时，标度值

$$q_{ij} = \begin{cases} 1, \text{当 } x_i \text{ 比 } x_j \text{ 重要时} \\ 0.5, \text{当 } x_i \text{ 比 } x_j \text{ 同样重要时} \\ 0, \text{当 } x_i \text{ 比 } x_j \text{ 不重要时} \end{cases}$$

则评分构成的矩阵 $Q=(q_{ij})_{n\times n}$，显然 $q_{ii}=0.5$，$q_{ij}+q_{ji}=1$

所以，目标函数 f_i 的权重系数

$$w_i = \left[\sum_{j=1}^{n} q_{ij}\right] \cdot \left[\sum_{i=1}^{n}\sum_{j=1}^{n} q_{ij}\right]^{-1} \tag{4-28}$$

2. 经济圈公路网双层优化模型的微分进化算法

无论是上层优化模型还是下层优化模型，都利用经济转化系数把它们简化为线性函数关系，见式（4-22）和式（4-23）。但是，上层优化模型和下层优化模型中变量众多，传统的解析方法很难进行求解。特别是优化模型的解空间和目标函数随着特征变量的变化而变化，传统算法中每一代解的特征变量都要发生变化，因此难以保证传统算法求解得到的最优解为实际最优解。所以，笔者采用微分进化算法对经济圈优化模型进行求解。

对于经济圈公路网优化的上层模型（对于经济圈公路网优化的下层模型，采用同样的方法求解!），设待求优化问题为 $\min\limits_{x\in R^n} f(x)$，则微分进化算法描述为：

Step1 初始化（输入进化参数）

种群规模 N，交叉概率 P_c，交叉因子 $F\in(0, 1)$，进化代数 $t=0$，自变量的下界 l_b 和上界 u_b，随机生成初始种群：$X(0)=\{X_1(0), X_2(0), \cdots, X_N(0)\}$。
式中：$X_i(0)=\{x_1^{(i)}(0), x_2^{(i)}(0), \cdots, x_n^{(i)}(0)\}$，$i=1, 2, \cdots, N$。

Step2 个体评价（计算时刻 t 的种群）

$X(t)$ 中的每个个体 $X_i(t)$ 的目标值 $f(X_i(t))$。

Step3 繁殖

对每个个体 $X_i(t)$，随机生成四个互不相同的随机整数 r_1，r_2，$r_3\in\{1, 2, \cdots, N\}$ 和 $j_{rand}\in\{1, 2, \cdots, n\}$，产生新个体 $X'_i(t)=\{x'_{i1}(t), x'_{i2}(t), \cdots, x'_{in}(t)\}$。

式中：$x'_{ij}(t)$ 满足：

$$if \quad rand[0,1] < p_c \quad or \quad j = j_{rand},$$

$$x'_{ij}(t)=x_{r1j}(t)+F(x_{r2j}(t)-x_{r3j}(t)),$$
$$else \quad x'_{ij}(t)=x_{ij}(t)$$

Step4　选择

$$x(t+1)=\begin{cases}x'_i(t), if & f(x'_i(t))\leqslant f(x_i(t))\\ x_i(t), & otherwise\end{cases}$$

Step5　终止检验

如果种群 $X(t+1)$ 满足终止准则，则输出 $X(t+1)$ 中具有最小目标值的个体作为最优解。否则转 Step2。

4.4.5　案例分析

本章选取京津冀地区为研究对象，来说明布局优化过程，并验证所建立双层优化模型的合理性及所采用的 DE 算法求解的优越性。着重探讨其中京广运输通道中的北京—石家庄段、京九通道北京—衡水段、京沪通道天津—德州段、南北运煤通道以及进出关运输通道塘沽—山海关段网络布局优化问题。京津冀经济圈现状主要运输通道网络构成如表 4-15 所示：

京津冀现状主要运输通道网络构成　　表 4-15

通道编号	起讫点	公路网络构成
1	承德—北京—邯郸	京石线、京承线、G101、G107
2	北京—德州	京沪高速、G104、G105
3	北京—衡水	G106
4	塘沽—山海关	津唐高速、G205
5	内蒙古—沿海港口	京张高速、京沈高速、G103、G108、G110、G112
6	河北—山西	石太高速、石黄高速、G307

将经济圈内主要城市分别编号（见表 4-15），各城市之间通过 19 条路线连接。根据京津冀公路网统计资料，得到 19 条线路的长度。具体求解过程如下：

步骤一　确定权重系数。得到经济圈公路网上层模型各优化目标函数的权重系数 $w_5=0.3451$，$w_6=0.3382$，$w_7=0.3167$。

步骤二　确定经济转化系数。利用层次分析法得到经济圈公路网上层模型各优化目标函数的经济转化系数 $\alpha_5=0.2813$，$\alpha_6=0.2951$，$\alpha_7=0.4236$。

所以，经济圈公路网优化的上层模型转化为

$$\min S(x)=0.0971f_5+0.0998f_6-0.1344f_7$$

步骤三　参数标定。DE 算法中，参数 $T=4$，节点数 $M=19$，群体规模 $N=100$，交叉概率 $P_C=0.75$，放大倍数 $F=1.3$。

步骤四　算法求解。按照 DE 算法步骤，本文用 Matlab 编程仿真，对双层优化模型进行优化求解，当迭代一定次数时，最优方案 $S(x)$ 值稳定在 23.3751，此时选取北京、承德、邯郸、德州、衡水作为公路交通枢纽时，构成的公路网络最优。这也与实际中将北京、承德、邯郸、德州、衡水等城市作为区域主要城市，建立京津冀经济圈的相关规划政策相符合。

步骤五　结果分析。利用双层优化模型进行公路网优化时，主要考虑建设费用最省、能源消耗以及环境污染最少、出行时间和出行成本最少等，而实际的经济圈公路网规划时，除了考虑上述目标外，还必须考虑交通建设对经济的带动作用，规划的超前性以及政治、国防等方面的意义。

4.4.6　小结

经济圈公路交通系统是一个复杂的、多因素、多目标和多功能的随机动态系统。优化目标函数多、约束条件也多，因此很难有一种很好的优化方法供大家通用。从“出行者、运营者、管理者”的角度出发，考虑出行者利益、运营者效益、管理者可持续发展等因素的情况下，构建了经济圈公路网的双层优化模型。该模型利用经济转化系数，将多目标非线性优化问题转化为线性优化问题，并用微分进化算法进行求解，具有广泛的代表性和较高的实用价值。通过微分进化算法，对双层优化模型进行求解的基础上，对模型进行了实际应用分析。结果表明通过“上层模型和下层模型”的相互抑制，不但提高了算法的可靠性和计算精度，而且使可行线网数量减少，在优化阶段消除了不必要的计算，得到的经济圈公路网更加科学合理。

第5章 城市常规公共交通网络

城市公共交通（urban transit）是在城市及其郊区范围内，为方便公众出行，用客运工具进行的旅客运输。城市公共交通是城市重要的基础设施之一，是城市经济发展和人们生活所必需的公益性事业。城市公共交通不仅满足城市居民出行的需求，而且对城市功能的正常发挥起到了一定的组织作用。特别随着我国经济建设的快速发展，城市交通供求矛盾日益突出，公共交通所具有的强大优势也就越来越受到人们的广泛关注。

5.1 城市公共交通概况

城市公共交通是由公共汽车、电车、轨道交通、出租汽车、自行车、轮渡等交通方式组成的公共客运交通系统，是重要的城市基础设施，是关系国计民生的社会公益事业。世界各国城市公共交通事业的发展进程，受本国经济和科学技术水平的影响，差异较大，而且由于城市所在的地理环境和政治经济地位不同，城市公共交通结构也各具特色。在城市公共交通结构中一般主要包括公共汽车、无轨电车、有轨电车、快速有轨电车、地下铁道和出租汽车等客运营业系统。随着城市的发展，铁路市郊旅客运输亦成为重要组成部分。此外，在一些有河湖流经的城市，公共交通系统中还包括有轮渡。在山区城市中，索道和缆车的运输也有所发展。磁悬浮客运交通以及无人驾驶的出租客车系统正处于试用阶段。中小城市中一般以公共汽车、有轨电车、无轨电车等为主要客运工具，其特点是灵活机动，成本相对较低，一般是城市公共交通的主题。概况来说：

(1) 快速大运量公共交通系统、包括地铁、轻轨、高速铁路，该系统可以快速地运载大批量乘客，出现在我国一些特大城市，例如上海、北京、广州、武汉等。快速大运量公共交通运量大，速度快，可靠性高，并可促进城市土地开发及商业经济带的形成，但造价很高，一般作为城市公共交通的骨架。

(2) 辅助公共交通系统包括出租汽车、三轮车、摩托车、自行车，以满足乘客不同的出行要求，在城市公共交通中起着辅助和补充的作用。

(3) 特殊公共交通系统包括轮渡、缆车等，该类公共交通受到地理条件的约束，一般在特殊条件下使用。

5.1.1 城市公共交通的类型

(1) 公共汽车。公共汽车（Bus），指在城市道路上循固定路线，有或者无固定班次时刻，承载旅客出行的机动车辆。一般外形为方形，有窗，设置座位。公共汽车时速一般在20～30km，不会超过40km。或称为公交、公汽或巴士（英语中“Bus”的音译），其中“公交”是公共交通的简称。一般来说，公共汽车是最为普遍的一种大众运输工具。城市化和机动化的发展，使城市人口和地域不断增加，对公共交通的需求量相应快速增长，要求公共交通企业投入更多的客车。

公共汽车是城市公共交通系统中的主要交通工具。在一般的道路条件下，可以四通八达。小型公共汽车可在狭窄街区中开辟营业线路，乘用极为方便。发展公共汽车客运交通，设施简易，投资少，见效快。但由于公共汽车在行驶中与其他车辆混行，互相避让和紧急制动是难免的，因此，安全性和舒适性较差。它的其他缺点是能源消耗量大，噪声高并有废气污染。

(2) 快速公共交通。快速公共交通系统（Bus Rapid Transit，简称 BRT）是一种介于快速轨道交通（Rapid Rail Transit，简称 RRT）与常规公共交通（Normal Bus Transit，简称 NBT）之间的新型公共客运系统，是一种大运量交通方式，通常也被人称作“地面上的地铁系统”。它是利用现代化公共交通技术配合智能交通和运营管理，开辟公共交通专用道路和建造新式公共交通车站，实现轨道交通运营服务，达到轻轨服务水准的一种独特的城市客运系统。

城市快速公共交通系统作为一种新型的大容量快速公共交通方式，为大中城市改变交通拥挤现状和环境污染问题提供了可持续发展的交通选择方式。快速公共交通系统是利用改良型的公共交通车辆，运营在公共交通专用道路空间上，保持轨道交通特性且具备普通公共交通灵活性的一种便利、快速的公共交通方式。整合了车辆、车站、线路、公共交通车道和公共交通智能系统等多个因素，形成具有强烈形象感和独特性的综合系统。快速公共交通具有常规公共交通系统建设经费少、施工期短的优点，同时还具有轻轨快速交通系统较大载运能力和较好服务水平的特点。

(3) 有轨电车和无轨电车。电车可以分为有轨电车和无轨电车，也可以分为现代有轨电车和旧有轨电车。这里介绍有轨电车和无轨电车的概念。

有轨电车（美国称 streetcar，英国称 tram）是一种公共交通工具，亦称路面电车或简称电车，属轻铁的一种〔以电力推动的列车，亦称为电车〕。但通常全在街道上行走，列车只有单节，最多亦不过三节。另外，某些在市区的轨道上运行的缆车亦可算作路面电车的一种。由于电车以电力推动关系，车辆不会排放废气，因而是一种无污染的环保交通工具。有轨电车主要在轻便轨道上行驶。它的优点是能源消耗低，结构简单，坚固耐用，其客运能力略高于无轨电车。在开辟新线路时，它比无轨电车的线路投资大，工期长，投资见效慢。

无轨电车（Trolleybus）是一种使用电力发动，在道路上不依赖固定轨道行驶的公共交通，亦即是“有线电动客车”。无轨电车的车身属于客车，只不过以电力推动，而使用的电力是通过架空电缆，经车顶上的集电杆取得。无轨电车因为使用的橡胶轮胎是绝缘体，不像有轨电车可使用路轨完成电路；故此需要使用一对架空电缆及集电杆。无轨电车是公共交通工具（公共交通车）的一种。在有些地方属于普通公共交通范畴，而有些地方则属于轨道交通的范畴。无轨电车从架空触线上获取电能驱动行驶。无轨电车的客运能力和公共汽车属同一等级。无轨电车加速性能好，噪声小，而且没有废气污染，乘用时比较舒适。无轨电车通常不能离开架空触线行驶，机动性比公共汽车差。在开辟新线路时，要建设变配电系统和线网设施，因此建设费用较高，投资见效慢，而且架空触线影响市容。

(4) 轻轨。轻轨（Light Rail Transport，简称 LRT），全称轻轨运输，是一种属于轨道交通的城市公共交通方式。同地铁相比，轻轨具有投资少、建设周期短、运营灵活等特点。地铁与轻轨最大的区别在车辆编组上，即高峰小时客流量。目前，地面有轨是轻轨车的主要应用方式。现在世界上大多数国家修建的轻轨线路均为地面有轨形式。此外，高架式轻轨铁路可以节约用地，又不与其他交通干扰，是很具有优点的一种轻轨铁路形式。高架式轻轨线路维修量少，没有可能引起线路变形的路基地段。在日本、法国也都有这种形式。除了上述两种应用方式之外，还有跨座式和悬挂式。

城市轨道交通中的“轻轨”与“地铁”相对应，城市公共交通系统中的有轨电车、导轨胶轮列车与城市轨道交通轻轨列车在技术上完全不同，因此不属于轻轨系统。城市轨道交通中的轻轨是在轨距为 1435 毫米国际标准双轨上运行的列车，列车运行利用自动化信号系统。

（5）地下铁道。地下铁道（Subway），简称地铁，亦简称为地下铁，狭义上专指在地下运行为主的城市铁路系统或捷运系统；但广义上，由于许多此类的系统为了配合修筑的环境，可能也会有地面化的路段存在，因此通常涵盖了都会地区各种地下与地面上的高密度交通运输系统。地铁和轻轨的区别，不单纯是走地下和走地上的区别的，指涵盖了都会地区各种地下与地上的路权专有、高密度、高运量的城市轨道交通系统（Metro），台湾则称为“捷运”（Rapid transit）。除了上述的地下铁以外，也包括高架铁路（Elevated railway）或路面上铺设的铁路。因此，地铁是路权专有的，无平交，这也是地铁区别于轻轨交通系统的根本性的标志。

（6）公共自行车。公共自行车（Public Bicycle）就是在某个区域内，隔一定距离规划出一些停放自行车的点如地铁出口，社区大门口，一个租赁点放置 30 辆左右。那么一个城市就会像公共交通车站点和地铁站点一样，有很多自行车租赁点。通过公共自行车管理系统来管理这些租赁点的自行车，每辆自行车都单独有一个可以锁自行车的装置和读卡租车、还车的读卡器（固定在地上的，不能移动）。每次租车把卡放到上面读一下，锁就开了，自行车就可以骑走了；骑到任何一个其他租赁点都可以还车，因为系统是联网的。还车时把车放到锁的位置，把卡靠近读卡器读一下，车就锁了，还车成功。我国最早实行公共自行车的城市是杭州，率先运行公共自行车租赁系统，将自行车纳入公共交通领域，意图让慢行交通与公共交通“无缝对接”，破解交通末端“最后一公里”难题。

5.1.2　公共交通的技术特性

常规公共交通、快速公共交通、有轨电车、轻轨、地铁等是常见的公共交通方式，这几种公共交通方式的技术特性见表 5-1：

各种公共交通方式的技术经济特性　　　　表 5-1

交通方式	常规公共交通	快速公共交通	现代有轨电车	轻轨	地铁
投资额(亿元/km)	较小	0.3～0.5	0.4～0.6	1.5～2	5～6
运能(万人次/h)	0.8～1.2	2～3	1～1.5	2～3	5～7
平均速度(km/h)	16—25	20～40	15～25	20～40	25～60
立项到开工时间	快	1 年	1 年	2～3 年	3～5 年
立项到完工时间	快	1～2 年	1～2 年	3～4 年	5～6 年
灵活性	高	高	一般	低	低
配套系统	简单	简单	复杂	复杂	复杂
对道路影响	小	大	大	大	无
最低城市人口	无要求	75 万	——	100 万	200 万
环境污染	一般	一般	低	低	低

城市公共交通企业属公益性企业。经营管理的基本方针是为公众出行服务，其经济效果主要见诸社会收益，而不是单纯地着眼于企业自身的盈利。企业发生的政策性亏损，一般由政府给予补贴。衡量城市公共交通企业经营管理水平的标准，首先是它对公众出行的安全、方便、及时、经济、舒适等要求的满足程度，其次是企业的经济效益。为了协调各公共交通系统的服务工作，在大中型城市中一般设立公共交通企业联合会或类似的管理机构。它们的任务是：制定统一的公共交通网络规划；协调各个公共交通企业之间的经营范围；协调和监督执行统一的行车时刻表；制定统一的票价政策和票价制度等。

城市公共交通的运营方式通常有三种：①定线定站服务：车辆按固定线路运行，沿线设有固定的站位，行车班次和行车时刻表完全按调度计划执行。在线路上行驶的车辆有全程车、区间车，有慢（各站均停）车，也有快（重点站停）车。②定线不定站服务：车辆按固定线路运营服务。乘客可以在沿线任意地点要求停车上下，乘用非常方便。在线路上运行车辆的数量，根据客流变化情况自动调节。③不定线不定站服务：即出租汽车运营方式。一般是 24 小时营业制，乘客可以电话要车或预约订车，也可以到营业点租乘或在街道上招手乘车。

目前，电子技术已经能够为公共交通企业自动采集、整理和储存在经营管理方面所需要的各种技术数据，优选网络，编制运营计划和运行时刻表，对运行系统实现集中监测和调度，向乘客提供交通咨询服务，自动售票、检票，自动显示下一班车的到站时间和载客数量，以方便乘客候车等，从而提高了城市公共交通企业的运营服务质量和经济效益。

5.2 城市常规公共交通网络

随着经济的增长和人们生活水平的提高，我国汽车保有量也随之快速增长。1978 年我国汽车保有量还不足百万辆，而到了 2006 年已达到了 4985 万辆，比 2005 年末增长 15.2%，2010 年我国汽车的保有量达到了 7000 万辆，2011 年全国机动车保有量达到 2.21 亿辆。2012 年全国机动车保有量达到 2.42 亿辆，我国汽车的保有量达到了 1.51 亿辆。正是由于汽车与城市道路面积的这种不平衡增长，我国许多城市尤其是大城市交通所面临的压力越来越大，交通拥挤尤其是城市中心区的交通拥挤越来越严重。交通拥挤、秩序混乱、事故频发、污染加剧等城市交通问题已经成为制约社会经济持续发展的瓶颈问题。究竟如何解决我国城市交通面临的问题？可能会采用如下手段：1）建设更多的城市道路。不可否认增加道路面积对缓解交通压力会起到一定的作用，而且我国许多城市也正在这么做，但在我们这样一个人口众多的国家，土地资源十分紧缺，单纯依靠增加道路面积来缓解城市交通压力就显得既不现实也不经济，而且道路条件的改善往往又会刺激汽车的增长，不仅难以最终缓解交通压力，而且也难以解决由此带来的环境和能源问题。2）限制汽车的增长。研究表明，人均国民收入接近一千美元，则是汽车进入家庭的开始，而我国一些城市已经超过和正在达到这一目标，汽车进入家庭已是不争的事实。如果没有更好的和更便利的交通替代方式，而一味强制性地限制汽车的增长将不仅会阻碍城市经济的发展，而且往往难以实施。3）修建地铁、轻轨等城市轨道交通。但地铁、轻轨等的建设投入大、成本回收周期长，调查显示，全国各地乃至世界各地已营运的地铁几乎全部亏损，城市地铁的商业化运营模式至今仍然是世界性难题。因此，在我们这样一个经济还不发达的国家，大规模地修建城市轨道交通也是很不现实的。

其实，解决交通问题应该从两个方面考虑：一方面加法，即增加交通供给，这主要是通过完善交通设施建设和改善交通系统来完成，也就是说建设更多的城市道路和修建轻轨、地铁等轨道交通；另一方面减法，即减少交通需求，这主要是通过制定交通政策、科学合理规划、改善交通结构、优化交通组织等来完成。在综合比较分析和借鉴国外经验的基础上，许多研究城市交通问题的专家认为发展城市常规公共交通也是解决我国城市交通问题的最好方式。因为长期以来，城市公共交通是我国城市客运交通的主体，城市公共交通有以下许多优点：

(1) 从经济效益上讲：与轻轨、地铁等轨道交通相比，常规城市公共交通具有投资小、见效快、线路易调整等优点，见表 5-2。

常规公共交通系统与地铁、轻轨的比较　　表 5-2

交通方式	地铁	轻轨	常规公共交通系统
投资额/公里	6 亿～8 亿元	2 亿～3 亿元	0.2 亿～1 亿元
旅客运输量	3 万～4 万人/h	2 万～3 万人/h	1 万～2 万人/h
平均速度	30～40km/h	20～30km/h	10～20km/h
立项到开工时间	3～5 年	2～3 年	1 年
立项到完工时间	8～10 年	4～6 年	1～2 年
系统灵活性	低	低	高
吸收新技术的能力	低	中	高

(2) 从运输效率上讲：与其他机动化交通方式相比，公共交通单车运量大、运输效率高。据统计，4 辆小汽车所占用的道路面积与 1 辆公共交通车所占的道路面积相同，而公共交通车单车载客量通常是小汽车单车载客量的 30～40 倍，由此可以得出以公共交通出行时人均占用的道路面积只相当于以小汽车出行时的 12%左右。

(3) 从能源消耗方面讲：与其他机动化交通方式相比，人均消耗的能源和人均排放的污染量等都是较低的。在大多数工业化国家，净社会拥挤成本已经很高，估计为 GDP 的 2%～3%。同样小汽车发展引发的空间消耗所带来的冲击不仅仅是土地消耗，城市活动的扩展增加了出行距离，使步行和自行车难以进行，也增加了汽车在行进过程中废气的排放和能源的消耗。按照运送同样数量的乘客来计算，公共交通车与小汽车相比，分别节省土地资源 3/4，建筑材料 4/5，投资 5/6，空气污染是小汽车的 1/10，交通事故是小汽车的 1/100。小汽车的每人公里能源消耗在各种交通方式中是最大的，公共交通车（单车）的人均能源消耗虽然不是最少的，但公共交通车（单车）却只相当于小汽车的 10%左右。

(4) 从污染环境方面讲：以最低的环境代价实现最便捷、最快速的人和物的流动是交通在环保方面的最高目标，从这个意义上说，集约化运输的公共交通承担的运输份额越大，人均交通污染就越低，交通污染总量就越小，因此优先和大力发展公共交通既是提高交通效率的需要，同时也有利于减少交通能耗。在交通需求大幅度增加而资源、能源又相对缺乏的情况下，发展公共交通系统是必由之路，是“绿色”交通的核心内容。

所以，与单位车辆和私家车出行相比，公共交通出行不但在保护环境、节约能源和提高通畅水平等方面有着明显的优势，而且能够有效填补由汽车依赖社会所造成的流动性空隙，消除人与人之间因为社会发展而不经意中产生的不平等。因此，要缓解我国城市交通需求和基础设施供给之间的矛盾，无疑应优先发展城市公共交通。优先发展城市公共交通，不仅是缓解城市交通拥堵的有效措施，也是改善城市人居环境，促进城市可持续发展的必然要求。公共交通成为解决城市交通供需矛盾、调整交通结构的主要手段。

5.3 城市常规公共交通网络的等级评定模型

在考虑城市公共交通系统多种因素的基础上，构建城市公共交通线网的评价指标体系。并在定义评价等级的基础上，通过定量分析为主、定性分析和定量分析相结合的方法，建立城市公共交通线网等级评定的物元分析模型。通过计算其关联度，给出定量的数值来表示评定结果，将公共交通网络的多层次评价转化为单级评价，评价值能够简明准确地反映出城市公共交通发展现状。

5.3.1 城市公共交通网络的评价指标体系

城市公共交通网络评价就是对公共交通线网现有的规模、布局上与城市发展需求的适应性、公共交通线网的性能和乘客满意度等做出定性和定量分析，为今后城市公共交通系统的建设发展提供决策依据。同时，城市公共交通网络的评价应该以乘客利益和公共交通企业的利益为主要目的。通过分析评估乘客和公共交通企业二者的受益情况，来衡量城市公共交通网络的现状，发现现存的主要问题，并能找出解决问题的有效途径。目前，国内外对城市公共交通网络的评价有两类：一类是定性的研究，通过建立一些定性的模型，来对整个城市公共交通线网进行定性评价。缺点是主观性大、得到的结果不能很好地反映客观实际需要。另一类是纯理论的研究，通过建立一些简单的数学模型来对整个公共交通线网进行评价。缺点是由于公共交通系统的复杂性，在建立数学模型时忽略了许多关键因素，最后建立的模型具有片面性。以可拓学的多指标物元分析综合评价，是由我国可拓学工作者创造的多元数据量化决策的一种新方法。通过建立多指标性能参数的综合评判模型，并以定量的数值表示评定结果，从而较完整地反映系统的综合水平。

城市公共交通系统的要素包括流动的人、行驶的车、变化的路，是一个非常复杂的系统。评价现有公共交通网络的运行状况，找出存在的问题及可能发挥的潜力，把握公共交通总体发展水平，可以为公共交通进一步发展提供规划、建设、管理等方面的依据，对整个城市交通系统管理将起到积极的推动作用。因此，必须建立一套科学、实用的公共交通线网评价指标体系。基于这些，应从以下几方面来建立城市公共交通线网评价指标体系：首先，创建与人和环境相适应的交通系统，始终坚持以人为本的理念，完善的道路交通设施，是为人提供方便，而不是为车辆提供最大的空间，方便顾客出行原则；其次，合理有效地利用有限的交通资源和空间，优化城市结构，提高城市土地利用效率，满足效率最大原则；最后，考虑城市交通的可持续发展原则：公共交通线路系统的布设不仅符合当前城市客流发生和分布的客观规律，而且反映城市未来发展的交通变化。即城市交通的发展适应城市的发展，与城市总体规划相匹配，引导城市空间向合理方向发展。

（1）评价指标的选取原则。评价是一些归类的指标按照一定的规则和方法，对评判对象从其某一方面或多方面或全面的综合状况做出优劣评定。城市公共交通线网的评价涉及许多领域和行业。一方面，城市公共交通线网评价的目的是改善居民出行程度，推动城市结构的合理调整以及改善城市的生活环境；另一方面，城市公共交通线网的评价指标应该能够独立反映城市公共交通线网某一具体的方面的特征，并与公共交通网络的其他因素相联系。因此，评价指标体系的建立应遵循以下原则：科学性原则、可比性原则、可操作性原则、系统性原则、代表性原则。

（2）评价指标的设置功能。一个科学、客观的城市公共交通线网评价指标体系有助于了解城市交通发展现状，有助于制定城市交通发展规划，有助于提供分析和预测模型的基本数据和对城市交通发展进行监测和解释。概括起来，城市公共交通线网评价指标体系有三大功能：判断功能、规划功能、决策功能。

（3）城市公共交通线网的评价体系。以评价指标的选取原则为依据、以评价指标的设置功能为目的，通过综合分析和考察，建立城市公共交通线网评价指标体系，见图 5-1。

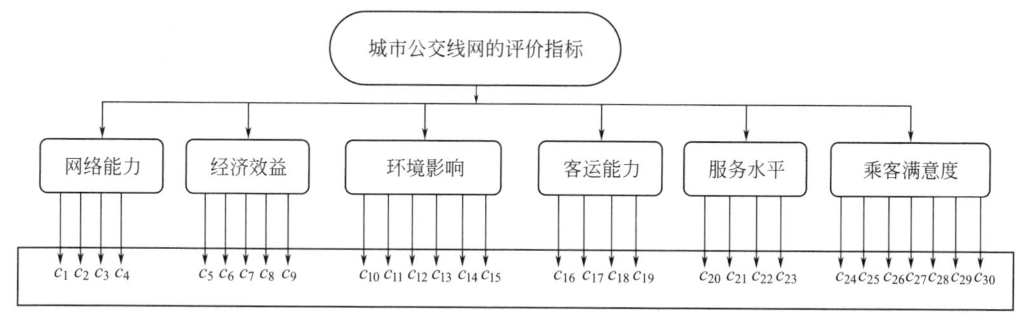

图 5-1　城市公共交通网络的评价指标体系

c_1—线网密度；c_2—重复系数；c_3—非直线系数；c_4—站点覆盖率；c_5—营运费用；c_6—设备折旧；c_7—营运收入；c_8—内部收益率；c_9—利润率；c_{10}—土地占用；c_{11}—能源消耗；c_{12}—生活质量；c_{13}—噪声；c_{14}—废气；c_{15}—振动；c_{16}—公共交通车辆保有量；c_{17}—公共交通车辆拥有率；c_{18}—客运周转量；c_{19}—运营速度；c_{20}—服务人口；c_{21}—换乘系数；c_{22}—车辆满载率；c_{23}—出行时耗；c_{24}—候车时间；c_{25}—步行时间；c_{26}—换车率；c_{27}—行车准点率；c_{28}—票价合理性；c_{29}—安全性；c_{30}—舒适性

5.3.2　评价指标的界定标准

根据《城市道路交通规划设计规范》GB 50220—1995 和《城市道路交通管理评价体系》，在大量调查和研究基础上，将城市公共交通线网评价指标体系中的各指标评价结果分成优秀（1 级）、良好（2 级）、中等（3 级）、一般（4 级）、差（5 级）等五个级别。表 5-3 列出了各评价指标与对应等级之间的情况。

评价指标等级区间　　表 5-3

指标因子	优秀	良好	中等	一般	差
线路网密度	0.8～1.0	0.6～0.8	0.5～0.6	0.3～0.5	0.0～0.3
重复系数	0.0～0.2	0.2～0.4	0.5～0.7	0.7～0.8	0.8～1.0
非直线系数	0.0～1.0	1.0～1.1	1.1～1.2	1.2～1.4	1.4～2.0
站点覆盖率	0.9～1.0	0.7～0.9	0.5～0.7	0.4～0.5	0.0～0.4
营运费用系数	0.0～0.2	0.2～0.3	0.4～0.6	0.6～0.8	0.8～1.0

续表

指标因子	优秀	良好	中等	一般	差
设备折旧	0.0～0.2	0.2～0.3	0.3～0.4	0.5～0.7	0.7～1.0
营运收入系数	0.9～1.0	0.8～0.9	0.6～0.8	0.4～0.6	0.0～0.4
内部收益率	0.9～1.0	0.7～0.9	0.5～0.7	0.4～0.5	0.1～0.4
利润率	0.8～1.0	0.6～0.8	0.5～0.6	0.3～0.5	0.1～0.3
土地占用	0.0～0.2	0.2～0.4	0.4～0.5	0.5～0.6	0.6～1.0
能源消耗	0.0～0.2	0.2～0.4	0.4～0.6	0.6～0.7	0.7～1.0
生活质量系数	0.8～1.0	0.6～0.8	0.4～0.6	0.2～0.4	0.0～0.2
噪声	0.0～50	50～60	60～65	65～70	70～120
废气	0.0～0.5	0.5～0.7	0.7～0.8	0.8～0.9	0.9～1.0
振动系数	0.0～0.2	0.2～0.4	0.4～0.6	0.6～0.8	0.8～1.0
公共车辆保有量	0.9～1.0	0.7～0.9	0.5～0.7	0.3～0.4	0.0～0.3
公共车辆拥有率	0.8～1.0	0.6～0.8	0.4～0.6	0.2～0.4	0.0～0.2
客运周转量	0.9～1.0	0.7～0.9	0.6～0.7	0.5～0.6	0.0～0.5
运营速度系数	0.8～1.0	0.6～0.8	0.4～0.6	0.2～0.4	0.0～0.2
服务人口系数	0.9～1.0	0.7～0.9	0.6～0.7	0.4～0.6	0.0～0.4
换乘系数	0.0～1.0	1.0～1.2	1.2～1.5	1.5～2.0	2.0～5.0
车辆满载率	0.8～1.0	0.7～0.8	0.5～0.7	0.3～0.5	0.0～0.3
出行时耗	0.0～15min	15～30min	30～45min	45～60min	60～90min
候车时间	0.0～1min	1～3min	3～6min	6～10min	10～30min
步行时间	0.0～2min	2～4min	4～8min	8～12min	12～30min
换车率	0.0～0.2	0.2～0.4	0.4～0.5	0.5～0.7	0.7～1.0
行车准点率	0.9～1.0	0.8～0.9	0.6～0.8	0.4～0.6	0.0～0.4
票价合理系数	0.9～1.0	0.8～0.9	0.5～0.8	0.3～0.5	0.0～0.3
安全度	0.9～1.0	0.8～0.9	0.7～0.8	0.5～0.7	0.0～0.5
舒适度	0.9～1.0	0.7～0.9	0.6～0.7	0.4～0.6	0.0～0.4

5.3.3 物元分析的评价原理

根据物元分析理论，要探讨城市公共交通线网系统发展状况，首先要分析该问题所涉及的各因素，依据有关国家标准和相应的统计数据，给出各因素因子的量值，然后建立城市公共交通线网等级评价的物元分析模型，并以定量的数值表示评定的结果。步骤如下：

步骤 1　确定城市公共交通线网系统的物元

对要评价的城市公共交通线网的等级，记为事物 M；把反映城市公共交通线网的 30 个指标，看成是特征 $C=(c_1, c_2, \cdots, c_{30})^{\mathrm{T}}$；关于特征 C 的量值，记为 $X=$

$(x_1, x_2, \cdots, x_{30})^T$，以有序三元 $R=(M, C, X)$ 组成物元，即

$$R=\begin{bmatrix} M & c_1 & x_1 \\ & c_2 & x_2 \\ & \cdots & \cdots \\ & c_{30} & x_{30} \end{bmatrix} \tag{5-1}$$

其中，x_i 为 M 关于 c_i 的量值，$i=1, 2, \cdots, 30$。

步骤 2　确定城市公共交通线网系统的经典域与节域

将评价准则表 5-3 的城市公共交通线网的等级 j，记为标准事物 $M_{oj}(j=1, 2, 3, 4, 5)$，M_{oj} 的特征 c_i 的量值范围 $x_{oji}=[a_{oji}, b_{oji}]$，（$i=1, 2, \cdots, 30$），称为经典域，记为 $X_{oj}=(x_{oj1}, x_{0ji}, \cdots, x_{oj30})^T$。经典域的物元矩阵 $R_{oj}=\begin{bmatrix} M_{oj} & c_1 & x_{oj1} \\ & c_2 & x_{oj2} \\ & \cdots & \cdots \\ & c_{30} & x_{oj30} \end{bmatrix}$，又记

$$R_p=\begin{bmatrix} M_p & c_1 & x_{p1} \\ & c_2 & x_{p2} \\ & \cdots & \cdots \\ & c_{30} & x_{p30} \end{bmatrix}=\begin{bmatrix} M_p & c_1 & [a_{p1}, b_{p1}] \\ & c_2 & [a_{p2}, b_{p2}] \\ & \cdots & \cdots \\ & c_{30} & [a_{p30}, b_{p30}] \end{bmatrix}。$$

其中，$x_{p1}, x_{p2}, \cdots, x_{p30}$ 分别是事物关于 $c_1, c_2, \cdots, c_{30}$ 所取范围，称为节域。显然 $x_{oji} \subset x_{pi}$，$i=1, 2, \cdots, 30$。

步骤 3　确定城市公共交通线网系统的关联函数

关联函数表示物元的量值取值为实轴上一点时，物元符合要求的范围程度。由于可拓集合的关联函数可用代数式表示，就使得解决不相容问题能够定量化。令

某一点 x_i 到区间 $x_{oji}=[a_{oji}, b_{oji}]$ 的距离为

$$\rho(x_i, x_{oji})=\left|x_i-\frac{(a_{oi}+b_{oi})}{2}\right|-\frac{(b_{oi}-a_{oi})}{2}, i=1,2,\cdots,30,$$

某一点 x_i 到区间 $x_{pi}=[a_{pi}, b_{pi}]$ 的距离为

$$\rho(x_i, x_{pi})=\left|x_i-\frac{(a_{pi}+b_{pi})}{2}\right|-\frac{(b_{pi}-a_{pi})}{2}, i=1,2,\cdots,30,$$

则关联函数

$$k(x_i)=\begin{cases} \dfrac{-\rho(x_i, x_{oji})}{|x_{oji}|}, x_i \in x_{oji} \\ \dfrac{\rho(x_i, x_{oji})}{\rho(x_i, x_{pi})-\rho(x_i, x_{oji})}, x_i \notin x_{oji} \end{cases} \tag{5-2}$$

步骤 4　确定城市公共交通线网系统的权系数

对于每个评价指标 $c_i(i=1, 2, \cdots, 30)$ 的量值 x_i，令

$$d_{i\max}=\max\{|x_i-a_{pi}|, |b_{pi}-x_i|\}, d_{i\min}=\min\{|x_i-a_{pi}|, |b_{pi}-x_i|\}, i=1,2,\cdots,30,$$

则定义城市公共交通线网系统的评价指标 c_i 的权重系数

$$w_i = \frac{e^{-\mu(d_{i\max}-d_{i\min})}}{\sum_{i=1}^{30} e^{-\mu(d_{i\max}-d_{i\min})}} \tag{5-3}$$

其中，μ 为可调系数，一般取 $\mu \geq 1$。

步骤 5　确定城市公共交通线网系统的评价等级

由每个评价指标 $c_i(i=1, 2, \cdots, 30)$ 的关联函数 $k(x_i)$，及其权系数 $w_i(i=1, 2, \cdots, 30)$，就可得待评价对象 M 关于等级 j 的关联度

$$k(M) = \sum_{i=1}^{30} w_i k(x_i) \tag{5-4}$$

依据式（5-4）得到城市公共交通线网的综合评价值，即城市公共交通线网的关联度 $k(M)$。由物元分析理论可知，关联度 $k(M)$ 越大表示该城市公共交通线网发展水平越好。但由于城市公共交通线网是一个复杂系统，对它的评价研究中涉及内容较多，很难用一个数值对它做出客观评价，为了得到科学合理的评价结果，采用等级界定来判断城市公共交通线网的发展情况。

步骤 6　界定城市公共交通网络等级

城市公共交通线网是一个复杂系统。考虑到环境影响后，它实际的净产值是：社会效益总产值减去生产成本、运营成本和环境成本之和。对于一个城市公共交通线网的发展状况，根据其动力学分析，其运动发展特征由该系统的正负性、递增性、协调性和稳定性决定。参照国内外有关研究成果，结合有关专家的意见，设计 5 个等级标准来描述城市公共交通线网的现状水平，并用区间给出等级界定的范围。并以“+”和“−”分别表示在每个评价准则内，城市公共交通线网的五个评价等级在每一评价准则中的强弱差别，见表 5-4。

城市公共交通网络的评价等级　　**表 5-4**

评价等级			正负性准则	递增性准则	协调性准则	稳定性准则
一级	优秀	$k(M) \geq 0.8$	+++++	+++++	+++++	+++++
二级	良好	$0.6 \leq k(M) < 0.8$	++++−	++++−	++++−	++++−
三级	一般	$0.4 \leq k(M) < 0.6$	+++−−	+++−−	+++−−	+++−−
四级	差	$0.3 \leq k(M) < 0.4$	++−−−	++−−−	++−−−	++−−−
五级	很差	$0.0 < k(M) < 0.3$	+−−−−	+−−−−	+−−−−	+−−−−

等级界定准则：依据表 5-4 中的评定等级标准，城市公共交通线网的关联度 $k(M)$ 属于表 5-4 中的某个取值范围，该城市公共交通线网的现状水平就属于该取值范围对应的评价等级。

5.3.4　应用分析

以某城市为例，将实际考察数据代入城市公共交通线网评价的物元分析模型，并将表 5-3 中 5 个等级分别以 $N_{0j}(j=1, 2, 3, 4, 5)$ 来表示，则 5 个等级转化为 5 个物元 $R_{0j}(j=1, 2, 3, 4, 5)$，其相应的节域物元为 R_1。关于各等级评价标准 $N_{0j}(j=1, 2,$

3，4，5）的综合关联度，以及城市公共交通线网可拓评价的综合评定等级，见表 5-5。步骤如下：

Step1　确定物元矩阵 R

Step2　确定经典域 R_{0j} ，节域 R_p

$$R=\begin{bmatrix} M & c_1 & 0.51 \\ & c_2 & 0.63 \\ & c_3 & 1.11 \\ & c_4 & 0.63 \\ & c_5 & 0.41 \\ & c_6 & 0.38 \\ & c_7 & 0.62 \\ & c_8 & 0.51 \\ & c_9 & 0.49 \\ & c_{10} & 0.43 \\ & c_{11} & 0.62 \\ & c_{12} & 0.42 \\ & c_{13} & 61.0 \\ & c_{14} & 0.71 \\ & c_{15} & 0.53 \\ & c_{16} & 0.63 \\ & c_{17} & 0.58 \\ & c_{18} & 0.67 \\ & c_{19} & 0.59 \\ & c_{20} & 0.67 \\ & c_{21} & 1.21 \\ & c_{22} & 0.63 \\ & c_{23} & 38.0 \\ & c_{24} & 5.00 \\ & c_{25} & 10.0 \\ & c_{26} & 0.47 \\ & c_{27} & 0.58 \\ & c_{28} & 0.72 \\ & c_{29} & 0.73 \\ & c_{30} & 0.59 \end{bmatrix}, R_{oj}=\begin{bmatrix} M_{oj} & c_1 & [0.5, 0.6] \\ & c_2 & [0.5, 0.7] \\ & c_3 & [1.1, 1.2] \\ & c_4 & [0.5, 0.7] \\ & c_5 & [0.4, 0.6] \\ & c_6 & [0.3, 0.4] \\ & c_7 & [0.6, 0.8] \\ & c_8 & [0.5, 0.7] \\ & c_9 & [0.3, 0.5] \\ & c_{10} & [0.3, 0.5] \\ & c_{11} & [0.6, 0.7] \\ & c_{12} & [0.4, 0.6] \\ & c_{13} & [60, 65] \\ & c_{14} & [0.7, 0.8] \\ & c_{15} & [0.5, 0.7] \\ & c_{16} & [0.5, 0.7] \\ & c_{17} & [0.4, 0.6] \\ & c_{18} & [0.6, 0.7] \\ & c_{19} & [0.4, 0.6] \\ & c_{20} & [0.6, 0.7] \\ & c_{21} & [1.2, 1.5] \\ & c_{22} & [0.5, 0.7] \\ & c_{23} & [30, 45] \\ & c_{24} & [3.0, 6.0] \\ & c_{25} & [8.0, 12] \\ & c_{26} & [0.4, 0.5] \\ & c_{27} & [0.4, 0.6] \\ & c_{28} & [0.5, 0.8] \\ & c_{29} & [0.7, 0.8] \\ & c_{30} & [0.4, 0.6] \end{bmatrix}, R_p=\begin{bmatrix} M_p & c_1 & [0.0, 1.0] \\ & c_2 & [0.0, 1.0] \\ & c_3 & [0.0, 2.0] \\ & c_4 & [0.0, 1.0] \\ & c_5 & [0.0, 1.0] \\ & c_6 & [0.0, 1.0] \\ & c_7 & [0.0, 1.0] \\ & c_8 & [0.0, 1.0] \\ & c_9 & [0.0, 1.0] \\ & c_{10} & [0.0, 1.0] \\ & c_{11} & [0.0, 1.0] \\ & c_{12} & [0.0, 1.0] \\ & c_{13} & [0.0, 120] \\ & c_{14} & [0.0, 1.0] \\ & c_{15} & [0.0, 1.0] \\ & c_{16} & [0.0, 1.0] \\ & c_{17} & [0.0, 1.0] \\ & c_{18} & [0.0, 1.0] \\ & c_{19} & [0.0, 1.0] \\ & c_{20} & [0.0, 1.0] \\ & c_{21} & [0.0, 5.0] \\ & c_{22} & [0.0, 1.0] \\ & c_{23} & [0.0, 90] \\ & c_{24} & [0.0, 30] \\ & c_{25} & [0.0, 30] \\ & c_{26} & [0.0, 1.0] \\ & c_{27} & [0.0, 1.0] \\ & c_{28} & [0.0, 1.0] \\ & c_{29} & [0.0, 1.0] \\ & c_{30} & [0.0, 1.0] \end{bmatrix}$$

Step3　确定关联函数

依式（5-2）可得到各评价指标的关联系数，见表 5-5。

Step4　确定权系数

依式（5-3）可得到各评价指标权系数（可调系数 $\mu=1$），见表 5-5。

指标考察值 表 5-5

指标层			现状值 x_i	系数 w_i	关联系数 $k(x_i)$
线路网络性能	c_1	线路网密度	0.51	0.0448	0.020
	c_2	重复系数	0.63	0.0353	0.238
	c_3	非直线系数	1.11	0.0367	0.011
	c_4	站点覆盖率	0.63	0.0353	0.233
经济效益	c_5	营运费用系数	0.41	0.0382	0.025
	c_6	设备折旧	0.38	0.0352	0.056
	c_7	营运收入系数	0.62	0.0352	0.056
	c_8	内部收益率	0.51	0.0448	0.021
	c_9	利润率	0.49	0.0448	0.021
环境影响	c_{10}	土地占用	0.43	0.0398	0.194
	c_{11}	能源消耗	0.62	0.0352	0.056
	c_{12}	生活质量系数	0.42	0.0390	0.050
	c_{13}	噪声	61	0.0240	0.017
	c_{14}	废气系数	0.71	0.0301	0.036
	c_{15}	振动系数	0.53	0.0431	0.068
客运能力	c_{16}	公共车辆保有量	0.63	0.0353	0.233
	c_{17}	公共车辆拥有率	0.58	0.0390	0.025
	c_{18}	客运周转量	0.67	0.0325	0.100
	c_{19}	运营速度系数	0.59	0.0382	0.025
服务状况	c_{20}	服务人口系数	0.67	0.0325	0.033
	c_{21}	换乘系数	1.21	0.0172	0.008
	c_{22}	车辆满载率	0.63	0.0353	0.233
	c_{23}	出行时耗	38.0	0.0098	0.226
乘客满意度	c_{24}	候车时间	5.0	0.0063	0.250
	c_{25}	步行时间	10.0	0.0118	0.250
	c_{26}	换车率	0.47	0.0431	0.064
	c_{27}	行车准点率	0.58	0.0390	0.050
	c_{28}	票价合理系数	0.72	0.0294	0.267
	c_{29}	安全性系数	0.73	0.0287	0.125
	c_{30}	舒适度	0.59	0.0382	0.025

Step5 确定综合评价值

由表 5-5 中的有关数据，并依据式（5-4）可得该城市公共交通线网评价的关联度 $k(M)=0.538$。

由表 5-4 可知该城市公共交通线网属于三级，即“一般”。但关联度 $k(M)=0.538$，尽管在 $0.5\leqslant k(M)<0.6$ 的范围内，但值已非常接近临界值 0.6。由表 5-4 可知，当 $0.4\leqslant k(M)<0.6$ 时公共交通线网系统各指标之间不太协调，可持续发展水平较差，当 0.6

$\leqslant k(M) < 0.8$ 时公共交通线网系统各指标之间基本协调，可持续发展水平一般。因此认为该城市公共交通线网系统基本合理，处于基本可持续发展水平，但在未来的规划发展中还应重点加强、完善该城市交通线网系统，提高整个城市的交通可持续发展水平，加速城市交通系统的智能化、信息化发展，促进整个城市交通的协调发展。

5.3.5 小结

利用可拓学理论对城市公共交通线网系统进行了等级评定研究，把城市公共交通网络中许多定性分析转化成定量分析的基础上，建立了城市公共交通线网等级评定的物元分析模型，所以该法对进一步发展公共交通系统，改善城市的现有交通状况有重要的参考价值。实例分析表明，物元分析模型还可以同时对多个对象进行综合评价，并能横向比较排出其中的优劣。其评定结果具有明确的实际意义，在城市交通评价领域中具有良好的应用前景。

第 6 章 城市快速公共交通网络

国外将快速公交（Bus Rapid Transit，简称 BRT）系统定位为一种介于快速轨道交通与常规公交之间的新型公共客运系统，属于大运量交通方式。快速公交系统是利用现代化公交车辆配合智能管理系统，开辟公交专用道路和建造新式公交车站，达到轨道交通模式的运营服务和服务水准的一种城市客运系统。特别是先进的公交车辆、智能的管理系统、专用的公交道路、设施齐备的车站等是现代快速公共交通系统最鲜明的特点。

6.1 快速公共交通概况

城市快速公交系统（Bus Rapid Transit，简称 BRT），是一种介于快速轨道交通（Rapid Rail Transit，简称 RRT）与常规公交（Normal Bus Transit，简称 NBT）之间的新型公共客运系统，是一种大运量交通方式，通常也被人称作“地面上的地铁”。它是利用现代化公交技术配合智能交通和运营管理（集成调度系统），开辟公交专用道路和建造新式公交车站，实现轨道交通模式的运营服务，达到轻轨服务水准的一种独特的城市客运系统。目前全国已有多地快速公交投入运营，还有很多城市快速公交正在建设之中。在快速公交发展迅猛的同时，如何规划快速公交网络，保障快速公交的效率，使其发挥更大效用成了一个重要的问题。

快速公交系统（简称快速公交）是指采用先进的公共交通车辆和专用道路空间来实现快捷、准时、舒适的出行服务。快速公交系统与轨道交通系统相比，建设和运营成本更加低廉，并且客流和服务水平良好，被认为是改善城市交通拥堵现状的有效途径之一。自 1974 年库里蒂巴市建成世界上第一条快速公交线路至今，全世界有 180 个城市建设了快速公交线路，总里程达到 4668km，覆盖 3100 万人群，见图 6-1。

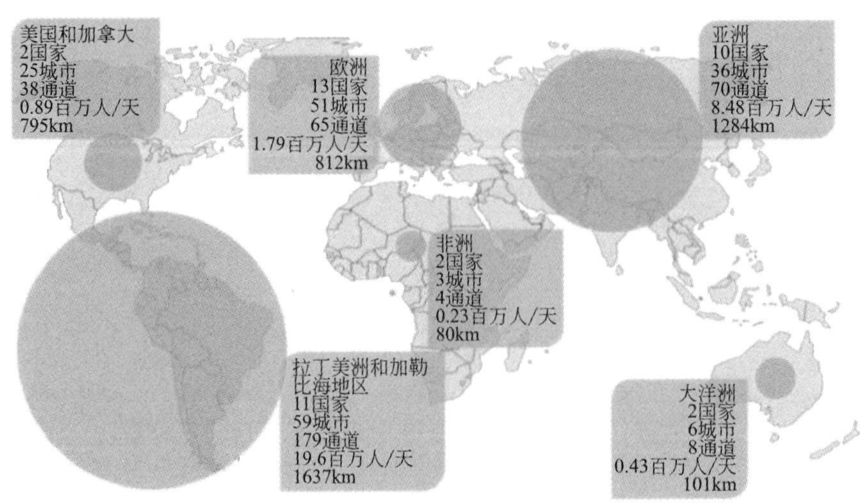

图 6-1 世界快速公共交通分布情况

6.1.1　BRT 系统的组成

BRT 是一个系统的概念，它把车站、交通工具、服务、运行方法和智能交通系统（ITS）等要素全部整合到一个系统中，形成了自身的标志和独特形象。BRT 没有固定标准，不同城市都可根据自身的特点和发展要求对其不断进行调整和创新。但不同的 BRT 线路其所包含的系统要素往往是相同，本章认为完整的快速公交系统应当由五个部分元素组成，包括专用的道路空间、完备的车站和车场、先进的车辆、灵活的线路组织和智能化的运营保障体系。快速公交系统要取得较高的服务水平，实现最佳效益，这些元素都是不可或缺的。

（1）专用的道路空间。专用的道路空间是指供 BRT 车辆运行的相对独立的车道或道路。专用的道路空间其实质是一种路权，是 BRT 快速、畅通、准点运行的基本保证，只有拥有了专用的路权，才能真正提升公共运输服务的质量。根据专用程度和服务档次的不同，BRT 专用的道路空间又可分为专用路、专用车道和与公交车共用车道三种形式。

专用路的设置方式类似于轻轨，包括全封闭的高架专用道路和全封闭的地面公交专用道路等。专用车道是指在道路上通过隔离设施或标志标线等划分出的一条或几条专供 BRT 车辆行驶的车道。专用道的布设方式包括中央专用道、边侧专用道、单侧双向专用道、逆向专用道等。布设方式会直接影响 BRT 的运营速度，北京、深圳、大连等城市的 BRT 系统都采用中央专用道，就是为使车辆少受干扰，确保快速公交高速、顺畅。

与公交车共用车道，是指在特定路段上通过标志标线划出的 BRT 与常规公交共同使用的车道。这种车道形式与北美常见的公交车与合乘车（HOV）共用车道类似，多用在道路条件较差的路段，这类布置方式可以提高专用车道的利用率。但是通行车辆要保持在一定数量以内，否则会影响 BRT 系统的服务水平，有悖于 BRT 专用道设置的初衷。将“BRT 与公交车共用的车道”和城市中常见的“公交专用道”加以对比，会发现两者较为相似但又有区别。差别还是在体现服务水平上，前者是以保证快速公交的通行为主，只能允许一定数量的常规公交进入其间行驶；后者是将所有的公交车布设在同一车道上，线路之间不加以区别，车道上行驶的车辆数也明显更多。

（2）完备的车站和站场。BRT 的车站设计一般具有明显的建筑特征，不仅为体现其与普通公交的区别，便于乘客辨认 BRT 车站的位置，同时也利于 BRT 形成品牌形象效益，通常还会成为城市的特色景观之一。车站提供水平登乘、车外售检票和实时信息监控系统等设施，以此来保证乘客能够安全、舒适地候车和快速地上下车。车站与车辆整合设计，车站的各个屏蔽门与 BRT 车的各车门逐一对应，到站感应、同步开启。同时车站布局要考虑到集中换乘的需要，来减少乘客换乘的距离和时间。BRT 车站正是以这些类似轨道交通车站的设计来保证服务水平。BRT 车场与普通公交场相类似，一般包括车辆停车场、车辆保养修理厂及车辆调度中心等设施，以此来满足 BRT 车辆的要求，保证系统调度运行的可靠性。

（3）先进的车辆。研制和订购专用的公交车辆，使其具有更先进的性能、更大的容量、更高的舒适性、更低污染、更美观的外形和更显明的车辆特征，这是快速公交的重要设计理念。BRT 系统一般采用大型铰接公交车辆，大开门、低地板，车内宽敞明亮、设置空调，具有动、静态信息显示和播报系统，并采用包括清洁柴油、CNG，LPG，混合电动、电动或燃料电池等清洁能源技术，有效控制尾气排放，尽管铰接车身很长，但其转弯半径却很小，因此灵活性也较强。通常 BRT 还采用色彩鲜艳、颜色统一的车辆，与普通公交车辆区分开，形成品牌效应。

（4）灵活的线路组织。BRT的线路组织方式是体现BRT系统优势的重要方面，其运营组织比轨道交通更具灵活性，需要的硬件设施更加简化，即使在线路建成运营后也能够根据需要及时进行调整，可更好地满足乘客的出行需求。

（5）智能化的运营保障体系。快速公交系统的运营保障体系包括运营组织机构以及运营保障设施。运营组织机构包含项目前期规划与实施的管理机构以及快速公交系统运营期的管理以及运营机构。快速公交运营保障设施一般包括智能化的交通管理手段如：道路交叉口的交通信号灯系统，公交车辆全球定位系统，公交运营车站信息管理系统等。快速公交系统的建立不仅涉及规划和建设，监管机制的建立、票制和运营系统的管理，相应的交通法规，投融资机制等等都对快速公交系统的成功运行起着举足轻重的作用。

6.1.2 BRT系统的特点

快速公交系统是一种新型城市公共交通系统，它在闻名世界的环保城市一巴西库里蒂巴市进行了成功的实践。为使该系统获得成功，它一方面强化了系统本身，即高容量的交通工具、快捷方便的水平上下车和车外售票等，另一方面又充分考虑了交通管理对策和交通管理的现代化，即路段上的专有路权和在交叉口实现真正的公交优先。总体来看，快速公交系统具有以下特点：

（1）容量大。快速公交系统独特的大容量公交车使得公交单车载客率上升，同时公交专用道的采用和交叉口优先权的赋予使公交系统的车速提高，因此快速公交系统单方向小时断面流量较大，可达到与轻轨系统大致相当的运力。

（2）耗资低。快速公交系统采用路面行驶的方式，一方面不需引入轨道专用的车辆，另一方面只需对现有道路进行改进，不用修建轨道，土方工程量较小，因此系统的初期成本较低，建设速度快。

（3）灵活性好。快速公交系统不使用轨道，因此无需形成完备的公交专用道网络，在局部可以采用普通道路与其他交通方式混行，所以线网可分阶段实施，交叉口信号优先、乘客信息系统等技术也可以逐步引入。同时，路面行驶方式保证了线路可以较为方便的调整或更改，甚至在所吸引的交通流量达到系统上限时，转而建设容量更高的轨道交通系统。

（4）速度快，可靠性高。快速公交系统采用公交专用道行驶，并在交叉口处具有优先权，因此受其他交通方式的干扰较小，车辆速度高，易于和计划时间表保持一致。此外水平登车系统和车外售票系统使公交车辆在车站内的等待时间减少，行程时间缩短，车辆的平均速度提高。

（5）对用户友好。新型的公交车辆车内宽敞舒适、噪声振动减少，乘坐更为舒适；而水平登车系统的采用，使公交乘客能够方便的登车，尤其是对携带包裹的乘客和行动不便者更是如此。此外乘客信息系统的采用，使乘客对公交系统乃至整个交通系统的情况有更清晰的把握，减少了不确定性，有效增加了乘客对公交方式的信任度。

（6）安全性高。公交专用道的采用和交叉口优先权的赋予，使公共交通系统与其他交通方式完全分离，减少了拥堵时可能发生的追尾、碰撞等事故；而车队管理系统中车内及站内安全系统的设置，更进一步减少了抢劫等暴力行为的发生；同时车辆追踪系统和交通事故管理系统的采用，使得在事故发生时，能够及时迅速地施以救援，增加了对公交乘客人身安全的保护。

（7）污染小、耗能少。车队管理系统的采用，能够通过有效的运营管理，最优的利用现有的车辆资源；新型公交车辆的设计，使得低耗能、低排放成为可能；同时公交专用道和路口优先权的引入，提高了车速，避免了拥堵时反复的加减速和停车，也能有效地减少车辆的废气排放。

6.1.3　BRT 的规划设计

城市快速公共交通网络主要由三部分组成，即干线公共汽车（或轨道交通）、支线公共汽车和公交枢纽站（换乘点）。它们相互协调、互为补充，担负起了城市客运出行量的运送任务。在这个网络中，快速干线公交线路相互连接形成了一个封闭连续的框架，这种封闭性很强的线网框架将为城市客流的合理分流发挥出重大的作用。因此要发展快速公交，我国城市首先必须建立起一个结构清晰、层次分明、完善合理的快速公交线网结构层次。

要构建一个城市的公交系统之前，首先需要重新明确该系统中公交线路的运送标准，即确定公交系统的主次关系。公交线网应包含一个干线快速公交框架，快速干线公交框架（包括地面快速公交线路和轨道交通线路）将在客流运送过程中发挥疏导主要客流的作用，为城市的客运走廊。地面快速公交线路与现行的城市主要公交线路相比，服务等级提高了一个台阶，将必然发挥出更为重要的作用，这两者之间的差别可见表 6-1。目前我国城市的绝大多数客运交通走廊上公交线路根本达到不到快速干线公交的服务水平，在新的公交线网中，应改造提升这些公交线路的水平，充分发挥公交线网中快速干线的基本功能。

快速干线公交线路与传统公共线路比较表　　表 6-1

名　称	快速干线公交线路	传统公交线路
运营线路	主干道、公交专用车道、公交专用路	一般不设专用道
线路形状	弯曲少、无迂回	允许适当的弯曲和迂回
站距	大于等于 800m	400～600m
运营车辆	性能好，车速高	多种车型混合
平均行程车速	大于等于 25km/h	多种车型混合
配车调度情况	配车数多、发车频率高	不同线路情况各不相同，部分公交线路的发车频率也较高
首末站	大型的公交枢纽站	无要求
控制信号	可提供公交优先信号	一般无

快速干线公交应服务于城市的各主要区域。按照我国目前的经济实力，还没有哪个城市可以凭借轨道交通实现这一点，即使西方发达国家的大城市也无法在短时间内办到，作为城市公交的“第三种选择”——快速公交的出现正好承担起这个重任。国外的城市，如巴西的库里蒂巴市、哥伦比亚的波哥大市等，为我们提供了一个成功的榜样。那就是建立一个以快速公共交通为骨干，各层级公共交通系统互补的高效的城市客运系统。在这个快速公交线网结构中，整个城市被分成多个服务区，快速公交将作为运行于各服务区交通形心之间的大容量快速交通工具而发挥作用，支线公交线路基本上是作为快速干线公交的补充，不断将客流直接运送到目的地或运往快速公交的站点附近，乘客将转乘快速公交到达

目的地，这就是推荐的城市快速公共交通线网结构。

6.2 国外快速公共交通系统发展态势

1974 年巴西库里蒂巴市建成世界上第一条快速公交线路之后，欧洲、美洲、亚洲、非洲以及拉丁美洲等许多国家和城市开始推广建设快速公交系统，并进行开发和改良，建设不同类型的快速公交系统，以适应城市发展模式，世界快速公共交通里程分布如图 6-2 所示。

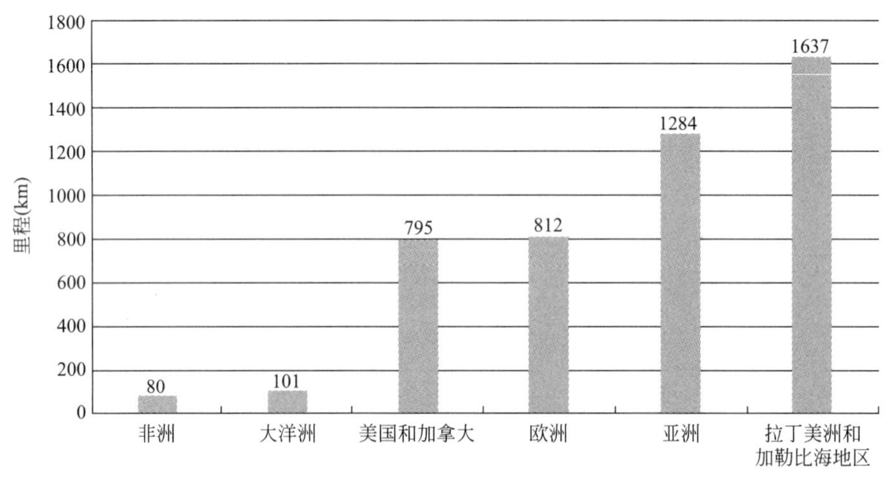

图 6-2 世界快速公共交通里程分布情况

根据 2014 年统计数据，目前亚洲有 10 个国家，36 个城市拥有 70 条快速公交线路，线路总里程 1284km。欧洲有 13 个国家，51 个城市拥有 65 条快速公共交通线路，线路总里程 812km。非洲有 2 个国家，3 个城市拥有 4 条快速公共交通线路，线路总里程达到 80km。大洋洲 2 个国家 6 个城市拥有 8 条快速公共交通线路，总里程达到 101km。拉丁美洲和加勒比海地区有 11 个国家 59 个城市 179 条快速公交线路，总里程达到 1637km。美国和加拿大共有 25 个城市拥有 38 条快速公交线路，线路总里程为 795km。

6.2.1 库里蒂巴快速公交系统

库里蒂巴市是 20 世纪 60 年代以来巴西发展最快的城市之一，被誉为世界的“环保之都”，以高效率与低成本的城市公共交通系统而闻名。目前，库里蒂巴市区机动车总数约 70 万辆，工作日 75%的通勤出行依赖公共交通，平时公交出行比例达 47%，人均公共交通出行次数为 350 次/年。

1. 快速公交的发展历程

从 1974 年库里蒂巴建设第一条快速公交线路至今，库里蒂巴的快速公交网络发展经历了三个重要阶段：

（1）第一阶段：1943～1970 年，公共交通网络理论基础形成期。这一时期为库里蒂巴城市形态形成的时期，奠定了库里蒂巴市交通引导城市发展以及后期发展公共交通网络一体化的理论基础。

（2）第二阶段：1972～1988 年，一体化快速公交网络建设期。库里蒂巴的首条快速公共交通线路于 1972 年初开始规划建设，1973 年建成第一条总长 20km 的南北轴线，1974 年正式开通运营。第一条快速公共交通线路开通初期工作日日均客流量约 4.5 万人次。1978 年，第一条快速公共交通线路的东南轴线建成，长度为 9km。1980 年，库里蒂巴快速公共交通线路中间枢纽站及终点站发展到 9 个，日均客流量超过 20 万人次。

（3）第三阶段：1989 年至今，快速公交网络改革及完善期。库里蒂巴市在已取得的经验基础上，对已有的快速公交网络系统进行改善和完善。1991 年，库里蒂巴市在各主要交通枢纽之间开设快速公交线路，5 条放射轴线全部建成，公交专用道总长度达到 72km。1996 年，库里蒂巴市在多条快速公共交通线路上使用双关节客车，改善主干道快速公交系统的运力。1999 年，库里蒂巴市在原有的公交网络的基础上，建成以公交优先的环城高速路。2014 年，库里蒂巴快速公共交通枢纽站增加到 33 个，库里蒂巴市一体化公共交通系统大体形成。

2. 快速公交现状

目前，库里蒂巴公共交通系统由一个完整的、多元化的网络服务体系构成，快速公共交通系统属于公共交通体系中的骨架线路。库里蒂巴公共交通系统的多元性主要体现在快速公共交通线路包括了大站快线、区际线、区内线、校巴、医巴、残巴（为残疾人特别是残疾学生专用）等 10 多种各色公交线路与车辆，充分考虑了不同区域、不同走廊、不同人群等对公交运量、速度、票价等不同服务要求。库里蒂巴整个公共交通系统由 390 条线路、2000 辆车构成，每天客运量超过 210 万人次，库里蒂巴快速公共交通线网如图 6-3 所示。

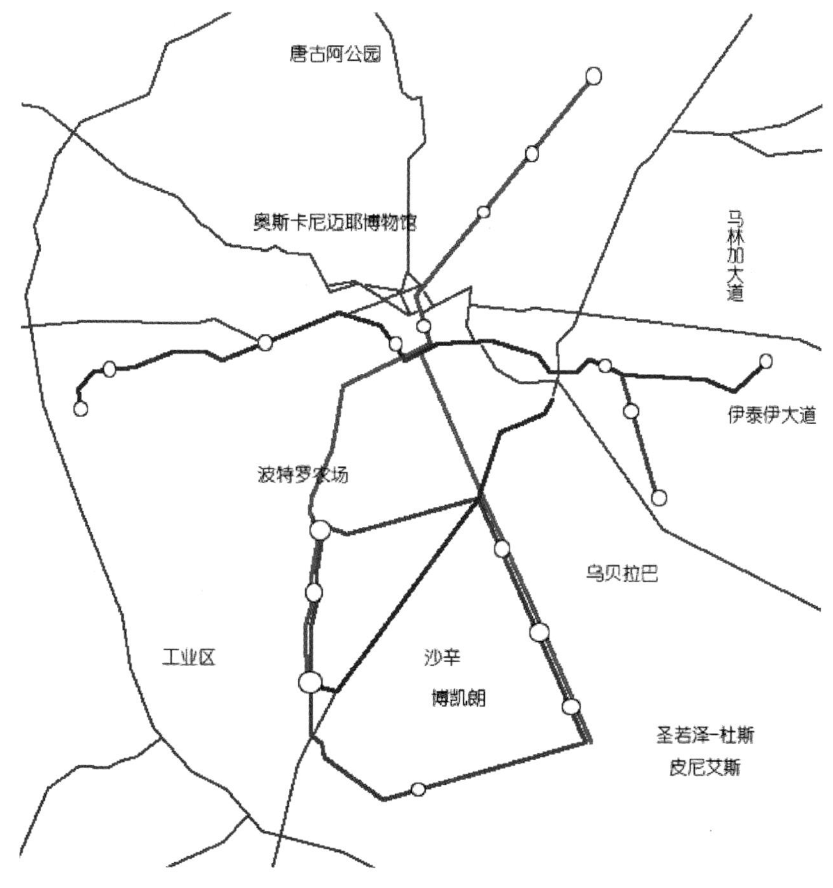

图 6-3　库里蒂巴快速公共交通线路

库里蒂巴市的快速公共交通采用公交专用道的快速公交形式。在城市中心区域，公交专用道路布置于道路中央、双向行驶，与其他车道间实施物理隔离、站间距离为500～1000m。在城市郊区区域，公交专用道设于一侧，道路断面为两块板形式，一侧为公交双向形式专用道，另一侧为机动车双向行驶道路。

6.2.2 西雅图快速公交系统

西雅图是美国华盛顿州的一座港口城市，全市人口63.5万人，为美国第15大都会区。西雅图最主要的交通工具是汽车，没有建设地铁等轨道交通系统，拥有非常便捷的公共汽车网络。其中，西雅图市中心公交隧道全长2.1km，北起第九大道和派克街，南至第五大道南和杰克逊街南，是世界上第一条投入营运的全封闭地下快速公交系统，沿线设置5个车站。

1. 快速公交的发展历史

西雅图市中心的经济发展受海湾和洲际公路的限制，因此西雅图市政府于1983年决定建设西雅图市中心公交隧道。1987年开始建造公交隧道，1990年建造成功并开始运营，线路全长3.4km，建设投入成本4.55亿美元。2005年9月，公交隧道进行为期两年的改造工程，以实现容纳巴士及中央线轻轨行走的功能。2007年，公交隧道重新开始使用，公交巴士在隧道内的最高速度由24km/h降至16km/h，新式的汽电两用公交让行驶在公共运输隧道内的公交不需要在隧道内另外接电行驶。

2. 中心公交隧道特点

西雅图市采用中心公交隧道的方式将公共交通与其他交通方式隔离。目前，地下公交专用道单方向的70辆公交车承担了大约25%高峰小时的公交客流总量。地下公交走廊路线如图6-4所示，公交隧道共有2个终点站以及3个中间站，中间站设置了3个车道供超车使用，西雅图中心隧道公交线路如图6-4所示。

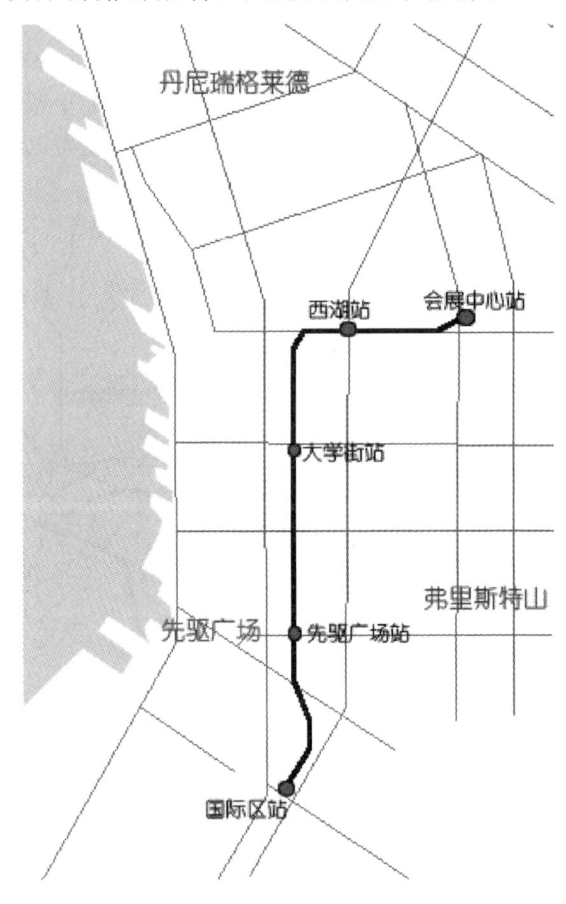

图6-4 西雅图市中心公交隧道线路

西雅图市中心公交隧道现供18条公交线路行驶，包括41线、71线、72线、73线等金县公交线路以及550线和西雅图海湾轻轨中央线两条海湾运输署线。具体公交路线如表6-2所示：

西雅图市中心隧道公交路线汇总　　表 6-2

路　线	区　间	路　线	区　间
41 线	北门—湖城	71 线	大学区—韦奇伍德
72 线	北门—湖城	73 线	大学区—杰克逊公园
74 特快线	大学区—桑德伯恩特	101 线	连顿市
102 线	南连顿—费尔伍德	106 线	雷尼尔滩—连顿市
150 线	购物中心—肯特	212 线	伊斯特盖特
217 早班线	北门—北伊萨克	225 线	伊斯特盖特—湖滨区
229 线	伊斯特盖特—湖滨区	255 线	柯克兰市
256 线	南柯克兰—湖滨区	301 线	瑞奇曼海滩—欧罗拉
550 线	贝尔维尤	海湾轻轨中央线	/

6.2.3　里昂快速公交系统

里昂位于法国东南部，是法国东南部运输网的中枢，人口 47.23 万人。里昂市内拥有地铁、有轨电车、无轨电车、普通公共交通以及公共自行车等多种公共交通系统。里昂市快速公交系统由三条大容量快速无轨电车线路组成。无轨电车全部在公交专用道上行驶，在十字路口，无轨电车享受优先通行权，发车间隔较高，高峰时段 3min 一班，采用现代化车辆，车辆进站采用光导技术，线路走向如图 6-5 所示：

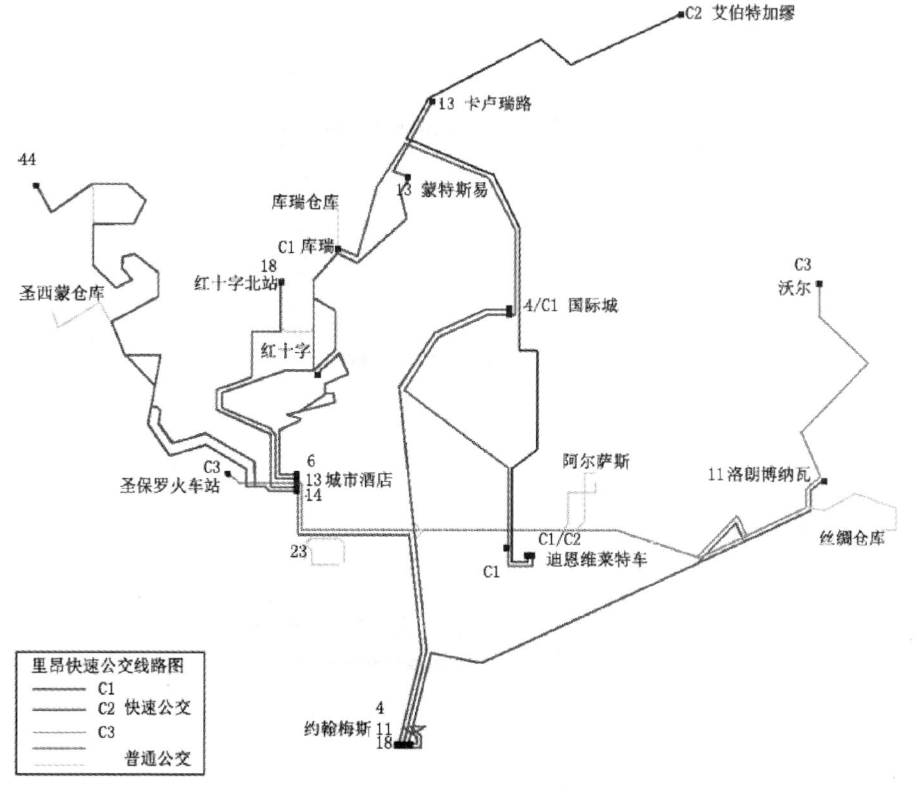

图 6-5　里昂快速公交网络

里昂市 C1、C2 以及 C3 快速公交线路总里程长 32.5 公里，共设有 75 个车站，平均站间距 450m。里昂市快速公交系统使用的法国伊萨巴士公司产的 Cristalis 型无轨电车，车身长 18.7m，宽 3.58m，车辆运行速度可超过 60km/h。

里昂快速公交系统线路信息　　表 6-3

线路	线路里程(km)	车站数	开通时间
C1 路	8.4	18	2006 年 8 月
C2 路	12.1	23	2011 年 8 月
C3 路	12.0	34	2007 年 4 月
总计	32.5	75	/

6.2.4　布里斯班快速公交系统

布里斯班地处澳大利亚东海岸中部，路网密度高，人口密度小，公交车灵活性高，适合布里斯班城市发展的分散型特征。1995 年 6 月，迈克考米克兰金咨询公司开发布里斯班市中心的公交专用道发展战略规划方案，规划方案构思由 5 条公交专用道走廊组成网络，并与轨道网相连以促进整个城市公共交通的连贯性。1996 年 3 月，昆士兰州政府宣布将把布里斯班市中心区商业区和黄金海岸之间的东南高速路拓宽至 8 车道，增加公交车专用道和过境车道，最大限度发挥新建基础设施的运载能力。1998 年，布里斯班吸收国外例如美国的匹兹堡和加拿大的渥太华类似交通方案经验进行了公交专用道工程设计。2000 年 9 月，第一段位于市中心区商业区和乌龙戈巴之间的快速公交线路开通运营。2001 年 4 月，第二段位于乌龙戈巴和八里原之间快速公交线路开通运营。

目前，布里斯班共有 117 条预定公交线路使用快速公交专用道，每个工作日平均有 2313 个公交班次，将近 66%的公交车运行在公交专用道上。在快速公交专用道运行开始的首年，快速公交专用道线路运载乘客一百余万人次。布里斯班快速公交线路在市内采用地下公交专用道设计，市郊采用高架公交专用道设计，市中心的地下专用道分对应的候车区，连接不同的商业步行街，高架公交专用道采用同站台换乘。布里斯班公交专用道网络如图 6-6 所示：

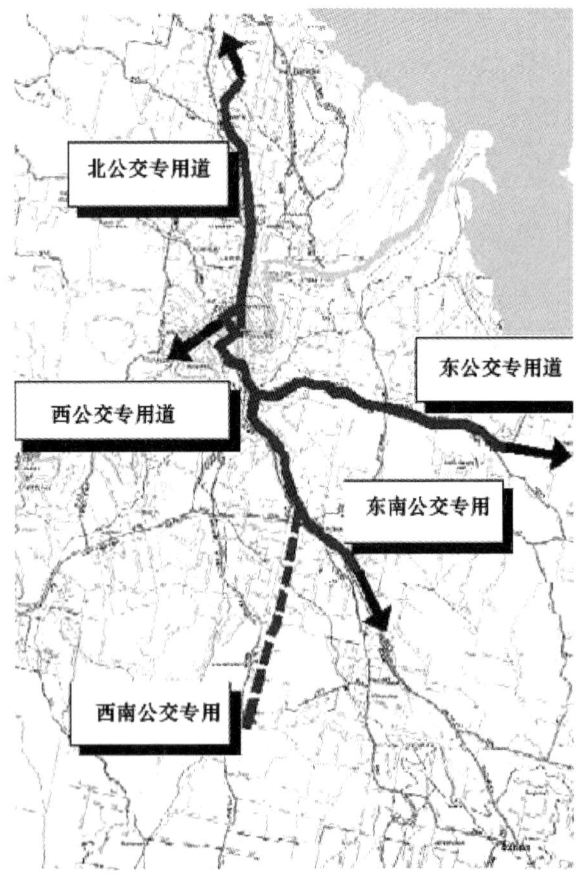

图 6-6　布里斯班公交专用道网络

布里斯班市政府提出在未来 15～20 年内将投资 6 亿澳元兴建公交专用道路，布设公交优先信号装置，在交通拥堵的布里斯班河沿岸建设双层的地下行车隧道。此外，在保留地面车道的同时，拓宽布里斯班河沿岸的林荫大道和自行车道。

6.3　我国快速公共交通系统

随着经济的快速发展，我国现代化进程不断加快，小汽车保有量不断增多，随之而来的交通拥堵，环境污染等问题日益严重。在建设轨道交通遇到种种困难和阻碍后，快速公交（Bus Rapid Transit）这种新型的城市公共交通模式出现了，并凭借其快速、大运量的特性，低廉的造价和运营成本迅速地发展起来。2005 年 9 月 23 日，国务院发布了由建设部、科技部、公安部、财政部、国土资源部、国家发展改革委员会等六个部门联合发起的《优先发展城市公共交通》(2005 年第 46 号文)。《优先发展城市公共交通》中将快速公交系统作为快速公交模式的一个选择被特别引用。从快速公交系统的技术和建设时间来看，我国快速公交系统可以划分为三代：

（1）第一代快速公交系统：昆明、北京、杭州

1999 年，昆明市建设了我国首条中央式公交专用道，快速公共交通系统开始在我国推广开来。昆明市首条快速公交线路由于没有采用公交专用车辆和独立站台，运行速度缓慢，技术仍不够成熟。2005 年北京市开通了中国第一个完全意义上的快速公交系统，该系统拥有大运量的专用车辆、车外售票金额设置有专用车道。2006 年，杭州市开通快速公交一号线，该线路专用车道位于机动车快车道右侧，与慢车道和非机动车道分离。

（2）第二代快速公交系统：常州

2008 年 1 月，常州市快速公交系统一号线开始运营，该系统拥有形式多样的车站、现代化的车辆，公交专用道设置在市中心最主要的路段上，并且在公交专用道沿线位置设置了高质量的自行车道。第二代快速公交系统与第一代快速公交系统相比，第二代公交系统在更车辆设计技术、线路运营模式等方面具有较大提升。

（3）第三代快速公交系统：广州

2010 年 2 月，广州市开通了采用直达线路模式快速公交系统。广州市快速公交系统车站站台长度由客流需求决定，其中最长的站台达到 240m。并且，实现多种交通方式内部连接，国内首个采用隧道将地铁站与快速公交车站直接相连的设计。2011 年，广州市快速公交系统获得“2011 年度世界可持续交通奖”。

经过多年的探索与实践，目前国内已经运营 BRT 系统的城市有北京、广州、杭州、苏州、郑州、大连、常州、济南、枣庄、合肥、昆明、厦门、重庆、盐城和乌鲁木齐，另外武汉、南昌、长沙、深圳、沈阳、兰州等城市也计划和筹建中。

6.3.1　常州快速公交系统

常州处于长江金三角地区中心地带，市区面积 1864km^2，人口 225 万人，全市机动车拥有量 104 万辆，其中私人汽车 62 万辆。常州是国内第三个发展快速公交系统的城市，也是江苏省内第一个实行快速公交系统的城市，在快速公交建设和运营方面积累了宝贵的经验。

1. 常州快速公交系统发展历史

常州快速公交系统的发展包括规划、设计、建设和运营四个阶段。2006 年之前，常

州市人口膨胀，机动车数量增加，导致市区交通秩序混乱和拥堵。2007 年 1 月，常州市政府通过《常州市 2007 年公交优先发展实施方案》，确定了以发展快速公交系统为主体的公交优先发展战略，规划由 5 条走廊组成的方格放射式快速公交线网，线网走廊总长 122.7km。2008 年 1 月，常州快速公交一号线开通运营，每天运送乘客 31 万人次，发挥了城市客运走廊的作用。2009 年 5 月，常州快速公交二号线开通运营。2010 年 1 月，常州快速公交配套环线开通。2010 年 9 月，快速公交环线 H1 线、H2 线开通运营。

2. 常州快速公交系统现状

当前，常州快速公交系统由 2 条主线、1 条区间线、5 条支线和 2 条环线组成，形成“十字加环”快速公交系统网络（见图 6-7）。

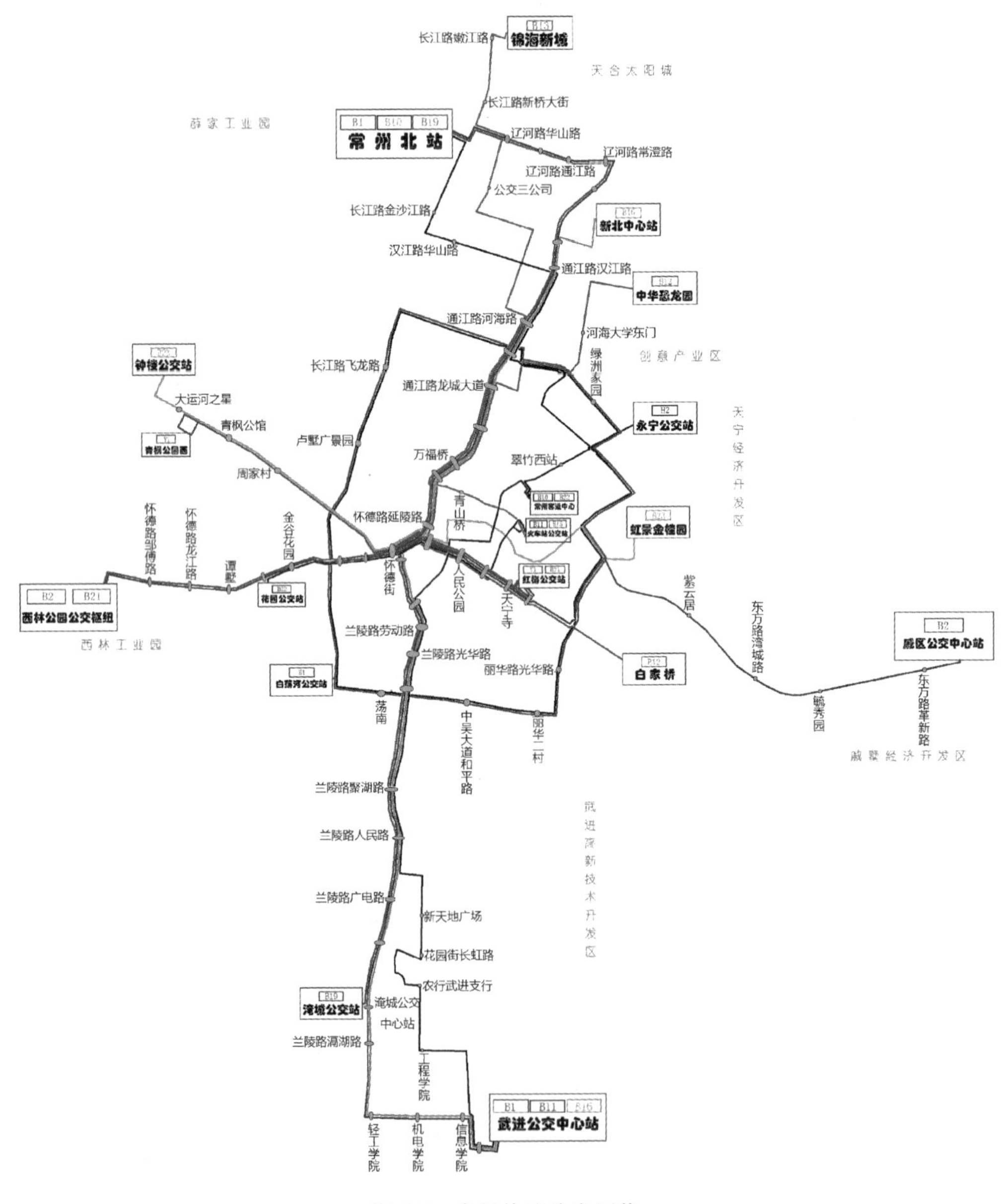

图 6-7　常州快速公交网络

其中，主线长 46km，全程全部采用公交专用道，其支线长 76.3km，环线长 25.9km。

常州快速公交系统参数统计　　表 6-4

单向高峰载客量(人/h)	2650	快速公交系统车站数	58
专用车道总长度(km)	51.9	平均站间距(m)	900
市中心高峰时段平均车速(km/h)	19.5	单向市中心高峰时段快速公交车辆数(辆/h)	41

(1) 快速公交一号线。2008 年 1 月，常州快速公交一号线部分路段开通运营，4 月全线贯通。快速公交一号线北起京沪高铁常州北站，南至武进长途汽车站北边，线路全长 24.5km，设有 24 对中间站，平均站距 980m，并配套建设两个首末枢纽站和一个停车保养场。常州快速公交一号线采用“一主四支二区间”的运营模式，充分沟通市区南北两大中心板块，加强了两翼行政区与中心老城区的联系。常州快速公交一号线线路概况如表 6-5所示：

常州快速公交一号线概况　　表 6-5

线　　路	运营里程(km)	专用车道比例	平均运行速度(km/h)
B1 主线	28.9	全程	22.52
B10 支线	13.4	14.50%	19.71
B11 支线	18.7	40.74%	21.81
B12 支线	13.8	50.72%	19.71
B13 支线	14.7	34.88%	20.37
B16 支线	24.5	全程	22.27
B19 支线	23.3	全程	22.55

(2) 快速公交二号线。2009 年 5 月，常州快速公交二号线全线通车，全长 21.5km，横贯东西主要干道。快速公交二号线采用“一主二支一区间”的运营模式，实现了快速公交线网对城市行政中心、重点学校、卫生服务中心、商业中心、城市公园、旅游景点等客流集聚点的有效覆盖。常州快速公交二号线概况如表 6-6 所示：

常州快速公交二号线概况　　表 6-6

线路	运营里程(km)	专用车道比例	平均运行速度(km/h)
B2 主线	20.3	全程	24.36
区间线路 B21	9.3	91.40%	20.67
B22 支线	7.7	64.06%	18.29
B23 支线	13.7	13.67%	16.68

(3) 快速公交环线。除了一号线与二号线外，常州还建设有快速公交配套环线，全长 25.9km，由相向对开的 H1 线和 H2 组成，无中央专用道，平均运行速度 19km/h。

3. 常州快速公交系统特点

常州快速公交系统投入运营以来，日均客流为 35 万人次，占常州整个公交日均总客流量的30%。快速公交网络百公里客运量为508人次，是常规公交的2.33倍，人均年服务乘客9561人次，是常规公交的2.07倍，车均日服务乘客942人次，是常规公交的2.83倍。常州快速公交系统减少了市民出行时间，缓解了交通拥堵问题，提升了常州市社会形象。其特点如下：

（1）快速公交专用道。常州快速公交系统设置宽3.75m的中央快速公交专用道，专用道与其他车道采用震荡黄色的概念隔离方式进行分离。快速公交专用道全线除怀德桥仅400m采取混行方式以外，公交专用道比例达到98.4%。

（2）快速公交车辆。常州公交车辆主线使用132辆18m型快速公交车，支线使用234辆12m型公交车，环线使用40辆12m型公交车。公交车辆采用最新款具有防翻车系统功能的电控铰接盘、电子调度控制阀，具有高可靠性和稳定性，车内安装GPS卫星定位系统，设有滚动的停靠站信息提示、电子导乘图等先进的技术为乘客提供详细的乘车信息，并配有电脑自动报站器进行语音提醒，车内还专门设计了残疾人轮椅上下车伸缩坡道和固定设施。

（3）先进的管理方式。常州快速公交智能化系统是一个综合性系统，在系统建设上采用先进的设计理念，易扩充、升级、管理和使用。整个系统涵盖ITS技术、GPS定位系统、GIS技术、全数字视频监控技术、短程通信技术、数字网络音频广播技术和企业应用集成技术等诸多技术。通过快速公交调度指挥中心实行对快速公交运营服务全程监控和管理，专用道上采用路口信号优先系统，为快速公交提供信号优先保障。

（4）便捷的换乘方式。常州快速公交网络系统中有53对中间站，其中29对实行主线和支线免费换乘。此外，常州快速公交网络系统中有14条线路，其中有1个中间站实现6条线路免费换乘，有15个中间站实现5条线路免费换乘，有19个中间站实现4条线路免费换乘，有21个中间站实现3条线路免费换乘，有31个中间站实现2条线路免费换乘。

6.3.2 杭州快速公交系统

杭州是位于东南沿海，市区面积3068km^2，人口541.86万人，全市私人汽车拥有量204.5万辆。2006年，杭州开通第一条快速公交线路，也是我国第二个开通快速公交系统的城市。

1. 杭州快速公交系统发展历史

杭州快速公交系统的发展经历了准快速公交时期、快速公交建设时期和快速公交时期三个阶段。2004年，杭州公共交通总公司为优化城市公共交通系统，开通了188路、187路和186路三条准快速公交线，为开通BRT快速公交线做准备。准快速公交线的特点是路线长、车站少、车速快。2006年，杭州公共交通集团正式宣布开通快速公交一号线，起终点站为黄龙公交站与下沙高教东区。2008年10月，杭州二号线开通运营，此后，杭州真正跨入了快速公交的时代。

2. 杭州快速公交系统现状

目前，杭州快速公交系统由5条主线，7条支线组成，如图6-8所示。其中，B1线日均客流量6.5万人次，B2线4万人次，整个快速公交网络日均客流量达26万人次，杭州市公交系统日均客流量为280万人次，占总出行量的9%，杭州快速公交系统线路情况如表6-7所示：

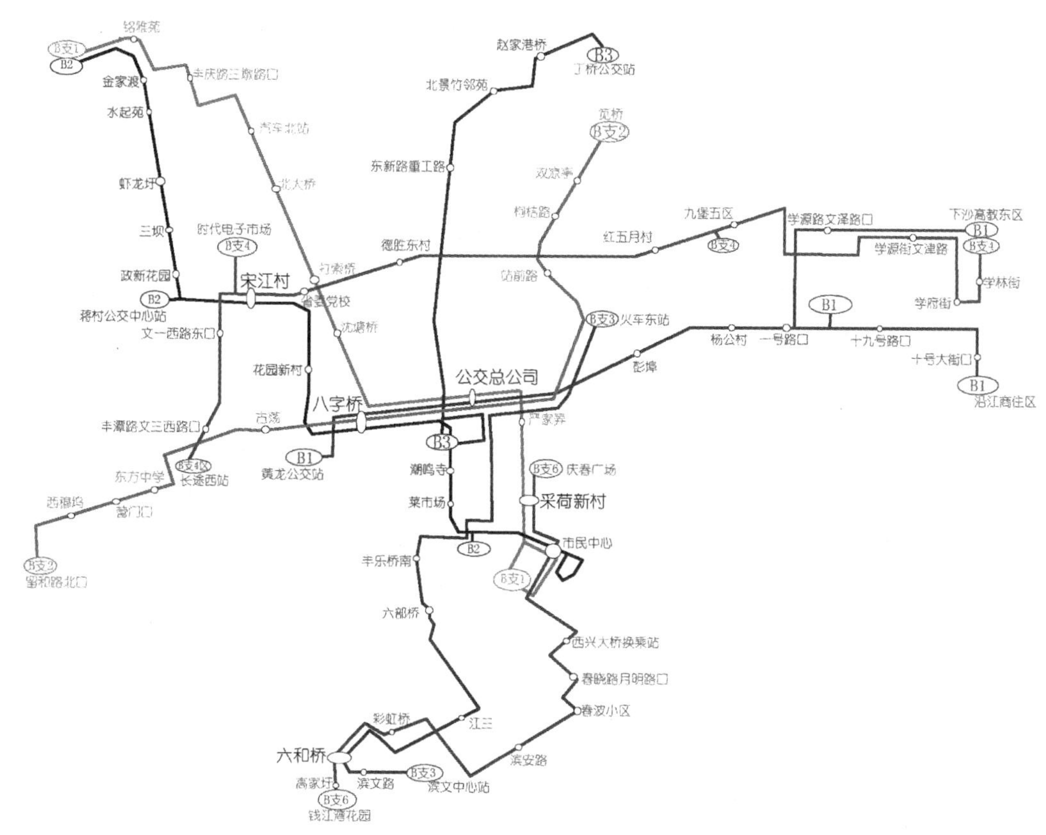

图 6-8　杭州快速公交网络线路

杭州快速公交线路情况　　表 6-7

线路	运营时间	里程(km)	起讫点
B1 线	2006 年 4 月	27.1	黄龙公交站—下沙高教东
B2 线	2008 年 10 月	20.3	金渡北路—市民中心
B3 线	2010 年 2 月	14.4	丁桥—莫衙营
B4 线	在建	/	天城路公交站—闲林埠

现有的快速公交系统，大大节省了市民的出行时间，提高市内交通运行效率。快速公交运行速度与普通公交运行速度对比如表 6-8 所示。

杭州快速公交与普通公交于运行速度对比　　表 6-8

线路	速度类别(km/h)	中心城区	郊区	平均值
B1 线	平均时速	19.2	30.5	27.0
	高峰时速	18	28.3	24.8
B2 线	平均时速	15.2	17.5	15.7
	高峰时速	14	14.0	14.0

续表

线路	速度类别(km/h)	中心城区	郊区	平均值
B3 线	平均时速	19.6	22.6	20.6
	高峰时速	15.8	18.8	16.8
普通公交	平均时速	12.5		
	高峰时速	9.0		

(1) 杭州快速公交一号线。杭州快速公交一号线于 2006 年 4 月开通，线路起到连接主城与副城的作用，全长 28km，共设置 13 对中途停靠站，平均站距为 2km。该线路在一定程度上为杭州地铁 1 号线吸引客源，也为下沙大学城的学生以及市民出入主城区提供了方便。杭州快速公交一号线采用道路右侧专用车道、平面交叉路口信号优先系统、侧式封闭专用站台、大容量铰接式客车、信息服务管理系统、关联线路整合优化的总体设计技术。

(2) 杭州快速公交二号线。2008 年 10 月，杭州公交集团开通了第二条快速公交线路，线路编码为 B2，并且同时开通快速公交二号区间线，编码为 B2 区间。2013 年，为优化全市公交系统，B2 区间线始末站改为蒋村公交中心站与市民中心。根据杭州公交集团的预计以及策划，待到杭州地铁 2 号线开通之后，快速公交二号线将不再开往钱江新城，线路更换为从池华街驶往黄龙公交站。

3. 杭州快速公交规划

2004 年，杭州市人民政府批复了《杭州市大容量快速交专项规划》，计划 2020 年快速公交线路达到 11 条，线路总长度 162km，其中杭州市快速公交 2020 年规划如图 6-9 所示。

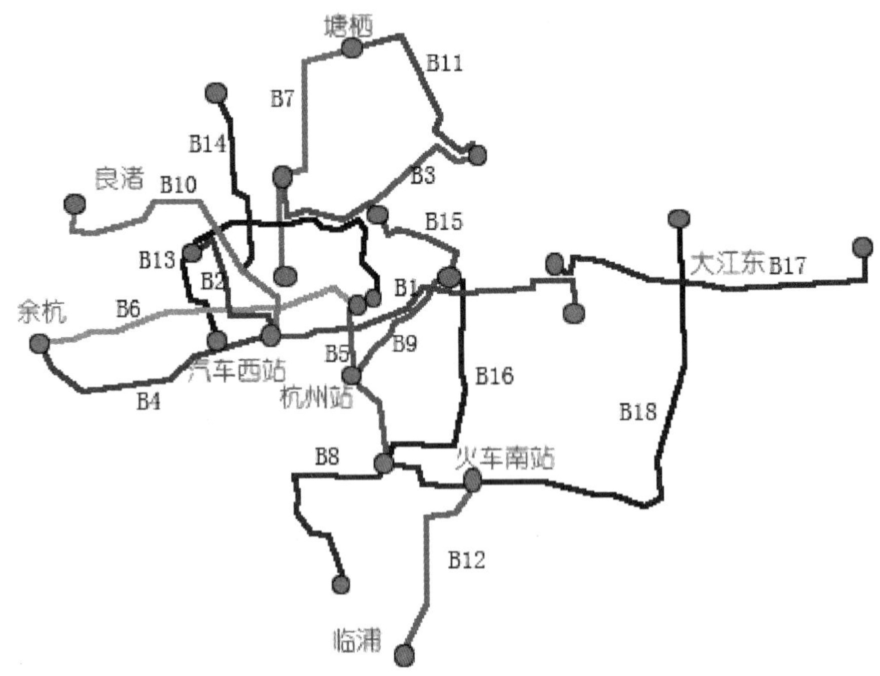

图 6-9　杭州快速公交 2020 年规划方案

根据规划，2015 年基本建成“主城区对外放射状”骨架网络，总共形成 12 条快速公交线路，长度约 254km。2020 年建成 18 条快速公交，在 2015 年快速公交线网基础上，2020 年规划保留其中 8 条线路，调整因地铁开通而受影响的 4 条线路（B3、B5、B7、B9），新建快速公交环线（B13 线），覆盖塘栖、良渚、临浦、瓜沥等 6 个组团，最终形成 18 条线路 395km 的线网规模。

6.3.3　济南快速公交系统

济南市北连京津冀经济圈，南接长三角经济圈，是济南都市圈的核心城市。济南市快速公交系统目前拥有 7 条线路以及 1 条摆渡线，于 2008 年 4 月 22 日开通。目前济南市还未建立轨道交通，快速公交系统极大地缓解了城市交通拥堵。

1. 济南快速公交系统发展历程

2004 年 11 月，济南市开始着手进行快速公交系统的规划、设计和建设。2005 年 1 月，在北园大街进行第一条快速公交走廊的建设。此后，济南在改造后的经十路、济泺路、经一路、工业南路等道路均实施了公交专用道，初步具备实施快速公交系统的基础。济南市政府结合《济南市城市总体规划》，制订了“两横三纵”的近期快速公交系统规划，以及“五横七纵”的远期规划，规划到 2020 年建成 200km 的快速公交网络，日客运量 100 万人。

2. 济南快速公交系统现状

济南市快速公交系统现有 7 条线路及 1 条摆渡线路，线路行经城市中心区，客流量和运力大大超过常规公交。济南市快速公交系统拥有专用行驶道路，行驶速度大大快过常规公交，因此已成为济南市的重要公共交通方式之一。济南市快速公交系统线路网络如图 6-10 所示：

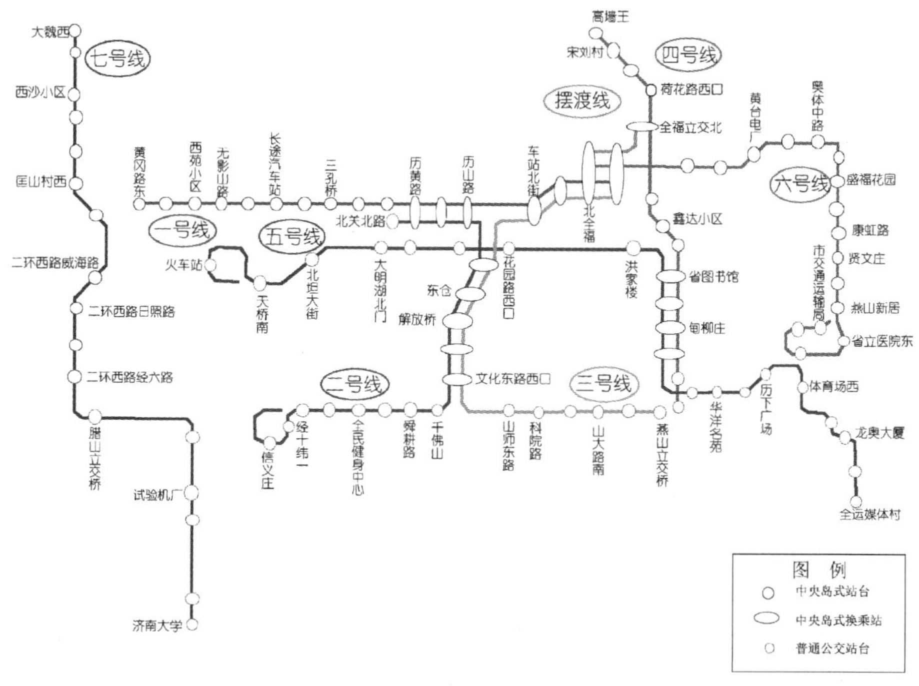

图 6-10　济南快速公交系统线路图

济南市快速公交系统线路信息见表 6-9：

济南市快速公交系统线路列表 **表 6-9**

线路	里程(km)	站点数	起讫站点	开通时间
一号线	10.5	17	黄冈路东—全福立交西	2008 年 4 月
二号线	11	15	北关北路—燕山立交	2008 年 9 月
三号线	12	18	全福立交西—信义庄	2009 年 4 月
四号线	8	14	高墙王—燕山立交	2009 年 8 月
五号线	19	21	全运媒体村—火车站	2009 年 10 月
六号线	13.7	18	北全福—省立医院东院	2009 年 10 月
七号线	14.2	17	大魏西—济南大学	2014 年 4 月
摆渡线	—	3	北全福—全福立交	2013 年 5 月

其中摆渡线运行于封闭式中央快速公交专用道，该条线路解决了一、三、四、六号线之间的免费换乘问题。目前，济南市快速公交系统实行站内免费换乘，现除七号线外，所有线路都能与其他线路实行站内换乘或摆渡线换乘。

3. 济南快速公交系统规划

目前，七号线开往济南大学，未来一号线将通往济南西站，一号线与七号线将在匡山交汇，七号线将实现与其他线路间的换乘。按照规划，黄冈——纬十二路——阳光新路——九曲将开通 BRT，共青团路和经四路拓宽后，解放路——泉城路——共青团路——经四路也将开通 BRT。届时，济南市快速公交系统将形成环状网络（见图 6-11）。

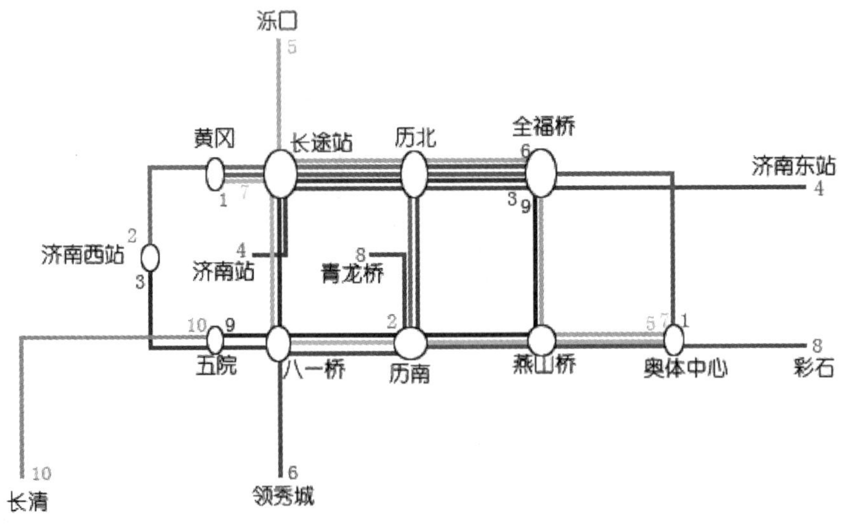

图 6-11　济南快速公交系统规划

随着济南西站的带动，济南市政府将快速公交系统的发展着重放在市区西部。为发展无轨电车，一号线与七号线因在高架路下运行，故将被改造为无轨电车路线。将来所有的线路都将启用信号优先系统，以进一步提高快速公交系统的竞争力。

6.4　城市道路交通安全的测度模型

国外由于西方国家道路建设起步较早，所以城市道路安全的研究成果较多。其研究内容主要有两个方面：一方面，利用数理统计的办法检验交通安全改进方案的优劣，来达到交通安全的风险识别和预警处理；第二类，利用各种数学模型探索交通事故发生次数、发生频率及其影响因素的关系，提出预防交通事故发生的措施。为了解决这些不足，以系统化理论和可持续发展理论为指导，系统地研究城市道路交通安全问题。从系统思维出发，分析了城市道路交通安全的系统规律基础上，运用价值函数理论来构建城市道路交通安全的测度理论体系，并建立城市道路交通安全的测度模型以减少城市道路交通事故的发生，使城市交通达到安全、快捷、经济、舒适和低公害的目的。

6.4.1　城市道路交通安全的测度指标体系

城市道路交通安全是道路、车辆和相关人员动态变化中的安全，及时对动态交通变化的情况进行监控和管理，对保证道路交通安全具有重要的作用，而传统的管理方法在这方面具有局限性。所以，安全、快捷、经济、舒适和低公害是道路交通这一动态系统的基本要求。其中，安全是诸要素的基础。要保障道路交通系统的安全，就应使其协调地运转。城市道路交通安全的测度理论是研究城市道路交通系统中人、道路、车辆和环境的基本安全特性、相互依存关系和相互作用，尽最大可能控制系统中人的不安全行为和道路、车辆及环境的不安全状态，保障系统协调正常运行的科学理论。

1. 测度指标体系

从城市道路交通安全的基本内涵出发，根据压力－状态－响应模型出发，从人、车、路和环境等建立一个 4 层次的城市道路交通安全的测度指标体系。其中人属于系统响应、车和路属于系统状况、环境属于系统压力，它们构成测度指标的第一层指标体系。第二层次指标由管理人员、驾驶人员、乘车客人、道路行人、车辆的机械性能、车辆的安全性能、交通状况、道路状况、自然环境和人工环境构成。第三层指标体系由 c_1，c_2，…，c_{15}，见图 6-12。

2. 测度指标考察值得量化处理

指标考察值的标准化处理在测度中起着主要的作用，合理地量化处理有助于增加测度结果的科学性和准确性。由于城市道路交通安全的测度指标根据其性质可分为两类：一类是定性指标，另一类是定量指标，所以对它们采用不同标准化方式进行处理。

(1) 定量指标的量化处理。在实地考察、查找统计资料等数据采集的基础上，通过推导计算确定指标的属性值的指标，称之为定量指标。这些测度指标客观性强，通过指标值的计算方法可以得到结果，没有人为误差。

(2) 定性指标的量化处理。由于事物的复杂性和不确定性，以及人类认识事物的模糊性，有些测度指标是不能明确量度的，只能用定性测度法的进行主观的度量，这类指标称之为定性指标。为了和定量指标组成一个有机的测度体系，也必须对其进行量化处理。采用模糊数学语言来处理，见表 6-10：

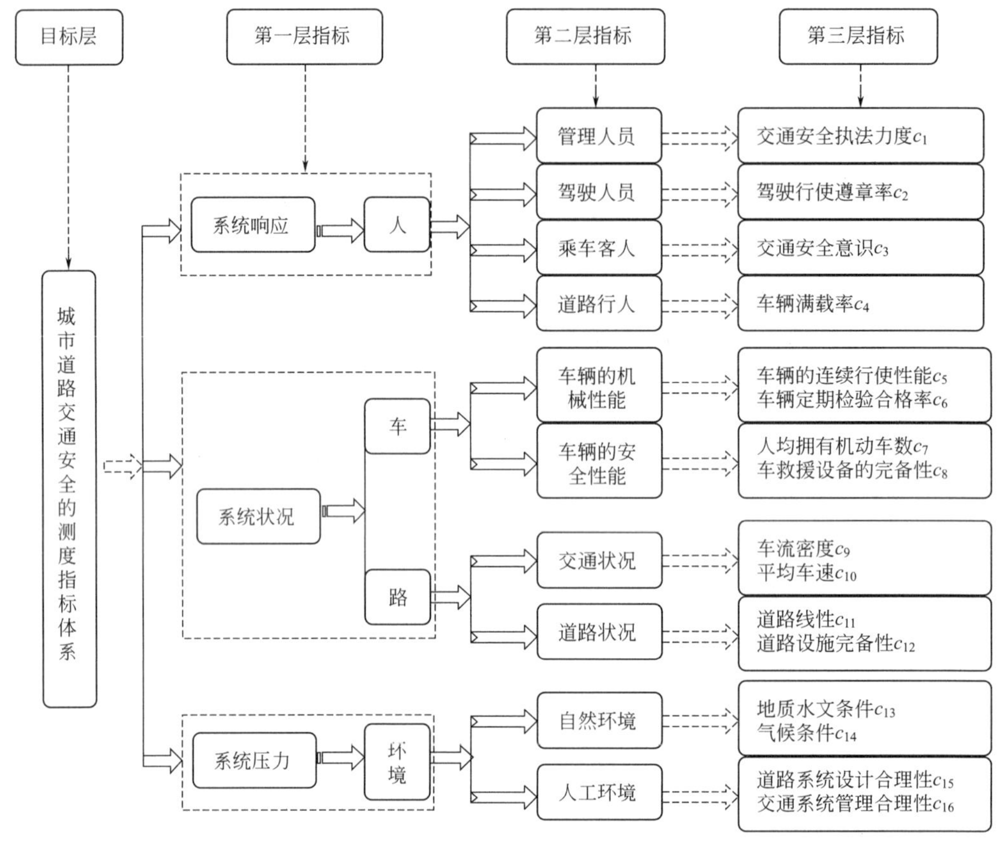

图 6-12　城市道路交通安全的测度指标体系

评　语　集　　**表 6-10**

评　语	优	良	中	一般	差
取值范围	[0.9,1]	[0.8,0.9]	[0.7,0.8]	[0.6,0.7]	[0.5,0.6]

6.4.2　基于价值函数的测度原理

对于一个多指标多目标的综合测度问题，设测度的方案集 $A=\{A_1, A_2, \cdots, A_m\}$，测度指标集 $X=\{x_1, x_2, \cdots, x_n\}$，决策矩阵 $D=\{d_{ij}\}$ $(i=1, 2, \cdots, m; j=1, 2, \cdots, n)$。价值函数就是多指标多目标决策问题的效用函数。一般在决策矩阵 D 上的效用函数为线性函数或指数函数，如果测度指标间满足偏好独立性条件，则总体价值函数是相加性的，即

$$U(A_i)=\sum_{j=1}^{n} w_j x_j(d_{ij}) \tag{6-1}$$

其中：w_j 为多指标的加权系数。

根据系统的特征，选用指数形式的价值函数组合指标价值函数。设 x_j 的价值函数

$$x_j(d_{ij})=Ce^{f_j(d_{ij})B} \tag{6-2}$$

其中：C，B 为待定常数，

f_j 为 x_j 的值域集合到值域［0，1］的映射函数。

1. 界定价值函数的值

由于测度指标的计算方法和含义不同，所以它们属于不同类型指标。通常测度指标有：效益型、成本型和固定型。所以，记 I_1 为效益型指标集合，I_2 为成本型指标集合，I_3 为固定型指标集合。则令：

$d_j^* = \max_j d_{ij}$，$d_j^o = \min_j d_{ij}$；r_j 为固定指标值（$x_j \in I_3$），取

$$f_j(d_{ij}) = \begin{cases} d_{ij}/d_j^*, \quad x_j \in I_1 \\ 1 - d_{ij}/d_j^*, \quad x_j \in I_2 \\ d_{ij}/r_j, x_j \in I_3 \text{ 且 } d_{ij} < r_j \\ 1 - d_{ij}/d_j^*, x_j \in I_3 \text{ 且 } d_{ij} \geqslant r_j \end{cases} \tag{6-3}$$

系数 C，B 属已知价值函数形式的特定参数，可通过参数特征（最大值、中间值、最小值的效用）求出，这时价值函数就可唯一求得。

$$x_j(d_{ij}) = \begin{cases} x^*(\overline{x}/x^*)^{2k_1} \cdot \exp\{d_{ij} \cdot (d_j^*)^{-1} \cdot \ln(\overline{x}/x^*)^{-2k_1}\}, x_j \in I_1 \\ x^*(\overline{x}/x^*)^2 \cdot \exp\{(d_j^* - d_{ij}) \cdot (d_j^*)^{-1} \cdot \ln(\overline{x}/x^*)^{-2k_1}\}, x_j \in I_2 \\ x^*(\overline{x}/x^*)^{4k_2} \cdot \exp\{d_{ij} \cdot (r_j)^{-1} \cdot \ln(\overline{x}/x^*)\}, x_j \in I_3 d_{ij} \leqslant r_j \\ x^*(\overline{x}/x^*)^2 \cdot \exp\{(d_j^* - d_{ij}) \cdot d_j^* \cdot \ln(\overline{x}/x^*)^{-4k_2}\}, x_j \in I_3 \text{ 且 } d_{ij} > r_j \end{cases} \tag{6-4}$$

其中：$k_1 = d_j^*/(d_j^* - d_j^o)$，$k_2 = r_j/(d_j^* - d_j^o)$

x^* 为最优指标效用，

$\overline{x}$ 为中值指标效用。

2. 界定测度指标权重系数

相对比较法是将所有测度指标分别按行和列排列，构成一个正方形的表，再根据三级比例标度对任意两个指标的相对重要关系进行分析，并将评分值记入表中相应位置；将各个指标评分值按行求和，得到各个指标的评分总和；最后做归一化处理，得到指标的权重系数。

三级比例标度两两相对比较评分的分值为 q_{ij}，则标度值

$$q_{ij} = \begin{cases} 1, \text{当 } x_i \text{ 比 } x_j \text{ 重要时} \\ 0.5, \text{当 } x_i \text{ 比 } x_j \text{ 同样重要时} \\ 0, \text{当 } x_i \text{ 比 } x_j \text{ 不重要时} \end{cases}$$

则评分构成的矩阵

$$Q = (q_{ij})_{n \times n} \tag{6-5}$$

其中，$q_{ii} = 0.5$，$q_{ij} + q_{ji} = 1$。

则指标 x_i 的权重系数

$$w_i = \left[\sum_{j=1}^{n} q_{ij}\right] \cdot \left[\sum_{i=1}^{n}\sum_{j=1}^{n} q_{ij}\right]^{-1} \tag{6-6}$$

3. 综合测度值的等级界定

为了得到城市道路交通安全科学合理的测度结果，将城市道路交通安全的测度结果界定为五个级别，即“很安全”、“较安全”、“一般”、“较危险”、“很危险”。通过大量调查分析和文献查阅，利用数理统计知识，对采集数据进行处理的基础上，得到等级界定区间值，即 a_1，a_2，a_3，a_4 的准确值，见表 6-11。

城市道路交通安全测度值的等级界定区间　　表 6-11

等　级		等级界定区间	建议区间
一级	很安全	(a_4,∞)	(0.8,1.0]
二级	较安全	$(a_3,a_4]$	(0.6,0.8]
三级	一般	$(a_2,a_3]$	(0.3,0.6]
四级	较危险	$(a_1,a_2]$	(0.1,0.3]
五级	很危险	$[0,a_1]$	[0,0.1]

注：$0<a_1<a_2<a_3<a_4$ 且 a_1，a_2，a_3，a_4 为实数。

综合测度值落入哪个界定区间，就可以判定其风险程度。

6.4.3 案例分析

根据建立城市道路交通安全的测度模型，选取南方的 3 个同类型城市（人口 200 万人的中等城市）进行综合测度研究。3 个城市记为城市 A_1、城市 A_2、城市 A_3，具体计算步骤如下：

步骤一　利用图 6-10 中的 16 个测度指标对 3 个城市道路交通安全进行综合测度，考察值见表 6-12。

各测度指标考察值　　表 6-12

指标	考察值			指标	考察值		
	城市 A_1	城市 A_2	城市 A_3		城市 A_1	城市 A_2	城市 A_3
c_1	0.85	0.75	0.65	c_9	6.30	5.80	7.10
c_2	0.98	0.97	0.98	c_{10}	21.2	25.3	27.1
c_3	0.83	0.87	0.79	c_{11}	0.86	0.85	0.83
c_4	0.60	0.65	0.75	c_{12}	0.92	0.87	0.86
c_5	0.88	0.82	0.92	c_{13}	0.83	0.92	0.85
c_6	0.89	0.93	0.96	c_{14}	0.67	0.73	0.75
c_7	0.21	0.18	0.23	c_{15}	0.73	0.72	0.67
c_8	0.86	0.78	0.85	c_{16}	0.73	0.79	0.81

注：c_9单位：车辆/公里；c_{10}单位：km/h。

步骤二　利用比较法确定测度指标得权重系数

利用式（6-5）和式（6-6）可知，测度指标的权重系数

$W=$(0.0621，0.0627，0.0633，0.0617，0.0614，0.0626，0.0635，0.0611，

0.0629，0.0631，0.0624，0.0630，0.0628，0.0619，0.0617，0.0615）

步骤三　确定价值函数值

利用式（6-3）和式（6-4）确定测度指标的测度值

城市 A_1 的价值函数值：

$x_1=$(0.3171，0.4231，0.5762，0.2137，0.3233，0.4237，0.7812，0.2932，0.6274，0.5781，0.2377，0.3327，0.6237，0.3289，0.2374，0.3981）

城市 A_2 的价值函数值：

$x_2=$(0.3168，0.4228，0.5769，0.2135，0.3239，0.4230，0.7809，0.2929，0.6279，0.5788，0.2371，0.3330，0.6231，0.3290，0.2378，0.3979）

城市 A_3 的价值函数值：

$x_3=$(0.3175，0.4235，0.5759，0.2139，0.3229，0.4239，0.7813，0.2935，0.6269，0.5779，0.2379，0.3326，0.6239，0.3288，0.2373，0.3984）

步骤四　确定城市道路交通安全的综合测度值

利用式（6-1），确定城市道路交通安全的综合测度值

$$U(A_1)=0.4202\ ,U(A_2)=0.4307\ ,U(A_3)=0.4152$$

步骤五　确定测度等级

依据表 6-11，则三个城市 A_1、A_2、A_3 均属于三级，危险程度一般。但三个城市道路交通安全危险程度排序是：城市 A_3、城市 A_2、城市 A_1。

6.4.4　小结

城市道路交通安全是道路、车辆、相关人员和环境在动态变化中的安全，并实时对动态交通变化的情况进行监控和管理。传统的管理方法在这方面具有局限性，其主要原因是与道路交通安全相关的因素（尤其是动态变化的因素）很多，相互关系复杂，而现行道路交通安全管理系统对动态信息的采集、分析和处理能力很差，不能对动态交通进行实时监控和管理；同时，现有城市道路交通系统缺乏对道路交通安全相关各个方面的有效集成，且功能有限。所以，利用价值函数对城市道路交通安全进行研究，在考虑城市道路交通系统多因素的基础上，又考虑了安全的特点，将城市道路交通安全系统中许多定性分析转化成定量分析后，建立了城市道路交通安全的测度模型。该模型过程简单、易于实施，具有一定的代表性和实用价值。

第 7 章　城市公共自行车交通网络

随着全球经济的快速发展和世界人口的急剧增加，世界各城市出现了两个问题：一方面汽车保有量增加，城市交通拥挤；另一方面用地紧张，城市发展边缘化。在两个因素的综合作用下，引发了交通用地资源紧张，道路供给无法满足车辆通行需求的问题。交通拥堵已经成为制约全球经济发展的重要因素，如何经济合理的解决交通拥堵，成为当下许多学科研究的对象。而自行车由于其自身具有便捷、清洁、廉价、占地面积小的特点而被许多人推崇和采纳为发展绿色交通的对象。公共自行车概念起源于欧洲，率先出现于欧洲的阿姆斯特丹、哥本哈根、巴黎等城市。城市建设公共自行车网络是作为解决出行“最后一公里”问题的有效途径，基于其绿色、低碳、节能、环保、投入小等特点而被各个城市广泛采用。特别是在公共交通出行中引入自行车交通，不但充分利用城市道路资源，实现自行车协同公共交通的绿色出行方式，而且对缓解城市交通拥堵以及停车等问题具有重大意义。因此，本章对城市公共自行车网络进行综合研究，分析其特性，构建其测度模型。

7.1　城市公共自行车网络解析

城市公共自行车系统是指公司、政府或其他组织在大型居住区、商业中心、交通枢纽、旅游景点等客流集散点设置公共自行车租赁点，随时为居民提供公共自行车辆，根据城市的具体情况设定收费区间，以该服务系统和自行车路网为载体，提供公共自行车出行服务。而城市公共自行车交通网络应由城市道路两侧的自行车道、小区内部道路以及连接小区间的街坊路、公园绿地与城市广场的连接道路等构成，应根据不同土地使用性质和交通需求特性，进行自行车道路系统的规划设计。

7.1.1　自行车的基本特性

自行车，又称脚踏车或单车，通常是二轮的小型陆上车辆。人骑上车后，以脚踩踏板为动力，是绿色环保的交通工具。英文 bicycle。其中 bi 意指二，而 cycle 意指轮，即两轮车。自行车种类很多，有单人自行车，双人自行车还有多人自行车。可以作为环保的交通工具用来代步、出行；越来越多的人将自行车作为健身器材用来骑行锻炼、自行车出游等。自行车主要由导向系统，动力系统，刹车系统等三大系统组成。

(1) 自行车的导向系统：由车把、前叉、前轴、前轮等部件组成。乘骑者可以通过操纵车把来改变行驶方向并保持车身平衡。

(2) 自行车的动力系统：由脚蹬、中轴、链轮、曲柄、链条、飞轮、后轴、后轮等部件组成。人的脚的蹬力是靠脚蹬通过曲柄，链轮、链条、飞轮、后轴等部件传动的，从而使自行车不断前进。

(3) 自行车的刹车系统：它由车闸部件组成、乘骑者可以随时操纵车闸，使行驶的自行车减速、停使、确保行车安全。

所以，自行车的特点有：

(1) 便捷，一辆自行车的质量在 13～16kg 之间。

(2) 清洁环保，自行车在行驶过程中完全靠人助力，不会产生任何的污染，同时还能够锻炼人的身体，山地车运动是当下很流行的一项运动。

(3) 廉价，普通自行车的价格在 300～700 元之间，虽然各个城市价格不一，但是在一般居民可以承受范围之内。

(4) 占地面积小，一辆直行车长度不超过 2m，宽度不超过 1m，与其他交通运载工具如摩托车、轿车、货车相比占地面积小。

鉴于以上优势，国内外开始慢慢地兴建公共自行车系统，以迎合绿色交通发展的大方向。

7.1.2　公共自行车系统架构

公共自行车系统一般由硬件系统和软件系统组成（见图 7-1）。硬件系统包过公共自行车的租赁场地、公共自行车数量、公共自行车行驶路权、公共自行车的控制设备。软件系统主要实现公共自行车的基础信息管理功能，比如租借状态、维护状态、购买日期等等。城市公共自行车系统主要实现四大功能：基础信息管理、租借流程管理、车辆调度与维修管理、系统运营管理等。

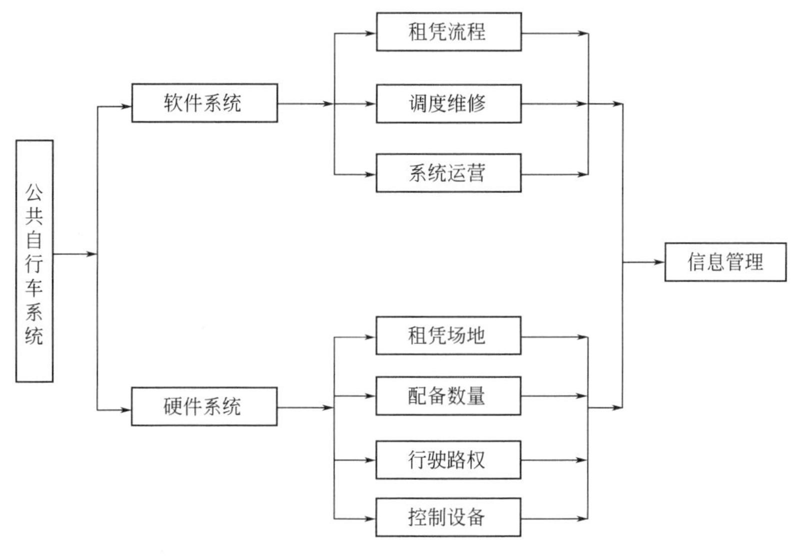

图 7-1　公共自行车系统框架

7.1.3　城市公共自行车网络的特点

公共自行车是一种能让一般大众共享自行车使用权的服务。城市公共自行车的主要理念是在城市内以免费或平价租赁的方式，让大众出行时选择使用公共自行车来替代其他大众交通方式或私家车辆来实现短程出行的目的，可以缓解交通拥堵、减少噪声和空气污染。公共自行车也被认为是可用来解决大众运输系统中的“最后一公里”问题，并连接通勤者与大众运输网络的一种方式。

（1）城市公共自行车网络。为实现居民出行的提供便捷、舒适、安全，在城市路网中，赋予自行车拥有相应的专有路权，由这些拥有专有路权的自行车道路网构成了城市的自行车网络，这些自行车网络一般铺设在城市的现有道路网上，根据实际情况需求设置，尤其在解决城市支路或者小巷的大众公交不能实现或者达到困难的问题有着突出贡献。

（2）自行车道路结构。自行车道路结构由独立的自行车专用道和自行车专用车道构成。

独立的自行车专用道。该类型的专用道专供自行车通行，机非完全分隔，连接城市主要活动中心，大型商业中心、主要集散点、交通枢纽等端点。该类型专用道应尽可能与城市主要流向相一致，以减少高峰时自行车流对机动车车流的干扰。多用于自行车干道与各交通区之间的主要联系通道。

自行车专用车道。有实物分隔的自行车专用车道和划线分隔的自行车专用车道两种。

1）实物分隔的自行车专用车道。该类型的专用道也是专供自行车通行，不允许机动车辆进入，用绿化带或隔离栏与机动车道进行隔离。但是实物分隔的自行车专用车道只能在路段上进行机非分离，交叉口则无法分离。多用于自行车干道和各交通区之间的主要联系通道。

2）划线分隔的自行车专用车道。该类型专用车道较为经济，但由于机非分离不完全，安全性较差，但可借助良好的路面标识系统来弥补。多用于交通量较小的各交通区之间或各交通区内。

（3）自行车网络层次结构。为明确自行车网络中各道路功能，合理的使用道路资源，在城市的道路网中，根据相应的实际需求设置自行车道路等级，划分自行车网络的层次结构是很有必要的。尤其对解决大众公共交通不能到达城市支路或者小巷的问题具有重要意义。

市级自行车通道。市级自行车道路是自行车网络中的高等级道路，主要采取自行车专用道和有物理分隔措施的自行车道路形式，机非完全分隔，是连接城市各组团自行车交通的主流通道。

区级自行车干道。区级自行车干道是自行车网络中的较高等级道路，主要采取自行车专用道和有物理分隔措施或采取划线分隔措施的自行车道路形式，是联系着城市各交通小区间自行车交通的干道，用以实现中、短距离的出行目的。

区内自行车集散道。区内自行车集散道是自行车网络中的较低等级道路，主要采取划线分隔措施和混行的自行车道路形式，是生活性的集散道路，解决了生活小区的集散交通问题。

自行车休闲车道。自行车休闲车道是自行车网络中的低等级道路，主要设置在景点、公园、沿江沿河等区域，为适应绿色休闲的生活理念，倡导全民运动健身，是一种休闲运动性的道路。

按照自行车道路在城市路网中的功能定位，将自行车网络结构划分为市级自行车通道、区级自行车干道、区内自行车集散道、自行车休闲车道四个层次。这四个层次结构的自行车道路在功能上相互补充，形成完整的自行车网络系统，使自行车网络在城市交通中发挥良好作用。

(4) 城市公共自行车交通网络的特性。城市公共自行车网络的本质是以免费或平价租赁的方式，让出行者使用自行车替代大众运输或私有车辆来进行短程的通勤，以达到疏解交通拥堵、保护环境以及降低能耗的目的。城市公共自行车网络主要具备以下特点：

1) 城市公共自行车网络的集散性。自行车网络的集散性是指自行车站点在空间上布局上的集中和扩散特性。自行车站点的设计简单、施工方便，一般在客流集中的交通枢纽、购物中心、游乐中心、小区等场所均可设置公共自行车站点，并且根据客流量的情况确定自行车站点的建设规模。因此，自行车站点在客流量大的城市中心区呈现集中，在城市外围客流量边缘地区呈现扩散的特点。基于公共自行车集散性特性能够令公共自行车系统在投资规模和客流需求之间达到优化平衡。

2) 城市公共自行车网络的系统性。公共自行车网络也属于一个公共交通系统，主要表现为公共自行车网络有互相连接的站点、公共的租赁信息处理系统、车辆保修和维护平台，并且各个系统均与城市公共管理系统相衔接。城市公共自行车网络在这些子系统的协同下高效、智能运作，体现出整个系统的一体化功能。

3) 城市公共自行车网络的节能性。公共自行车网络在缓解大气污染方面起着不可或缺的作用。一方面，自行车是所有交通出行方式中唯一不需要消耗任何材料，不会排出任何污染气体的绿色出行方式，这对减少交通能源消耗起到积极的推动作用。另外一方面，自行车网络占地规模小、资金投入少，任何中小城市均可进行建设，对中小城市的交通出行可以起到良好的引导作用。因此，城市公共自行车网络不仅在环境能源方面具有有效的节能特征，同时在经济性方面对各种城市和地区具有良好的配适特点。

4) 城市公共自行车网络的高效性。自行车出行的高效性主要体现在一些交通拥堵的地区。比如北京、上海等大城市早晚高峰道路车流量大，乘坐常规公交或者小汽车的平均出行速度约为 10km/h 左右，自行车的平均出行速度可达到 15km/h 左右。特别是交通出行拥堵极易引起出行者的心情愤怒，精神沮丧，影响工作效率，而城市公共自行车网络的高效性可以解决此问题。

5) 城市公共自行车网络的健康性。自行车出行可以有效锻炼人们的身体素质，提高出行者的身体机能。所以，自行车已经成为城市市民健身的有效方式之一。

7.1.4　公共自行车的发展历程

最早的自行车诞生于 1815 年的法国，没有中轴和脚蹬。1869 年，法国人玛金对自行车进行了第一次改造，增加了前轮脚蹬。1890 年，一位英国医生将自行车的实心轮胎改造成为空心轮胎，实现了自行车的第二次改造。随后随着科学的发展，日本又设计制造出空气动力赛车，引起全世界的注目。目前，公共自行车系统共经历了四代更新。最早的公共自行车系统出现在 1965 年 7 月，荷兰阿姆斯特丹的一个无政府主义组织把一批自行车刷成白色，以供公众免费使用，称为"白色自行车计划"。但这个计划却没有按人们的预想进行，几天之内所有的自行车均被丢弃或占用，计划没有成功。

1995 年，第一大规模的第二代公共自行车交通系统开始在哥本哈根实行，哥本哈根的 Bycyklen 系统。这一代公共自行车交通系统与过去一代相比有许多的改进，自行车是专门定制的非标准原件的重型自行车，采用实心橡胶轮胎，车轮上附有广告板，以减少失窃。市民可通过存放硬币在城市中心特定地点租用自行车。相比于第一代公共自行车交通系统，第二代更加正式化，由一个非营利性组织进行经营，设有特定存取站点，通过存放硬币存取车，但由于使用者是匿名的，自行车被盗现象依然经常存在。于是，便产生了新一代的公共自行车交通系统，该系统具有完善的客户追踪功能。直到 20 世纪 90 年代末期，由于现代先进的电子、信息集成、无线通信和互联网技术的出现，公共自行车系统的管理方式才发生了根本性变化，新一代公共自行车系统开始在欧洲很多国家相继出现。2007 年，法国巴黎建立了自己的公共自行车系统 Vélib，由最初的 7000 辆扩展到后来的 2 万多辆。Vélib 的迅速扩大和成功一改公共自行车的历史，并引起人们对这种新的交通模式的极大兴趣和关注。此外荷兰，丹麦，英国，美国，法国的里昂都在公共自行车系统上面投入大量的人力物力，取得了相当好的成效。

公共自行车作为一种低碳、高效、健康的出行方式，近年来受到了全世界的关注。中国人口众多，城镇化潜力巨大，因此发展公共自行车事业对于中国人民生活质量的提高以及全世界的低碳未来都具有重要的意义。自 2008 年始，中国先后在杭州、武汉、上海、烟台、广州、中山、苏州、北京等城市建立了公共自行车系统。中国是自行车王国，自行车拥有量为世界之最，中国的自行车生产、消费和出口都居世界第一，但是公共自行车系统的发展却晚于西方很多年，在投入和重视程度上也远远不及。在国内，免费自行车租赁发展的比较早的城市有杭州和上海，是以方便居民出行为目的推出的，一般设置在各个车站附近的街头，车辆都是特制的，都带有具有防盗作用的统一标识。在各地的实践中，杭州，上海，武汉，佛山等地的公共自行车系统会相对成熟一些。从表 7-1 中可以看到国内各大城市公共自行车系统比较。

各大城市公共自行车系统之间的比较分析　　表 7-1

名　称	杭　州	上　海	武　汉
实施时间	2008.5	2009.4	2009.4
公共自行车数量	2.5 万辆	1.9 万辆	5 万辆
有无自行车专用道	无，规划中	无，规划中	有，约 164km
提供服务时间	6:30～20:00	24 小时	7:00～21:00
使用方式	本地市民 IC 卡直接刷卡，租用 IC 卡，凭有效证件，缴纳 300 押金	办理诚信卡（每张卡满分 100 分），刷卡租车	本地市民诚信系统，不需押金，外地市民缴纳 100 元保证金
收费标准	1h 内免费，1～2h1 元，2～3h2 元，3h 以上 3 元/h	诚信卡满分为 100 分，2h 内还车加一分，每天不超过两分。超过 2h，扣 10 分，超过 4h 扣 30 分，积分为 0 时不能再借车	2h 内还车，逾期承担责任
逾期不换后果	将被列入信用黑名单，终生取消租用资格	超时扣诚信分，根据扣分不同，不同程度暂停免费租赁权直至永久取消租赁资格	超过 2h，记不良记录 1 次，累计 3 次，取消租车资格

7.1.5　公共自行车系统在交通系统中的作用

公共自行车是作为一种短途代步工具，它是一种门对门的出行方式，由于它是人助力，决定了它无法像公交和地铁一样，进行长距离行驶。在整个城市交通系统中公共自行车系统作为一种居民从家出行到换乘地铁或者公交的衔接。市民可以在地铁站点或者公交站点通过公共自行车租赁点提供的自行车行驶到下一个短途目的地，实现公交（地铁）—自行车—目的地或者公交（地铁）—自行车—公交站点（地铁站点）—直行车—目的地的混合交通出行模式。而对于一些短途的出行，自行车是首选出行方式。

1. 公共自行车网络的作用

（1）延伸公交网络，缓解城市交通压力。实现公共自行车交通与公共交通“无缝对接”，破解交通末端“最后一公里”难题，解决“门”到“站”的出行问题。因为现有的公共交通方式都注重“站”与“站”的运输，比较适用于长距离的运送，而且运行线路都是规划后形成的固定走向，没有自行车这种交通方式灵活自由。同时也无法满足居民出行中短距离出行的需求，比如从家门或小区门口到公交站台或地铁站台，一般居民若没有自备自行车，就只能选择步行，而步行所需时间过长。

（2）降低道路拥堵现象，提高城市交通效率。公共自行车系统是美化市容，改进城市空间结构的重要组成部分，自行车在全世界各地都是很受欢迎的交通工具，日本平均 1.6 个人拥有一辆自行车，中国平均 2.6 人一辆，这说明城市中自行车拥有量极其庞大，然而对于自行车的管理规范却一直没有明确下来，虽然各地都曾经出个自行车管理条例等政策，效果却一直不是很好，这就导致城市中自行车乱停乱放现象严重，甚至占用道路资源，引起交通事故。而公共自行车系统的出现可以为解决这个矛盾提供了良好的途径，统一规范管理，不但不会影响市容市貌，导致交通事故，反而会成为城市一道靓丽的风景线。

（3）减少出行费用，降低时间成本。自行车小巧灵活，所占用的道路资源少，而且在非机动车道上行驶，不会与来往的机动车发生冲突，尤其在自行车专用道路上。同时短距离出行，采用公共自行车后，可以减少道路上机动车的数量和停车时间，在一定程度上起到缓解交通拥堵的作用。公共自行车系统的发展为城市居民出行方式的改变提供了契机和基础，促进了人们选择健康绿色出行方式。

综上所述，公共自行车系统是实现绿色交通的重要组成部分，它的实现有助于缓解城市交通拥堵压力。根据目前国内发展现状我们应该从以下几个方面努力：首先，提高市民绿色出行的意识，政府组织大规模的宣传教育，采取绿色交通进社区进校园的方式在全社会开展；其次，政府提供大规模的自行车租赁场所，且租赁价格低廉，租赁流程简便；再次，引进国外先进的网络运营和信息管理技术；最后，将公共自行车系统建设纳入地铁站和大型公交站点的建设范围内，实现自行车，公交，地铁的联动设计。

2. 公共自行车网络存在问题

从各地公共自行车系统的实际运营情况来看，并不乐观，使用者少，运营成本高，初期投资大，这就导致了很多公共自行车运营公司难以为继的尴尬局面，而很多地方把公共自行车系统作为惠民工程来做，并没有考虑收益回报的问题。目前公共自行车系统在国内主要存在以下几个方面的问题：

（1）政府对公共自行车系统的重视程度不够，没有进行大规模的推广，对于给城市居民提供廉价的自行车租赁。

（2）市民对使用直行车出行的意识不强，对于一些短途的出行，许多人还是采取开车或者乘坐公交的方式出行。

（3）公共直行车系统的管理落后，这主要是存在于技术层面，体现在网络化运营和信息化控制水平低。

综上所述，公共自行车网络要成为城市交通网络之一。应该从以下几个方面进行系统规划：1）确保自行车交通网络的连续性，可达性，安全性以及舒适性。2）结合城市区域自身特色，规划特色自行车路线，如自行车旅游观光路线、环湖自行车健身路线等。3）以人为本，促进自行车的有效利用，尽可能提供公共自行车租赁系统，以倡导和促进人们的低碳出行。4）应鼓励自行车与其他交通工具换乘的形式，使自行车的近距离优势和公共交通的远距离优势都得到充分的发挥，并可合理地调节城市客运量的分配比例，促进城市绿色交通的发展，增加城市交通的活力。

7.2 国外城市公共自行车发展态势

公共自行车于1956年起源于荷兰的阿姆斯特丹，但由于缺乏管理手段，公共自行车项目很快失败。但是，这一概念一直被欧洲其他国家不断的探索，丹麦等国家于1991年重新开始建设小型的公共自行车系统。到了现在，全世界约有33个国家，375个城市建设了公共自行车系统。从发展时间来看，可以把公共自行车的发展历程划分为以下四个阶段（表7-2）：

（1）第一代公共自行车交通系统。第一代公共自行车交通系统起源于荷兰的阿姆斯特丹的白色自行车。1965年7月28日阿姆斯特单的一个无政府组织将普通的自行车的外观漆成白色，放置在公共区域供公众免费使用。但是该项目的缺点是没有严格的管理手段，自行车没有固定的归还和放置地点，最后导致使用者不及时归还自行车，随处乱扔或将其归为私有，自行车破坏与丢失严重，项目实行不久后便以失败告终。

（2）第二代公共自行车交通系统。虽然第一代公共自行车计划失败，但是这一概念在其他国家仍然进行着研究。1991年，丹麦、荷兰等地总结前车之鉴，并根据自身城市的特点开始经营规模较小的公共自行车系统，例如纳克斯考只设有4个站点和26辆公共自行车。1995年，哥本哈根建设了当时世界上规模最大的Bycyklen公共自行车系统，并且进行了相当多的改进。其中，哥本哈根的自行车通过采用专门定制的非标准原件的重型材料、实心橡胶轮胎以及车轮上附有广告板的方法提高公共自行车的辨识度，减少自行车的失窃。同时，市民可通过存放硬币在城市中心特定地点租用自行车。

（3）第三代公共自行车交通系统。1998年在法国雷恩建设了第三代公共自行车系统—Veloala Carte系统。Veloala Carte系统在第二代公共自行车系统之上进行了各种技术改进，最具代表性的是使用了先进电子上锁、无线通信系统、智能卡和钥匙扣、手机访问以及电脑互联网技术等等。Veloala Carte系统与第一、第二代系统相比最大的特点是采用现代智能管理信息技术实现了追踪自行车使用者的功能，公共自行车的管理方法发生了根本性变化。

（4）第四代公共自行车交通系统。随着城市道路交通拥堵在全世界范围的蔓延和加剧，世界各地都在研究采用新的交通出行系统改善城市交通拥堵问题。在这个背景下，2005年里昂开始建设和实施规模最大、技术最为先进的第四代公共自行车交通系统，第四代公共自行车系统接入城市交通综合管理系统，采用最先进的定位和信息管理手段，确保每辆自行车都能够被追踪和识别，里昂将公共自行车的发展推进到一个新的高度。

公共自行车交通系统发展历程　　表 7-2

名称	1965 年	1992～1995 年	1996～2005 年	2005 年～现在
	第一代	第二代	第三代	第四代
系统类别	自由自行车系统	硬币存取系统	智能卡系统	城市管理子系统
系统组成	自行车	自行车存取站点	自行车存取站点 电子自行车	自行车存取站点 电子自行车
特点	独特的自行车 车未上锁 免费 无固定站点	独特自行车 车上锁 硬币存取 免费 特定站点	独特自行车 车上锁 智能卡存取 前 30min 免费 特定站点存取亭	独特自行车 车上锁 智能卡存取 特定站点存取亭 实时可用 GPS 追踪
起源城市	阿姆斯特丹	哥本哈根	雷恩	里昂

7.2.1　巴黎公共自行车系统

巴黎市区从 2001 年开始大力推广公共交通以及步行、自行车等无污染的出行方式。2007 年，巴黎从政府层面启动了“velib”公共自行车系统，鼓励更多的人利用自行车出行。其中，“velib”自行车系统是一个非营利性的公益设施，旨在提倡巴黎市民及游客用自行车作为短距离的代步工具，发展绿色旅游。截至 2013 年，巴黎共有超过 1500 个自动的“velib”公共自行车站点，拥有 2 万辆自行车，平均间隔到缩小到 300m，在旅游观光景点附近都可找到，巴黎市通过“velib”自行车系统把市内短途交通、环保意识和体育运动完美结合在一起。巴黎自行车交通网络见图 7-2。

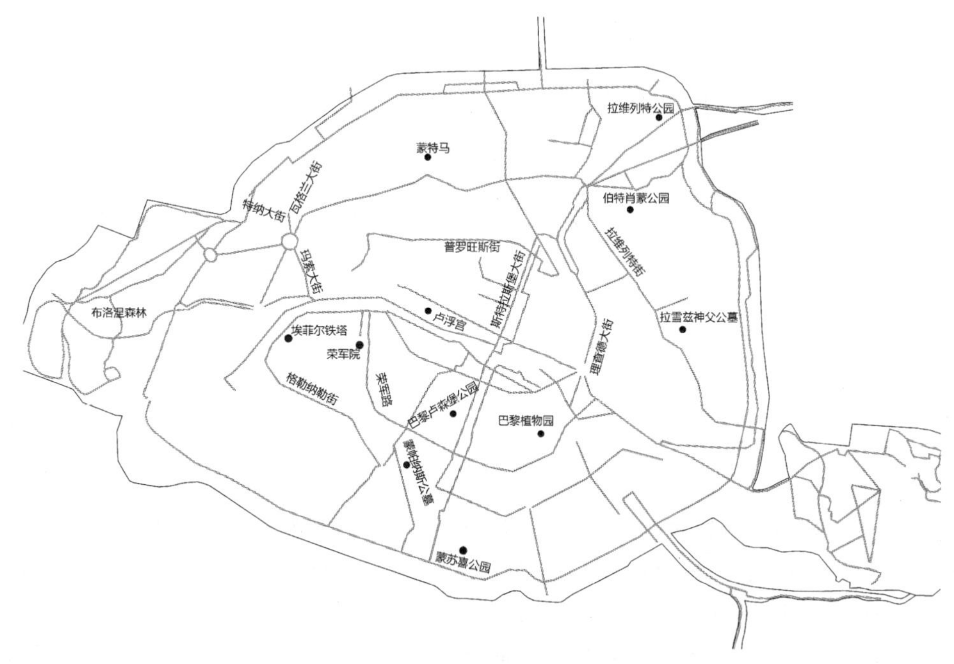

图 7-2　巴黎自行车交通网络

巴黎公共自行车系统采用刷卡付费的方式运作，即在任意一个公共自行车站点的机器上可使用银行卡或带晶片的信用卡进行付费，采用押金和时间差别制作为收费标准：前30min内免费，1h内1欧元，1.5h内2欧元，2h以上4h，之后每增加0.5h都要再付4欧元。

巴黎公共自行车系统的建设模式采用政府与企业共同合作经营模式。法国德高公司承担自行车租赁站的建设、自行车辆的购买与维修等费用，巴黎市政府赠予德高公司10年自行车站点的广告独家经营权。这种经营模式的优势在于不但不用政府投入过多的资金，还可优先获得项目带来的价值。

7.2.2 伦敦公共自行车系统

自1839年英国人麦克米伦制造出第一辆蹬踏式脚蹬驱动自行车以来，如今伦敦每天约有50万人次的自行车出行量。2008年，伦敦开始运行公共自行车系统，并且建设了439km自行车专用车道。2010年7月为打造“低碳伦敦奥运会”环境，伦敦启动了一项新自行车租赁计划即在伦敦市区设立的700多个存车处里存放着超过8000辆自行车，全年全天24小时对公众开放，大约每500m范围内就能找到一个存车处，以方便人们使用，由12条由外围直到市中心区的自行车道构成了自行车交通网络（图7-3）。并且伦敦在2010年还开通了从默顿区到达伦敦市区的一条宽1.5m的蓝色自行车专用道，长度为8.5km，自专用道建成之后每天都有约5000名自行车骑行者通过。

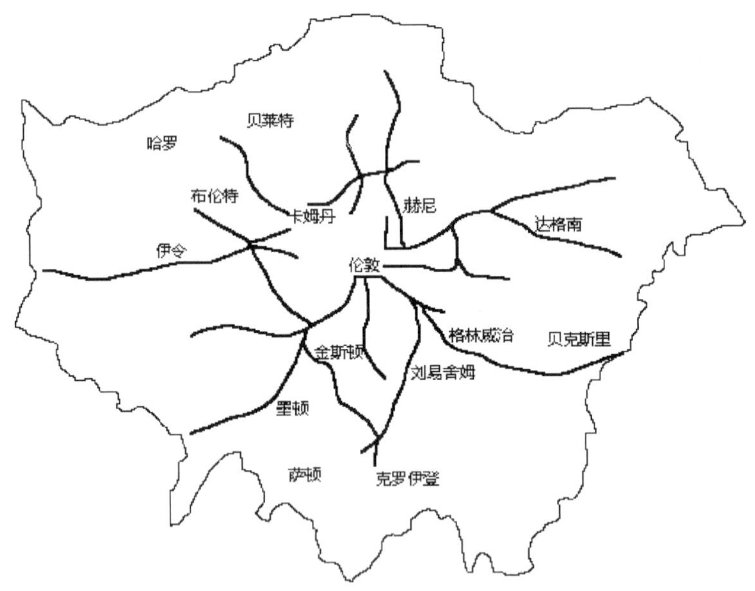

图7-3 伦敦自行车交通网络

伦敦公共自行车租赁模式采用发送短信获得密码来实现租车服务，由自行车租赁公司与手机运营商联合推出。具体的过程为：使用者在租用自行车之前向服务中心发送固定代码的请求短信，手机运营商自动返回唯一的开锁密码，用户可以凭借此密码在市内任何一个租赁点取车；当租赁结束之后，再次向运营商发送短信，可收到上锁密码。伦敦公共自行车采用时间差值和信用罚款的标准进行，具体为：30min内免费使用，随后每30min收取1英镑，从绑定的银行卡上自动划取相应费用，若在规定时间内未归还自行车，将接受信用卡罚款 100 英镑。这种便捷的公共自行车租赁出行方式，非常适合人们在市区内近距离使用，方便点与点之间的接驳，并且在一定程度上缓解了高峰时期地铁系统的拥挤问题。

7.2.3　蒙特利尔公共自行车系统

蒙特利尔位于加拿大渥太华河和圣劳伦斯河交汇处，是加拿大第二大城市。蒙特利尔公共自行车系统是北美第一个拥有超过 400 个站点及 5000 辆自行车的大规模公共自行车自助服务系统，站点配置主要根据居住区的密度、学校、地铁站以及自行车道路分布。其中，公共自行车系统从每年 5 月份开放，到 11 月份结束。蒙特利尔公共自行车项目主要用以推广骑自行车来取代驾车游览，更好地保护环境，并使人们达到健身的目的。蒙特利尔自行车交通网络见图 7-4。

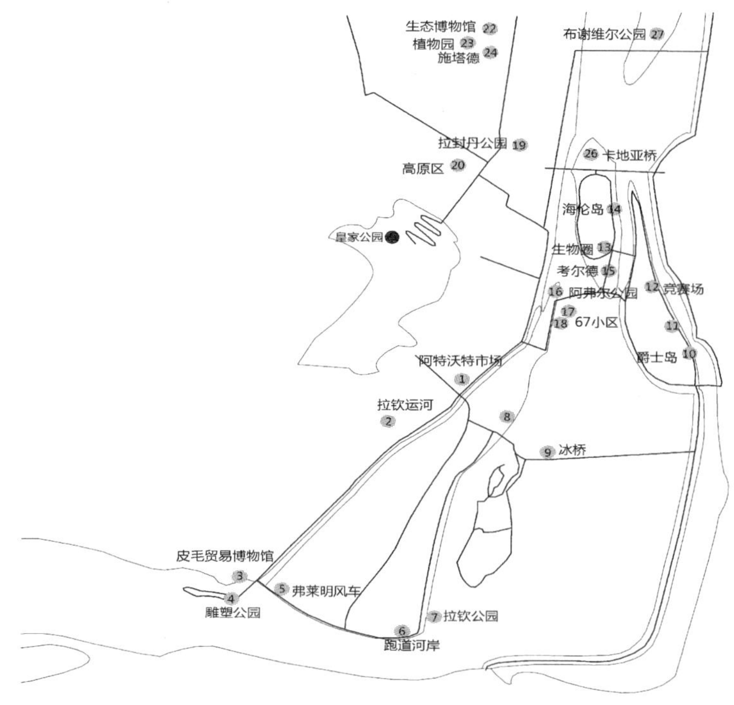

图 7-4　蒙特利尔自行车交通网络

蒙特利尔自行车租赁系统的租借模式可分为 3 种：(1) 第一种是到自行车租赁网站上免费注册成为会员后，租借自行车；(2) 利用信用卡在租赁点刷卡取车；(3) 在自助自行车出租站点的自动付款机付款后，自动付款机将打印一些号码，选择一辆自行车，输入这些号码，租借自行车。此外，蒙特利尔公共自行车系统所有的自行车全部采用回收的铝材料制成，智能上锁过程依靠太阳能提供能量，自行车上粘附了 RFID 射频识别电子芯片，当由太阳能供电的支付站触摸屏出现任何问题，RFID 系统都会将信息采集发送给管理中心。

7.2.4　阿姆斯特丹公共自行车系统

1965 年，荷兰阿姆斯特丹一个非政府组织将一些没有上锁的自行车外表涂成白色，然后放在公共区域，期望供人们长期免费使用，这一计划称为“白色自行车计划”。但是由于缺乏有效的管理手段，计划实行不久之后，自行车丢失严重，很快计划就以失败告终。但是这次尝试被认为是历史上第一代公共自行车系统的起源。

阿姆斯特丹的交通管理理念是将自行车定位为第二种优先出行方式，所以阿姆斯特丹每年约有40%的交通出行是由自行车承担。阿姆斯特丹目前的自行车数量几乎和这个城市的市民数量（约70万）相当，平均每人都有一辆自行车，游客和居民可以免费使用4h的公用自行车。公共自行车系统不仅在阿姆斯特丹市内普及，同时也建设了长达6000km的自行车长途专线环绕整个荷兰。自行车专用通道全程没有交叉路口，路上禁止行人及汽车行走或行驶，为自行车出行提供了安全保障。此外，阿姆斯特丹政府还鼓励修建自行车高速公路，到2013年，荷兰交通及水利部计划在火车站、有轨电车站、公共汽车站再增加10万个自行车停车位，以方便骑车出行者。阿姆斯特丹自行车网络见图7-5。

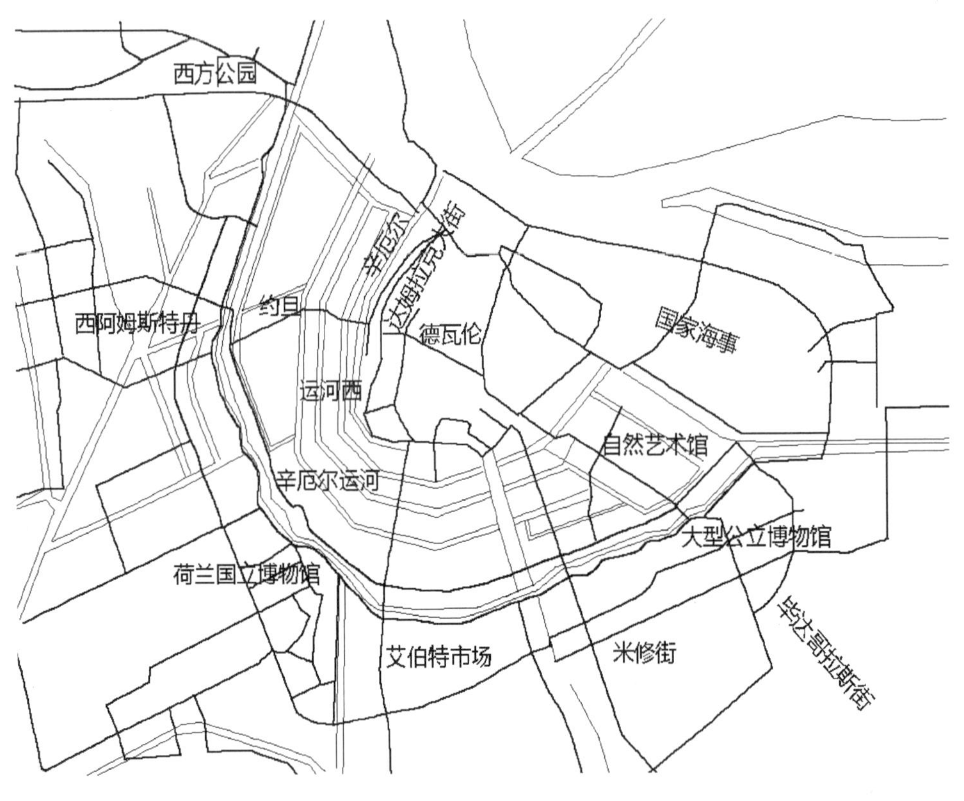

图7-5 阿姆斯特丹自行车网络

7.2.5 哥本哈根公共自行车系统

1861年丹麦引进第一辆自行车，1920年丹麦首都哥本哈根建设了第一条自行车专用道，1995年哥本哈根建设了第二代公共自行车系统。哥本哈根第二代自行车系统的特点是有特定的存取地点，取车时以硬币作为凭证，还车时返还硬币，使用者是匿名的。哥本哈根是目前世界上唯一被国际自行车联盟授予“自行车之城”称号的城市，其目标是成为

图 7-6　哥本哈根市区自行车交通网络

世界上最有利于自行车出行的城市。截至 2013 年，哥本哈根已拥有超过 350km 的自行车专用道，市中心约有 150 处专为自行车设置的停车点。

在哥本哈根，自行车的平均时速为 15km，而汽车的平均时速仅为 27km。在专门设计的自行车“绿色通道”上，自行车出行速度可维持在 20km/h，且不受红灯干扰。另外，十字路口的自行车停靠线比汽车停靠线向前 5m，自行车可以在汽车右转前优先通过十字路，因此哥本哈根有超过 33%的居民使用公共自行车上下班。哥本哈根自行车交通网络见图 7-6。

根本哈根为了实现在 2025 年之前成为世界上首个零碳排放城市的宏伟目标，丹麦政府加大了自行车的推广力度，鼓励居民更多地使用公共交通和自行车。哥本哈根市政府制定了自行车出行的远景目标，希望到 2015 年将居民利用自行车上班和上学的比例提高到 50%，实现这一目标每年将减少 8 万吨的二氧化碳排放量。丹麦政府还计划在哥本哈根、奥胡斯以及奥登塞等主要城市再新建数百公里的自行车快速道，将目前的自行车道由双向一车道扩建为双向三车道，并在自行车快速道沿线设置交通信息站，提供免费打气、饮水供应等服务。

7.3　我国城市公共自行车发展态势

随着我国城市化进程的加快，许多大中城市地铁、公交等网络密度已经接近饱和，但是交通拥堵问题仍然无法得到很好的改善，在此背景下，我国开始引入国外的公共自行车系统。从时间上看，中国公共自行车系统起步较晚，但是从发展速度上来看，中国的公共自行车建设和推广较为迅速。我国最初在北京、上海等地尝试“第一代公共自行车系统”，到杭州等地引入先进技术、运行“第三代公共自行车系统”，前后不到十年的时间。根据中国公共自行车网提供的数据，目前在武汉、佛山、上海、太原、桂林等城市均建设和运行了“第四代公共自行车系统”，运营技术均已达到世界先进水平。

7.3.1　杭州公共自行车系统

2007 年 12 月，为了解决居民出行“最后一公里”问题，杭州市委市政府决定发展公共自行车系统。2008 年 5 月，由杭州市政府投资，依托杭州公交集团公司建设运营，在学习借鉴国外公共自行车技术和运行方式基础上，建设了全国首个“第四代公共自行车交通系统”。2011 年 6 月，杭州公共自行车系统拥有 2431 个服务站点、6.6 万辆公共自行车，日均租用量从 2008 年开通初期的 2607 人次，提高到 2014 年的 40 万人次。2014 年 5 月，杭州市自行车数量达到 78000 辆，服务站点增加到 3113 个。杭州自行车交通网络见图 7-7。杭州市公共自行车使用量增长统计见表 7-3。

杭州市公共自行车系统覆盖面也越来越广，不仅覆盖主城，同时还往萧山、余杭等方向扩展，汇集越来越多的杭州市民。自行车在短距离交通中充分发挥了优势，已和杭州地

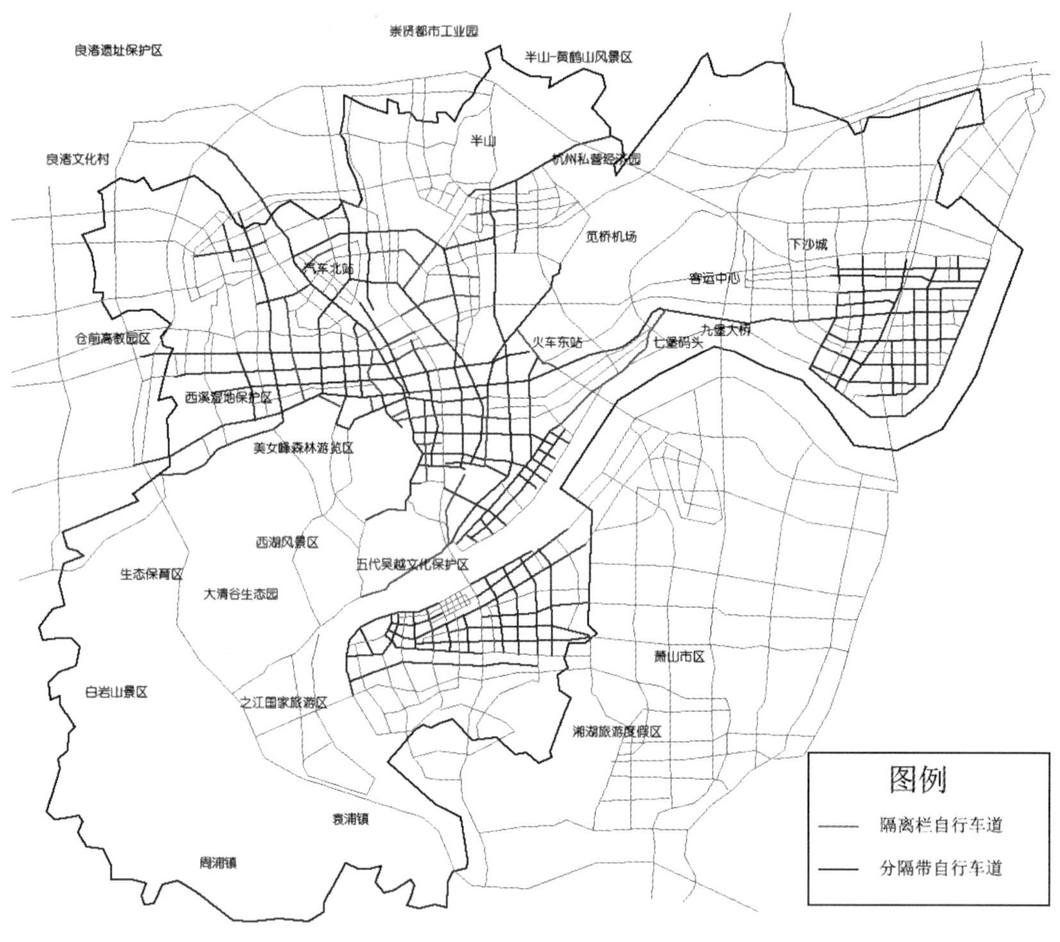

图 7-7　杭州自行车交通网络

铁、公交车、出租车、水上巴士组成“五位一体”大公交体系。

杭州市公共自行车使用量增长统计　　表 7-3

时　　间	自行车数(辆)	服务点数(个)
2008 年 5 月	2800	61
2009 年 6 月	25000	1080
2010 年 1 月	50000	2000
2014 年 5 月	78000	3113

杭州公共自行车智能管理系统架构分为前端公共自行车服务点和后台管理中心两大部分。它由租用、查询、管理、清结算、网络和防范监控六大功能模块组成，共涉及 14 个子系统和 3 个附属部分，具备“通租通还、自动化租还服务、实时信息反馈”的功能。

《杭州公共自行车交通发展专项规划（修编）》提出将中心城区公共自行车规模扩大至 24 万辆，其中 2015 年六大主城区达到 15 万辆的总体目标，其中结合不同的地点给出了不同的自行车站点规模设计标准（表 7-4）。

不同区域公共自行车位配设标准　　**表 7-4**

站点类型	公交站台	轨道交通站	公建点	风景点	居住点
自行车位数量	40～100	100～200	80～120	30～115	20～40

此外，服务点密度按服务点间距在 200～270m，即服务半径在 100～135m 布设。在人流密集地区适当加密服务点，在人流相对分散区域适当加大服务点半径至 150m 等。

7.3.2　武汉公共自行车系统

2007 年 12 月，国务院批准武汉城市圈作为资源节约型、环境友好型社会试验区。武汉市政府致力于研究缓解交通拥堵状况的举措，打造一体化绿色慢行交通，将实施公共自行车租赁服务列入建设绿色公交。2009 年两会期间，武汉市确定建设“慢行交通体系”计划。随后，武汉市政府下发《关于加快推进便民自行车公共服务系统建设的意见》，确定“政府主导，企业运营”的运营模式，将“推行公共自行车交通系统”作为改善市民出行、缓解交通拥堵的重要措施。2009 年 4 月 28 日，武汉市开放了首个公共自行车系统，投入自行车数量为 2 万辆，使用智能柜租还系统，安装 GPS 全球定位系统，在不同租车站间合理分配公共自行车。2010 年武汉市政府提出建设自行车专用路网的构想，拟在主城区形成“30 条廊道、92 条通道、16 条休闲道”的自行车走廊总体布局网络。其中自行车廊道为 15 纵，15 横，总长 275.6km。2020 年武汉市主城区自行车道路网络规划见图 7-8。

图 7-8　2020 年武汉市主城区自行车道网络规划

2011 年，武汉市公共自行车建成 1118 个公共自行车租赁站点，公共自行车数量达 5 万辆，平均每天约有 10 万人次使用免费自行车，每辆自行车平均每天使用 2.6 次。2012 年全市共有 1218 站点，7 万辆公共自行车。2013 年，武汉市公共自行车系统有 1318 个站点，仅次于杭州和巴黎。2014 年，武汉市公共自行车系统项目陷入窘境，现有的公共自行车租赁站中，三分之一无法还车，三分之一无车可租，部分站点甚至濒于瘫痪。2014 年 4 月，武汉市调整公共自行车管理模式，目前公共自行车系统由公交公司接管。

7.4 城市自行车交通网络的 DEA 评价模型

随着绿色出行、低碳交通的理念推行，公共自行车得到大力提倡，无论是国外还是国内，公共自行车的推广运营都积累了丰富的经验。为了提高城市公共自行车交通网络评价的科学性与合理性，在构建城市公共自行车交通网络评价指标体系的基础上，利用数据包络分析方法（DEA），建立城市公共自行车交通网络的 DEA 评价模型。该评价模型不仅侧重输入和输出指标属性数据分析，而且考虑了指标间的相对重要性，通过在系统评价过程中引入虚拟评价单元，利用 LINGO 9.0 软件最终求得评价单元的综合效率值，从而可以得到各评价单元排序结果以及评价单元的等级，使评价结果更具有指导性。数据包络分析（Data Envelopment Analysis，DEA）评价则是一种非参数的客观评价方法，可以根据输入输出动态地调整模型权重指标，使评价具有可变性，符合动态评价的要求。由于城市公共自行车交通网络发展水平综合评价具有多输入、输出评价指标，因此可以将城市公共自行车交通网络系统看作经济学中的投入产出过程进行分析评价，以确定城市公共自行车交通网络发展等级，分析系统的不足。

7.4.1 数据包络分析基本原理

数据包络分析（DEA）是以相对效率概念为基础发展起来的一种效率分析方法，能有效地处理多输入多输出的复杂系统。DEA 不但可以对同一类型的决策单元（Decision Making Unit，DMU）的相对有效性进行评定、排序，而且还可以利用 DEA 投影原理进一步分析各决策单元非 DEA 有效的原因及其改进方向。因此，可以利用 DEA 的此特性并进行改进，从而用于对系统的客观评价。决策单元可以看作一个通过投入一定数量的生产要素并产出一定数量“产品”、以取得最大“效益”为目标的生产过程，因此也是一种投入-产出系统。假设有 n 个决策单元，每个决策单元都有 m 种输入及 s 种输出。其中 x_{ij} 表示第 j 个决策单元对第 i 种输入的投入量，$x_{ij}>0$；y_{rj} 表示第 j 个决策单元对第 r 种输出的产出量，$y_{rj}>0$；v_i 表示第 i 种输入的一种度量；u_r 表示第 r 种输出的一种度量，$i=1, 2, \cdots, m$；$j=1, 2, \cdots, n$；$r=1, 2, \cdots, s$。x_{ij}，y_{rj} 为已知数据，v_i，u_r 为变量。那么对于一组度量系数，则有：$v=(v_1, v_2, \cdots, v_m)^{\mathrm{T}}$，$u=(u_1, u_2, \cdots, u_s)^{\mathrm{T}}$。

对第 j_0 个决策单元（$1 \leqslant j_0 \leqslant n$）进行效率分析，以权系数 v 和 u 为变向量，以第 j_0 个决策单元的效率指数为目标，以所有决策单元（也包括第 j_0 个决策单元）的效率指数作为约束，即 $h_j \leqslant 1, j=1, 2, \cdots, n$，构建最优化模型，则可以转化为一个等价的线性规划：

$$(P_{C^2R})\begin{cases} \max h_{j0} = \mu^{T} y_0 \\ s.t.\ \omega^{T} x_j - \mu^{T} y_j \geqslant 0, j = 1,2,\cdots,n \\ \omega^{T} x_0 = 1 \\ \omega \geqslant 0, \mu \geqslant 0 \end{cases} \tag{7-1}$$

其中 $x_j = (x_{1j}, x_{2j}, \cdots, x_{mj})^{T}$ ，$y_j = (y_{1j}, y_{2j}, \cdots, y_{sj})^{T}$ ，$j = 1, 2, \cdots, n$ 。

应用 DEA 进行有效性评价时，可以把每个评价对象视作一个 DMU（Decision Making Unit，简称 DMU）决策单元，如果 DMU 的效率指数为 1，则称 DMU 为 DEA 有效，否则，即为 DEA 非有效。非有效的 DMU 之间的优劣性无法简单地依据效率指数的大小进行排序对比分析。因此，需要依靠其他方法，使 DEA 非有效评价转化为 DEA 有效评价，这样所有评价单元都可以在位于生产前沿面进行投影直接对比。

为了能准确评价城市公共自行车交通网络发展等级，必须使评价单元的效率指数为 1，为克服 DEA 有效的评价单元不能有效排序区分，必须引入一个虚拟的评价单元 DMU_{n+1} 替代一般模型约束条件中的评价单元 DMU_{j0} ，以有效区分各评价单元之间的差异程度。该虚拟的评价单元实际上是一个最差的或最好的评价单元，使得评价系统中原来的各评价单元相对于这个虚拟评价单元变得更为有效，这样就可以进一步比较各评价单元效率差异程度，从而达到评价排序的目的。因此，在对数据包络分析方法进行综合研究的基础上，利用改进的数据包络分析方法对公共自行车网络进行系统评价，构建公共自行车网络综合评价模型。

7.4.2　基于 AHP 约束锥的 DEA 评价模型

传统的 DEA 评价结果完全依赖输入输出数据，不能反映输入输出指标之间的相对重要程度，而某些评价问题又必须能反映决策者的偏好，从而导致评价结论与决策者判断之间的较大偏离。而层次分析法（AHP）是一种定性与定量分析相结合的多目标决策分析方法，该方法依据的是反映决策者偏好的成对比较矩阵，因此该方法可以将决策者的偏好表现在指标之间的相对重要程度上。因此，为弥补传统 DEA 评价模型的不足，将 DEA 评价的客观性分析与 AHP 主观性分析相结合，即将层次分析法（AHP）计算得到的指标权重值作为 DEA 模型的约束，形成 AHP 约束锥，从而使 DEA 评价更适合实际运用。

根据 AHP 计算方法，可以得到满足一致性检验的输入指标判断矩阵 $\overline{C}_m$ 和输出指标判断矩阵 $\overline{B}_s$ ，设 λ_C 和 λ_m 分别为矩阵 $\overline{C}_m$ 和 $\overline{B}_s$ 的最大特征值。则有：

$$C = \overline{C}_m - \lambda_c E_m\ ,\ B = \overline{B}_m - \lambda_B E_s \tag{7-2}$$

其中 E_m 和 E_s 分别为 m 阶和 s 阶单位矩阵。由 $(\overline{C}_m - mE_m)W = 0$，可得解 $W = (\omega_1, \omega_2, \cdots, \omega_m)^{T}$ ，即 AHP 方法求得的各输入指标权重。同理可求得各输出指标的权重为 $H = (\mu_1, \mu_2, \cdots, \mu_s)^{T}$ 。进一步构成多面闭凸锥，即 AHP 偏好约束锥：

$$\begin{cases} CV \geqslant 0,\ V = (v_1, v_2, \cdots, v_m)^{T} \geqslant 0 \\ BU \geqslant 0,\ U = (u_1, u_2, \cdots, u_s)^{T} \geqslant 0 \end{cases} \tag{7-3}$$

对于决策单元 j_0，引入基于 AHP 偏好约束锥的 DEA 评价模型，为：

$$\max \frac{U^{T} y_{j_0}}{V^{T} x_{j_0}}$$

$$s.t.\begin{cases}\dfrac{U^{\mathrm{T}}y_j}{V^{\mathrm{T}}x_j}\leqslant 1, j=1,2,\cdots,n\\ V_{AHP}=\{V\mid CV\geqslant 0, V\geqslant 0\}\\ U_{AHP}=\{U\mid BU\geqslant 0, U\geqslant 0\}\\ V\in V_{AHP}, U\in U_{AHP}\end{cases}\tag{7-4}$$

其中，$\mathrm{int}V_{AHP}\neq\phi$，$\mathrm{int}U_{AHP}\neq\phi$。

对上述分式规划模型进行 Charnes-Cooper 变换，可以得到对偶规划模型为：

$$\max u^{\mathrm{T}}y_{j_0}$$

$$(\mathrm{P})\begin{cases}\omega^{\mathrm{T}}x_j-u^{\mathrm{T}}y_j\geqslant 0, j=1,2,\cdots,n\\ \omega^{\mathrm{T}}x_{j_0}=1\\ \omega=(\omega_1,\omega_2,\cdots,w_m)^{\mathrm{T}}\geqslant 0\\ \mu=(\mu_1,\mu_2,\cdots,\mu_s)^{\mathrm{T}}\geqslant 0\\ \mu\in V_{AHP}\\ \omega\in U_{AHP}\end{cases}\tag{7-5}$$

其中 $V_{AHP}=\{\omega\mid C\omega\geqslant 0,\ \omega\geqslant 0\}$，$U_{AHP}=\{\mu\mid C\mu\geqslant 0,\ \mu\geqslant 0\}$。

7.4.3 案例分析

为了对公共自行车网络进行综合评价，为有关管理人员提供决策依据，本章在构建公共自行车网络的评价指标体系基础上，建立公共自行车网络的综合评价模型。由于数据包络分析是对具有多个输入和输出指标的同类型单元的相对效率进行综合评价的方法，广泛应用于各个领域。在定义了公共自行车及其系统的基础上，分析城市大力发展公共自行车的优点；并且从资源配置效率的角度，选取评价公共自行车系统的资源配置的指标，确立相应的评价指标体系，通过对指标集的划分，比较公共自行车网络在不同指标子集下的资源配置情况，进而提出利用效率指标最优值分析自行车系统的收益情况。最后通过杭州公共自行车系统的实例分析验证该模型在资源配置评价上的适用性及有效性。

1. 评价指标的选择

为使城市公共自行车交通网络评价结构更具科学性，按照指标筛选原则：科学性、系统性、可比性、可行性、独立性和引导性等六个原则和评价单元指标准则构建城市公共自行车交通网络评价指标体系。在综合分析基础上，基于理论联系实际的原则，本章将建立的公共自行车网络评价指标体系划分为输入指标和输出指标两个部分。输入指标表示公共自行车网络的资源消耗状况，输出指标则是资源产出的结果。

（1）公共自行车网络评价的输入指标界定。输入指标表征着城市建设公共自行车网络的需求与经济能力。公共自行车的投入数量与公共自行车服务站点的数量直观表达了公共自行车网络的供给情况，人口密度则说明了城市建设公共自行车网络的潜在需求，人均 GDP 客观反映了城市的经济水平，是建设自行车网络基础设施的必要保障。因此，本文选择的输入指标：

1）输入指标 x_1。x_1表示公共自行车投入量，属于定量指标，反映公共自行车的配置数量。

2）输出指标 x_2。x_2表示公共自行车服务点个数，属于定量指标，反映公共自行车网络的服务水平。

3）输出指标 x_3。x_3表示人口密度，属于定量指标，反映公共自行车网络服务对象的容量大小。

4）输出指标 x_4。x_4表示人均 GDP，属于定量指标，反映建立公共自行车网络的城市经济能力。

（2）公共自行车网络评价的输出指标界定。输出指标表征着城市自行车网络建设的成果以及效率。自行车日租用量和单车租用频率说明了自行车网络在实际投入应用后的使用情况，居民对建成的公共自行车网络使用反馈能够给管理者提供直接的决策影响，选取满意度调查数据和公共自行车出行比例作为居民对自行车网络建设的使用反馈表达。因此，本书中的输出指标界定：

1）输出指标 y_1。y_1表示自行车日租用量，属于定量指标，反映自行车网络中当天的自行车租用数量；

2）输出指标 y_2。y_2表示单车租用频率，属于定量指标，反映每辆自行车的租用频率；

3）输出指标 y_3。y_3表示公共自行车网络的满意度，属于定量指标，反映自行车网络的服务水平；

4）输出指标 y_4。y_4表示自行车出行比例，属于定量指标，反映用户的出行需求选择。

基于上述分析，在界定公共自行车网络评价的输出和输入指标基础上，建立的自行车网络的评价指标体系，见表 7-5。

公共自行车网络评价体系的输入输出指标　　**表 7-5**

序号	符号	指标内容	指标类型		单位	数据获取
1	x_1	自行车投入量	输入指标	定量指标	辆	相关单位统计资料
2	x_2	自行车服务点个数	输入指标	定量指标	个	相关单位统计资料
3	x_3	人口密度	输入指标	定量指标	万人/km^2	地方统计信息网
4	x_4	人均 GDP	输入指标	定量指标	亿元	地方统计信息网
5	y_1	自行车日租用量	输出指标	定量指标	辆/日	相关单位统计资料
6	y_2	单车租用频率	输出指标	定量指标	次/车	相关单位统计资料
7	y_3	公共自行车用户满意度	输出指标	定量指标	%	调查资料
8	y_4	自行车出行比例	输出指标	定量指标	%	调查资料

2. 基于改进 DEA 的公共自行车网络综合评价

在 DEA 的模型中，有一种模型叫 CCR 模型（由 Charnes，Cooper 和 Rhodes 创建的，简称 CCR）是 DEA 方法的基本模型，CCR 模型是用来研究具有多个输入，特别是具有多个输出生产部门同时为规模有效和技术有效的方法。本章基于 CCR 模型，构建基于改进 DEA 的公共自行车网络综合评价模型。过程如下：

假设公共自行车网络有 n 个决策单元 DMU_j（$j=1$，2，…，n），每个自行车网络决策单元 DMU_j 都有 m 种类型的输入以及 s 种类型的输出，即输入向量 x_{ij} 与输出向量 y_{rj} 分别为：

$$x_{ij}=(x_{1j},x_{2j},\cdots,x_{mj}),i=1,2,\cdots,m\;;$$

$$y_{rj}=(y_{1j},y_{2j},\cdots,y_{sj}),r=1,2,\cdots,s\;。$$

其中，x_{ij}表示公共自行车网络第j个决策单元的第i种输入的数量值，

y_{rj}表示公共自行车网络第j个决策单元的第r种输出的数量值。

基于上述假设，公共自行车网络综合评价模型的计算过程如下：

步骤一　计算效率评价指数

为了将所有公共自行车网络输入和输出指标进行综合统一，需要对每个输入和输出指标进行赋权，设：

公共自行车网络输入指标的权重向量$\overline{v}=\{v_1,\ v_2,\ \cdots,\ v_m\}$，其中：$v_i$表示第$i$种输入指标的权重；公共自行车网络输出指标的权重向量$\overline{u}=\{u_1,\ u_2,\ \cdots,\ u_s\}$，其中：$u_r$表示第$r$种输出指标的权重。

则公共自行车网络的输入输出指标综合值为：

（1）公共自行车网络第j个决策单元输入指标的综合值

$$h_{ij}=\sum_{i=1}^{m}v_i x_{ij} \tag{7-6}$$

（2）公共自行车网络第j个决策单元输出指标的综合值

$$h_{rj}=\sum_{r=1}^{s}u_r y_{rj} \tag{7-7}$$

根据式（7-6）和式（7-7），公共自行车网络每个决策单元 DMU 相应的效率评价指数为

$$h_j=\frac{h_{rj}}{h_{ij}} \tag{7-8}$$

其中，h_{ij}为公共自行车网络中第j个决策单元输入指标的综合值；

h_{rj}为公共自行车网络中第j个决策单元输出指标的综合值。

步骤二　构建决策单元的极值模型

为了对式（7-8）进行求解，需要确定一组最佳权重向量$\overline{v}$和$\overline{u}$，使第j个自行车网络决策单元 DMU 的效率值h_j最大。因此，以所有公共自行车网络决策单元 DMU 的效率指数$h_j\leqslant 1$为约束，第j_0个公共自行车网络决策单元 DMU_{j_0} 的极值模型：

$$\max h_{j_0}=\frac{\sum_{r=1}^{s}u_r y_{rj_0}}{\sum_{i=1}^{m}v_i x_{ij_0}}$$
$$s.t.\begin{cases}h_j\leqslant 1,j=1,2,\cdots,n\\ v_i\geqslant 0,i=1,2,\cdots,m\\ u_r\geqslant 0,r=1,2,\cdots,s\end{cases} \tag{7-9}$$

其中，x_{ij_0}表示公共自行车网络中第j_0个决策单元 DMU_{j_0} 的第i种输入的数量值；

y_{rj_0}表示公共自行车网络中第j_0个决策单元 DMU_{j_0} 的第r种输出的数量值。

步骤三　界定极值模型的对偶规划模型

为了对公共自行车网络决策单元 DMU 的极值模型求解，将式（7-9）变换成为等价的线性规划问题，令

$$w_i = \frac{v_i}{\sum_{i=1}^{m} v_i x_{ij_0}}, \mu_r = \frac{u_r}{\sum_{i=1}^{m} v_i x_{ij_0}}$$

则式（7-9）模型转化为：

$$\max h_{j0} = \sum_{r=1}^{s} \mu_r y_{rj_0}$$

$$\begin{cases} \sum_{r=1}^{s} \mu_r y_{rj} - \sum_{i=1}^{m} w_i x_{ij} \leqslant 0, j = 1,2,\cdots,n \\ \sum_{i=1}^{m} w_i x_{ij0} = 1 \\ w_i \geqslant 0, i = 1,2,\cdots,m \\ \mu_r \geqslant 0, r = 1,2,\cdots,s \end{cases} \tag{7-10}$$

基于对偶原理，公共自行车网络决策单元 DMU 的线性规划模型式（7-10）的对偶规划模型：

$$\theta^* = \min_{(i,\ j)} \theta_{ij}$$

$$s.t. \begin{cases} \sum_{j=1}^{n} \lambda_j x_{ij} \leqslant \theta_{ij} x_{ij} \\ \sum_{j=1}^{n} \lambda_j y_{rj} \geqslant y_{rj} \\ \lambda_j \geqslant 0 \\ j = 1,2,\cdots,n \end{cases} \tag{7-11}$$

其中，θ^* 是式（7-11）达到最优解时的资源配置效率值；

θ_{ij} 表示公共自行车网络中在第 i 个输入指标约束条件下，第 j 个决策单元 DMU_j 的资源配置效率值；

λ_j 表示公共自行车网络第 j 个决策单元 DMU_j 的规模收益效率值。

根据线性规划松弛原理以及对偶理论，知道式（7-8）、式（7-9）、式（7-10）等价，可以直接求算对偶规划式（7-11）来判断公共自行车网络决策单元 DMU 的有效性，进一步引入松弛变量 s^+ 和剩余变量 s^-，则判断公共自行车网络决策单元 DEA 有效性的极值模型为线性规划模型：

$$\theta^* = \min_{(i,\ j)} \theta_{ij}$$

$$s.t. \begin{cases} \sum_{j=1}^{n} \lambda_j x_{ij} + s^+ = \theta_{ij} x_{ij} \\ \sum_{j=1}^{n} \lambda_j y_{rj} - s^- = y_{rj} \\ s^+ \geqslant 0 \\ s^- \geqslant 0 \end{cases} \tag{7-12}$$

通过求解式（7-12）可以获得公共自行车网络各个决策单元 DMU，也就是本章中不同年份的综合评价效率指数，从而获取各个年份自行车网络方案的资源配置情况。

步骤四 评价结果的判定准则

构建公共自行车网络的根本目的在于服务大众，完善居民出行选择，既要从管理者的角度考虑经济效益，又要从便民的方面评判公共自行车网络的服务水平。资源配置是指城市公共自行车网络中各类资源的投入情况，规模收益指的是城市公共自行车网络中建设产生的收益大小，选择资源配置和规模收益两个指标作为判定城市公共自行车网络的评价准则的依据，能够有效评估城市公共自行车网络的投入与产出关系，并且反映城市公共自行车网络的服务质量。不妨设式（7-12）的最优解为 θ^*、λ^*、s^*，基于改进 DEA 的自行车交通网络综合评价，本章定义了公共自行车网络评价结果的判断准则。

（1）基于改进 DEA 的公共自行车网络资源配置判定准则

基于改进 DEA 的公共自行车网络综合评价模型中，利用式（7-12）的计算结果 θ^* 来判别公共自行车网络决策单元 DMU 的资源配置情况，其判定准则如下：

准则一 若 $\theta^*=1$，且 $s^*=0$，则公共自行车网络的决策单元 DMU_{j_0} 为 DEA 有效，此时公共自行车网络的决策单元 DMU_{j_0} 同时为技术有效和规模有效；

准则二 若 $\theta^*=1$，且 s^* 不全为 0，则公共自行车网络的决策单元 DMU_{j_0} 为弱 DEA 有效，此时公共自行车网络不是同时技术有效和规模有效；

准则三 若 $\theta^*<1$，则公共自行车网络的决策单元 DMU_{j_0} 不是 *DEA* 有效，此时公共自行车网络既不是技术有效也不是规模有效。

（2）基于改进 DEA 的公共自行车网络规模收益判定准则

基于改进 DEA 的公共自行车网络综合评价模型中的 λ_j 值来判别公共自行车网络决策单元 DMU 的规模收益情况。令

$$K=\sum_{j=1}^{n}\lambda_j \tag{7-13}$$

基于式（7-13），可以利用 K 评判公共自行车网络规模收益，其判定准则如下：

准则一 若 $K=1$，则公共自行车网络决策单元 DMU 为规模收益稳定，且此时公共自行车网络决策单元 DMU 达到规模最大产出点；

准则二 若 $K<1$，则公共自行车网络决策单元 DMU 呈现规模收益递增的趋势，且 K 值越小规模递增趋势越大；

准则三 若 $K>1$，则公共自行车网络决策单元 DMU 呈现规模收益递减的趋势，且 K 值越大规模递减趋势越大。

结合公共自行车网络评价模型，根据界定的评价结果判定准则，可以分析已经建成的公共自行车网络的资源配置优良情况，还可以依据收益趋势的评价结果，为公共自行车网络的未来规划提供参考。

3. 实例分析

考虑到杭州是我国率先引入公共自行车网络建设的城市，它的公共自行车网络发展较为成熟，具有典型意义，本章将以杭州公共自行车网络为例，展开分析。图 7-7 是杭州市公共自行车网络现状图。根据杭州统计信息网以及杭州公共自行车服务系统统计资料，可以获取杭州公共自行车网络综合评价模型中相关输入、输出指标的数据，见表 7-6。

杭州市各历史时期输入与输出指标数据　　　　**表 7-6**

指标 \ 年份(年)			2009	2010	2011	2012	2013
输入值	x_1	自行车投入量(辆)	17000	50000	60600	69750	78000
	x_2	服务点个数(个)	800	2000	2431	2962	3067
	x_3	人口密度(人/km²)	412	415	419.2	530	533
	x_4	人均 GDP(万元)	7.48	8.67	10.14	11.18	11.86
输出值	y_1	自行车日租用量(辆)	9.98	20.5	23.8	25.75	28.22
	y_2	单车租用频率	5.6	6.04	3.93	3.7	3.62
	y_3	公共自行车用户满意度	37%	50.8%	55.77%	64.86%	86%
	y_4	公共自行车出行比例	12%	20.4%	21.64%	28%	54%

由式（7-10）得到杭州市 2013 年公共自行车网络的综合评价模型：

$$\theta^* = \min_{(i,j)} \theta_{ij}$$

$$s.t.\begin{cases} 17000\lambda_1 + 50000\lambda_2 + 60600\lambda_3 + 69750\lambda_4 + 78000\lambda_5 \leqslant 78000\theta_{15} \\ 800\lambda_1 + 2000\lambda_2 + 2341\lambda_3 + 2962\lambda_4 + 3067\lambda_5 \leqslant 3067\theta_{25} \\ 412\lambda_1 + 415\lambda_2 + 419.2\lambda_3 + 530\lambda_4 + 533\lambda_5 \leqslant 533\theta_{35} \\ 7.48\lambda_1 + 8.67\lambda_2 + 10.14\lambda_3 + 11.18\lambda_4 + 11.86\lambda_5 \leqslant 11.86\theta_{45} \\ 9.98\lambda_1 + 20.5\lambda_2 + 23.8\lambda_3 + 25.75\lambda_4 + 28.22\lambda_5 \geqslant 28.22 \\ 5.6\lambda_1 + 6.04\lambda_2 + 3.93\lambda_3 + 3.7\lambda_4 + 3.62\lambda_5 \geqslant 3.62 \\ 0.37\lambda_1 + 0.508\lambda_2 + 0.5577\lambda_3 + 0.6486\lambda_4 + 0.86\lambda_5 \geqslant 0.86 \\ 0.12\lambda_1 + 0.204\lambda_2 + 0.2164\lambda_3 + 0.28\lambda_4 + 0.54\lambda_5 \geqslant 0.54 \end{cases} \tag{7-14}$$

利用 LINGO 软件计算线性规划式（7-14）得到结果：

$$\theta^* = 1;\ \lambda^* = (0,0,0,0,1)\ ;\ s^* = (0,0,0,0,0,0,0,0)\ ;\ K = 1\ 。$$

结果说明 2013 年杭州市公共自行车网络的资源配置为 DEA 有效，且 2013 年杭州市公共自行车网络的收益趋势稳定。

同样方式，可以分别建立杭州市公共自行车网络 2009 年、2010 年、2011 年、2012 年各年 DEA 线性规划模型，计算结果列入表 7-7。

杭州自行车网络各时期综合评价结果　　　　**表 7-7**

年份(年)	θ^*	λ_1	λ_2	λ_3	λ_4	λ_5	S_1^+	S_2^+	S_3^+	S_4^+	S_1^-	S_2^-	S_3^-	S_4^-
2009	1	1	0	0	0	0	0	0	0	0	0	0	0	0
2010	1	0	1	0	0	0	0	0	0	0	0	0	0	0
2011	1	0	0	1	0	0	0	0	0	0	0	0	0	0
2012	0.971	0	0.522	0	0	0.533	0	195.182	13.502	0	7.516%	11.441%	0	1.384
2013	1	0	0	0	0	1	0	0	0	0	0	0	0	0

根据表 7-7 数据绘制杭州市公共自行车网络资源配置效率值 θ 以及规模收益值 K 的趋势图，如图 7-9 所示：

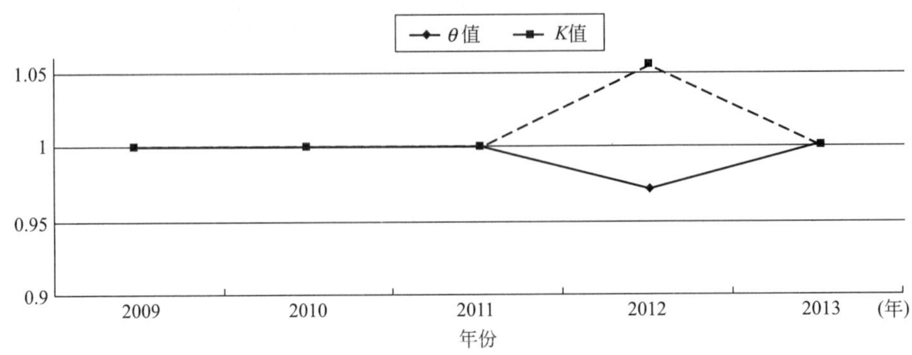

图 7-9 杭州自行车网络各时期资源配置与规模收益趋势图

(1) 杭州公共自行车网络资源配置判定。依据表 7-7 和图 7-9，2009 年、2010 年、2011 年、2013 年各年杭州市公共自行车网络资源配置效率值 $\theta^*_{2009}=\theta^*_{2010}=\theta^*_{2011}=\theta^*_{2013}=1$。根据公共自行车网络资源配置判定准则一，判定 2009 年、2010 年、2011 年、2013 年各年杭州市公共自行车网络资源配置为 DEA 有效。而 2012 年杭州市公共自行车网络的资源配置效率值 $\theta_{2012}=0.971<1$。根据公共自行车网络资源配置判定准则三，判定 2012 年杭州市公共自行车网络资源配置为 DEA 无效。

(2) 杭州公共自行车网络规模收益判定。依据表 7-7 和图 7-9，2009 年、2010 年、2011 年、2013 年各年杭州市公共自行车网络收益规模值 $K_{2009}=K_{2010}=K_{2011}=K_{2013}=1$。根据公共自行车网络规模收益判定准则一，判定 2009 年、2010 年、2011 年、2013 年各年杭州市公共自行车网络的规模收益趋势呈现稳定的状态。而 2012 年杭州市公共自行车网络收益规模值 $K_{2012}=(0.522+0.533)=1.055>1$。根据公共自行车网络规模收益判定准则三，判定 2012 年杭州公共自行车网络的规模收益呈现递减的趋势。

总之，基于杭州公共自行车网络资源配置和规模收益判定研究可知，2012 年杭州市公共自行车网络出现的反常情况，可能是由于管理者没有考虑到杭州市公共自行车的实际需求而盲目扩充自行车服务站点个数或者自行车总数的投入过量而造成的。具体的原因可以进一步探讨，本章未对此展开研究。但根据公共自行车网络综合评价模型的评判结果，可以为管理者的决策提供理论依据，体现了公共自行车网络综合评价模型的实际应用价值，且对其他领域的评价模型建立具有借鉴意义。

7.4.4 小结

数据包络分析（DEA）以其客观公正性而广泛应用各个领域的评价，本章以公共自行车网络为研究对象，构建了公共自行车网络的评价指标体系，并在改进 DEA 的基础上建立公共自行车网络的综合评价模型。为了对公共自行车网络评价结果进行有效分析，本章界定了公共自行车网络评价结果的判定准则，并以杭州市公共自行车网络为例验证了评价模型的实用性。本章构建的公共自行车网络综合评价模型不但避免了人工拟定权重系数的步骤，而且减少了人为主观因素的影响，分析的结果更客观。但在本章的评价指标体系中，选取的输出输入指标数量有限，对公共自行车网络评价不太全面。为了使自行车网络评价更加全面，可以进一步完善评价指标体系。

第 8 章　城市地铁交通网络

地铁是指运行在城市中心运行于地下隧道中，在城市中心以外的地区可能会有运行于地面或者高架，采用轨道供电或者电缆供电技术，承担单向客运量为 3 万～6 万人次/h 的具有独立路权的标准城市轨道交通方式。地铁系统主要由地铁车辆、供电系统、信号设备、通信系统、环境控制与车站设备等五部分组成（图 8-1）。其中，地铁车辆包含受电弓、车体以及转向架等主要组成部分。

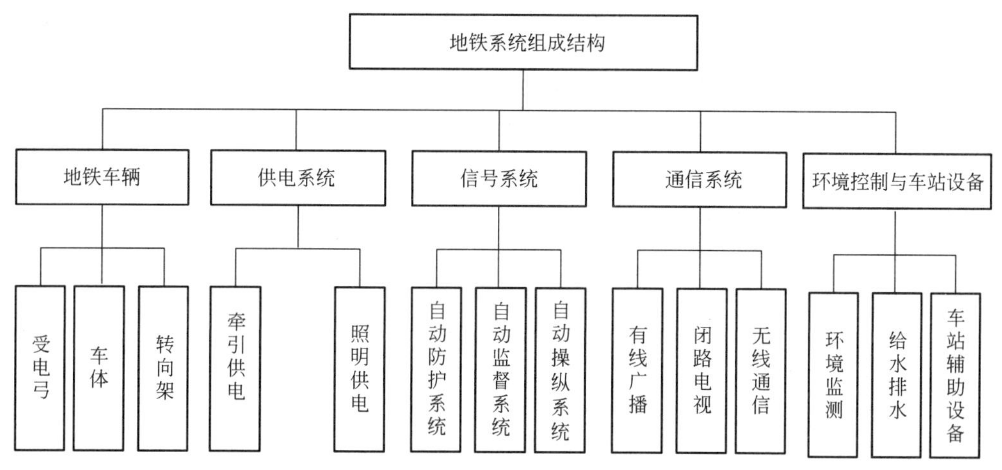

图 8-1　地铁系统的结构组成

（1）地铁车辆。城市轨道车辆由车体、转向架、制动装置、牵引缓冲连接装置、受流装置、车辆内部装置、车辆电气系统等 7 大部分组成。地铁车辆有 3 种形式：4 轴动车、6 轴单铰接式和 8 轴双铰接式车。车辆的技术参数包括车辆的长、宽、高、转向架的中心距、轴距、地板高度（表 8-1）。其中转向架的中心距是指车体支承在前后两转向架之间的距离。固定轴距，则是在轨道车辆运行中始终平行的最前轴到最后轴的距离。

轨道交通车辆参数（单位：m）　　**表 8-1**

项目名称	A 型车	B 型车	C 型铰接车	D 型铰接车	L 型车	单轨车
车长	22.1	19.0	—	—	17.08	14.8
车宽	3.0	2.8	2.6	2.6	2.8	2.98
车高	3.8	3.8	3.7	3.7	3.625	3.84/5.3
转向架中心距	15.7	12.6	—	—	11.14	9.6
固定轴距	2.5	2.3	1.9	0.95	2.0	2.5
车厢地板高度	1.13	1.10	0.95	0.35	0.93	1.13

(2) 信号系统。信号系统的主要作用是保证行车的安全和提高线路的通过能力，其包括信号装置、联锁装置、闭塞装置等。信号装置是指示列车运行条件的信号及附属设备，联锁装置是保证行车和调车安全及提高通过能力的设备，闭塞装置是保证在区间内行车安全及提高通过能力的设备。现在一般将信号系统发展为现代化的列车自动控制 ATC（Automatic Train Control）系统，进一步增加了基本的信号控制内涵。

(3) 通信系统。通信系统是构成轨道交通各部门之间有机联系、实现运输集中统一指挥、行车调度自动化、列车运行自动化、提高运输效率的必备工具与手段。

(4) 供电系统。供电系统是为轨道交通车辆与系统运营提供电能的。列车是电力牵引的电动列车，其动力是电能；此外，轨道交通中的辅助设施包括照明、通风、空调、排水、通信、信号、防灾报警、自动扶梯等，也都依赖电能。

(5) 环境控制与车站设备。为了保证轨道交通安全正常运行，应在轨道交通内设置环境控制设备和各类必需的车站辅助设备，包括：通风、空调、给排水、消防、自动扶梯、直升电梯、动力、照明、旅客引导等系统设备。现代化程度较高的轨道交通系统还配置了自动售检票系统、车站设备自控系统、屏蔽门等。

8.1 国外地铁发展现状

发达国家很早有了地铁，但是不同城市地铁发展也有差异。本章主要以千万人口的特大城市地铁作为案例进行综合研究，主要选取纽约、巴黎、东京和莫斯科等城市地铁作为案例教学分析研究。

8.1.1 纽约地铁

纽约地铁是美国纽约市的城市轨道交通系统，全球历史最悠久的公共地下铁路系统之一，也是国际地铁联盟的成员。纽约地铁拥有 468 座车站，商业营运路线长度为 373km（232 英里），用以营运的轨道长度约 1056km（656 英里），若加上地下街和地下相连通道等，总铺轨长度约 1355km（842 英里）。纽约地铁总长度为 443km，居世界第三。虽其名为地铁，其中地上线路约占 44%，绝大部分为高架线。

纽约市于 1868 年首次建成高架铁道并投入客运，后因噪声及污染严重，除保留少量郊区线路作为以后兴建地铁的延伸线外，陆续予以拆除。第一条建于地下的地铁于 1907 年建成通车，总长 443.2km，设车站 504 座，居世界首位。地铁轨距 1435mm，分别以 600V、625V 和 650V 直流 3 轨供电。纽约地铁的特点是 24 小时运营，有些运量较大的线路，还采用 3 条或 4 条轨道，实现了快慢车分道行驶，纽约地铁是世界上最著名的十大地铁之一。纽约地铁网络见图 8-2。

1. 发展历史

纽约市轨道交通运输史十分悠久。早在 1868 年左右，第一条高架路线（IRT 第九大道线）就已开通。而 BMT 莱辛顿大道线（现布鲁克林 BMT 牙买加线部分）的轨道结构自 1885 年使用至今。最老路线为布鲁克林-曼哈顿地铁公司的 BRT 西侧线。总之，19 世纪末曼哈顿的上空，已经遍布着密密麻麻的高架铁路网，但高架铁路的

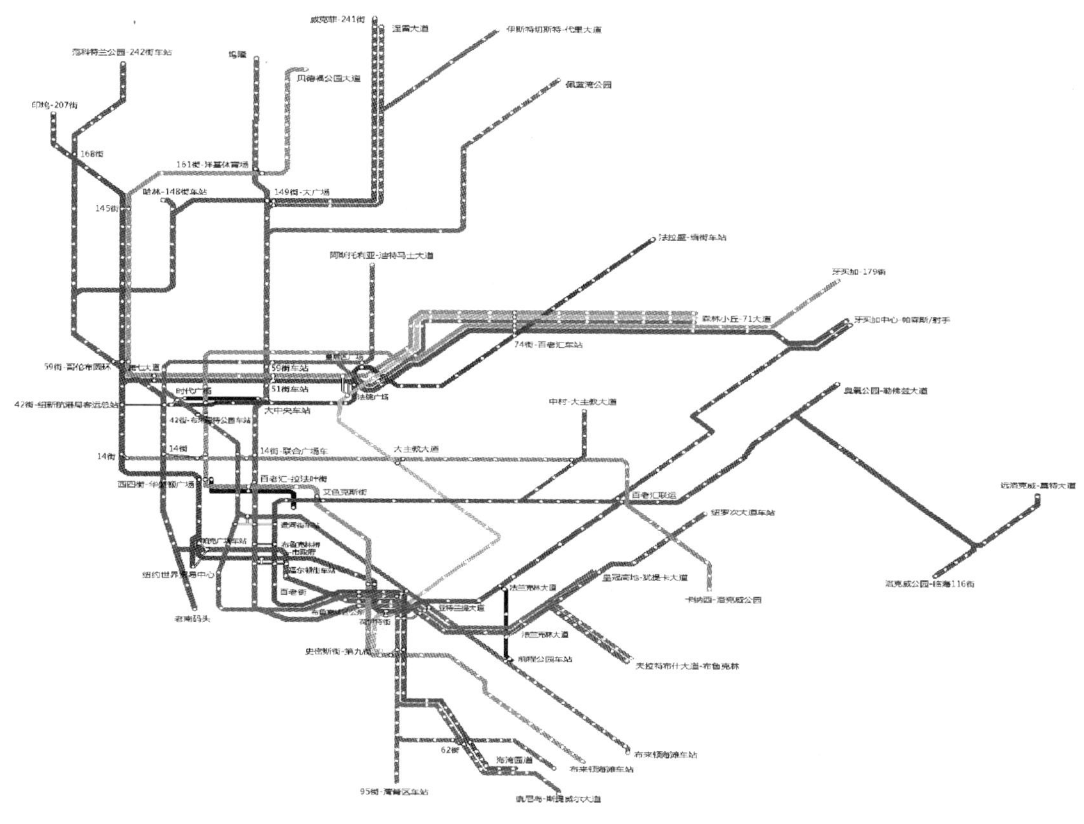

图 8-2　纽约地铁网络

缺点日益明显，即过时、吵闹，又有碍市容，逐渐导致民怨。经过一个世纪的发展，纽约地铁仍旧号称是全世界最有效率的地铁系统。纽约市 2010 年拥有地铁线路 26 条，地铁车站 468 个，车厢 6400 多节，线路总长近 370km，每天载运 450 万人来往纽约市 5 大区。据统计，在每天进入曼哈顿中央商务区的客流中，搭乘地铁到达的为 62.8%。

2. 发展规划

(1) 纽约地铁第二大道线。此线计划早在 20 世纪 20 年代就被提出，经过 50 年后才开始兴建。碍于财政困难、进度缓慢而被放弃，现今在中国城、东村及上东城仍存一小部分，可是长度过短，没被使用。

(2) 实现地铁自动化。自动化曾于 1958 年试用在 42 街接驳线，但 1964 年 4 月 24 日列车在大中央车站起火，计划于是取消。计划重启后由西门子交通技术集团负责，计划导入一人行车系统及通讯式列车控制系统，预计耗费 20 年。完成后可让成本降低、行车更安全。

(3) 7 号线延伸线。纽约市为申办 2012 年夏季奥运提出哈德逊再发展计划，将 IRT 法拉盛线（即 7 号线）往西延伸两个车站，兴建一地下机厂、平面为纽约喷汽机的体育场。当纽约被淘汰后，体育场的计划也随即取消，但延伸线计划继续进行。甚至有计划跨越哈德逊河延伸至新泽西州的霍博肯，成为纽约地铁第一条跨州路线。

8.1.2 巴黎地铁

巴黎地铁是法国巴黎的地下轨道交通系统，于1900年起运行至今。目前巴黎地铁总长度221.6km，有14条主线、2条支线，合计380个车站、87个交会站。巴黎地铁每天的客流量超过600万人次，仅从这个数字也可以想象这个庞大的地下交通系统的发达程度。巴黎地铁现由巴黎大众运输公司（RATP）负责营运。该公司亦同时营运巴黎区域快线RER的一部分以及巴黎路面电车中的1号线、2号线、3号线、3号线b线以及巴黎及其近郊的公交车路网。RATP的运营计划在法兰西岛运输联合会的指派下进行。巴黎地铁线路网络见图8-3。

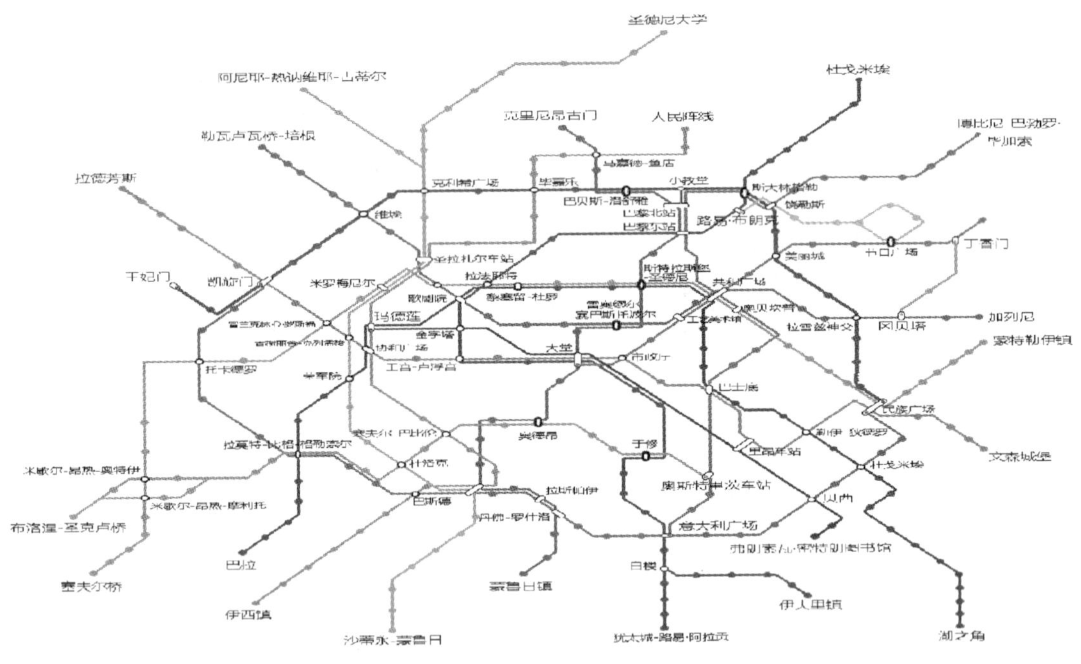

图8-3 巴黎地铁线路网络

1. 发展历史

（1）地铁的可行性。1845年市政府与铁路公司讨论兴建巴黎地铁的可行性时，对于整体路网的形式有争执：铁路公司认为，利用现有郊区的路线作延伸兴建巴黎地铁的基础。市政府希望兴建一条全新、独立于其他系统的地铁。双方争执将近数十年，到最后由于巴黎人口增多、交通问题层出不穷，当局采用巴黎市政府的构想兴建地铁。

（2）拟定的路网计划。1896年4月20日，巴黎当局核准由费尔杰斯比耶维涅拟定的路网计划。1900年7月19日巴黎地铁首条路线线随巴黎世界博览会开幕启用，车站新艺术样式出入口系由建筑师吉马赫设计制造。费尔杰斯比耶维涅所计划的路网有10条线（今日1号线～9号线），开工后进度极快，原路网也做了小小的更动；1号线与4号线分别为东西向与南北向，呈十字交叉；原本计划的2号线分为南北段呈L状，但1906年决定分拆，将南段并入5号线；3号线与5号线分别为新增的东西线、南北线；6号线原本只从Nation车站至Place d'Italie车站；7号线、8号线、9号线会在商业办公区的加尼叶歌剧院附近交会，并分别延伸到东北与西南的住宅区。

（3）开通线路。20世纪20～30年代，巴黎地铁开通了两条线路。分别为连接市区西南部与市中心，并行走巴黎十六区大部分地段的左岸中北部。1930 年 1 月 1 日，北南公司被 CMP 收购。20 世纪 30～50 年代，巴黎地铁路网开始新一轮扩张，向巴黎近郊拓展。1998 年 10 月，14 号线开通。穿越巴黎市中心地带。该线采用无人驾驶系统，是巴黎地铁中唯一一条全自动化的线路。14 号线车站空间广阔，照明充足，月台长度达到 120m，由于线路站距和 RER 接近，列车最高时速可达 80km，远高于其他地铁线，这样 14 号线较其他线路来的高效。线路还安装了月台幕门以保证乘客的人身安全。12 号线于 2012 年 12 月向北延长一站至人民阵线站，位于奥贝维埃和圣德尼之间。4 号线于 2013 年 3 月向南延长一站延长至蒙鲁日镇站，位于南部近郊的蒙鲁日。

2. 未来规划

如今，巴黎地铁路网的扩展放缓了脚步。公众资金的短缺限制了相关的项目投资，固有线路的速度低，载客容量不足使得巴黎地铁无力再向郊外作更多的延伸。路面电车由于兴建成本低，载客容量亦可以满足人口不太稠密的市镇，而成为近年来的轨道交通首选。时下巴黎地铁急需一条环形线，连接各条从市中心通往郊外的辐向线。另外，RATP 仍致力于巴黎地铁的列车翻新，增大重负荷线路的流量，和对路网进行一些小幅延伸，有的延伸已经计划了超过 50 年。

近期规划，以下项目已获得法兰西岛运输联合会融资，并正在或准备施工兴建：4 号线将继续向南延长至巴纽，预计 2019 年完成。11 号线向东延长至罗尼丛林，预计在 2019 年之间完成。12 号线再向北延长至奥贝维埃，预计于 2017 年年底完成。14 号线向北延长至圣旺，中间和 13 号线的两个分支相交，为的是减轻 13 号线的负载，预计在 2017 年之前完成。

长远规划，巴黎地铁路网的长远规划由法兰西岛规划办提出，包含多个延伸项目，预计在 2030 年之前陆续完成：1 号线向东延长至丰特奈河谷的下一步方案已于 2007 年 2 月 16 日获得大区委员会通过。7 号线向北延长至国铁勒布杰站。9 号线向东延长至桃子墙。10 号线向东南延长至伊夫里-冈贝塔广场。12 号线向西南延长至伊西穆连奴西部的伊西站。

8.1.3　伦敦地铁

伦敦地铁是英国伦敦的城市轨道交通系统，1856 年开始修建，于 1863 年 1 月 10 日通车。它长约 7.6km，隧道横断面高 5.18m、宽 8.69m，为单拱形砖砌结构。当时是以蒸汽机车牵引列车。1890 年又建成一条地下铁道，长 5.2km，隧道为圆形，内径 3.10～3.20m，铸铁管片衬砌。用电力机车牵引列车，为世界上第一条电气化地铁。地铁车辆在伦敦市中心地底运行，至郊区在地面运行，其中地面运行线路占 55%。伦敦地铁在英文中别称 The Tube，名称来源于车辆在像管道一样的圆形隧道里行驶。

目前伦敦已经建成总长 402km 的地铁网，其中 160km 在地底，共有 11 条路线、270 个运作中的车站，每日载客量平均高达 304 万人。2004～2005 年度总载客人次为 9 亿 7600 万。以线路长度计算，它是世界上第三大的地铁网络，仅次于上海地铁和北京地铁。伦敦地铁线路网络见图 8-4。

1. 发展历史

伦敦地铁最初的一部分，大都会铁路，是世界上第一条市内载客地下铁路，该条铁路在帕丁顿（现在的帕丁顿站）和临时的法灵顿街站（现在的法灵顿站西北）间运行。尽管铁路计划在 1854 年就被批准，但由于财政等各种原因被一再推迟，不过公共交通系统最

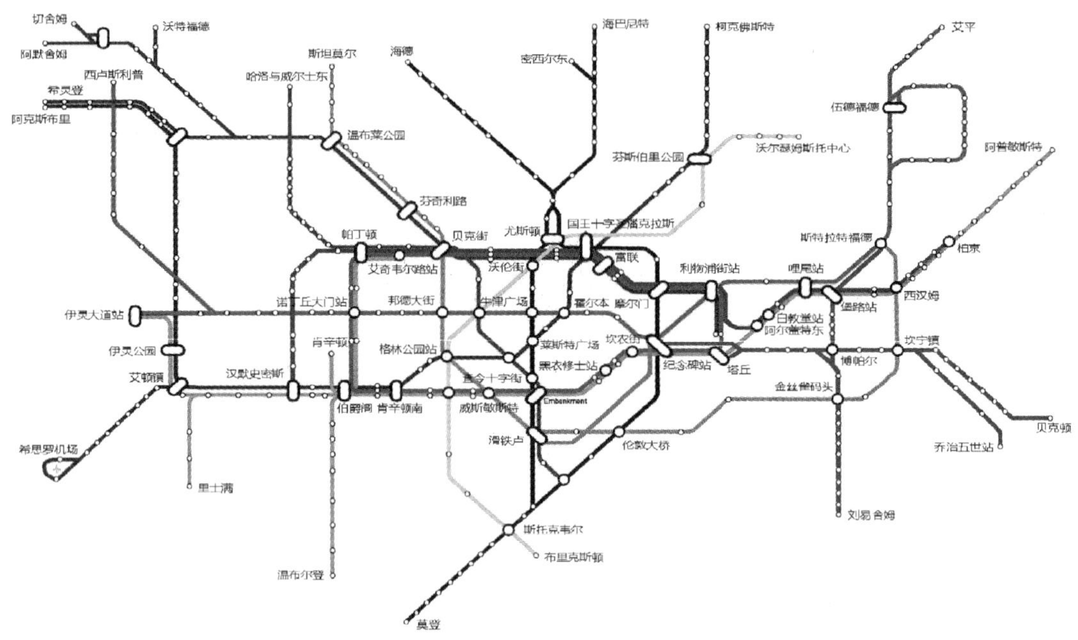

图 8-4　伦敦地铁线路网络

终于 1863 年 1 月 10 日正式运作，开张当天即有 4 万名乘客搭乘该条线路，列车为每 10min 一班。到了 1880 年，扩展后的大都会铁路每年运载 4000 万名乘客。与此同时，其他路线也迅速跟进，1884 年，内环线（现在的环线）竣工。由这些早期的路线均使用需要顶部通风良好的蒸汽机车，所以隧道较浅较大。随后电力机车的使用使得新隧道可以比原本隧道建造的更深更窄，同时也使用和进一步发展了盾构技术。第一条电力运行的深层隧道一城市与南伦敦铁路于 1890 年建成。

伦敦地铁现已建成 12 条，总长度超过 400 公里的线路网，有 160 余公里的线路位于隧道内，其中 96km 长的隧道采用明挖法施工。线路的最大坡度为 33‰。旧线的最小曲线半径为 100m，新建的为 402m。

2. 未来规划

伦敦地铁为开通 150 周年庆生之余，伦敦市长约翰逊 2013 年 11 月 21 日宣布，从 2015 年秋天开始，伦敦地下铁将在主要线路上实行周末 24 小时全天运营。同时，伦敦地铁还将大面积停用售票窗口，朝着更高程度的自动化和人性化服务迈进。由于仅有不足 3%的乘客会在旅途中需要票务窗口服务，伦敦地铁还计划大面积关闭售票窗口。这一措施意味着近 5800 个售票处的 950 名员工将失业，同时也为地铁部门在未来五年里节省 2.7 亿英镑（约合人民币 27 亿元）的薪酬支出。不过伦敦地铁还会在几个主要站点设立“游客信息中心”，这些信心中心也是唯一可以在柜台购票的地方。

8.1.4　东京地铁

东京是全日本以至全亚洲最早有地铁路线的城市，最早营运的路线——银座线上野—浅草段在 1927 年 12 月通车。目前共有 13 条路线（东京地铁共 9 线、都营地铁共 4 线），

285 个车站（东京地铁共 179 个、都营地铁共 106 个，当中多线共用的车站重复计算），路线总长 304.1km（东京地铁共 195.1km、都营地铁共 109km；不含与私营铁路连通的路段），每日平均运量约 850 万人次（东京地铁约 622 万、都营地铁约 228 万），人流繁忙程度居全球地铁系统第一位，为美国最繁忙的纽约地铁每日平均运量的两倍。东京地铁线网由东南海滨的城市中心向北、向西扇形发展，呈放射式布局，并与市郊铁路衔接联运。东京地铁与都营地铁线路网见图 8-5。

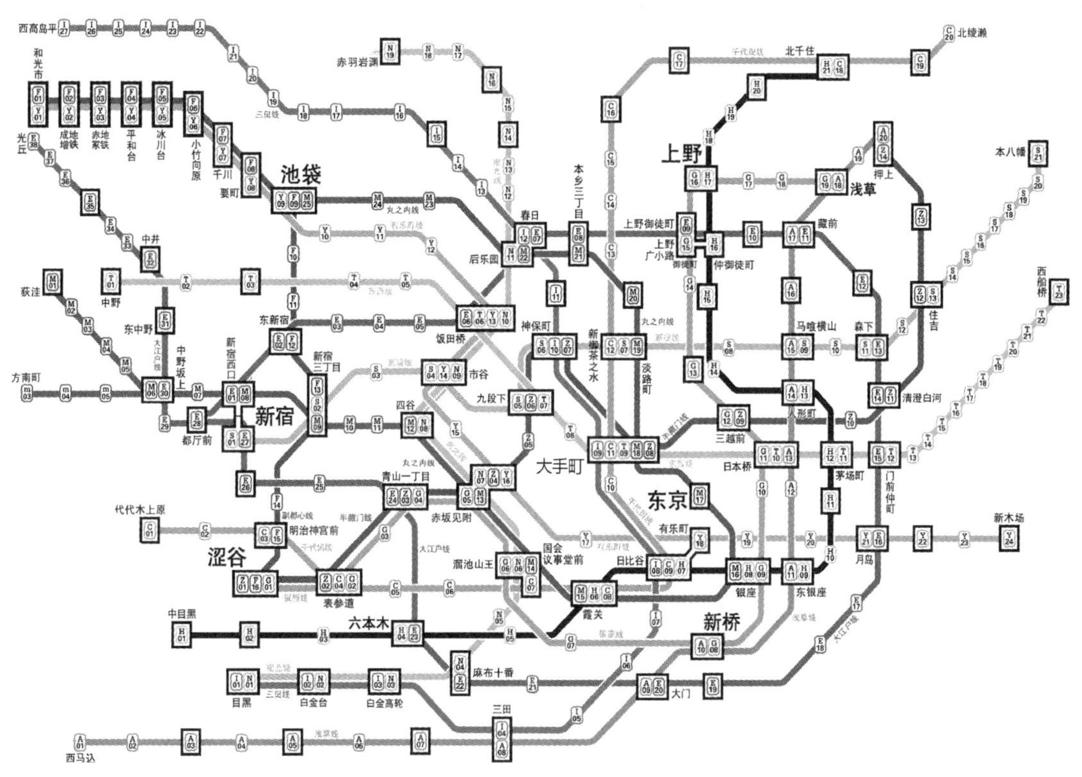

图 8-5　东京地铁与都营地铁线路网

8.1.5　莫斯科地铁

莫斯科地铁（Moscow Metro）全称为列宁莫斯科市地铁系统，是世界上规模最大的地铁系统之一，还是世界上使用率第四高的地下轨道系统。其中不少车站在建设的时候融入了卓越的设计风格以及大理石立柱的设计使得莫斯科地铁的富丽堂皇的程度，也是世界上首屈一指的。地下铁道考虑了战时的防护要求，可供 400 余万居民掩蔽之用。

莫斯科地铁的主要结构为中心向四周辐射状，其全长为 313.1km，拥有 12 条线路以及 188 个车站，其每个工作日大约能接待 8 百万～9 百万人次。其所有的线路按照其开通顺序的先后获得 1～11 的编号，其中最重要的便是 5 号线——环线，它负责连接起其余绝大多数线路，其长度大约为 20km。莫斯科地铁线路网见图 8-6。

莫斯科地铁系统和市区的布局基本一致，由市中心放射延伸，呈辐射状和环状。巨大的地下交通网连接着莫斯科的各主要公共场所，大多数标志性建筑都有地铁站。

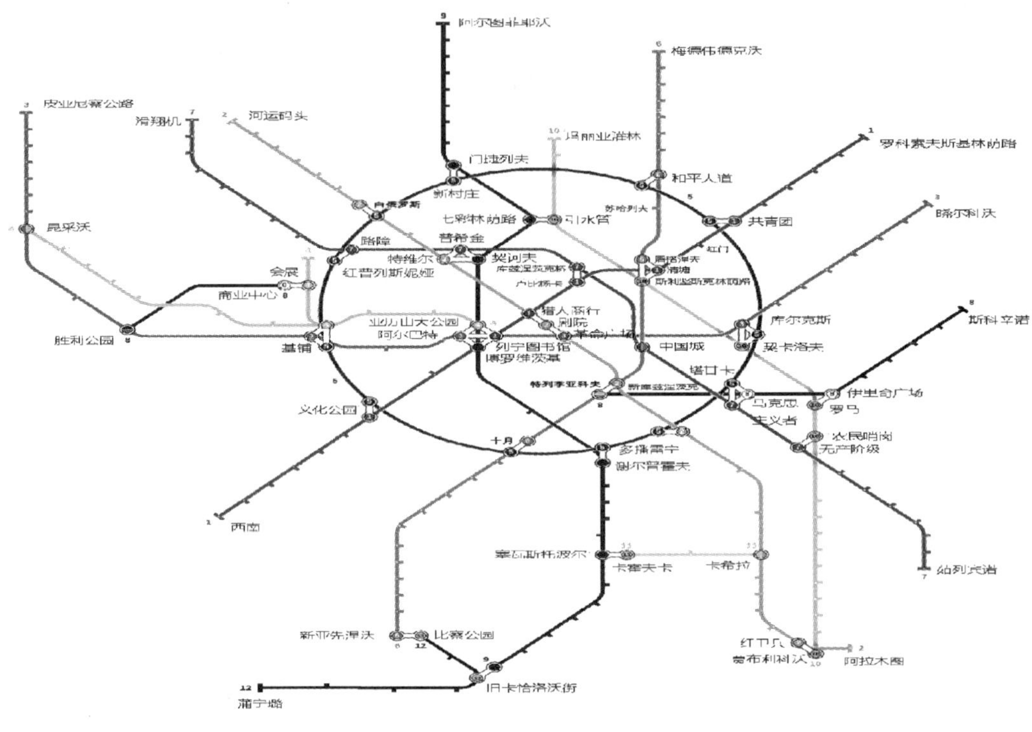

图 8-6　莫斯科地铁线路网

8.2　国内地铁发展历程

我国的地铁始建于 1965 年，经过将近五十年的发展，截至 2013 年底，我国已经开通运营的地铁线路的总里程数量达到 2518.6km，在建的地铁线路里程数量为 2975.58km，规划里程数量达到 14678.84km。我国地铁建设现状见图 8-7。

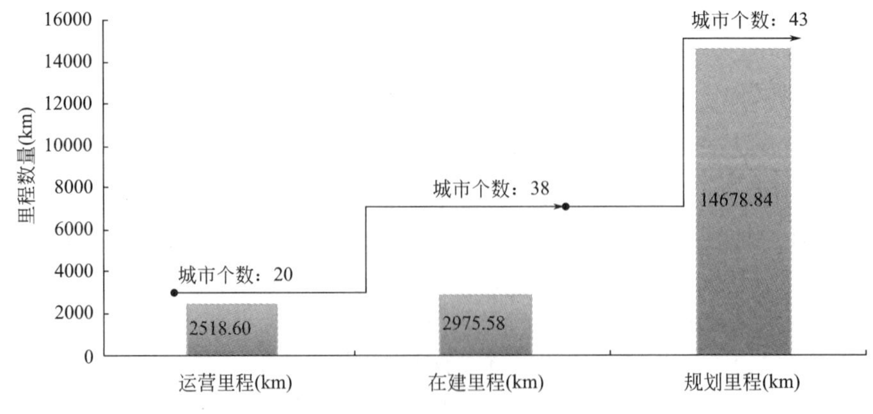

图 8-7　我国地铁建设现状（数据截至 2013 年底）

2013 年底我国共有 20 个城市已经开通运营地铁线路，38 个城市正在建设地铁线路，43 个城市正在规划地铁线路（见表 8-2）。其中，建设规模最大的城市是上海市，目前已经开通运营的线路里程达到 473km，建设中的线路里程为 187km，规划里程达到 970km。其次为北京市和广州市，地铁运营里程分别为 456km 和 236km。地铁规划里程最多的是天津市，规划线路里程数量达到 1036km。

2013 年我国城市地铁建设里程综合排名　　表 8-2

排名	城市	运营里程(km)	在建里程(km)	规划里程(km)
1	上海市	473	187	970
2	北京市	456	105	561
3	广州市	236	114.66	600
4	香港	218.2	/	/
5	深圳市	178.4	170	720
6	重庆市	142.5	41.14	820
7	天津市	136.46	115	1036
8	台北市	112.8	/	/
9	大连市	88	170	262.9
10	南京市	85	215	775
11	武汉市	56.57	158.7	540
12	长春市	52.1	41.98	179
13	沈阳市	49.76	87.8	210
14	杭州市	47.97	69.6	375.6
15	高雄市	42.7	/	/
16	成都市	41.5	129.7	401.5
17	昆明市	40.62	38.96	602
18	苏州市	25.74	92.89	254.3
19	西安市	20.5	138.65	550
20	佛山市	14.78	68.3	255.4
21	宁波市	0	72.1	247.5
22	徐州市	0	66.95	118
23	东莞市	0	59.9	194.4
24	石家庄市	0	59.6	244.7
25	贵阳市	0	58.7	140
26	无锡市	0	56.11	157.77
27	哈尔滨市	0	55.35	340
28	福州市	0	55.3	324.72
29	青岛市	0	54	227
30	常州市	0	53.91	129
31	温州市	0	51.9	140.7
32	太原市	0	49.2	234.5
33	乌鲁木齐市	0	47.9	211.9
34	长沙市	0	45.83	456
35	郑州市	0	44.47	202.35

续表

排名	城市	运营里程(km)	在建里程(km)	规划里程(km)
36	南昌市	0	43.4	212
37	珠海市	0	37.5	300
38	兰州市	0	36	207
39	厦门市	0	31.5	246.2
40	澳门	0	27	27
41	合肥市	0	24.58	215.3
42	济南市	0	0	262
43	南宁市	0	0	252.1
44	泉州市	0	0	214
45	南通市	0	0	180
46	镇江市	0	0	82

8.2.1 北京地铁

1953 年北京开始进行地铁线路可行性规划，1965 年北京开始建设第一条地铁线路，1969 年北京第一条地铁线路竣工。直到 2013 年，经过将近 50 年的发展，地铁年客运量突破 36 亿人次，工作日均客流达 1000 万人次，峰值日客运量 1155.92 万人次，居世界第一。此外，北京地铁开通 18 条对公众开放的运营线路，覆盖北京市 11 个市辖区，总长 537km，建设有 279 座运营车站，北京已经拥有世界上客运量规模最大的城市地铁系统。北京地铁网络见图 8-8。

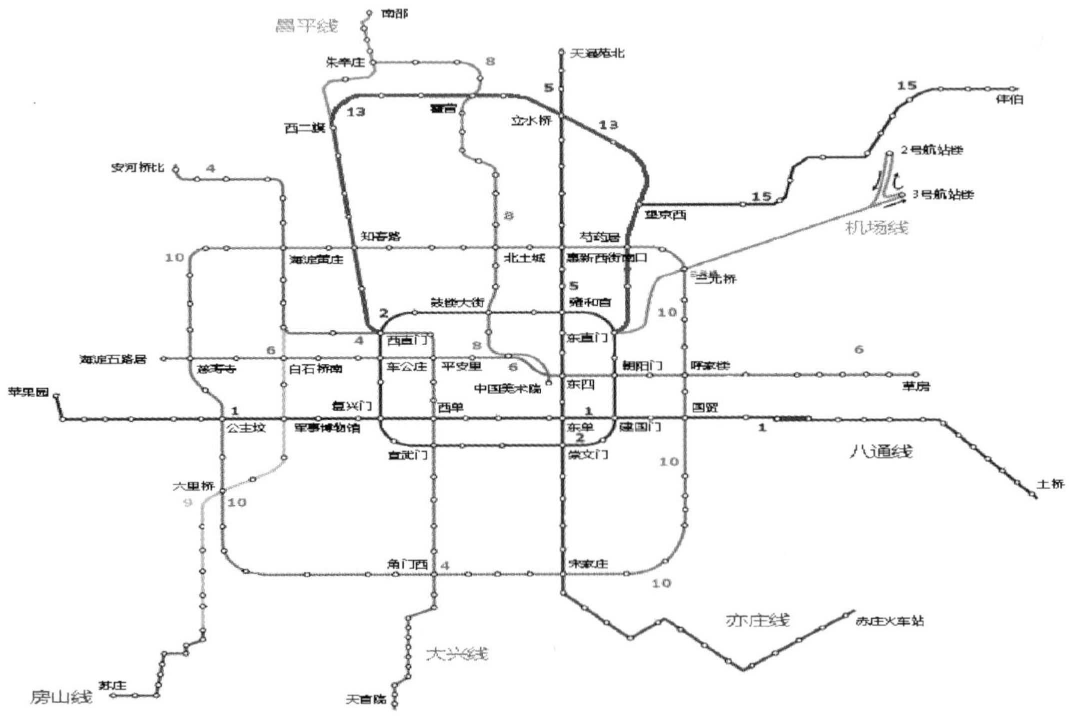

图 8-8　北京地铁网络

1. 北京地铁发展历程

北京地铁的发展主要经过了四个阶段，分别是对北京建设地铁的可行性进行分析的规划时期，在缺乏资金和技术条件下的地铁建设初期，具有一定运营和建设经验的发展中期，以及北京 2001 年获得奥林匹克运动会主办权之后的快速发展期。在短短十几年间，北京地铁的运营里程数增长了近 4 倍，至 2014 年其运营里程已达 537km，在城市交通系统中起着重要作用。北京地铁里程变化情况见图 8-9。

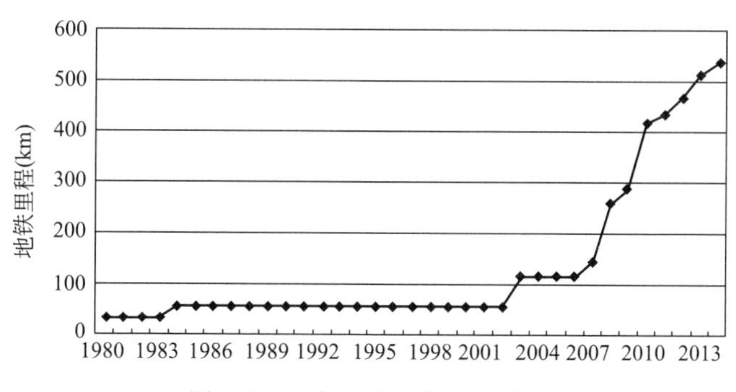

图 8-9　北京地铁里程变化情况

(1) 1953～1965 年：最初规划阶段

1957 年，北京地铁的最早规划出炉，其中包括一条环线与 7 条其他线路，共 172km，有 114 个车站。其中两条线路被选中最先动工。1961 年，北京地铁筹建工作因三年困难时期而停止。几年后，地铁筹建工作才得以重新开始。这是北京地铁的艰难起步阶段。

(2) 1965～1981 年：地铁系统一期工程

北京地铁一期工程于 1965 年 7 月 1 日开工，至 1969 年 10 月 1 日竣工，以庆祝国庆节。这条线路长 23.6km，采用明挖填埋法施工，从西山苹果园到北京火车站，共有 17 座车站。这条线路是中国大陆最早的地铁线路，同时也早于香港、首尔、新加坡、旧金山、华盛顿等城市的地铁修建，但很多技术问题导致北京地铁在之后 10 年内事故连连。

(3) 1981～2000 年：地铁建设二期工程

1984 年 9 月 20 日，北京地铁二期工程开通运营。这条马蹄形的线路自复兴门至建国门，长 16.1km，有 12 座车站。二期工程和一期工程的一部分可以组合成一个环，但直到 1987 年 12 月 28 日，两条已有线路才被重新组合成两条新线，即 1 号线和 2 号线。北京地铁在 1988 年输送旅客量达到了 3.07 亿人次。1990 年，地铁日客流量首次突破 100 万人次，而全年总客流量达到了 3.81 亿人次。

(4) 2001 年至今：北京地铁飞速发展

2001 年 7 月 13 日，北京获得了第 29 届夏季奥林匹克运动会主办权，极大地推动了北京地铁事业的发展。2002～2008 年，北京投入 638 亿元建设地铁。北京地铁发展进入了新的阶段，在此期间北京开通了地铁 13 号线全线、地铁 5 号线全线、地铁 8 号线一期、地铁 10 号线一期、地铁机场线、地铁 S2 线全线、北京地铁 4 号线全线等众多线路。

北京地铁线路开通时间 表 8-3

线路名称	运营区间	初通时间	里程(km)	站数
北京站专线	三家店-北京站，衙门口—西郊机场	1969.10.1	-	24
宣和副线	玉泉山—南苑机场—航天部火箭院	1969.10.1	-	9
1 号线	苹果园—四惠东	1969.10.1	31.1	23
2 号线	环线	1984.9.20	23.5	18
4 号线	安河桥北—公益西桥	2009.9.28	28.2	24
5 号线	天通苑北—宋家庄	2007.10.7	27.6	23
6 号线	海淀五路居—草房	2012.12.30	30.4	20
7 号线	北京西站—焦化厂	2014.12	23.7	21
8 号线	朱辛庄—南锣鼓巷	2008.7.19	26.6	12
9 号线	国家图书馆—郭公庄	2011.12.31	16.5	12
10 号线	环线	2008.7.19	57.4	45
13 号线	西直门—东直门	2003.1.28	40.7	16
14 号线	张郭庄—西局	2013.5.5	47.3	37
15 号线	清华东—俸伯	2010.12.30	44.0	12
八通线	四惠东—土桥	2003.12.27	19.1	13
昌平线	南邵—西二旗	2010.12.30	21.3	7
房山线	苏庄—郭公庄	2010.12.30	24.6	11
大兴线	新宫—天宫院	2010.12.30	21,8	11
亦庄线	宋家庄—次渠	2010.12.30	23.2	13
机场线	东直门—首都机场 T2/T3 航站楼	2008.7.19	30.0	4
S2 线	北京北站-延庆	2008.8.6	77.0	7

2. 北京地铁发展规划

北京市编制的城市轨道交通建设规划将 2020 年视为远景规划的目标年份。根据 2010 年中共北京市委常委会审议的《北京市城市轨道交通建设规划方案（2011～2020 年）》，至 2020 年北京市的轨道交通线路网将包括 30 条线路，总长约 1050km，车站近 450 个。2020 年的远景规划仍处于编制过程中，但预计在 2020 年，北京四环路内轨道交通网密度将达 1.29km/km^2 左右，达到或超过东京、纽约等国际城市的轨道交通线网密度水平。预计到 2020 年，北京市地铁线网规模将达 1000 多公里。北京地铁 2020 年规划见图 8-10。

8.2.2 上海地铁

上海地铁是服务于上海市及昆山市的地铁系统，是上海市城市轨道交通网络的组成部分，运营线路亦延伸至临近的江苏省昆山市。上海轨道交通 1 号线于 1995 年 4 月正式全线开通运营，是继北京地铁、天津地铁之后中国大陆投入运营的第三个城市轨道交通系统。截至 2014 年 7 月 22 日，上海地铁全网运营线路总长 538km（不含磁悬浮线路、金山铁路），车站共计 332 座，年客运量达到 25 亿人次，是目前世界上规模最大的城市地铁系

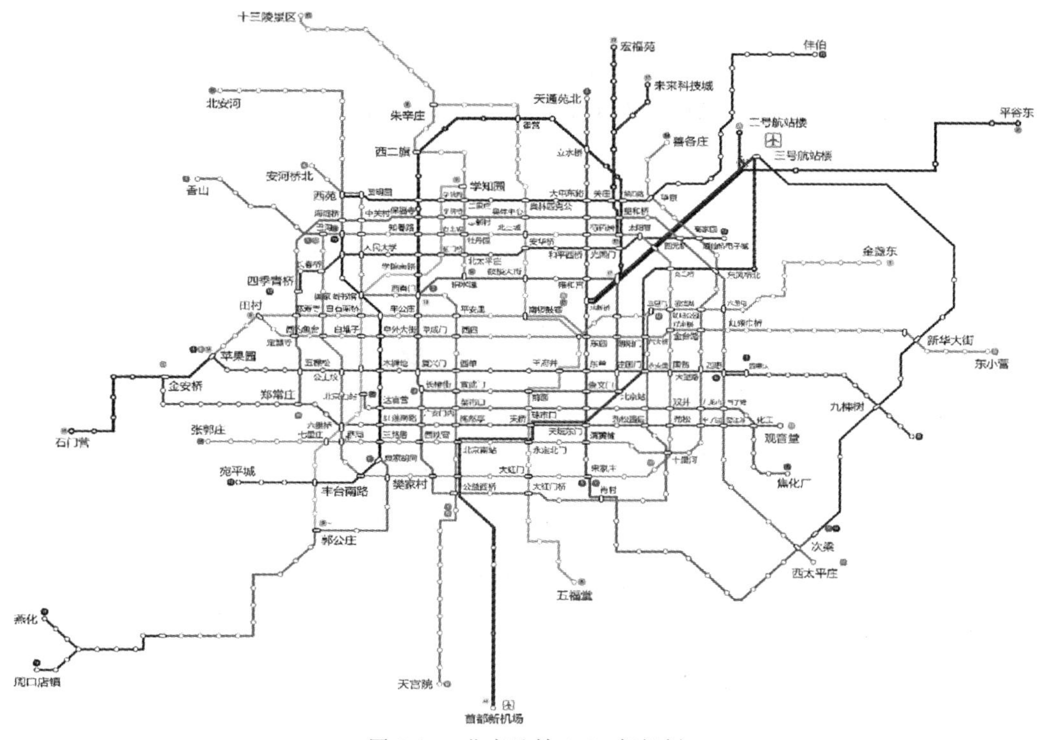

图 8-10　北京地铁 2020 年规划

统。根据规划到 2014 年底，上海地铁运营里程将突破 600km，远期规划则达 970km。上海地铁线网见图 8-11。

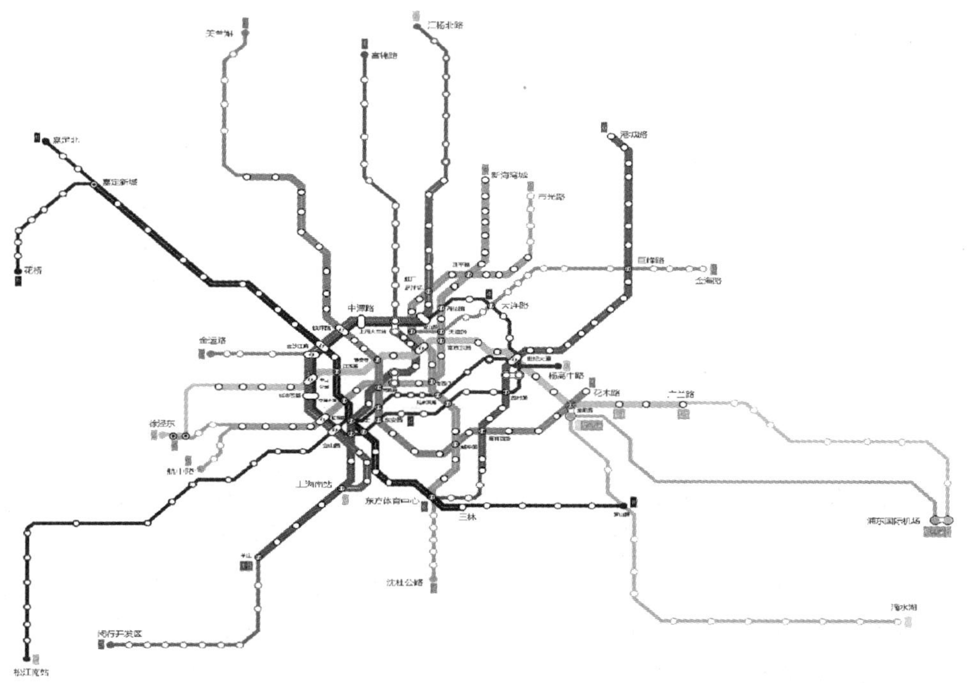

图 8-11　上海地铁线网

1. 上海地铁发展历程

上海地铁从最初的设想，到之后的试验，再到现在复杂的地铁网络经历了将近 60 年的时间。上海地铁在 1980 年之前都处于准备阶段，1996 年之后上海地铁的建设速度稳定增长，平均每年建设地铁线路里程 29km。截至 2014 年 7 月，上海地铁运行里程已达 538km。上海市地铁建设里程增长情况见图 8-12。

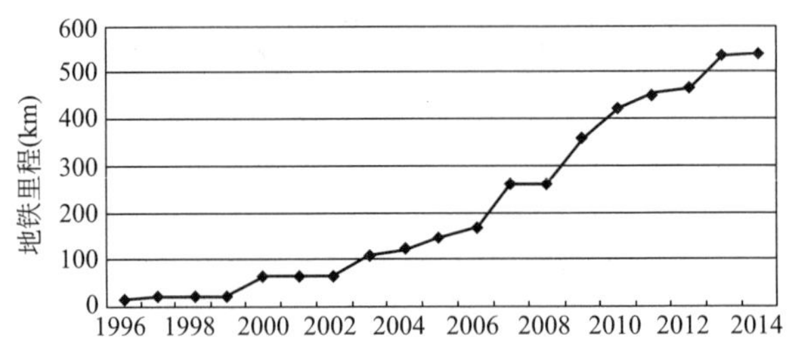

图 8-12 上海市地铁建设里程增长情况

从上海轨道交通 1 号线于 1993 年 1 月 10 日建成至今，上海地铁不断地发展演变，其轨交全网运营线路总长 538km，现已成为世界上规模最大的城市地铁系统。上海轨道交通运营线路基本信息见表 8-4。

上海轨道交通运营线路基本信息 **表 8-4**

线路名称	运营里程(km)	站点	车型	通车时间
上海轨道交通 1 号线	36.9	28	A8	1993.05.28
上海轨道交通 2 号线	64.0	30	A4/8	2000.06.11
上海轨道交通 3 号线	40.3	29	A6	2000.12.26
上海轨道交通 4 号线	33.6	26	A6	2005.12.31
上海轨道交通 5 号线	17.2	11	C4	2003.11.25
上海轨道交通 6 号线	36.1	28	C4	2007.12.29
上海轨道交通 7 号线	44.3	33	A6	2009.12.05
上海轨道交通 8 号线	37.4	30	C6/7	2007.12.29
上海轨道交通 9 号线	52.0	26	A6	2007.12.29
上海轨道交通 10 号线	36.0	31	A6	2010.04.10
上海轨道交通 11 号线	71.4	35	A6	2009.12.31
上海轨道交通 12 号线	19.0	16	A6	2013.12.29
上海轨道交通 13 号线	9.4	6	A6	2012.12.30
上海轨道交通 16 号线	52.0	11	A3	2013.12.29
上海磁浮示范运营线	33.0	2	/	2002.12.31

2. 上海地铁发展规划

(1) 2020 年规划。上海目前在建的地铁线路有 15、17、20 号线。远期，上海地铁规划将达到 33 条线，1700 公里规模，并与贯通全市各要点的高速城际铁路统一票务、有效换乘。2020 年主要规划线路有：上海地铁 14 号线：即原来的 M6 线，起讫点为嘉定江桥至陆行；上海地铁 15 号线：即原来的轻轨 L1 线，起讫点为锦秋路-闵行紫竹圆区；上海地铁 16 号线：即原来的轻轨 L2 线，起讫点为吴泾-虹口公园；上海地铁 17 号线：即原来的轻轨 L3 线，起讫点为虹桥交通枢纽-军工路；上海地铁 18 号线 (L5)：即原来的轻轨

L5 线，起讫点为共康新村-南汇航头。上海地铁 2020 年规划见图 8-13。

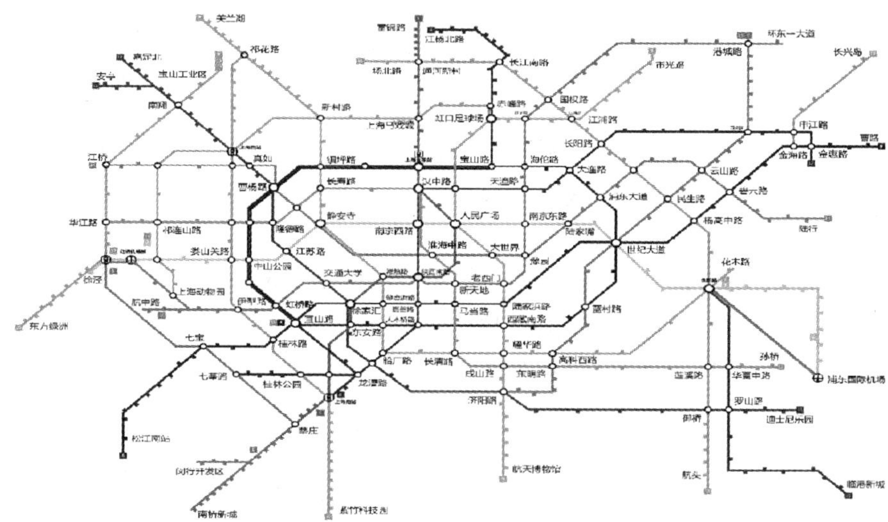

图 8-13　上海地铁 2020 年规划

（2）2030 年规划。在 2008 年规划方案的基础上延伸 11 条线，新建 8 条线（另外 3 条支线），并建设连通上海南站、龙阳路、浦东机场、虹桥枢纽、青浦枢纽、无锡硕放机场、嘉兴南站、杭州东站、杭州萧山机场的磁悬浮线，以及连通乍浦、南通、常熟等地，并呈现市域环状加上海南-金山支线的通勤铁路网。上海地铁 2030 年规划见图 8-14。

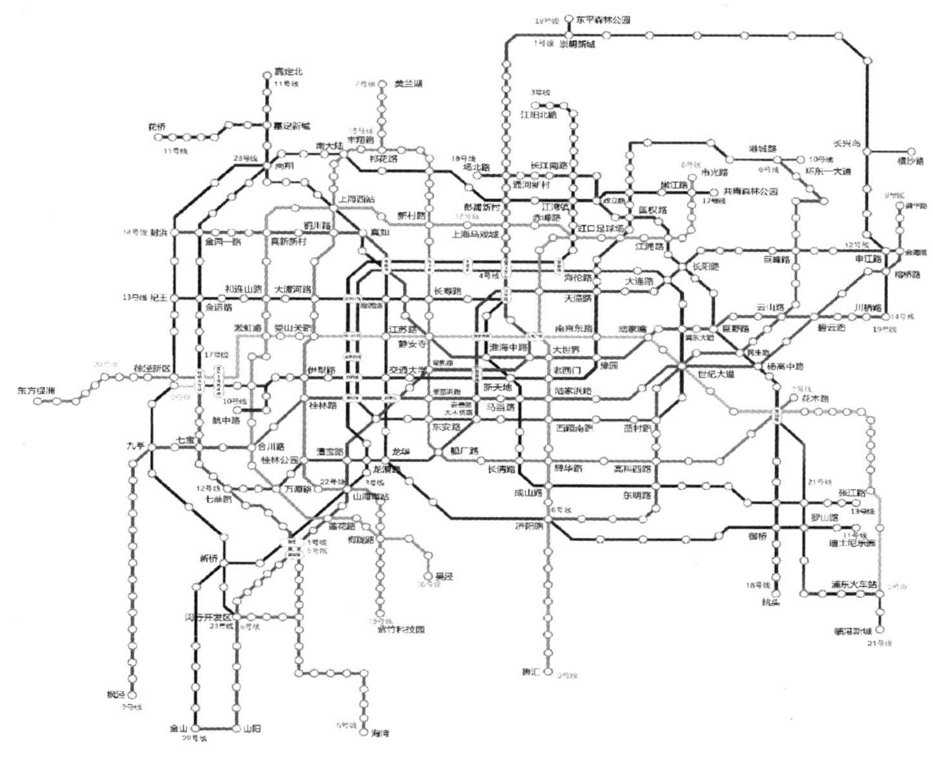

图 8-14　上海地铁 2030 年规划

8.2.3 广州地铁

广州地铁1号线从黄沙至西朗于1997年6月28日正式开通，广州也成为中国大陆第四个拥有地铁的城市，也是中国大陆第一个拥有地铁的副省级城市和省会城市。广州地铁共有9条营运路线，总长为260.5km，共164座车站，是中国第三大城市轨道交通系统。此外，广州地铁还是城际地铁线路广佛地铁的建造者及运营商，因此广州地铁的服务范围亦延伸至佛山市。广州地铁现时已经成为广州市民最主要的交通工具之一，2013年全年累积客流超过20亿人次。为更好地解决地面交通堵塞的问题，以及连接广州市区及外围各区，广州地铁仍在大规模进行新线建设。正在建设的路线包括4号线南延段、6号线二期、7号线一期、8号线北延段、9号线、广佛线后通段、13号线一期、14号线一期和支线、21号线。经过数次修订，广州地铁的远期规划长度将达到751km。广州地铁线网见图8-15。

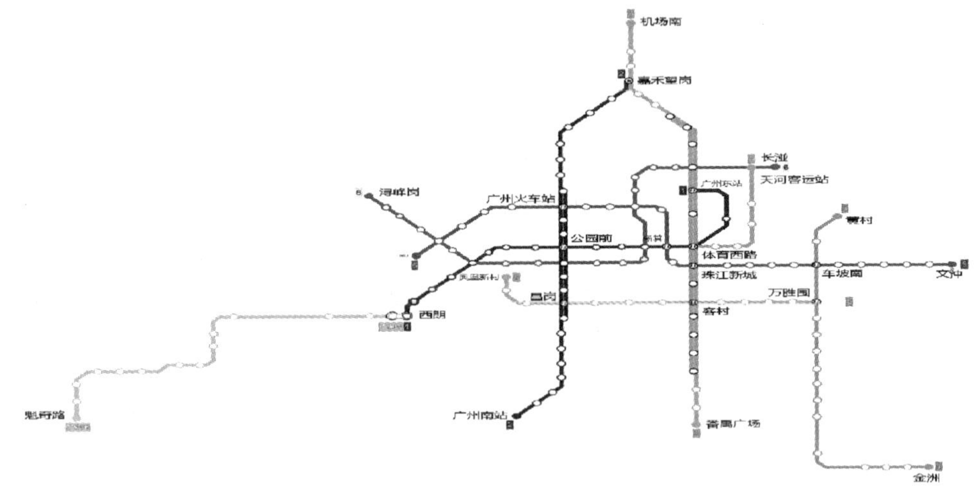

图8-15　广州地铁线网

1. 广州地铁发展历程

广州地铁的从规划到发展建设经历四个阶段，其中2004年广州亚运会申办成功极大地推动了广州地铁事的建设步伐。正式有了这一发展机遇，广州地铁走上了快速发展的道路，并逐渐形成了完整的地铁网络系统。至2014年，广州地铁营运路线已有9条，总长达260.5km，成为城市公交系统中的重要组成部分。广州地铁里程增长变化情况见图8-16。

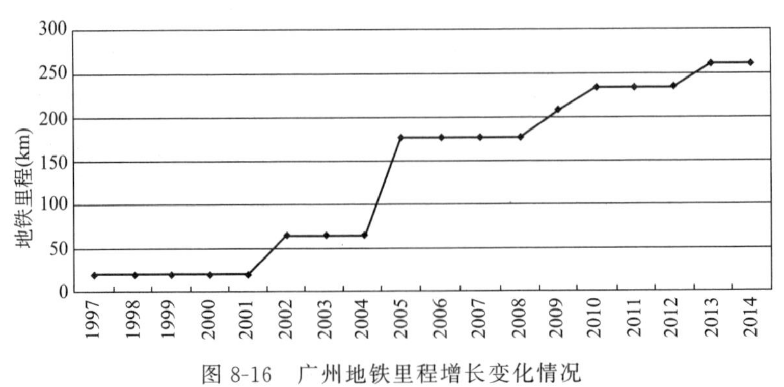

图8-16　广州地铁里程增长变化情况

至今为止，广州地铁运营线路概况如表 8-5 所示。

广州地铁运营的线路概况　　表 8-5

路线	首段开通日期	起点站	终点站	车站数	长度(km)	列车编组
市区地铁路线						
1 号线	1997.06.28	西朗	广州东站	16	18.5	6A
2 号线	2002.12.29	嘉禾望岗	广州南站	24	31.8	
3 号线	2005.12.26	天河客运站	番禺广场	16	64.2	6B
		机场南	体育西路	12		
4 号线	2005.12.26	金洲	黄村	16	46.7	4L
5 号线	2009.12.28	滘口	文冲	24	31.9	6L
6 号线	2013.12.28	浔峰岗	长湴	22	34	4L
8 号线	2002.12.29	万胜围	凤凰新村	13	15	6A
捷运路线						
APM 线	2010.11.08	广州塔	林和西	9	4	胶轮 2 节
城际地铁路线						
广佛线	2010.11.03	西朗	魁奇路	14	20.73（广州段约 5.9）	4B

2. 广州地铁发展规划

（1）2020 年规划。至 2020 年，规划的线网将形成以广州为中心，广州至深圳、广州至珠海为主轴，放射与环状相结合的珠江三角洲城际快速轨道交通线网架构，实现珠江三角洲地级以上城市通轨道交通。规划确定了“环线＋放射线”的城市轨道线网结构，2020 年广州市轨道交通线路 16 条，线网规模将达到 666km，站点 330 座。在 2010 年线网基础上，2020 年线网增加了三号线东延段（番禺广场-清流）、四号线南北延长线（金洲-资讯园，黄村-水西）、五号线东延段（文冲-黄埔客运港）、六号线东延段（香雪-永和）、七号线（广州南站-大沙东）、八号线北延段（文化公园-白云湖）、十号线（体育西-东沙）、十一号线（环线）、十二号线（槎头-大学城南）、十三号线（凰岗-新塘，东西快线）、十四号及支线（从化线及知识城线）、十六号线（新塘-荔城，荔城线）、二十号线（广州南站-琶洲，新客站联络快线）和白鹅潭联络快线（广州南站-白鹅潭），线网总里程 677km。广州地铁 2020 年规划见图 8-17。

（2）2040 年规划。依据广州市地铁建设原则：衔接珠三角城际轨道交通及周边城市交通线网、促进都市圈一体化发展；落实“中调”战略，加密中心城区线网和提升线网服务水平。广州地铁 2040 年规划见图 8-18。

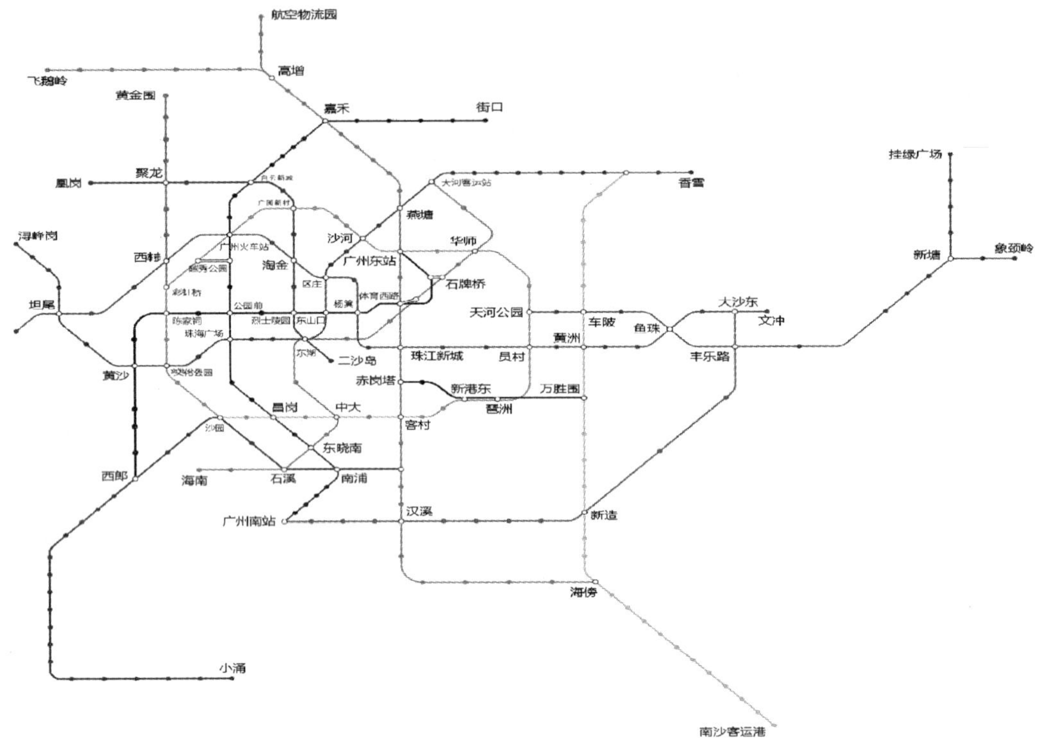

图 8-17　广州地铁 2020 年规划

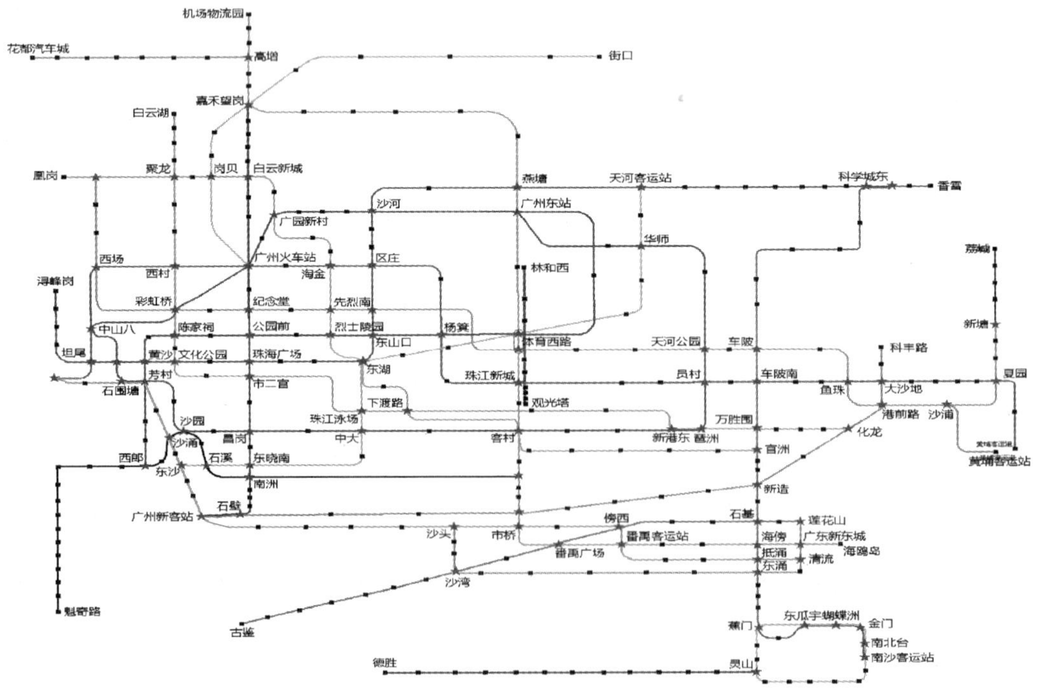

图 8-18　广州地铁 2040 年规划

8.3　基于熵的地铁网络优选模型

结合城市地铁规划指标体系建立的原则和方法，在总结国内外相关研究成果的基础上，将信息论中的熵值理论引入权重计算中，建立基于熵值法（Entropy）的城市地铁网络规划综合评价模型。

8.3.1　地铁规划方案的优选指标体系

在多种可行的路线方案中评选出最优方案是城市地铁网络规划方案优化的重要环节，它直接影响城市地铁网络运输效率。本章针对现有评价指标体系的不足，结合建立评价指标体系的原则、程序和方法，以全面反映城市地铁网络规划方案优化为目标建立指标体系。应用系统科学方法，综合考虑线网结构合理性、工程建设实施性、运营效果、社会经济效益、城市发展协调性等五个一级指标，并在此基础上选择二级指标，建立城市地铁网络规划评价指标体系如图 8-19 所示：

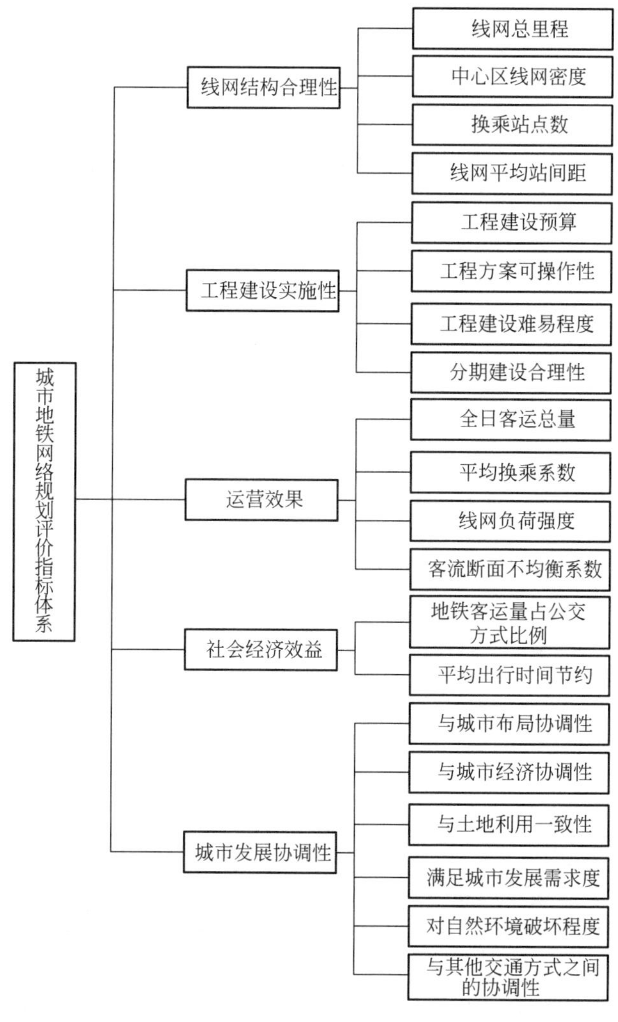

图 8-19　城市地铁规划的评价指标体系

现将各指标解读见表 8-6：

城市地铁网络规划评价指标体系划分　　表 8-6

类别	评价指标	指标单位	指标类型
线网结构合理性 X_1	线网总里程 X_{11}	km	效益型
	中心区线网密度 X_{12}	%	效益型
	换乘站点数 X_{13}	个	效益型
	线网平均站间距 X_{14}	km	成本型
工程建设实施性 X_2	工程建设预算 X_{21}	亿元	成本型
	工程方案可操作性 X_{22}	分值	效益型
	工程建设困难程度 X_{23}	分值	成本型
	分期建设合理性 X_{24}	分值	效益型
运营效果 X_3	全日客运量 X_{31}	万人次	效益型
	平均换乘系数 X_{32}	次	成本型
	线网负荷强度 X_{33}	万人次/(d·km)	成本型
	客流断面不均衡系数 X_{34}	%	成本型
社会经济效益 X_4	地铁客运量占公交方式比例 X_{41}	%	效益型
	平均出行时间节约 X_{42}	分钟	效益型
城市发展协调性 X_5	与城市布局协调性 X_{51}	分值	效益型
	与城市经济协调性 X_{52}	分值	效益型
	与土地利用一致性 X_{53}	分值	效益型
	满足城市发展需求度 X_{54}	分值	效益型
	对自然环境破坏程度 X_{55}	分值	成本型
	与其他交通方式之间的协调性 X_{56}	分值	效益型

8.3.2 地铁网络优选的熵模型

Shannon 将熵引入信息论，对信息进行定量描述并利用熵值来反映信息无序的程度。若指标值的熵值越大则表明信息中蕴含的信息量越少，在评价模型中的作用也就越小；反之，则表明信息中蕴含的信息量越多，作用越大。熵法的客观定权法的具体步骤如下：

Step 1　形成原始数据矩阵。现有 m 个待评价项目，n 个评价指标，形成原始数据矩阵：

$$Q=(q_{ij})_{m\times n}=\begin{pmatrix} q_{11} & q_{12} & \cdots & q_{1n} \\ q_{21} & q_{22} & \cdots & q_{2n} \\ \cdots & \cdots & \cdots & \cdots \\ q_{m1} & q_{m2} & \cdots & q_{mn} \end{pmatrix} \tag{8-1}$$

Step 2　针对不同类型的评价指标的量纲的不同带来的不可比性，对原始数据矩阵 Q 进行无量纲化处理得 $Q'=(q'_{ij})_{m\times n}$ 。对于定量指标，要将其转化为无量纲指标值。可采用下式处理：

对于效益指标

$$q'_{ij}=\frac{q_{ij}}{\max_i q_{ij}+\min_i q_{ij}} \tag{8-2}$$

对于成本指标

$$q'_{ij}=1-\frac{q_{ij}}{\max_i q_{ij}+\min_i q_{ij}} \tag{8-3}$$

Step 3　计算每个指标下每个项目的指标值比重，得指标值比重矩阵：

$$P=(p_{ij})_{m\times n} \tag{8-4}$$

式中，$p_{ij}=\frac{q'_{ij}}{\sum_{k=1}^{m}q'_{kj}}$ 为第 j 个指标下第 i 个项目的指标值比重，且满足 $0\leqslant p_{ij}\leqslant 1$，$\sum_{j=1}^{n}p_{ij}=1$。

Step 4　计算第 j 个指标的熵值：

$$t_j=-\frac{1}{\ln(m)}\sum_{i=1}^{m}(p_{ij}\ln p_{ij}) \tag{8-5}$$

Step 5　计算第 j 个指标的熵权：

$$w_j=\frac{1-t_j}{n-\sum_{j=1}^{n}t_j} \tag{8-6}$$

Entropy 法所得权重 $W=(w_1,\ w_2,\ \cdots,\ w_n)$。

Step 6　建立评价模型

依据式（8-2）、式（8-3）和式（8-6），利用无量纲化后的矩阵 Q' 和耦合权重向量 W，就可以构建城市地铁网络优选的评价模型：

$$Z=Q'\cdot W=(z_1,z_2,\cdots,z_m) \tag{8-7}$$

8.3.3　案例分析

以某市的城市地铁网络规划为例来验证该评价方法的有效性。该市地铁网络规划选取了 5 个最具代表性的方案，相关指标值见表 8-7，其中定性指标评分采用百分制。

备选路线方案评价指标值（1）　　表 8-7

方案	线网结构合理性			
	线网总里程(km)	中心区线网密度(km/km²)	换乘站点数(个)	线网平均站间距(km)
1	170.5	28	11	2.04
2	168.9	30	9	2.10
3	172.3	31	12	2.16
4	163.8	26	10	2.00
5	175.2	32	14	2.28

备选路线方案评价指标值（2） **表 8-7**

方案	工程建设实施性			
	工程建设预算(亿元)	工程方案可操作性	工程建设困难程度	分期建设合理性
1	869	62	75	82
2	890	72	66	68
3	916	78	63	63
4	829	83	60	70
5	883	70	67	65

备选路线方案评价指标值（3） **表 8-7**

方案	运营效果			
	全日客运量(百万人次)	平均换乘系数	线网负荷强度	客流断面不均衡系数
1	355.8	1.36	3.50	2.33
2	366.4	1.40	3.55	2.25
3	370.5	1.28	3.42	2.42
4	352.8	1.37	4.01	2.50
5	382.5	1.25	3.85	2.29

备选路线方案评价指标值（4） **表 8-7**

方案	社会经济效益	
	地铁客运量占公交方式比例(%)	平均出行时间节约
1	35.68	12.0
2	36.55	10.0
3	34.60	13.5
4	32.27	12.0
5	38.33	12.5

备选路线方案评价指标值（5） **表 8-7**

方案	城市发展协调性					
	与城市布局协调性	与城市经济协调性	与土地利用一致性	满足城市发展需求度	对自然环境破坏程度	与其他交通方式之间的协调性
1	72	75	80	70	35	65
2	65	78	78	78	32	64
3	70	65	72	78	30	65
4	85	75	81	80	25	62
5	78	80	77	85	30	68

基于地铁网络规划的熵模型，计算过程如下：

步骤一　对原始数据矩阵进行无量纲化处理

由式（8-2）、式（8-3），得到无量纲化数据，见表 8-8：

备选路线方案评价指标无量纲化值（1）　　表 8-8

方案	X_1			
	X_{11}	X_{12}	X_{13}	X_{14}
1	0.5029	0.4828	0.4783	0.5120
2	0.4982	0.5172	0.3913	0.4976
3	0.5083	0.5345	0.5217	0.4833
4	0.4831	0.4483	0.4348	0.5215
5	0.5168	0.5517	0.6087	0.4785

备选路线方案评价指标无量纲化值（2）　　表 8-8

方案	X_2			
	X_{21}	X_{22}	X_{23}	X_{24}
1	0.5020	0.4276	0.4444	0.5655
2	0.4900	0.4966	0.5111	0.4690
3	0.4751	0.5379	0.5333	0.4345
4	0.5249	0.5724	0.5556	0.4828
5	0.4940	0.4828	0.5037	0.4483

备选路线方案评价指标无量纲化值（3）　　表 8-8

方案	X_3			
	X_{31}	X_{32}	X_{33}	X_{34}
1	0.4839	0.4868	0.5289	0.5136
2	0.4983	0.4717	0.5222	0.5303
3	0.5039	0.5170	0.5341	0.4948
4	0.4789	0.4830	0.4603	0.4781
5	0.5202	0.5283	0.4818	0.5219

备选路线方案评价指标无量纲化值（4）　　表 8-8

方案	X_4	
	X_{41}	X_{42}
1	0.5054	0.5106
2	0.5177	0.4255
3	0.4901	0.5745
4	0.4571	0.5106
5	0.5429	0.5319

备选路线方案评价指标无量纲化值（5） **表 8-8**

方案	X_5					
	X_{51}	X_{52}	X_{53}	X_{54}	X_{55}	X_{56}
1	0.4800	0.5172	0.5229	0.4516	0.4167	0.5000
2	0.4333	0.5379	0.5098	0.5032	0.4667	0.4923
3	0.4667	0.4483	0.4706	0.5032	0.5000	0.5000
4	0.5667	0.5172	0.5294	0.5161	0.5833	0.4769
5	0.5200	0.5517	0.5033	0.5484	0.5000	0.5231

步骤二　计算指标值比重矩阵

由式（8-4），计算每个指标下每个项目的指标值比重，得到指标值比重矩阵：

$$P=\begin{bmatrix} 0.2004 & 0.1905 & 0.1964 & 0.2054 & 0.2019 & 0.1699 & 0.1744 & 0.2356 & 0.1947 & 0.1958 \\ 0.1985 & 0.2040 & 0.1607 & 0.1996 & 0.1971 & 0.1973 & 0.2006 & 0.1954 & 0.2005 & 0.1897 \\ 0.2026 & 0.2109 & 0.2143 & 0.1939 & 0.1911 & 0.2137 & 0.2093 & 0.1810 & 0.2028 & 0.2079 \\ 0.1925 & 0.1769 & 0.1786 & 0.2092 & 0.2111 & 0.2274 & 0.2180 & 0.2012 & 0.1927 & 0.1942 \\ 0.2060 & 0.2177 & 0.2500 & 0.1919 & 0.1988 & 0.1918 & 0.1977 & 0.1868 & 0.2093 & 0.2124 \end{bmatrix.$$

$$\begin{matrix} 0.2093 & 0.2023 & 0.2011 & 0.2000 & 0.1946 & 0.2011 & 0.2062 & 0.1790 & 0.1689 & 0.2006 \\ 0.2066 & 0.2089 & 0.2060 & 0.1667 & 0.1757 & 0.2091 & 0.2010 & 0.1995 & 0.1892 & 0.1975 \\ 0.2113 & 0.1949 & 0.1950 & 0.2250 & 0.1892 & 0.1743 & 0.1856 & 0.1995 & 0.2027 & 0.2006 \\ 0.1822 & 0.1883 & 0.1819 & 0.2000 & 0.2297 & 0.2011 & 0.2088 & 0.2046 & 0.2365 & 0.1914 \\ 0.1906 & 0.2056 & 0.2160 & 0.2083 & 0.2108 & 0.2145 & 0.1984 & 0.2174 & 0.2027 & 0.2099 \end{matrix}\right\}$$

步骤三　计算指标熵值

由式（8-5），依次计算每个指标的熵值，得到熵值为：

$$T=(0.9999\quad 0.9983\quad 0.9928\quad 0.9997\quad 0.9997\quad 0.9971\quad 0.9983\quad 0.9983\quad 0.9997\quad 0.9994\quad 0.9989\quad 0.9995\quad 0.9992\quad 0.9971\quad 0.9973\quad 0.9985\quad 0.9995\quad 0.9988\quad 0.9962\quad 0.9995)$$

步骤四　计算权重向量

由式（8-6），得到 Entropy 法所得权重向量：

$$W=(0.0030\quad 0.0509\quad 0.2156\quad 0.0090\quad 0.0090\quad 0.0868\quad 0.0509\quad 0.0838\quad 0.0090\quad 0.0180\quad 0.0329\quad 0.0150\quad 0.0239\quad 0.0868\quad 0.0808\quad 0.0449\quad 0.0150\quad 0.0359\quad 0.1138\quad 0.0150)$$

步骤五　计算评价结果：

由式（8-7），计算 Entropy 法的最终评价值：

$$Z=Q'\cdot W=(z_1,z_2,\cdots,z_m)$$

$$=(0.4811,0.4623,0.5078,0.5054,0.5305)$$

所以，5 个方案的评价结果依次，见表 8-9。

地铁网络规划方案评价结果 **表 8-9**

方案	1	2	3	4	5
评价结果	0.4811	0.4623	0.5078	0.5054	0.5305
排序	4	5	2	3	1

可知，方案 5 的评价得分最高，方案 2 评价得分最低，因此方案 5 为最优规划方案。这个结果与多个专家的意见一致。

8.3.4　小结

本章建立的城市地铁网络规划评价的熵模型，通过应用于城市的地铁网络规划方案的具体评价，评价结果科学、合理、有效。与其他评价方法相比，熵模型能够定量的表示最终评价结果，而且得出的结果能够较完整的反映出各个规划方案的综合水平。地铁网络规划评价的熵模型能够减少计算过程中的主观影响，具有一定的实用价值。

第9章　城市轻轨交通网络

城市轨道交通中的“轻轨”与“地铁”相对应，城市公交系统中的有轨电车、导轨胶轮列车与城市轨道交通轻轨列车在技术上完全不同，因此不属于轻轨系统。轻轨，全称轻轨运输，LRT（Light Rail Transport），是一种有轨交通方式，既可以和公路汽车以及非机动车混行，也可以在独立的轨道上行驶。车辆可以由单节或多节组成，有轨电车就属于这一类。轻轨可以有车站，也可以不设车站。城市轨道交通中的轻轨指的是在轨距为1435mm国际标准双轨上运行的列车，列车运行利用自动化信号系统。轻轨属于城市轨道交通系统，定义为在城市中运行在国际标准化1435mm双轨的电力列车。轻轨与其他城市轨道交通方式的本质区别是承担不同的单向高峰小时客流量，一般来说，轻轨承担的单向高峰小时客流量在0.6万人次和3万人次之间。不同的客流量决定了轻轨的车辆编组方式、站点长度、轨道类型，综合来说，轻轨具有以下特征：

（1）轻轨承担单向高峰小时客流量在0.6万～3万人次，超过3万人次由地铁承担；

（2）轻轨与地铁一样采用国际标准化的1435mm宽的双轨道，并且都使用重型钢轨材料；

（3）轻轨的最大运行速度可以达到200km/h，造价是地铁的1/2，并且一般的运营速度是地铁的2倍；

（4）轻轨的建设用地面积占公路的建设用地面积的1/8，但是单向客运能力相当于单向8车道的公路；

（5）轻轨采用电力提供动力，采用接触网供电，运行完全自动化控制，属于最新一代的轨道交通技术。

轨道交通中采用中等载客量车厢，能适应远期单向最大高峰小时客流量1.5万～3.0万人次的成为轻轨铁路。若采用大载客两车厢，能适应远期单向高峰小时客流量为3.0万～6.0万人次的统称为地铁。当然，地铁有建于地下、地面、高架的（如建于地面上的高架地铁也可称之为轨道交通）；而轻轨铁路同样有建于地下的、地面的、高架的。两者区分主要视其单向最大高峰小时客流量。

最初的轻轨系统在19世纪中期出现，当时的车厢由马匹拉动。到了1880年间，才开始有电动的轻铁系统出现。当时兴建系统一般只有单节的车辆，称为电车。当时道路网络不及现在发达，而且道路的质素不太好，所以电车非常受欢迎。在公共汽车转为由内燃机驱动前，电车是唯一的实用公共交通工具。到了20世纪50年代以后，公路交通开始普及，轻铁系统陆续被拆卸。现在虽然仍有少量的传统轻铁系统（例如香港岛的电车系统），但轻铁这个名词已被用来形容一种稍为不同的系统。由20世纪80年代开始，一些城市开始重新引入轻铁系统，但这些系统在运作上已经比较接近是在地面运行的城市轨道交通系统。这些新系统的设备较现代化，以及使用多节的列车。现在轻铁系统再次为世界多个城市喜用。无论是传统还是新式的轻铁系统，都比公共汽车干净、安静、舒适、容量大。

9.1　轻轨系统

轻轨（light rail）的定义规范最早来自于美国 UMTA，轻轨的“轻”源自于 UMTA 对这种交通方式的描述，节选一句话，Light in this context is used in the sense of " intended for light loads and fast movement" rather than referring to physical weight，实际上“轻”指的是轻载重，而不是轻轴重和轨重，事实上跟轴重、轨重根本没任何关系，很多人误解的是轻轨指轨道的重量轻，实际上轻轨的轨重很多时候是超过国铁的，根本不轻。车辆上轻轨和有轨电车基本没有区别；在英语中提到 tram（有轨电车）多数是指传统线路（很多改用现代有轨电车运行以提高效率），与其他交通方式在城市街道混行。而 light rail（轻轨）则通常拥有专有路权（信号、站台等等）的现代有轨电车，必要时当然也可以混行，一般 light rail（轻轨）拥有完全封闭的线路和专用的信号，很难和 metro（地铁）区别开。

轻轨和地铁一样具有独立路权，采用 1435mm 的标准轨道，采用接触网或者轨道供电，属于最新一代的轨道交通技术。它与地铁的区别是它单向客运量为 0.6 万～3.0 万人次/h，因此它载重量小于地铁，运营速度要高于地铁。轻轨的特点有：(1) 列车运行使用自动化信号系统；(2) 列车运行使用专用轨道和车站；(3) 列车运行最高时速为 280km/h；(4) 列车最大编组为 4 节；(5) 轻轨线路单向每小时运量小于 2 万人。

轻轨从系统结构上来说，包含轻轨车辆、供电系统、信号控制系统、售票系统四个部分。其中，轻轨车辆可以从上至下分为受电工、车体、转向架三个主体。供电系统为轻轨提供运行动力，供电方式通常可以分为接触网式供电和第三轨供电，比如国内重庆市轻轨使用的是第三轨供电，武汉轻轨首次使用的是柔性接触网式供电。信号控制系统负责轻轨车辆的调度以及运行指令的下达。售票系统是对外乘客的接口系统，提供乘客购票、退票、换票等服务。见图 9-1。

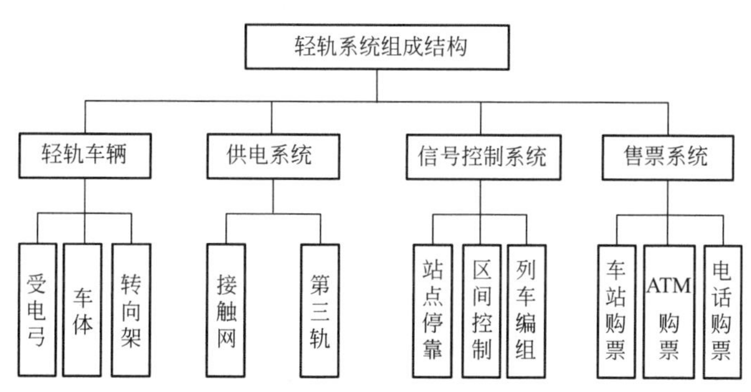

图 9-1　轻轨系统组成结构

(1) 轻轨车辆。轻轨车辆是轻轨系统结构的基本组成部分，轻轨车辆由受电弓、车体、转向架组成。其中，受电弓用以与接触网联系，获取列车运行的动力。车体是乘客的乘车空间，包括座位、空调等服务设施设备。转向架属于轻轨车辆的走行部，包含转动轴、轮对等。转向架决定了轻轨列车的加速、爬坡以及转弯性能等。一般情况下，轻轨车辆的常用制动减速度一般为 1.2m/s，紧急制动减速度一般大于 2m/s，轻轨的转弯半径保持在 100～200m 范围内，爬坡能力可以达到 60‰。轻轨的速度、爬坡、转弯半径等性能指标与地铁相比，轻轨更加灵活，更能够适合地形复杂的城市发展。

（2）供电系统。供电系统是轻轨系统的核心部分，它包括牵引电机及其直流调压控制或主逆变器、辅助装置供电、空调照明等。见图 9-2。

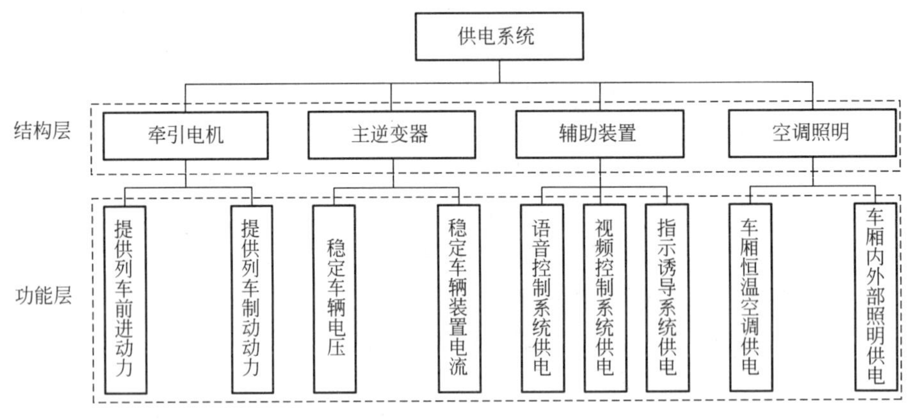

图 9-2　轻轨供电系统结构

（3）信号控制系统。轻轨的列车信号控制系统一般说来和地铁一样，ATC 主要包括列车自动监控子系统 ATS、列车自动保护系统 ATP 和列车自动运行子系统 ATO。这三个系统可通过信息交换构成闭环，以确保行车安全，提高运行效率和缩短行车间隔。

（4）售票系统。轻轨通过售票系统向外界乘客对接，售票系统主要承担的功能是提供乘客的购票、退票和换票功能。

9.2　国外轻轨系统解析

20 世纪 60 年代末，各国城市人口不断增加，汽车数量剧增，特别是私人汽车成倍增长，导致城市交通拥挤，车辆尾气和噪声污染已达到令人担忧的程度。解决上述问题不但要考虑到投资费用大小、资金回收年限，而且还要兼顾运营效益以及对城市的影响等诸多因素。鉴于上述情况，很多国家都投入了大量人力、物力研究开发，积极寻求一种最佳城市交通系统。在众多城市交通运输系统中，轨轻是优选之一，它具有以下优点：（1）投资少，见效快（相对地铁而言）；（2）车辆使用寿命长，维修费用低；（3）噪声低，污染少；（4）乘客上下车速度快（通常 8～20s），车辆周转快；（5）便于老人、幼儿和病残乘客上下车；（6）车辆运行平稳，乘坐安全可靠、舒适；（7）载客量大，客流疏散快；（8）可在雨雪等恶劣气候条件以及坡度大、弯道小的线路上正常行驶；（9）运营成本少，票价低，能够吸引乘客。由于轻轨铁路具有上述特点，近些年来，欧美一些经济发达国家竞相发展此类交通系统。据统计，世界上已经修建并投入运营的轻轨铁路已达 200 条，欧美国家轻轨铁路线路总长已超过 60%。

9.2.1　新加坡的轻轨系统

新加坡轻轨系统属于新加坡地铁分支，新加坡轻轨的单向断面客流量约为 4000 人次/

h，采用橡胶车轮在高架水泥路面上行驶，依靠车底的导向轮和路面中间的导轨进行导向。新加坡所有的轻轨线路均为全线电气化，且线路均建设在高架桥上以节省土地。

1. 新加坡轻轨发展历程

新加坡属于人口集中的城市型国家，早期的地铁和巴士公共交通系统难以满足新加坡高密度区域的交通需求。1996 年新加坡投资 15 亿元开始建设第一条长度为 7.8km 的轻轨线路，轻轨列车采用无人驾驶动力车辆，单节设计容量为 105 人，沿线设立 14 个站点，并于 1999 年 11 月正式开通；2003 年 1 月盛港轻轨东侧环线投入运行；2005 年 1 月盛港轻轨西侧环线投入运行，榜鹅轻轨东侧环线投入运行。当前新加坡轻轨线路如表 9-1 和图 9-3 所示：

新加坡轻轨线路统计　　　　**表 9-1**

线路名称	线路区间	车站数	里程(km)	营运单位	开通时间
武吉班让轻轨	蔡厝港—信加	14	7.8	SMRT Light Rail	1999.11.06
盛港轻轨	盛港地铁站环线	14	10.7	SBS Transit	2003.01.18
榜鹅轻轨	榜鹅地铁站环线	15	10.3	SBS Transit	2005.01.29

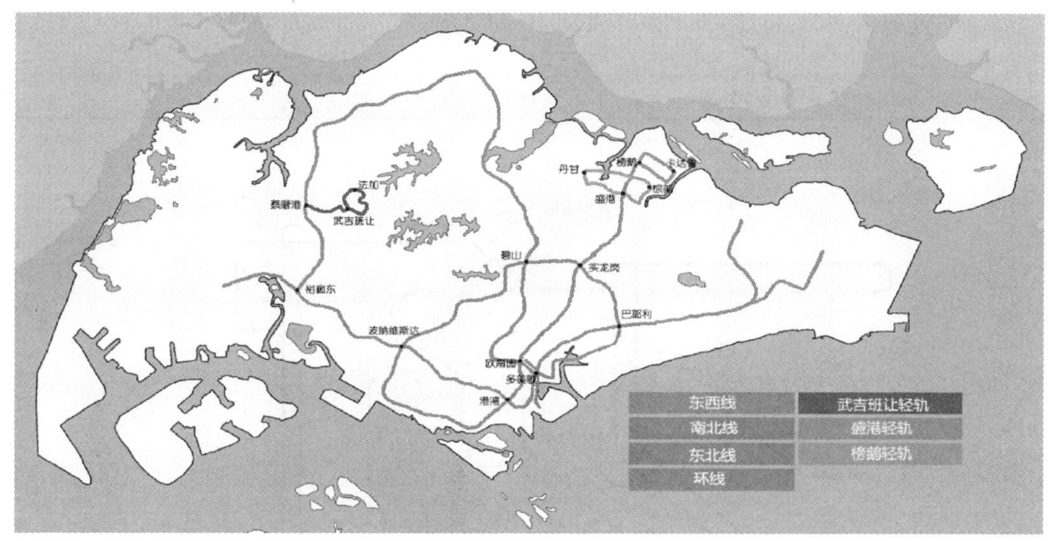

图 9-3　新加坡轻轨网络

2. 新加坡轻轨系统的特点

新加坡轻轨系统建设时间较早，技术先进，特别是在无人驾驶技术、站点设计水平以及列车安全防护等领域对世界的轻轨建设具有重要的借鉴意义。

（1）采用无人驾驶系统技术。新加坡轻轨线路采用全自动无人驾驶系统，特点是不需要驾驶员在车辆内进行手动操作，列车可更精确设定运行速度和定位运行时间，一方面可减小列车到站误差，另外一方面可以避免驾驶员因判断和操纵失误所引起的事故。

（2）高度一体化的站点设计。新加坡轻轨电车线路的起点和终点站均与地铁线路衔接，乘客仅需要通过约 20m 长的空中走廊进行换乘。此外，新加坡轻轨线路还在人流较大的车站建造了公共汽车换乘站，实现方便的换乘。

（3）先进的安全防护措施。新加坡轻轨电车线路配备了列车自动防护系统、列车自动监控系统及消防报警系统以保证行车安全。同时，有轨电车车辆的每个轮轴装有“安全盘”，确保在轻轨车辆 2 个胶轮均发生破裂的紧急情况下，车辆可以依靠“安全盘”行驶到下一车站。车站和车辆之间装有 2 个紧急按钮和 2 台通话机，以取得与控制中心联系。

此外，新加坡轻轨电车线路全部采用高架路基方式，以节约土地的使用，并且轻轨列车的维修工厂与停车场设立在商业大厦内部，充分利用了现有建筑，节约了新建工厂的费用和空间。

9.2.2 波特兰的轻轨系统

波特兰轻轨位于美国俄勒冈州，由三县都会区交通局管理运营。波特兰轻轨线路从希尔斯伯勒出发，经过市中心，到达格雷沙姆，东区线路全长 24km，西区全长 28.8km。

此外，波特兰还具有有轨电车线路，从市中心出发至博览中心，线路全长 9km，于 2004 年 5 月开通。波特兰轨道交通路线如表 9-2 和图 9-4 所示。

波特兰轨道线路 　　表 9-2

线路区间	线路类别	线路里程	开通时间
希尔斯伯勒—格雷沙姆	轻轨线路	东区:24km 西区:28.8km	东区:1986 年 9 月 西区:1998 年 9 月
市中心—博览中心	有轨电车线路	9.0km	2004 年 5 月

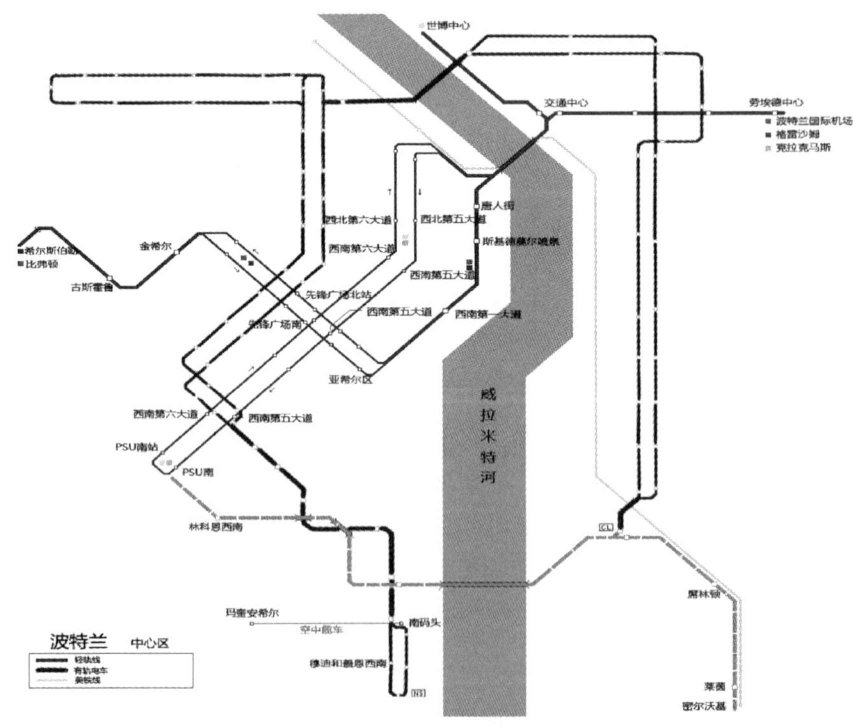

图 9-4　波特兰轨道交通路线

此外，波特兰还规划了一条密尔沃基轻轨运输线，全长约 11.75km，共 10 个站，连接波特兰市中心的波特兰州立大学，波特兰内东南，密尔沃基和北克拉克默斯县，已于 2015 年建成开通。密尔沃基轻轨线路见图 9-5。

图 9-5 密尔沃基轻轨线路

9.2.3 西雅图的轻轨系统

西雅图轻轨线路位于美国华盛顿州西雅图地区，由海湾运输署负责运营管理。目前，西雅图拥有两条轻轨线路（表 9-3），包含 18 个车站，全长 27.84km，日客流量 2.6 万人。其中一条线路是塔科马线，连接塔科马中心区和希尔特区，全长约 2.56 公里，沿线设置 5 个车站，并于 2003 通车运营。另外一条轻轨线路是海湾轻轨中央线，连接西雅图市中心的西湖中心至国际机场，全长 25.1km。

根据规划，西雅图海湾轻轨中央线从西湖中心站连接到大学站已于 2016 年开通。此外，唐人街站后与东线汇合，以及在机场站连接到南线，预计于 2020 年开通。西雅图轻轨线路见表 9-3 和图 9-6。

西雅图轻轨线路 **表 9-3**

线路	里程	站台数	开通时间
塔科马线	2.56km	5	2003 年 8 月
中央线	25.1km	13	2009 年 7 月

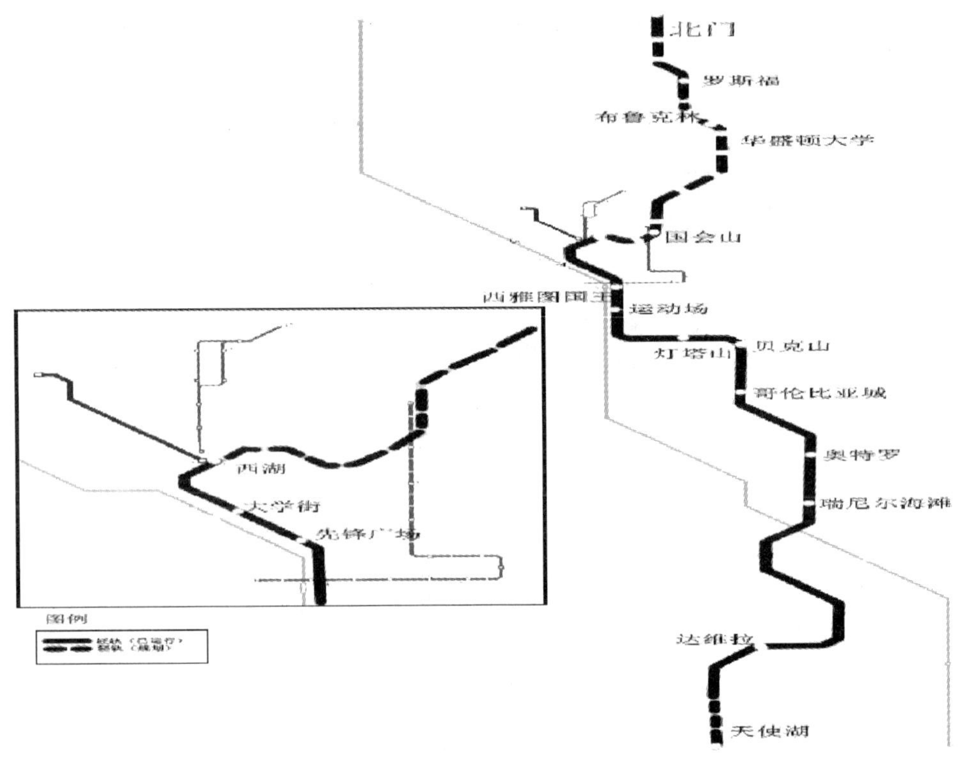

图 9-6　西雅图轻轨线路

9.3　国内轻轨系统

目前，我国多个城市已有轻轨系统，如上海现有 2 条轻轨，分别为 5 号线及 6 号线。5 号线（又称“莘闵线”）于 2003 年 11 月 25 日开始运营；六号线（又称“浦东轻轨”）于 2007 年 12 月 29 日开通。另有 4 条轻轨（15～18 号线）规划中。天津、大连、重庆、武汉、长春五市也开通了轻轨。香港有一个轻轨运输系统，直称轻铁，与两铁合并前称为九广轻铁或轻便铁路，于新界西北的屯门区、元朗区及天水围区之间行走，所以香港法例中西北铁路的定义为香港轻铁。

9.3.1　香港的轻轨系统

1988 年 9 月，香港轻轨电车第一期线路正式通车运营，第一期轻轨线路沿青山公路通往元朗；1992 年 2 月，香港轻铁系统的第二期路线—屯门支线正式通车运营，屯门支线位于屯门区的东北部及南部，支线共分为 3 段，总长 5km，共设有 9 个车站及 1 个总站；1993 年 1 月，香港轻轨系统第三期通车线路位于天水围新市镇实现运营通车，线路全长 3.8km，沿线共设有 7 个车站。目前，香港轻铁系统主要位于新界西北的屯门区及元朗区之间，设立 11 条路线，总长度 36.15km，沿线 68 个车站，其中有 4 个车站和西铁线连接（见图 9-7）。香港轻铁线路最高时速可达 70km/h。

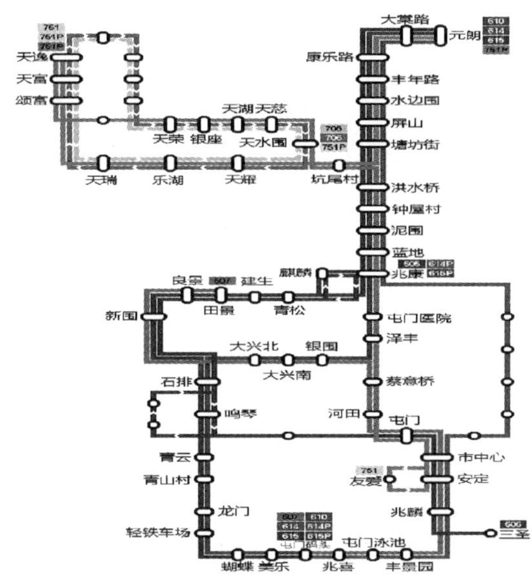

图 9-7　香港轻轨交通线网

9.3.2　大连的轻轨系统

2002 年 11 月 8 日，第一条大连快速轨道 3 号线通车试运行，2003 年开始正式运营。其中，快轨 3 号线全长 49.15km，沿线共设 12 个车站，起点于火车站，终点至金石滩。快轨 3 号线延伸线（也被称为“7 号线金州支线”）全长 14.2km，起点为开发区站，终到金州九里站。快轨 3 号线续建线，连接金州新区和普湾新区，线路全长 41.9km，其中高架线路 21.8km，地面线路 19.2km，隧道 0.9km。快轨 202 号线即（也被称为“轻轨 8 号线”）始于高新园区河口，终点为旅顺开发区新港，线路全长 42.67km，其中高架线路及地面线路长 41.49km，4 座隧道长 1.18km，设 8 座高架车站，并于 2014 年 5 月 1 日进行试运行。大连市轨道交通线网见图 9-8。

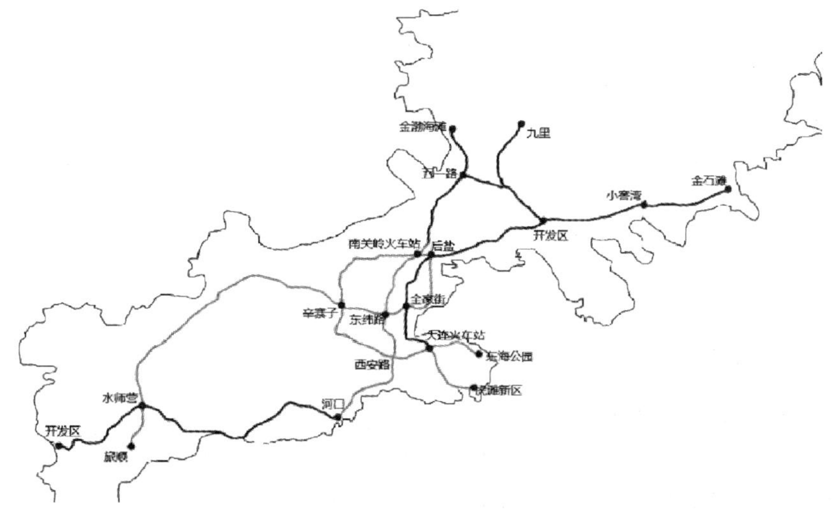

图 9-8　大连市轨道交通线网

9.3.3 重庆的轻轨系统

到 2013 年底，重庆市已开通运营的轨道线路有 5 条，运营里程突破 160km。重庆轨道交通系统由轻轨线路和地铁线路组成，1 号线和 6 号线属于地铁线路，2 号线和 3 号线属于轻轨线路。见图 9-9。

图 9-9 重庆轨道交通线网

“重庆轻轨 2 号线”东起商业中心，西至大渡口区钢铁基地新山村，线路全长 39km，沿线设立 18 座车站，服务于核心城区的商业区、公共活动区等大型客流集散点。它不仅是重庆第一条轨道交通线，同时也是国内第一条采用跨座式高架单轨。

“重庆轻轨 3 号线”是重庆市第三条开通的轨道交通线，全长约 66km，线路横跨巴南、南岸、渝中、江北、渝北五区，并与江北机场、两个火车站（重庆站和重庆北站）、四个长途汽车站（南坪、菜园坝、红旗河沟和龙头寺客站）对接，成为重庆南北方向交通的主动脉，线路极大缓解重庆的交通拥堵状况，并且 3 号线超越日本大阪高速铁道，成为世界上最长的跨座式单轨交通线路。

9.3.4 长春的轻轨系统

长春市轨道交通线网从 1995 年开始规划，确立了“一环三线”的基本轨道线网框架结构。截至目前，长春市城市快速轨道交通线网已经初步形成了由 5 条地铁线路和 2 条轻轨线路组成的放射式线网布局，其中 5 条放射线为地铁线（1、2、5、6、7 号线）、2 条半环线为轻轨线（3、4 号线），整个线网总长度 256.9km，中心城区线网密度为 0.38km/

km^2，核心城区线网密度为 $1.18km/km^2$。

长春轻轨 3 号线是中国大陆的第一条轻轨线路，全长 34.31km，其中主城区内 24.70km。轻轨 3 号线位于城市核心边缘，绕北、西、南三边，向净月组团延伸，呈 U 形结构，经过长春火车站到达长影世纪城等大的客流集散点，在功能上定位成为线网中的中运量级辅助线。长春轻轨 4 号线位于城市核心边缘北、东两边，向西、向南延伸，呈 L 形线。轻轨 4 号线线路全长 15.95km，其中地下线 3.41km，过渡段约 0.28km，其余为高架线，沿线共设车站 15 座，其中地下车站 3 座，高架车站 12 座。轻轨 4 号线主要经过长春北站、伪皇宫等客流集散点，在功能上同样定位为线网中的中运量级辅助线。

预计到 2050 年，长春市将完成由 7 条线路组成的放射式线网，其中 5 条放射线、2 条半环线，与城市形态结构与发展方向相吻合，轻轨交通运营里程达 256.9km，形成以公共交通为主体、轻轨交通为骨干的综合交通体系。

9.4　城市轻轨系统的安全性评判

随着城市轻轨的建设和不断发展，使得城市轻轨运营风险日益突出。为保证轻轨的安全运行，需要对轻轨系统的安全性进行综合评价。本章运用二级模糊综合评判方法，建立轻轨系统的安全评价模型，对轻轨的安全态势进行评价，以判断轻轨系统是否处于安全状态，并据此结果对轻轨系统进行改进。

9.4.1　基于模糊界定的轻轨交通安全评价

由于城市轻轨系统是一个复杂的系统，其交通安全受多方面因素的影响，很难对其安全水平进行精确的量化评价，利用模糊综合评判法建立轻轨系统的安全评价模型，可将各影响因素进行量化。模糊综合评判是一种基于模糊数学的综合评判方法，根据隶属度理论将定性评价转化为定量评价基本思想是用属于程度代替属于或不属于，刻画“中介状态”。

1. 确定评价因素集

轻轨系统是一个庞大的系统，由许多子系统构成，在选取评价因素时要尽可能全面，根据轻轨系统的组成，确定轻轨系统的安全评价体系第一层评价指标为：

$$U=\{U_1,U_2,\cdots,U_m\}=\{\text{人员因素},\text{设备因素},\text{环境因素},\text{管理因素}\}$$

其中，第二层评价指标为：

(1) $U_1=\{$乘客,工作人员$\}$ ；

(2) $U_2=\{$车辆系统,供电系统，通信系统，信号系统，安全标识，轨道系统$\}$ ；

(3) $U_3=\{$气候环境,地质环境$\}$ ；

(4) $U_4=\{$安全机构,管理制度，安全培训，安全检查$\}$ 。

具体如表 9-4 所示：

(1) 人员因素（U_1）。人员因素包括乘客和工作人员。人是所有活动的参与者，是活动的主体，人员的所有行为都与整个轻轨系统的安全息息相关。

1) 乘客（U_{11}）。轻轨系统作为城市公共交通系统的组成部分，其服务对象最主要是乘客。乘客的行为时刻关系着轻轨系统的安全水平，如乘客的安全意识、自我保护意识等。

轻轨系统交通安全评价体系 **表 9-4**

轻轨系统安全性评价因素集	U_1	人员因素	U_{11} 乘客
			U_{12} 工作人员
	U_2	设备因素	U_{21} 车辆系统
			U_{22} 供电系统
			U_{23} 通信系统
			U_{24} 信号系统
			U_{25} 安全标识
			U_{26} 轨道系统
	U_3	环境因素	U_{31} 气候环境
			U_{32} 地质环境
	U_4	管理因素	U_{41} 安全机构
			U_{42} 管理制度
			U_{43} 安全培训
			U_{44} 安全检查

2）工作人员（U_{12}）。工作人员包括整个轻轨系统的工作人员，包括司机、安检员、督导员、站长等人员在内，如司机的生理情况、心理素质以及应急反应能力都对轻轨的安全产生一定的影响。

(2) 设备因素（U_2）。设备因素即“物”方面因素，轻轨系统的设备因素涉及多方面，包括硬件方面和软件方面。整个系统设备的稳定性、灵敏度等都关系到轻轨能否安全行驶、进站、停靠、载客、出站。

1）车辆系统（U_{21}）。轻轨系统车辆是运送乘客的载体，是轻轨系统中最为重要的设备之一，具有较高的技术含量，对安全有较高的要求，便于乘客的疏散，应具有相应的措施应对突发事件。

2）供电系统（U_{22}）。轻轨是一种高密度、较大运量的轨道交通系统，而供电系统则是保障整个轻轨系统正常运行最为重要的一个环节，供电系统通过变电所综合自动化系统对牵引供电系统中的各种状态、参数进行监控和管理，及时掌握各个变电所的运行情况，进行全系统的信息综合管理。

3）通信系统（U_{23}）。为保证轻轨系统安全运行，可靠的通信系统是必不可少的前提条件，通信系统作为一个数字通信系统主要为各子系统提供传输各类语音、数据、视频等信号的服务。

4）信号系统（U_{24}）。轻轨信号系统是运用技术手段保证行车的安全，包括车站信号控制系统、区间信号系统和机车信号系统。信号系统是保证列车运行安全、提高运输效率的安全相关系统，担负着指挥列车安全运行的任务，关系到成千上万乘客的生命和财产安全。

5）安全标识（U_{25}）。轻轨系统中，安全标识包括安全标志、导向标志、位置标志、综合信息标志，这些标识形成完整的服务标志系统，能够给乘客路线信息、安全信息、位置信息等，例如导向标志系统的设置在地下空间内为人流辨别方向提供必要手段。

6）轨道系统（U_{26}）。轨道系统作为轻轨系统的承载设备，在运行中由于压力、摩擦、振动、冲击等因素的作用下，长期处于自然损耗状态，易出现故障，危及行车安全，甚至危及乘客生命和财产安全。近年来全世界因线路轨道结构故障引起的事故占了很大的比例。

（3）环境因素（U_3）。环境因素指的是轻轨运行的外部自然环境，主要包括气候因素和地质因素，会影响驾驶员观察信号与线路情况。

1）气候环境（U_{31}）。主要包括暴雨、雷电、降雪、雾霾等气候条件，恶劣的气候条件会对轻轨的安全运行产生不良影响。

2）地质环境（U_{32}）。由于每个城市所处的地理环境不同，其地质环境也会有所不同，例如有的城市处在地震带上，就容易受到地震影响，每个城市都应根据当地的地质环境特点，做出针对性的设计，以确保轻轨的正常运营和安全。

（4）管理因素（U_4）。现代化的轻轨系统是一个系统工程，是通过人员组织管理和设施的维护与使用实现对乘客的承运和送达。

1）安全机构（U_{41}）。安全贯穿整个轻轨系统，需要通过对各层次部门进行横向管理来实现决策方案的落实，更需要通过对纵向上的整个管理机构来达到安全的目的，由安全管理、安全监督、安全监察、安全执行等一系列部门构成安全机构。

2）管理制度（U_{42}）。建立以安全为核心的安全管理规章制度是安全管理的依据和前提。每个岗位的实施细则是保证各级安全责任制具体落实到人的措施。

3）安全培训（U_{43}）。工作人员是系统安全运行的关键所在，必须加强工作人员的职业素质和安全培训，提高工作人员的安全意识。

4）安全检查（U_{44}）。为保证轻轨系统中各设备的正常运行，减少故障、事故和突发事件的发生，应尽可能利用先进的技术定期对所有设施设备进行安全监察，尽可能地减少人为疏忽导致的故障或事故。

2. 轻轨系统交通安全的评价集选取

评价集是对评价因素进行评价所设置的等级及等级评价标准。现将轻轨系统安全评价因素的等级分为5个级别，即评价集为$V=\{V_1, V_2, V_3, V_4, V_5\}$，其中$V_i$（$i=1, 2, \cdots, 5$）是可能的评价表述，$V_1$表示很安全，$V_2$表示安全，$V_3$表示一般安全，$V_4$表示次安全，$V_5$表示不安全。即将轻轨系统安全评价因素的评语等级：

$$V=\{V_1, V_2, V_3, V_4, V_5\}$$
$$=\{\text{很安全，安全，一般安全，次安全，不安全}\} \tag{9-1}$$

各个评价因素的评价标准以10分制作为评价指标，见表9-5：

轻轨安全评价因素的评价等级标准　　表9-5

评价等级	V_1	V_2	V_3	V_4	V_5
	很安全	安全	一般安全	次安全	不安全
分值区间	[9,10]	[7,9)	[5,7)	[3,5)	[1,3)
预警阀值	9	7	5	3	1

3. 确定轻轨系统交通安全各层的权重向量

第一层指标权重向量为$A=\{A_1, A_2, \cdots, A_m\}$，$A_i$（$i=1, 2, \cdots, m$）是第一层

中第 i 个指标的权重值。第二层子指标权重向量为 $A_i=(A_{i1}, A_{i2}, \cdots, A_{ik_i})$，元素 A_{ij}（$i=1, 2, \cdots, m$；$j=1, 2, \cdots, k_i$）是第 i 个指标的第 j 个子指标 U_{ij} 的权重值。一般来说，为保证归一化，权重向量中的所有元素之和为 1。

确定权重的方法可以分为主观赋权法、客观赋权法和综合集成赋权法，主要包括层次分析法（Analytic Hierarchy Process，AHP）、专家调查法、熵权法等，现采用层次分析法来确定各评价指标的权重。分别对准则层和指标层中各指标之间的相对重要性进行判断，构造比较判断权重矩阵，从而可以得到各层评价因素的相对权重，最后通过组合得到组合权重，具体算法略，经一致性检验确定权重系数，确定最后的各评价因素权重如表 9-6所示：

各级评价指标权重值 **表 9-6**

层次			各评价层对应的归一化权重					
因素集 U	一级指标	U	U_1	U_2	U_3	U_4		
	权重系数	A	0.233	0.406	0.121	0.240		
因素集 U_1	二级指标	U_1	U_{11}	U_{12}				
	权重系数	A_1	0.486	0.514				
因素集 U_2	二级指标	U_2	U_{21}	U_{22}	U_{23}	U_{24}	U_{25}	U_{26}
	权重系数	A_2	0.176	0.125	0.187	0.194	0.119	0.199
因素集 U_3	二级指标	U_3	U_{31}	U_{32}				
	权重系数	A_3	0.726	0.274				
因素集 U_4	二级指标	U_4	U_{41}	U_{42}	U_{43}	U_{44}		
	权重系数	A_4	0.258	0.235	0.268	0.239		

4. 确定轻轨系统交通安全评价关系矩阵

因素的模糊性是用隶属度来表示的，隶属函数也是模糊数学的基础，隶属函数的合理性将直接影响到评判结果的正确性。对于定性因素，评判矩阵可由专家评判决定。用调查的方式请专家对每个因素应该获得的评价等级进行打分，统计各单因素调查结果，即可获得轻轨系统交通安全单因素 U_1, U_2, U_3, U_4 的评价矩阵 R_1, R_2, R_3, R_4。

5. 轻轨系统交通安全的一级模糊综合评判

确定了权重 A_i（$i=1, 2, 3, 4$）与 R_i（$i=1, 2, 3, 4$）后，得到对 U_1, U_2, U_3, U_4 的一级综合评价结果。其中对 U_1 的一级综合评价结果为：

$$\begin{aligned} B_1 &= (b_{11}, b_{12}, b_{13}, b_{14}, b_{15}) \\ &= A_1 \cdot R_1 \\ &= (A_{11}, A_{12}) \cdot \begin{pmatrix} r_{11} & r_{12} & r_{13} & r_{14} & r_{15} \\ r_{21} & r_{22} & r_{23} & r_{24} & r_{25} \end{pmatrix} \end{aligned} \tag{9-2}$$

同理，得到 B_2, B_3, B_4。

6. 轻轨系统交通安全的二级模糊综合评判

对因素集 $U=\{U_1, U_2, \cdots, U_m\}$，其权重向量为 $A=(A_1, A_2, A_3, A_4)$，其单因素评价矩阵已由轻轨系统交通安全的一级模糊综合评判结果给出，即：

$$R=\begin{pmatrix}B_1\\B_2\\B_3\\B_4\end{pmatrix}=\begin{pmatrix}b_{11} & b_{12} & \cdots & b_{15}\\ b_{21} & b_{22} & \cdots & b_{25}\\ \vdots & \vdots & \vdots & \vdots\\ b_{41} & b_{42} & \cdots & b_{45}\end{pmatrix}\tag{9-3}$$

轻轨系统交通安全的二级模糊综合评判结果为：

$$B=(b_1,\ b_2,\ b_3,\ b_4,\ b_5)=A\cdot R$$

$$=(A_1,\ A_2,\ A_3,\ A_4,\ A_5)\cdot\begin{pmatrix}b_{11} & b_{12} & \cdots & b_{15}\\ b_{21} & b_{22} & \cdots & b_{25}\\ \vdots & \vdots & \vdots & \vdots\\ b_{41} & b_{42} & \cdots & b_{45}\end{pmatrix}\tag{9-4}$$

7. 综合评价结果计算

依据表 9-5 中的预警阀值，令 $V=\{9,\ 7,\ 5,\ 3,\ 1\}$ 。

由式（9-4），计算模糊综合评判值为：

$$Z=B\cdot V^{\mathrm{T}}=(b_1,b_2,b_3,b_4,b_5)\cdot(9,7,5,3,1)^{\mathrm{T}}\tag{9-5}$$

计算所得 Z 值即为轻轨系统安全模糊综合评判值。

8. 轻轨系统安全的等级界定

综合评判值 Z 值为轻轨系统交通安全模糊综合评价值，综合评价值 Z 越大，表明轻轨系统运营状况越安全，综合评价值 Z 越小，表明轻轨系统运营状况越不安全。

9.4.2　案例分析

以天津津滨轻轨为例来验证二级模糊综合评判方法的可操作性和实用性。天津津滨轻轨为天津轨道交通系统的 9 号线，是天津市区与滨海新区连接的重要轨道交通路线，于 2004 年 3 月开通。线路全长 52.7km，19 个站，车辆为 4 节标准 B 型车。天津津滨轻轨线路图如图 9-10 所示：

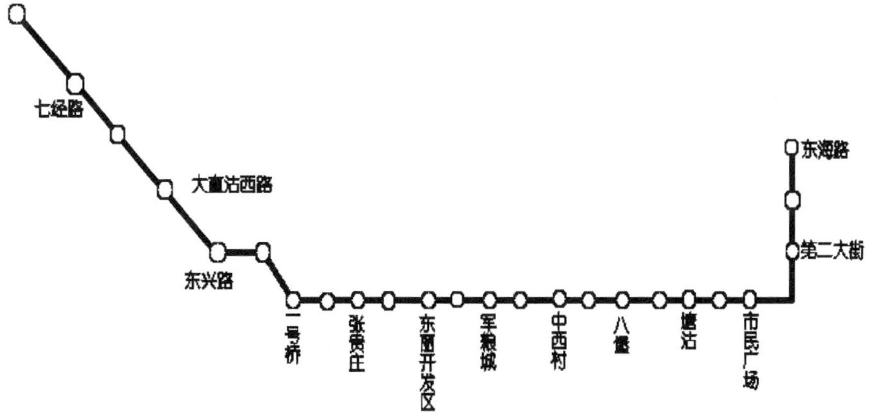

图 9-10　天津津滨轻轨线路图

请 10 位专家对天津津滨轻轨系统每个安全评价因素进行独立打分评定，评分表如表 9-7 所示：

轻轨安全评价因素专家评价表 **表 9-7**

评价因素	很安全	安全	一般安全	次安全	不安全
U_{11} 乘客	6	2	1	1	0
U_{12} 工作人员	7	1	1	1	0
U_{21} 车辆系统	5	2	2	1	0
U_{22} 供电系统	6	2	2	0	0
U_{23} 通信系统	7	1	1	1	0
U_{24} 信号系统	5	1	2	1	1
U_{25} 安全标识	8	1	1	0	0
U_{26} 轨道系统	6	2	1	1	0
U_{31} 气候环境	4	2	1	2	1
U_{32} 地质环境	5	1	2	1	1
U_{41} 安全机构	5	1	1	2	1
U_{42} 管理制度	6	2	2	0	0
U_{43} 安全培训	5	2	1	1	1
U_{44} 安全检查	6	1	1	1	1

对表 9-7 进行归一化处理，得到评价矩阵如下：

$$R_1=\begin{bmatrix}0.6 & 0.2 & 0.1 & 0.1 & 0.0\\ 0.7 & 0.1 & 0.1 & 0.1 & 0.0\end{bmatrix}$$

$$R_2=\begin{bmatrix}0.5 & 0.2 & 0.2 & 0.1 & 0.0\\ 0.6 & 0.2 & 0.2 & 0.0 & 0.0\\ 0.7 & 0.1 & 0.1 & 0.1 & 0.0\\ 0.5 & 0.1 & 0.2 & 0.1 & 0.1\\ 0.8 & 0.1 & 0.1 & 0.0 & 0.0\\ 0.6 & 0.2 & 0.1 & 0.1 & 0.0\end{bmatrix}$$

$$R_3=\begin{bmatrix}0.4 & 0.2 & 0.1 & 0.2 & 0.1\\ 0.5 & 0.1 & 0.2 & 0.1 & 0.1\end{bmatrix}$$

$$R_4=\begin{bmatrix}0.5 & 0.1 & 0.1 & 0.2 & 0.1\\ 0.6 & 0.2 & 0.2 & 0.0 & 0.0\\ 0.5 & 0.2 & 0.1 & 0.1 & 0.1\\ 0.6 & 0.1 & 0.1 & 0.1 & 0.1\end{bmatrix}$$

将以上矩阵带入式（9-2），计算得天津轻轨系统一级综合评判结果为：

$$B_1=(b_{11},b_{12},b_{13},b_{14},b_{15})=A_1\cdot R_1$$
$$=(0.6514\quad 0.1486\quad 0.1000\quad 0.1000\quad 0.0000)$$

同理，计算可得：

$$B_2=(0.6055\quad 0.1500\quad 0.1495\quad 0.0756\quad 0.0194)$$
$$B_3=(0.4274\quad 0.1726\quad 0.1274\quad 0.1726\quad 0.1000)$$
$$B_4=(0.5474\quad 0.1503\quad 0.1235\quad 0.1023\quad 0.0765)$$

则单因素评价矩阵 R 可由一级评判结果得到：

$$R=\begin{pmatrix}B_1\\B_2\\B_3\\B_4\end{pmatrix}=\begin{pmatrix}0.6514 & 0.1486 & 0.1000 & 0.1000 & 0.0000\\0.6055 & 0.1500 & 0.1495 & 0.0756 & 0.0194\\0.4274 & 0.1726 & 0.1274 & 0.1726 & 0.1000\\0.5474 & 0.1503 & 0.1235 & 0.1023 & 0.0765\end{pmatrix}$$

根据式（9-4），二级模糊综合评判结果为：

$$\begin{aligned}B&=(b_1,b_2,b_3,b_4,b_5)=A\cdot R\\&=(0.5807\quad 0.1525\quad 0.1291\quad 0.0994\quad 0.0383)\end{aligned}$$

最后，由式（9-5），模糊综合评判值为：

$$\begin{aligned}Z&=B\cdot V^{\mathrm{T}}=(b_1,b_2,b_3,b_4,b_5)\cdot(9,7,5,3,1)^{\mathrm{T}}\\&=(0.5807\quad 0.1525\quad 0.1291\quad 0.0994\quad 0.0383)\cdot(9,7,5,3,1)^{\mathrm{T}}\\&=7.2756\end{aligned}$$

天津轻轨系统安全模糊综合评判值 $Z=7.2756$，其安全性评价结果为较安全。结合天津轻轨近年来具体运营情况，总体来看，其安全水平处于较安全状态，因此二级模糊评判模型对天津轻轨系统安全评价的结果接近现实运营情况，说明所建立的轻轨系统安全评价模型具有实用性和合理性。

9.4.3　小结

本章研究了城市轻轨的基本特性。并对国内外典型城市的轻轨系统进行了系统分析。然后从人员因素、设备因素、环境因素、管理因素等四个方面建立了城市轻轨的评价体系，在确定各评价指标的权重系数基础上，建立了城市轻轨系统安全性的模糊模型，并划分了城市轻轨系统安全等级。城市轻轨系统安全性的模糊评判既可以用于同一城市轻轨系统安全性的纵向对比，也可用于不同城市之间轻轨系统安全性的横向对比。评价结果便于管理部门发现轻轨系统中存在的优势与差距，为今后科学管理和规划提供理论依据。

第 10 章　城市有轨电车交通网络

20 世纪初，有轨电车曾在欧洲、美洲和亚洲的城市风行一时。但随着私家汽车、公共汽车及其他路面交通在 20 世纪 50 年代起的普及，不少有轨电车陆续被拆卸。1990 年起，有轨电车在西方发达国家重新得到重视，并且以传统有轨电车为基础进行改良，融入现代地铁、轻轨、电驱动汽车等新技术的现代公共交通工具。现代有轨电车的功能设计、信号控制、动力驱动以及运营模式都与现代化的公共交通运输方式相匹配，已渐渐成为城市公共交通的中坚力量。目前现代有轨电车在世界许多国家已得到广泛应用，受到越来越多城市的青睐，我国现代有轨电车虽然起步较晚，但发展速度较快，已经有上海张江、长春、沈阳、苏州、南京等城市开始发展现代有轨电车。

10.1　有轨电车的界定

现代有轨电车就是一种坚持可持续发展路线的绿色的公共交通方式，与小汽车方式占有的道路资源、大量的停车场地和排放的尾气污染等相比，现代有轨电车具有明显的优势，其中等运能、绿色环保、投资较低、舒适性强、外形时尚美观等特点。现代有轨电车是在传统有轨电车的基础上全面改造升级的一种先进的公共交通方式。有轨电车分为旧式有轨电车和现代有轨电车，两者的优劣势对比见表 10-1。

现代有轨电车与传统有轨电车优劣势对比　　表 10-1

优势	性能	传统有轨电车	现代有轨电车
运能较大	客容量(人)	100 以下	150～300
	单向运能(人次/h)	2000 以下	8000～15000
速度较快	最高速度(km/h)	30	70～80
	运营速度(km/h)	10	20～30
弹性灵活	模块化设计	无	有
	供电模式	架空线	架空线、地面供电、蓄电池
舒适环保	行驶噪音	较高	噪声比道路上汽车交通要低 5～10dB
	舒适程度	较差	大窗台、对开门、与低地板设计

（1）旧式有轨电车。旧式有轨电车起源于德国，出现在 1879 年的马车时代，由西门子公司开发完成。西门子公司将有轨电车定义为一种利用电气牵引代替马匹在铁路上或者道路上运行的车辆，即旧式有轨电车是在马力车辆的基础上改造为电力牵引的车辆。

（2）现代有轨电车。现代有轨电车是在对旧式有轨电车在技术、外观、运行制式上的改造和更新。我国《城市轨道交通工程基本术语标准》GB/T 50833—2012 中将有轨电车定义为与道路上其他交通方式共享路权的低运量城市公共交通方式，线路通常设在地面的常规公共交通方式。

从定义层面看，各国对现代有轨电车的特点的认识是相同的，即：1）有轨电车是线路直接敷设在城市道路上；2）与其他交通方式混行；3）运营模式采用人工控制；4）在交通特征上属于道路交通。

1. 现代有轨电车特点

现代有轨电车是介于地铁和常规公交之间的地面轨道交通出行方式，是城市交通系统多元化发展的重要目标，下面分别从外观设计、环境污染、建设成本、资源消耗四个方面与地铁、快速公交、常规公交、小汽车等其他交通方式做比较分析。

（1）外观形象良好。随着轨道交通技术的不断进步，有轨电车具有优美的外观，能够充分融入现代化城市的景观，提升整个城市或者区域的公共交通品味，这是有轨电车相比常规公交与快速公交的一大优势。有轨电车还可以融入当地的文化、风景当中，作为城市独特的象征，比如墨尔本的电车餐厅、威海的有轨电车旅游专线等都是有轨电车设计的典范，现代有轨电车在保证客流输送的前提下，充分的融入了当地的文化氛围当中。

（2）环境污染小。城市化进程越来越快，伴随着城市化进程的环境污染问题日益严重，有轨电车主要能源是电能，主要制式为钢轮钢轨，对比传统燃料消耗带来的污染更为绿色环保，对城市生活存在的环境问题提供有效缓解和保障。以每公里排放的 CO_2 为例，有轨电车排放 17g，公共汽车排放 50g，家用汽车排放量达到 152g，降低了温室气体的排放。同时，有轨电车排放的 CO 和 NOx 也远低于公共汽车和小汽车，净化了城市空气环境，属于环保性交通方式，受到地方政府和居民的推崇。见表 10-2。

不同交通工具废气排放量比较（g/km）　　　　**表 10-2**

交通方式	CO	NO_x	CO_2
有轨电车	0.02	0.43	17
公共汽车	1.98	0.95	50
家用汽车	9.34	1.28	152

（3）投资成本低。轨道交通虽然因其功能定位、服务对象、运行需求和敷设方式不同其工程造价也不尽相同。但是根据经验从建设成本上看，有轨电车每公里的造价为 8000 万到 1 亿，轻轨为 3 亿到 5 亿，地铁为 5 亿到 8 亿，快速公交为 5000 万到 1 亿。从运能方面看，有轨电车运能达到 0.8 至 1.5 万人每小时，高于常规公交和快速公交。因此，有轨电车建设成本远低于轻轨和地铁，运能可以达到快速公交的水平，服务水平要高于常规公交和快速公交，属于性价比较高的出行方式。见表 10-3。

各交通工具技术经济特性比较　　　　**表 10-3**

指标	常规公交	快速公交	有轨电车	轻轨	地铁
运营速度(km/h)	12～15	20～30	18～25	25～40	25～40
运能(万人/h)	＜0.5	0.8～1.2	0.8～1.5	1～3	3～6
造价(亿元/km)	＜0.5	0.5～1.0	0.8～1.0	3.0～5.0	5.0～8.0
建设周期	短	较短	较短	较长	长
车辆折旧率	高	较高	低	低	低

（4）资源消耗低。有轨电车的一个重要特点是资源消耗低，主要体现在两个方面。第一个是占用城市土地资源少，有轨电车的道路布设方式与 BRT 的布设方式相似，主要可以分为中央对称式、路侧对称式、路边式三种，可以直接利用已有的道路路网结构完成建设，在当前城市的土地资源日益紧缺，道路空间有限的现状下，有轨电车作为新的公共交通方式投入运营具有重大意义。见图 10-1。

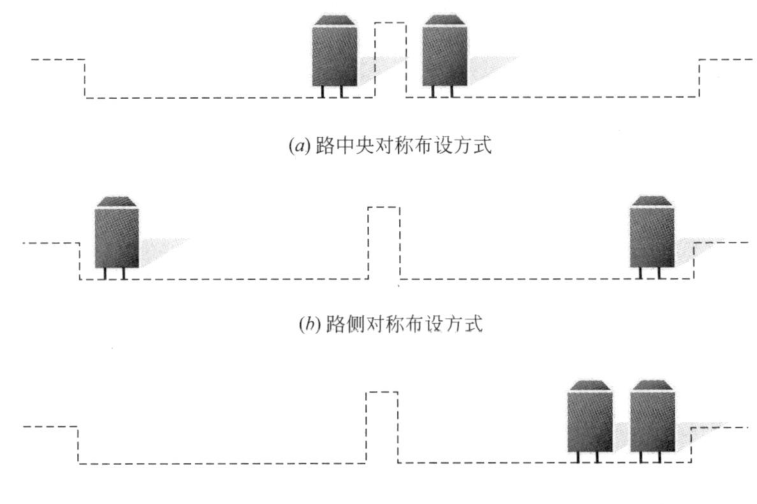

(a) 路中央对称布设方式

(b) 路侧对称布设方式

(c) 路边对称布设方式

图 10-1　有轨电车道路布设横断面示意图

有轨电车除了可以使用既有道路外，由于其采用轨道嵌入式，车辆运行轨迹固定，它占地面积也非常小，一般的有轨电车横向占地面积只需要 3m 左右，小于 BRT 专用道的车道宽度 3.75 米。见表 10-4。

有轨电车与 BRT 系统用地资源对比　　表 10-4

对比指标	现代有轨电车系统	BRT 系统
最小转弯半径(m)	30	45
最小站台宽度(m)	2.0～3.5	2.0～3.0
最低红线控制(m)	6.5	7
车道最小宽度(m)	3.00	3.75

第二个方面是与其他轨道交通相比，有轨电车所需要的供电电压最低，有轨电车的供电电压为 DC600 或者 DC750，地铁的供电电压为 DC1500 或者 DC750，城际铁路和高速铁路的供电电压为 AC25000。见表 10-5。

各轨道交通系统运行技术指标对比　　表 10-5

交通系统	站间距(m)	最高运行速度(km/h)	供电电压
有轨电车系统	500～800	70	DC600/DC750
地下铁路系统	800～1000	80	DC1500/DC750
城际铁路系统	＞5000	160	AC25000
高速铁路系统	25000～50000	350	AC25000

(5) 有轨电车的缺点。虽然有轨电车在具有上面所描述的众多优点，但同时，有轨电车也存在一些不足，比如它的机动性能和服务范围比公交水平低，并且在与公交道路共用路权的情况下，需要改造路面和交叉口，并且有轨电车的电力架空线影响城市景观。见表 10-6。

有轨电车技术优缺点对比　　**表 10-6**

技术组成	优势分析	负面影响
现代化车辆	较高的平均车速，人性化设计，外观良好	—
灵活性运营	根据客流需求特征可采用不同编组运营方式，提高效率，降低成本	服务范围不能够随意改变，机动性差
智能化系统	通过信号控制实现交叉口优先，提高运输效率，保障行车安全	交叉口信号改造复杂，成本较高
多样性路权	可采用专用道、混合道多种方式	对路面结构的整体性和强度不利
环保性燃料	电力牵引，无废气，减少环境污染	电力架空线影响城市景观

2. 现代有轨电车车辆的技术沿革

现代有轨电车的发展趋势由高底板车辆向低底板车辆改进，其中，底板面距轨面一般在 800～1000mm 之间，底板面距轨面高度为 300～350mm 之间为低底板。传统有轨电车属于高底板车辆，高底板车辆需要建造高站台，不便于乘客上下车，同时建设投资耗费较高。直到 1984 年 Duewag 公司为日内瓦制造了首辆低底板车辆，低地板有轨电车就成为有轨电车的发展趋势。1990 年 2 月，世界上第一辆 100%低底板有轨电车在德国不莱梅正式投入使用。到目前为止，经过 20 多年的发展，世界上共有约 30 种型号的 6000 多列 100%低地板轻轨车在近 20 个国家的 60 多个城市运行。按照有轨电车设计技术历程，有轨电车主要可以分为下面三代（图 10-2）：

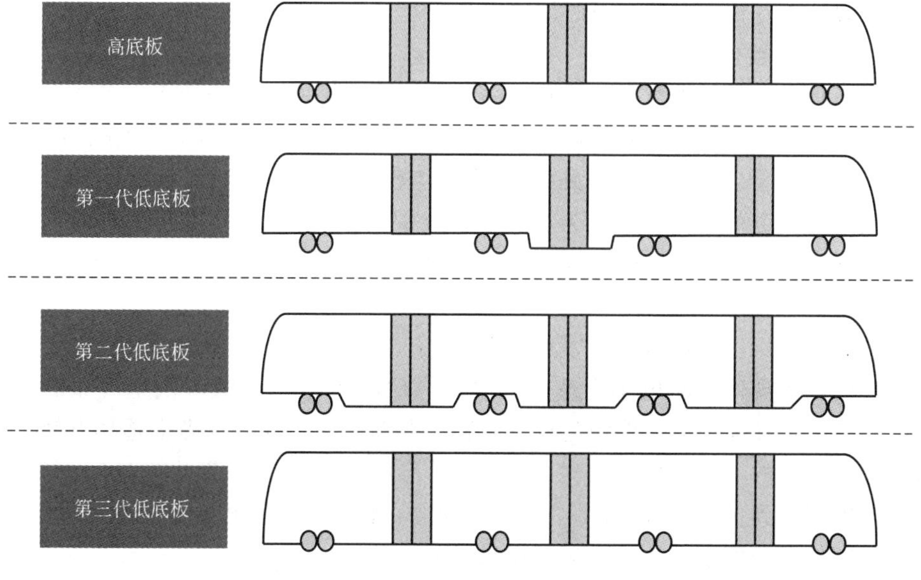

图 10-2　有轨电车底板演化过程

(1) 第一代为有轨电车中低底板约占有轨电车长的10%～50%，车辆中间部分有一个低地板进口；

(2) 第二代为有轨电车低底板部分约占整车的60%～70%，车内需要台阶向高地板区过渡；

(3) 第三代低地板轻轨车辆为100%低地板，动力转向架电采用独立车轮，取消车轴，两侧车轮突起部分可设置座椅，底板面距轨面仅为350mm。

低底板最大的优势是其便利性，无须设置站台、方便乘客上下车。同时，低底板技术复杂，应用了独立车轮动力转向架、模块化结构、铰接式连接、弹性车轮等复杂技术，技术难度较高，因此价格一般是非低底板有轨电车的1.2～1.5倍。

10.2 国外有轨电车发展历程

1879年德国工程师西门子首次在柏林工业博览会上使用电力驱动轨道车辆，1881年西门子制造了世界上第一辆有轨电车。1881～1890年期间，柏林（德国）、罗马（意大利）、里士满（美国）都相继进行了有轨电车的商业化探索，建立了有轨电车系统。1890年之后，有轨电车的发展主要经历了以下3个阶段：

(1) 第一阶段：1890～1930年，起步阶段

这一时期属于有轨电车的快速发展阶段。有轨电车的诞生是工业革命的成果，具备电力动力的优越性，取代了马车、人力车等交通方式，成为当时城市的主要交通出行方式。20世纪初包括欧洲、北美、日本、印度在内，几乎世界上每一个大城市里都拥有有轨电车系统。1920年，英国拥有5000km线路，1.4万辆有轨电车，美国拥有2.5万公里线路，而我国的天津、上海、北京、大连等诸多城市也相继引入了有轨电车。

(2) 第二阶段：1930～1960年，发展阶段

这一时期属于有轨电车的衰退时期。由于汽车产业高速发展的冲击，全世界范围内的有轨电车线路大量被拆除，在北美、法国、英国、西班牙、我国等地有轨电车作为“落后”的交通工具退出了历史舞台，只有为数不多的城市保留了一条或者二条线路作为观光和纪念。其中，当时有轨电车被拆除的原因主要有以下三个：1）汽车冲击。随着汽车工业的发展，私人汽车、公共汽车等路面交通工具数量增长迅速，城市道路资源不足。同时，有轨电车占用道路面积广，成为城市交通发展的障碍；2）技术落后。旧式有轨电车与其他车辆混合运行，并且受路口红绿灯的控制，运行速度很慢、正点率低、噪声大、加减速性能较差。

(3) 第三阶段：1970年至今，完善阶段

这一时期属于现代有轨电车全球复兴阶段。1970年之后，随着汽车行业的迅速发展带来了交通拥堵、环境污染、能源危机等问题，欧洲和美洲等国家考虑选择有轨电车作为发展城市公共交通的重点。根据欧洲交通行业协会的统计，2005年共有125个城市开通运营现代有轨电车，到2010年已有137个城市开通有轨电车，有轨电车需求量每年以5%的速度增长。国外部分国家有轨电车运营现状见表10-7。

国外部分国家有轨电车运营现状　　表 10-7

国家	城市	人口(万人)	面积(km^2)	有轨电车线路数量(条)	营业里程(km)	日客流量
德国	柏林	347	892	22	192	约 47 万
德国	科隆	101	405	15	190	＞80 万
意大利	米兰	135	181	17	115	—
意大利	罗马	278	128	56	39	—
意大利	都灵	90	130	10	220	—
荷兰	鹿特丹	61	319	9＋4	93	—
克罗地亚	萨格勒布	77	1291	15＋4	142	56 万
法国	大巴黎地区	1100	12012	5	64	—
法国	里昂	155	954	6	62	—
法国	斯特拉斯堡	65	222	6	55	—
法国	波尔多	83	1057	3	44	17 万
法国	南特	城区 28	城区 65	3	44	27 万
法国	蒙彼利埃	城区 25	城区 57	4	63	28 万

10.2.1　澳大利亚的有轨电车

早在 19 世纪末，有轨电车开始在澳大利亚兴起。20 世纪 30 年代至 60 年代，随着汽车工业发展，有轨电车声势渐弱，不少线路陆续被拆除。20 世纪末，经过现代技术的改造，有轨电车在澳大利亚重新得到重视。目前，墨尔本是澳大利亚唯一拥有有轨电车线路网络的城市（图 10-3），具有 28 条有轨电车线路、1773 个站点，总运营里程达到 250km，

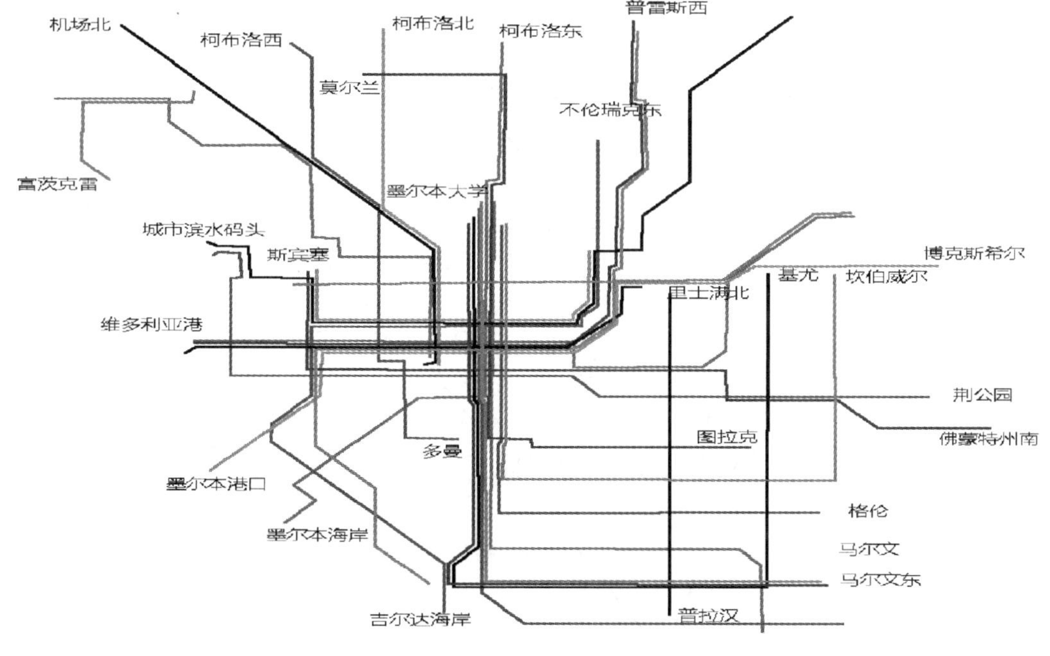

图 10-3　墨尔本有轨电车线路网络

年发送旅客约 1.83 亿人次。有轨电车保有量为 487 辆，其中包括 W 型（老式单节电车，历史产量为 752 辆，现存约 230 辆，大部分已停用）、Z 型（20 世纪 70 年代开始推出的单节电车，历史产量为 230 辆，现存约 147 辆）、A 型（20 世纪 80 年代开始推出的单节电车，历史产量为 70 辆，均仍在服役）、B 型（20 世纪 80 年代推出的双节电车，历史产量为 132 辆，均仍在服役）、C 型（21 世纪 00 年代推出的 3 节低地板电车，服役数量为 41 辆），D 型（21 世纪 00 年代推出的 3 节/5 节 100%低板电车，服务数量为 59 辆）。

10.2.2 英国的有轨电车

1807 年从英国 Mumbles 到 Swansea 的有轨电车正式开通，当时的有轨电车由马牵引在光滑的轨道上行驶，特点是比行驶在马路上的车辆更加快捷和舒适；1860 年起，英国许多大城市先后采用了这种由马力牵引的有轨电车；1861 年，伦敦建立了首条有轨电车线路，从大理石拱门到诺丁山大门。但这种由马力牵引的有轨电车不久因不够环保而在 1880 年被拆除；1885 年，英国出现了蒸汽式有轨电车，但使用寿命非常短，噪声大；1939～1945 年期间，第二次世界大战爆发，有轨电车破坏严重，英国许多主要城市关闭了电车系统；1949 年，曼彻斯特于关闭有轨电车系统；1952 年，伦敦的最后一辆电车也结束运行；1962 年，格拉斯哥停止使用电车；1962～1992 年期间，黑潭是英国唯一开通城际间电车的城镇，电车轨道始于黑潭南岸的星际之门，终点为弗里特伍德；1995 年，英国皇家环境委员会在欧美国家率先提出有轨电车可以改善城市环境、减少噪声和空气污染、缓解城市交通压力。随后，英国政府做出决定，首期拨款 2.8 亿英镑，在伦敦克罗登地区重新修建有轨电车轨道。

到目前为止，伦敦市已有 11 个地区开通有轨电车，4 个地区正在紧张施工（图10-4）。

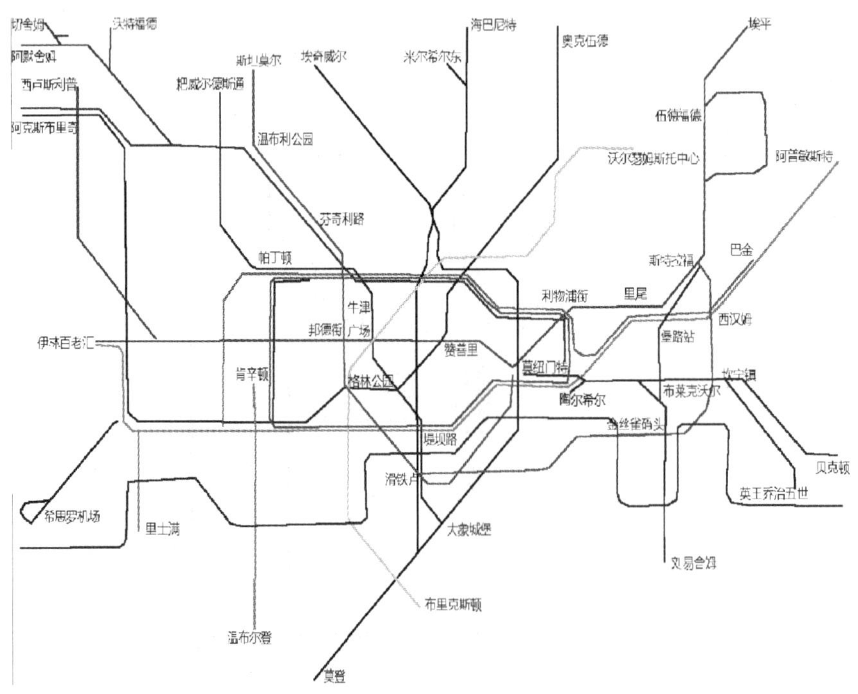

图 10-4　英国伦敦有轨电车网络布局

英国的曼切菲尔德等 7 个城市已相继建成了现代有轨电车。另外，还有 20 多个城市计划在近几年内把有轨电车作为市民的主要交通工具。

10.2.3 法国的有轨电车

(1) 巴黎有轨电车。巴黎是法国首都，是拥有世界上最大有轨电车系统的城市之一。1928 年，巴黎建设的有轨电车线网长度达到 725km，有轨电车和拖车的总数超过 3000 辆，年客运量为 7.27 亿人次；1930 年之后，巴黎大力发展汽车工业，有轨电车被逐步淘汰；1970 年之后，现代化的有轨电车具有能耗低、污染少等优点而重新受到重视；1992 年，巴黎在城市外围建成第一条有轨电车交通线（简称 T_1线），同年，建成第二条有轨电车线（简称 T_2线）；2006 年，建成有轨电车三号线（简称 T_3线）。其中，T_1线位于巴黎北部郊区，T_2线位于西部郊区，T_3线位于南部郊区。T_1、T_2、T_3三条现代有轨电车线路的发展历程如下：

T_1线。现代有轨电车 T_1线建成于 1992 年，线路里程长度为 9km。T_1线在空间布局上与区域性快车线、地铁 13 号线和地铁 7 号线相衔接。T_1线主要以换乘为主，行车间隔设定为 4～5min，平均运送速度达到 16km/h。T_1线路除了在交通流量较大的交叉口之外，均为专用道路路权。近些年，随着出行客流的增加，T_1线于 2008 年开始向西扩建 4.8km，向东扩建 5km，2012 年完成扩建工程。目前，T_1线已经成为巴黎外环轻轨交通线的主干线，运营速度提高到 17.2km/h，每天客流量达到 17.8 万人次。

T_2线。巴黎现代有轨电车 T_2线建成于 1997 年，沿塞纳河通往巴黎新区，线路里程达到 11.3km，沿线设置 12 个车站，行车间隔为 10min。T_2线路采用全封闭设计，平均运送速度达到 30.8km/h。2005 年，T_2采用阿尔斯通新型低地板轻轨车，最高车速达到 70km/h。2009 年，T_2线向东延伸 2.3km，增加 3 个车站，分别与地铁 8 号线、12 号线和 T3 线相衔接。2011 年，T_2线向北延伸 4.2km，增加 7 个车站，2011 年完成。目前，T_2线每天的客运量达到 6.5 万人次。

T_3线。现代有轨电车 T3 线于 2006 年建成通车，线路里程总长 7.9km，穿越巴黎南部，沿林荫大道设 17 个车站。T_3线在线网布局方面，与 6 条地铁线和 12 条公共汽车线换乘。同时，T_3线使用道路中央车道绿色通道设计，沿线三分之二的道路面积铺设有 3.6 万平方米草坪，并配有根据气象数据自动喷水的系统。2009 年，T3 线扩建 2.3km，实现与 T 线的衔接。

巴黎有轨电车线网布局的基本形态为不规则环线（见图 10-5），是根据城市公共交通系统形成的，配合巴黎地铁与市郊快速路放射性布局的特点，形成了放射加环线的综合轨道交通体系，有效地衔接了市中心与郊区的客流，减少了乘客换乘次数，可节约出行时间；同时，有轨电车不进入巴黎市中心，没有对中心城区的交通状况造成负荷，在基本环线形态之外还存在着一系列的支线运营与规划，有利于区域间的运输组织与运能平衡，并且还与城际铁路与航空运输相连接，提升了综合运输效率。

(2) 里昂有轨电车。里昂是法国第二大经济中心，位于法国的东南部，是座历史悠久的古老城市，1998 年被联合国教科文组织列为世界人文遗产城市，人口超过 180 万人，也是法国第二大都市圈，拥有全法第二大规模的公共交通系统。里昂的公共交通系统由 4 条地铁线（简称为 A、B、C、D 线）、4 条有轨电车线（T1、T2、T3、T4）、2 条轨道缆车、2 条大输送量无轨电车线（C1、C3）等构成。里昂有轨电车线路总里程 58km，平均年客运量达到 5770 万人次，采用混合交通的运行方式，其空间结构布局如图 10-6 所示。

图 10-5　法国巴黎有轨电车网络

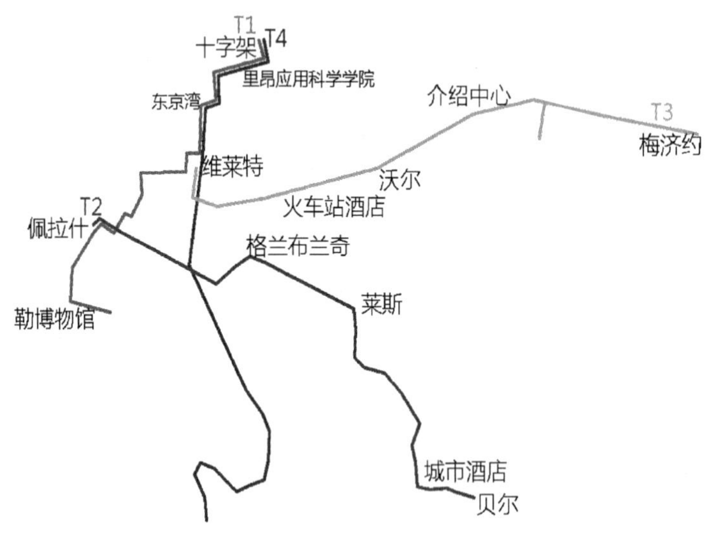

图 10-6　里昂市有轨电车网络

里昂有轨电车线网布局的基本形态为与地铁相匹配的放射性布局，4 条主要线路功能各不相同。其中，T1 全线和规划中的 T4 部分线路为地铁系统的加密线，是城市快速客运骨干线路；T2、T3 和部分 T4 线路作为郊区的支线，避开地铁线网密集的西部与北部区域，主要向东部、东南和南部郊区延伸，是城市客运的重要补充。里昂有轨电车线网布局充分体现出有轨电车适用性广的特性，能够在同一城市内承担主干或延伸线路等不同的交通功能，方式灵活多样。

10.2.4 德国的有轨电车

柏林作为德国的首都，居民汽车保有量为 0.358 辆/人，低于全国平均水平 0.570 辆/人，主要归功于柏林完善的公共交通系统。在柏林居民的出行方式中，公共交通、汽车、步行、自行车分别占 27%、32%、29%和 12%。柏林的公共交通系统主要包括地面铁路（简称 U-Bahn）、地下铁路（简称 S-Bhan）、有轨电车（Tram）、公共汽车等四类，主要运营者为 DB 和 BVG 两家公司。历史上，柏林有轨电车数量一度达到 1024 辆，而随着新型低地板车辆的引进，单车载客量得到大幅提升，目前保有量在 600 辆左右。2008 年以来，Bombardier（庞巴迪）公司陆续为柏林提供了新型有轨电车 GT6-08 和 GT8-08，长度为 30～40m，车体宽度为 2.4m，核定载客量最大为 75 座席和 116 站位。2009 年，BVG 公司的董事会决定购买 99 辆新车，总价为 3.05 亿欧元，并从 2011 年开始陆续接收新车。目前，柏林有轨电车网络共有 22 条线路、173 个站点，经营里程为 147km，日均发送旅客约 47 万人次（见图 10-7）。

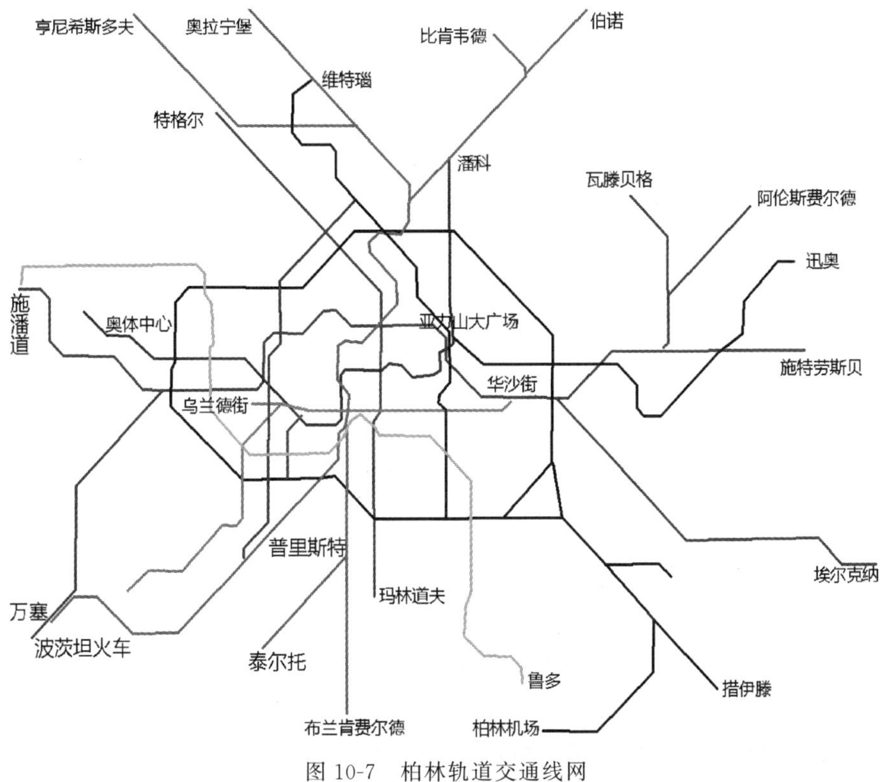

图 10-7 柏林轨道交通线网

10.2.5 瑞士的有轨电车

20 世纪初，有轨电车具备运行速度快、载客量大等优点能够适应城市交通发展的需要，开始在瑞士盛行。但是，在运营过程中发现它存在着严重的噪声污染、车辆行进稳定性差以及专用车道妨碍其他交通通行等弊端。1949 年之后，瑞士拆除电车轨道，修建公路。20 世纪 60 年代，苏黎世城区公交线路变革，引进了带空调的豪华公交车，大部分有轨电车被取消。20 世纪 90 年代，瑞士大量私家车的出现给空气造成了严重污染，同时由于新型电车的造价降低，先进的混凝土板式整体道床使得路面可供各种车辆通行，新型轨道连接技术减少车轮与钢轨摩擦发出的噪声，瑞士开始重新定位有轨电车在城市交通系统中的功能。1990 年，环保和经济两方面的原因，瑞士决定重新恢复电车路线，制订了恢复和扩大电车路线的计划。到目前为止，瑞士苏黎世市已经拥有有轨电车路线达 21km。苏黎世有轨电车网络见图 10-8。

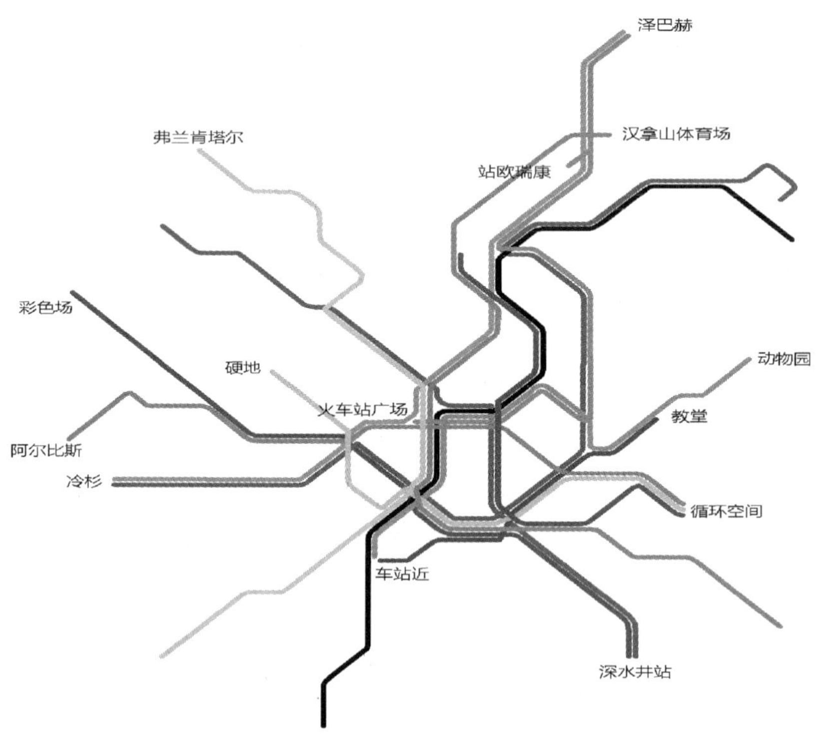

图 10-8　苏黎世有轨电车网络

10.3　国内有轨电车发展态势

2012 年以前，国内拥有运行中的有轨电车线路的城市有长春、大连、天津、上海等 4 座城市，运营总里程数仅为 60km 左右，与国外的迅猛发展速度形成鲜明对比。这是因为：一方面是因为我国城镇化水平、城市经济、城市公共交通需求并没有达到一定的水平；另一方面也是因为国产化率不高，进口成本高昂，且地方政府与整车厂商对现代有轨电车的认识不足。2012 年以后规划项目快速上升，总里程约为 1375km，2013～2014 年将迎来通车小高峰。随着我国城市化水平低的逐步提高，城市人口与汽车保有量不断地提高，对于交通需求也大大增加，现代有轨电车的建设也逐渐提上了日程。2013 年以来正在建设和规划中的有轨电车线路规模非常庞大，据统计，目前武汉、苏州、沈阳、深圳、珠海、广州、佛山等 19 座城市正在建设或规划了近 40 条有轨电车线路，总里程达 1375km 以上。国内有轨电车发展趋势见图 10-9。

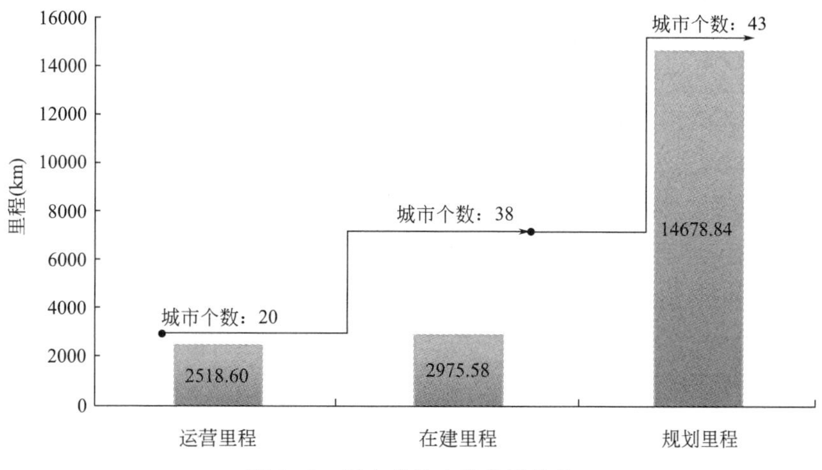

图 10-9　国内有轨电车发展趋势

国内大城市的郊区，卫星城、工业区以及非主要流通路线上，对于运力的要求不是十分高，如果强行建设地铁、轻轨会造成巨大的浪费，普通公共汽车又难以满足客流量要求，而有轨电车属于中等运量轨交通系统，可根据客流量灵活编组，其运量适应范围为单向高峰小时 0.5 万～2 万人次，能有效填补大容量轨道交通系统与普通公交系统之间的运量空白。从已有线路运营、建设及规划情况来看，国内有轨电车线路普遍集中在大城市郊区、卫星城、工业区等区域，这些地区客流量适中，适用于有轨电车线路发挥运力，如表 10-8 所示。

国内部分新区有轨电车建设与规划情况　　**表 10-8**

城市	郊区、卫星城	人口(万)	面积(km^2)	线路数	里程(km)	建设状况
上海	张江高科技园区	17	25	1	10	运营
天津	滨海新区	254	2270	1	7.86	运营
沈阳	浑南新区	30	292	4	60	建设
苏州	高新技术产业开发区	130	222	6	80	建设
武汉	东湖新技术开发区	50	50	4	77	建设
南京	河西新城	35	56	1	7.76	建设
成都	新津县	30.2	330	1	23.03	规划
佛山	南海区	259	1074	1	16.4	规划
深圳	龙华新区	138	176	1	9.1	规划
广州	海珠区	156.6	90.4	1	41.1	规划
海口	滨海大道	/	/	1	24	规划

10.3.1　天津的有轨电车

1904 年，天津第一条有轨电车开始修建；1906 年，天津第一条白牌环城有轨电车开通运营，同时这也是中国第一个开通的公共交通系统；1906～1920 年期间，红牌有轨电车、黄牌有轨电车、蓝牌有轨电车相继开通；1921 年，绿牌有轨电车通车；1927 年，花牌有轨电车开通；1947 年，紫牌有轨电车通车；1964～1973 年期间，天津拆除全部的有轨电车线路；1995 年，天津所有有轨电车和无轨电车均被拆除。2006 年，天津经济开发区历时 8 个月竣工完成第一条现在有轨电车线路，并于同年 12 月 10 号首次通行，经过半年的试运行后，2007 年 5 月正式载客运行。天津现代有轨电车线路里程全长 7.86km，总投资 1.9 亿元，平均每公里造价 2714 万元。为了保障有轨电车的安全运行，天津共对外采购了 8 列有轨电车，每列有轨电车具有 3 节车厢，总计载客额定 167 人，超员 212 人，采购价格为 500 万/辆，其技术参数如表 10-9 所示：

天津现代有轨电车技术参数　　表 10-9

名称	基本参数
爬坡能力	最大坡度 13%
转弯半径	最小转弯半径 10.5m
制动性能	制动性能 $5m/s^2$
加速性能	加速性能 $1.3m/s^2$
运营速度	最高车速 70km/h
单向运量	5000～12000 人/h
电车底板	距地面 25cm
电车尺寸	25×2.2×2.93(m)
供电电压	750VDC,交流变频电机驱动
车辆设计	70%采用大型透明玻璃窗,视野开阔

截止到 2014 年为止，天津共建设有两条有轨电车线路（图 10-10）。其中，有轨电车“一号线”全长 7.86 公里，纵贯天津开发区西部南北方向的客运交通线，主要服务于沿线

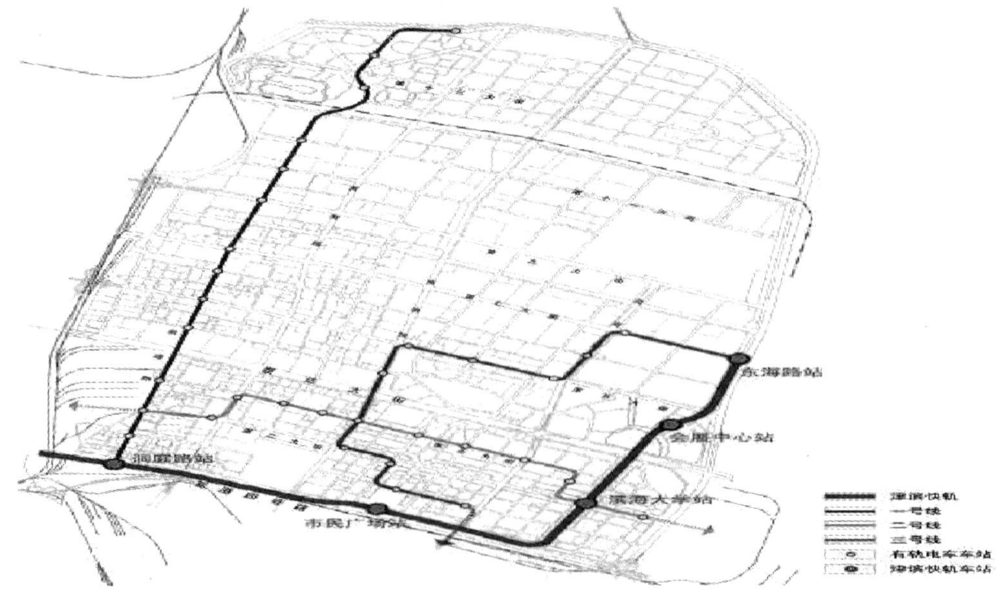

图 10-10　天津有轨电车现状

的企事业单位，中途设置 14 个车站，平均每个站点间距离仅 583m，发车间隔为 5～15min，全程运行时间约 30～35min。有轨电车“二号线”南起塘沽于家堡，沿开发区南海路向北延伸至北塘，全长 15 公里，线路贯穿未来滨海新区城市规划中至关重要的三个节点，即新区核心商务区于家堡地区、天津开发区及日后的高档住宅集中区北塘地区。有轨电车“三号线”的方案初步规划起点为东海路站，与津滨轻轨实现无缝衔接。并且根据天津有轨电车运营数据显示，天津现代电车客流量呈上升趋势。2011 年全年客流量 124.94 万人次，2013 年 1～11 月已达到 128.31 万人次。特别是黄金周假日客流量上升最明显，2012 年 2.2 万人次、2013 年达到 2.94 万人次。

10.3.2　大连的有轨电车

1903 年大连建设了首条有轨电车线路，连接大连火车站和寺儿沟之间的交通出行，命名为有轨电车 1 号线；1927 年，中国抗日战争爆发，有轨电车 1 号线被炸毁；1945 年战争结束后，大连修复有轨 1 号线，重新命名为有轨电车 2 号线。此后，相继建设有轨电车 4 号线和有轨 5 号线；1980 年，大连有轨电车 2 号线和有轨电车 5 号线联合运行；1983 年，有轨电车 2 号线正式更名为“201 路”，有轨 4 号线正式更名为“202 路”；1985 年，有轨电车“201 路”正式拆分为两条线：沙河口火车站-大连火车站之间的有轨电车路线作为“201 路”，火车站-寺儿沟之间线路作为“203 路”；1996 年，“201 路”、“202 路”、“203 路”三条线路开始实行准无人售票；2002 年，有轨电车“202 路”将终点延伸至河口软件园，形成一条完整线路；同年，大连快速轨道 3 号线试通车，2003 年开通运营；2006 年，大连对有轨电车“201 路”和有轨电车“203 路”开始现代化改造；2007 年，大连有轨电车现代化改造完成后，有轨电车“201 路”和有轨电车“203 路”两条线路重新合并，取消沙河口火车站，成为如今的有轨电车“201 路”；2008 年，大连快速轨道 7 号线、快速轨道 3 号线续建线相继开始建设和规划；2014 年，快速轨道“202 线”改造完成，并于 5 月 1 日开始试运行。

截止到 2014 年为止，大连只有“201 路”是一条真正意义上的有轨电车线路，“202”路改造升级为快速轨道线路。此外，大连还拥有快速轨道“3 号线”、“7 号线”以及正在建设的“快速轨道交通 3 号线续建线”，各条线路的特点如表 10-10 所示：

大连轨道交通线路现状汇总　　　　**表 10-10**

线路名称	起终点	线路长度(km)	线路类别	开通时间
201 路	兴工街—海之韵公园	—	有轨电车	1927
3 号线	火车站—金沙滩	49.15	快速轨道	2003
7 号线	开发区—九里	14.2	快速轨道	2003
3 号续建线	金州新区—普湾新区	41.9	快速轨道	在建
202 路	高新区—开发区新港	42.67	快速轨道	2014

大连快速轨道交通“3 号线”全长 49.15 公里，共设 12 个车站，采用国际最先进的快轨车型，起点于火车站，终点至金石滩，沿线设香炉礁站、金家街站、泉水站、后盐站、大连湾站、金马路站、开发区站、保税区站、双港站、小窑湾站等 10 个车站，经过 20 座桥梁和 1 座隧道，终点站设在金石滩国家旅游度假区。此外，大连已经规划了一条从大连

后盐到普湾新区的快速轨道交通线路。

10.3.3 沈阳的有轨电车

1907 年 10 月，沈阳商务总会与日本财团合资创办“中日沈阳马车铁道股份有限公司”，开始进行马车铁道建设；1908 年 1 月马车铁道建成通车，由火车站至小西边门，全长 4 公里，配备马车 27 辆；1923 年，沈阳向德国购买 8 辆有轨电车，开始自行筹划和建设有轨电车线路；1925 年，沈阳建成第一条有轨电车线路，同时 1908 年建设的马车轨道线路被全部拆除；1931 年，日本侵略者为其统治需要，相继在沈阳修建六条电车线路；1958 年，沈阳成立有轨电车设计公司，并且拥有国产有轨电车 170 辆；1956 年，由于有轨电车占用道路严重，沈阳利用部分无轨电车替换有轨电车；1974 年，沈阳所有有轨电车被无轨电车替代；1990 年，沈阳成立“轨道交通筹建办公室”；1992 年，沈阳成立“轻轨交通建设指挥部”，后更名为“地铁建设指挥部”，着手筹划沈阳轻轨、地铁等电气轨道交通建设；1999 年，沈阳无轨电车全部被公交汽车替代，无轨电车退出沈阳公交系统舞台；2004 年，沈阳地铁 1 号线正式开工建设，沈阳开始进入电气化交通建设阶段；2011 年，沈阳浑南新区和中国北车股份有限公司启动现代有轨电车合作仪式；2012 年，沈阳浑南新区现代有轨电车工程正式动工；2013 年，沈阳浑南新区 4 条有轨电车线路贯通桃园机场、全运村、奥体中心、安抚新城等重要区域，沈阳现代有轨电车正式开通运行。

(1) 发展现状。截止到 2014 年 9 月，沈阳共开通现代有轨电车 4 条线路（图 10-11），分别为有轨电车 1 号线、有轨电车 2 号线、有轨电车 3 号线、有轨电车 5 号线。其中，有轨电车 1 号线全长 12km，沿线设站 28 座，从会展中心东侧设起点站，沿航天路—白塔大街—全运北路至桃仙大街，与 2 号线相连；有轨电车 2 号线全长 14.8km，设置车站 16

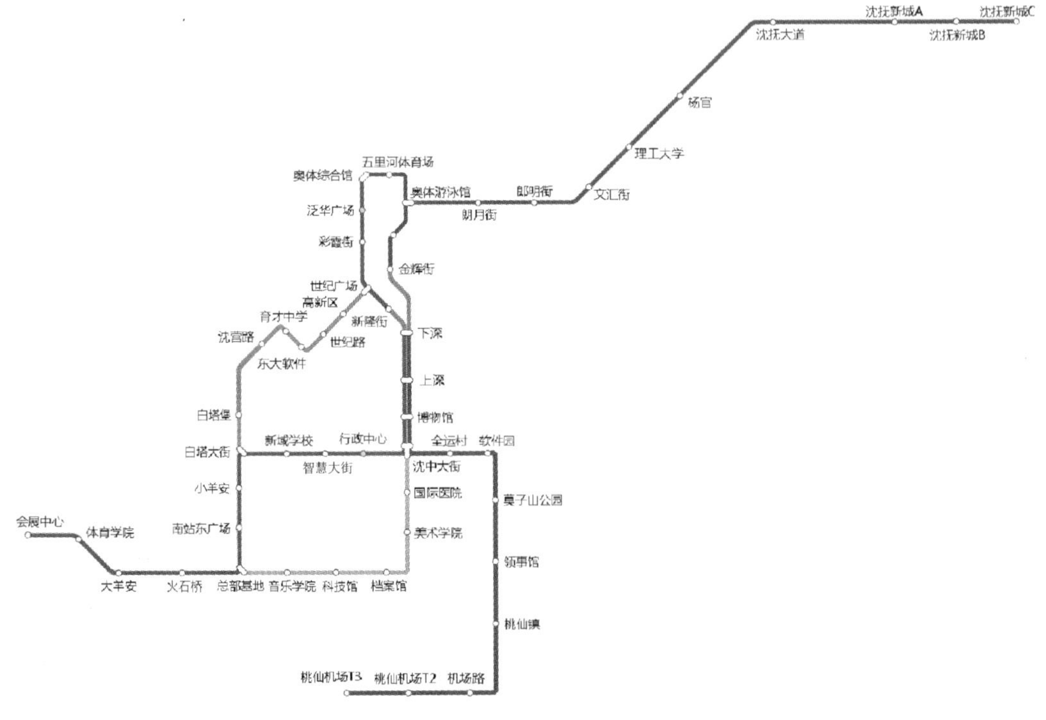

图 10-11 沈阳有轨电车运营现状

座，从机场航站楼前设起点站，沿机场路北侧绿化带—桃仙大街—天坛南街—浑南五路至地铁奥体中心；有轨电车 3 号线全长 11.3km，设置站点 15 座，起点设置为大学科技城东侧，沿线经过航天路、沈中大街、新隆街、世纪路到二十一世纪大厦；有轨电车 5 号线线路全长 19.2km，设置车站 23 座，从奥体中心向东至沈抚新城。

(2) 发展规划。沈阳浑南新区现代有轨电车处于规划中的线路有 4、6、7、8、9 号线路，建成后总长约为 139km。其中，有轨电车 4 号线规划从浑南四路设起点站，沿天坛南街、浑南三路、富民街、浑南大道直到沈抚新城。线路长 21.4km，设车站 23 座。有轨电车 6 号线为有轨电车 1 号线和 2 号线的连接线，其余有轨电车线路目前正在规划中。

10.3.4　长春的有轨电车

1941 年，日本新京交通股份有限公司历时 5 个月完成了长春有轨电车建设工程，首批有轨电车线路于 11 月 1 日通车，线路全长 13.3km；到 1944 年，长春已经拥有有轨电车 76 台，7 条线路和 2 条加车线路，全长 47.90km。另外还有车库线 2 条，总长 2.14km；1945 年日本宣布投降前后，很多有轨电车已经完全被炸毁，长春有轨电车处于瘫痪状态；1948 年，在人民政府的组织下，工人们夜以继日地对电车和设备进行抢修，两个月后修复电车 25 辆，其中 4 条线路可以通车运营；1955～1975 年期间则是长春有轨电车大发展的时期，前期有轨电车线路基本被沿用下来，而且还延长了部分线路，并且在 200 型电车的基础上又添了一批 400 型有轨电车以及国产的有轨电车，运营线路总里程达到了 52.63km，线路达到 7 条；但是，随着科技的发展和城市公共交通事业的发展，长春市从 20 世纪 60 年代起陆续对有轨电车进行了改造，用无轨电车取代了有轨电车，以后又用公共汽车取代了无轨电车；2000 年，长春仅剩下 54 路一条有轨电车线路，2000 年 12 月，在经过半年多的紧张施工后，一条新建的现代化 54 路有轨电车线路重新开通。长春市有轨电车网络见图 10-12。

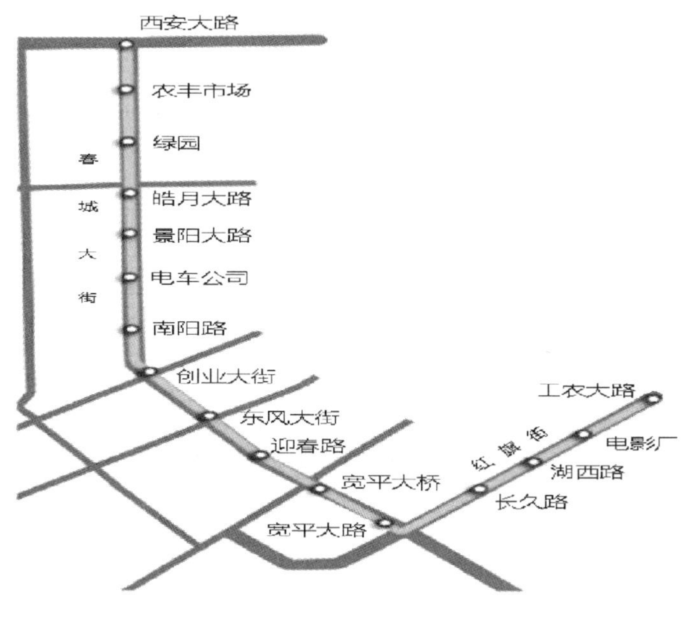

图 10-12　长春市有轨电车网络

10.4 基于主成分分析法的有轨电车交通网络综合评价

现代有轨电车与地铁不同，一般在路面上运行，与社会车辆共用道路，故其运行中的不定性因素更多，安全隐患也多。现通过对我国已运营现代有轨电车的城市的事故汇总，分析影响现代有轨电车运营安全的因素，运用主成分分析法。利用 SPSS 软件，对不同城市的现代有轨电车运营安全进行综合评价，避免评价过程中确定权重的主观因素，使评价结果更客观、有效。

10.4.1 主成分分析法原理

主成分分析法是利用降维的思想，把多指标转换为少数几个综合指标的多元统计分析方法。利用该方法进行多指标评价，可以达到数据简化和揭示变量之间关系的目的，转换后的综合指标不仅保留了原始数据信息量，而且在计算过程中自动生成其权重，避免了认为确定权重的主观性，使得主成分分析法在多指标综合评价中具有特殊优势。

在现代有轨电车运营安全评价中，将现有指标通过主成分分析法转换为少数几个综合指标，即主成分，不但可以客观有效地进行综合评判，而且通过对各主成分含义的分析，可以直观地评判出评价对象城市现代有轨电车运营安全现状中相对有效或不足的方面，为未来的规划和管理提供可借鉴的依据。主成分分析法的算法步骤如下：

Step 1　将待评价的 n 个城市作为样本，p 个评价指标作为变量数，x_{ij}（$i=1, 2, \cdots, n$，$j=1, 2, \cdots, p$）为变量，表示第 i 个城市第 j 个指标的指标值，得到原始数据矩阵：

$$X=\{x_{ij}\} \tag{10-1}$$

Step 2　利用 Z-score 法对数据进行标准化变化：

$$Z_{ij}=\frac{x_{ij}-\overline{x}_j}{S_j} \tag{10-2}$$

其中：$\overline{x}_j=\frac{\sum_{i=1}^{n}x_{ij}}{n}$，$S_j^2=\frac{\sum_{i=1}^{n}(x_{ij}-\overline{x}_j)^2}{n-1}$，$i=1, 2, \cdots, n$，$j=1, 2, \cdots, p$。

Step 3　求指标数据的相关矩阵：

$$R=(r_{jk})_{p\times p} \tag{10-3}$$

其中：$j=1, 2, \cdots, p$，$k=1, 2, \cdots, p$。

指标 j 与指标 k 的相关系数 r_{jk}：

$$r_{jk}=\frac{1}{n-1}\sum_{i=1}^{n}\left[\frac{(x_{ij}-x_j)^2}{S_j}\cdot\frac{(x_{ik}-x_k)^2}{S_k}\right] \tag{10-4}$$

有 $r_{ij}=1$，$r_{jk}=r_{kj}$，$i=1, 2, \cdots, n$；$j=1, 2, \cdots, p$；$k=1, 2, \cdots, p$。

Step 4　求相关矩阵 R 的特征根特征向量，确定主成分。

由特征方程式 $|\lambda E-R|=0$，可求得 p 个特征根：λ_g（$g=1, 2, \cdots, p$）

λ_g 将其按大小顺序排列为 $\lambda_1\geqslant\lambda_2\geqslant\cdots\geqslant\lambda_p\geqslant 0$，它是主成分的方差，它的大小描述了各个主成分在描述被评价对象上所起作用的大小。由特征方程式，每一个特征根对应一个特征向量 L_g（$L_g=l_{g1}, l_{g2}, \cdots, l_{gp}$），$g=1, 2, \cdots, p$，将标准化后的指标变量转换为主成分：

$$F_g = l_{g1}Z_1 + l_{g2}Z_2 + \cdots + l_{gp}Z_p \tag{10-5}$$

其中：$g=1, 2, \cdots, p$

F_1 称为第一主成分，F_2 称为第二主成分，…，F_p 称为第 p 主成分。

Step 5　求方差贡献率，确定主成分个数

一般主成分个数等于原始指标个数，如果原始指标个数较多，进行综合评价时就比较麻烦。主成分分析法就是选取尽量少的 k 个主成分（$k<p$）来进行综合评价，同时还要使损失的信息量尽可能少。k 值由方差贡献率 $\sum_{g=1}^{k} \frac{\lambda_g}{\sum_{g=1}^{k}\lambda_g} \geqslant 0.85$ 决定。

Step 6　对 k 个主成分进行综合评价

先求每一个主成分的线性加权值 $F_g = l_{g1}Z_1 + l_{g2}Z_2 + \cdots + l_{gp}Z_p$，$g=1, 2, \cdots, p$，再对 k 个主成分进行加权求和，即得最终评价值，权数为每个主成分的方差贡献率：

$$\frac{\lambda_g}{\sum_{g=1}^{p}\lambda_g} \tag{10-6}$$

最终评价值：

$$F = \sum_{g=1}^{k}\left(\frac{\lambda_g}{\sum_{g=1}^{p}\lambda_g}\right)F_g \tag{10-7}$$

10.4.2　现代有轨电车系统的评价指标体系

现代有轨电车于 20 世纪 90 年代后期率先在法国发展起来，相比较其他路面交通方式，现代有轨电车更有效的减少交通事故的比率。国外现代有轨电车较大的事故有：2006 年 6 月，日本东京两辆有轨电车追尾，造成 27 名乘客不同程度受伤。此外，我国近年来现代有轨电车发展较快，部分城市在也发生有轨电车安全事故，主要事故具体见表 10-11：

我国现代有轨电车安全事故汇总　　　**表 10-11**

时间	城市	伤亡	事故原因
2010 年 5 月	上海张江	无	与机动车相撞
2012 年 4 月	上海张江	无	与机动车相撞
2013 年 8 月	沈阳	无	与机动车相撞
2013 年 8 月	沈阳	无	与机动车相撞
2013 年 12 月	沈阳	6 人受伤	两辆有轨电车追尾
2014 年 12 月	长春	4 人受伤	线网停电，驾驶员操作不当
2014 年 8 月	苏州	无	列车脱轨

由表 10-11，可知现代有轨电车由于其路权特点，较容易与机动车发生冲突，引起安全事故。除此以外，也有部分事故是由信号系统、自动刹车系统、驾驶员驾驶行为以及轨道系统等方面引起的。从系统众多的输出特性中选出的整套衡量指标，是对现实复杂系统的一种简化，根据现代有轨电车系统特点，本着科学性、可行性、系统性和可比性的原则

来确定适用的评价指标，其指标如下：

(1) 工作人员因素：包括有轨电车系统所有工作人员在内，例如调度员、行车值班员、驾驶员等，工作人员的工作经验、突发事件的处理能力、心理承受能力等因素影响列车正点、安全运行。

(2) 轨道系统因素：轨道是最主要的基础设施，因轨道问题可能导致列车脱轨等重大事故发生，影响乘客人身安全。

(3) 信号系统因素：信号系统是保障列车运行安全的重要设施。信号系统由电气集中设备、列车自动监控系统、列车自动防护系统及列车自动运行系统组成。

(4) 供电系统因素：供电系统是保障有轨电车运营的动力能源，是安全运营的重要设施。若断电将导致列车无法运营，乘客大量滞留，给城市公共交通带来巨大压力；此外，若疏散引导不利，就会造成乘客拥挤踩踏，引发安全事故。

(5) 气候环境因素：气候因素指的是有轨电车运行的外部自然环境，如雷电、暴雨、冰雪等气候条件对有轨电车系统的影响。

(6) 其他车辆因素：有轨电车运行于地面道路上，部分城市的有轨电车未设置独立路权，容易与其他路面交通方式发生冲突。

10.4.3 案例分析

为了对比长春、上海、天津、沈阳、南京、大连等6个城市的有轨电车系统的安全程度，运用主成分分析法对6个城市有轨电车系统进行安全评价。选用工作人员因素、轨道系统因素、信号系统因素、供电系统因素、气候环境因素、其他车辆因素6个指标，运用主成分分析法以及SPSS21.0软件对6个不同城市的有轨电车系统的安全程度进行排序，以说明主成分分析模型在实际评估中的应用。

1. 数据获取

采用不同专家打分法，得到6个城市有轨电车系统安全指标的评分，见表10-12：

专家对各项指标评价赋值表 **表10-12**

城市及编号	工作人员(X_1)	轨道系统(X_2)	信号系统(X_3)	供电系统(X_4)	气候环境(X_5)	其他车辆(X_6)
长春(R_1)	65	71	73	72	62	65
上海(R_2)	68	75	75	75	60	65
天津(R_3)	60	77	80	78	71	72
沈阳(R_4)	62	78	75	79	65	68
南京(R_5)	65	76	78	75	68	70
大连(R_6)	63	68	78	70	65	65

2. 数据处理

运用SPSS21.0对表10-12中6项指标进行主成分分析，得到描述统计量、相关系数矩阵、方差分解主成分提取分析表和初始因子载荷矩阵，分别见表10-13～表10-16。

描述统计量 **表 10-13**

名称	N	极小值	极大值	均值	标准差	方差
X_1	6	60.00	68.00	63.8333	2.78687	7.767
X_2	6	68.00	78.00	74.1667	3.86868	14.967
X_3	6	73.00	80.00	76.5000	2.58844	6.700
X_4	6	70.00	79.00	74.8333	3.43026	11.767
X_5	6	60.00	71.00	65.1667	3.97073	15.767
X_6	6	65.00	72.00	67.5000	3.01662	9.100
有效的 N(列表状态)	6	---	---	---	---	---

相关系数矩阵 **表 10-14**

指标	工作人员(X_1)	轨道系统(X_2)	信号系统(X_3)	供电系统(X_4)	气候环境(X_5)	其他车辆(X_6)
工作人员(X_1)	1.000	0.201	0.568	0.380	0.792	0.630
轨道系统(X_2)	−0.201	1.000	0.150	0.967	0.362	0.694
信号系统(X_3)	−0.568	0.150	1.000	0.169	0.846	0.704
供电系统(X_4)	−0.380	0.967	0.169	1.000	0.399	0.686
气候环境(X_5)	−0.792	0.362	0.846	0.399	1.000	0.910
其他车辆(X_6)	−0.630	0.694	0.704	0.686	0.910	1.000

方差分解主成分提取分析表 **表 10-15**

成分	初始特征值			提取平方和载入		
	合计	方差的%	累积%	合计	方差的%	累积%
X_1	3.882	64.708	64.708	3.882	64.708	64.708
X_2	1.561	25.262	89.971	1.516	25.262	89.971
X_3	0.466	7.767	97.738	---	---	---
X_4	0.131	2.184	99.922	---	---	---
X_5	0.005	0.078	100.000	---	---	---
X_6	−1.001E−013	−1.011E−013	100.000	---	---	---

成分得分系数矩阵 **表 10-16**

指标	主成分	
	X_1	X_2
工作人员(X_1)	−0.194	0.237
轨道系统(X_2)	0.176	0.476
信号系统(X_3)	0.189	−0.355
供电系统(X_4)	0.188	0.437
气候环境(X_5)	0.236	−0.244
其他车辆(X_6)	0.250	0.018

3. 选择主成分

由表 10-15 可以看出，前 2 个因子的累积贡献率占总方差的比例为 89.971%，大于 85%，表明这 2 个因子可以概括原始数据的大部分信息，其主成分分别用 F_1、F_2 来表示，得到主成分分析的表达式如下：

$$F_1 = (-0.194X_1 + 0.176X_2 + 0.189X_3 + 0.188X_4 + 0.236X_5 + 0.250X_6)/\sqrt{3.882}$$
$$= -0.098X_1 + 0.089X_2 + 0.096X_3 + 0.095X_4 + 0.120X_5 + 0.127X_6$$

$$F_2 = (0.237X_1 + 0.476X_2 - 0.355X_3 + 0.437X_4 - 0.244X_5 + 0.018X_6)/\sqrt{1.516}$$
$$= 0.192X_1 + 0.387X_2 - 0.288X_3 + 0.355X_4 - 0.198X_5 + 0.015X_6$$

4. 计算综合评价指标值

以每个主成分所对应的特征值占所提取主成分总的特征值之和的比例作为权重计算主成分综合模型，通过表 10-15 和表 10-16 计算得出综合评价指标 F 的表达式如下：

$$F = \frac{\lambda_1}{\lambda_1 + \lambda_2}F_1 + \frac{\lambda_2}{\lambda_1 + \lambda_2}F_2$$
$$= -0.017X_1 + 0.173X_2 - 0.012X_3 + 0.168X_4 + 0.031X_5 + 0.096X_6$$

5. 排序

将 6 个城市的有轨电车阿宝安全评价指标的综合评价值计算出并按从小到大进行排序，得到表 10-17，综合评价值越大，说明安全水平越高。

综合评价值排序　　表 10-17

城市	长春(R_1)	上海(R_2)	天津(R_3)	沈阳(R_4)	南京(R_5)	大连(R_6)
综合评价值	30.560	31.629	33.558	33.355	32.535	29.772
排序	5	4	1	2	3	6

通过表 10-17 可以看出，天津市有轨电车系统的综合评价值最高，其安全性最好；大连市的有轨电车系统的综合评价值最低，其安全性最差，即 6 个城市有轨电车系统安全水平高低排序为：$R_3 > R_4 > R_5 > R_2 > R_1 > R_6$。

10.4.4 小结

为了能够对不同城市的有轨电车系统的安全水平做出较客观的评价，本章将主成分分析法在城市有轨电车系统评价中进行了应用。通过运用主成分分析法，对城市有轨电车系统的安全水平进行了综合评价，得到了不同城市有轨电车系统安全的排序级别。虽然主成分分析法是一种较为客观的综合评价方法，它根据各项指标的相关关系和变异程度确定权重，并进行综合评价；但是主成分分析法不能单一的去评价某一研究对象的某种性能，因此根据具体情况进行具体选择。

参 考 文 献

[1] 彭宇拓．高速铁路速度目标值的综合评判［J］．铁道运输与经济，2012，34（2）：46-50.

[2] 徐维祥．铁路运输管理信息技术［M］．北京：高等教育出版社，2006.

[3] 左辅强，沈中伟．高铁时代［M］．北京：科学出版社，2012.

[4] 李向国．高速铁路技术［M］．北京：中国铁道出版社，2008.

[5] 罗文志．浅谈确保高速铁路安全运行的措施［J］．高速铁路技术，2012，1（3）：73-76.

[6] 宁静，余振国．属性数学在铁路交通安全综合评价中的应用［J］．计算机应用，2011，168（3）：17-21.

[7] 田元福，仇立峰．铁路工务系统安全风险与综合评价研究［J］．铁道学报，2009，31（4）：121-126.

[8] 杜学东，高自友．铁路安全评估综合评价的一种新方法［J］．中国安全科学学报，2003，13（5）：30-34.

[9] 谢征宇，董宝田．基于视频监控的高速铁路客运枢纽行人安全预警系统研究［J］．物流技术，2011，17（4）：95-97.

[10] 张秀媛．铁路提速列车技术安全监测系统评价方法研究［J］．中国安全科学学报，2004，14（6）：27-31.

[11] 陈冠霖．浅谈高速公路交通安全管理对策［J］．广东交通，2006（3）：41-43.

[12] 胡启洲，张卫华．高速公路交通安全的模糊区间评价［J］．中国安全科学学报，2007，17（8）：26-32.

[13] 陆键，张国强，马永峰，袁黎．公路交通安全设计理论与方法［M］．北京：科学出版社，2011.

[14] 吴义虎，刘文军，肖旗梅．高速公路交通安全评价的层次分析法［J］．长沙理工大学（自然科学版），2006，3（2）：7-12.

[15] 刘强．区域交通网络资源优化配置辅助决策理论与方法研究［D］．清华大学，2007.

[16] 孙斌，王毅捷．中国三大经济圈上市民企财务绩效比较研究［J］．科学技术与工程，2009，9（2）：491-499.

[17] 王树祥，唐琮沅．环北部湾经济圈发展战略研究［J］．广西民族大学学报（哲学社会科学版），2006，28（5）：71-79.

[18] 郑连勇．城市交通影响分析［M］．北京：中国建筑工业出版社，2006.

[19] 陆化普．解析城市交通［M］．北京：中国水利水电出版社，2001.

[20] Hossain Poorzahedy，Farhad Abulghaseml. Application of Ant System to network design problem［J］. *Transportation*，2005，32：251 - 273.

[21] 马国荣．城市公共交通系统发展问题研究［D］．长安大学，2003.

[22] 过秀成．城市集约土地利用与交通系统关系模式研究［D］．东南大学，2001.

[23] 王劲恺．城市公共交通系统与土地利用一体化研究［D］．长安大学，2004.

[24] 黄建中．1980 年代以来我国特大城市居民出行特征分析［J］．城市规划学刊，2005.158（3），71-75.

[25] 周钱，陆化普，徐薇．城市居民出行特性比较分析［J］．中南公路工程，2007.123（4），

145～149.

[26] Sumeeta Srinivasan，Joseph Rerreira. Travel behavior at the household level：understanding linkages with residential choice. Transportation Research part D，7（2002）：225-242.

[27] 朱春，吕芹．我国城市规模等级体系的探讨［J］. 社会科学，2001. 9（3），16-18.

[28] 王炜，陈学武．交通规划［M］. 北京：人民交通出版社，2007.

[29] 袁振洲，魏丽英，谷远利．道路交通管理与控制［M］. 北京：人民交通出版社，2007.

[30] 富立，范耀祖．车辆定位导航系统［M］. 北京：中国铁道出版社，2004.

[31] 邵祖峰．城市道路交通安全预警指标设计与应用［J］. 道路交通管理，2005，3（1）：39-42.

[32] 何寿奎．基于证据融合的城市交通安全风险综合评价［J］. 华东公路，2007，167（5）：63-66.

[33] 胡启洲，王海涌，刘英舜．道路交通安全态势监控的测定方法［M］. 北京：科学出版社，2012.

[34] 刘智勇．智能交通控制理论及其应用［M］. 北京：科学出版社，2003.

[35] 张辉．区域交通信号网络协调控制的研究［D］. 北京工业大学，2006.

[36] 严海，杨天军，关宏志．城市道路交通安全管理决策支持系统［J］. 长安大学学报（自然科学版），2008，28（2）：84-88.

[37] 刘伟民．高速公路系统控制方法［M］. 北京：人民交通出版社，1998.

[38] 安实，谢秉磊，王健．道路交通应急管理理论与方法［M］. 北京：科学出版社，2012.

[39] 朱晓宁，李文庆．城市道路交通安全智能化管理系统研究［J］. 中国安全科学学报，2003，13（7）：49-51.

[40] 杨兆生，保丽霞，朱国华．城市交通安全管理的智能决策支持系统探讨［J］. 交通与计算机，2005，2（123）：1-3.

[41] Borgnat，P.，Abry，P.，Flandrin，P. et al. Shared bicycles in a city：A signal processing and data analysis perspective［J］. Advances in complex systems，2011，14（3）：415-438.

[42] Congying Li，Zhaofei Wang. Structure characteristics of urban public bicycle layout network based on complex networks［C］//2011 International Conference on Remote Sensing，Environment and Transportation Engineering，2011：5343-5345.

[43] T. P. Hsu，Y. T. Lin. A model for planning a bicycle network with multi-criteria suitability evaluation using GIS［C］. //Management of natural resources，sustainable development and ecological hazards III，2012：243-252.

[44] Jia Shu，Mabel C. Chou，Qizhang Liu et al. Models for Effective Deployment and Redistribution of Bicycles Within Public Bicycle-Sharing Systems［J］. Operations Research：The Journal of the Operations Research Society of America，2013，61（6）：1346-1359.

[45] Kjartan Scelensminde. Analysis about walking and bicycle lanes network’s cost benefit based on safety，health effects and external costs of motorized traffic［J］. International Urban Planning，2012，27（5）：18-25.

[46] 顾玲玲．城市公共自行车系统主要运营模式探究［J］. 决策与信息，2014，4（12）：47-49.

[47] 张建国，吴婷，蒋阳升．基于蚁群算法的公共自行车系统调度算法研究［J］. 西华大学学报（自然科学版），2014，33（3）：70-76.

[48] 谭喆．城市公共自行车系统的发展、规划和建设［J］. 城市建筑，2013，20（20）：40-41.

[49] 张丽珺．公共自行车交通发展研究［D］. 长安大学，2011.

[50] 马玄，江腾．杭州市公共自行车网络现状及其模型特性研究［J］. 城市交通，2011，6（1）：19-22.

[51] ZhaoXiao-ju，Li Jian-yi，Li Feng. The Measures of Realizing Urban Public Bicycle System［J］. Applied Mechanics and Materials，2012，Vol. 1802（178）：1870-1873.

［52］ Liu Zhi-li，Xu Dong-jia，Wen Cheng. Solving the Last Mile Problem：Ensure the Success of Public Bicycle System in Beijing. ［J］. Procedia-Social and Behavioral Science，2012，43：73-78.

［53］ 毛青．数据包络分析法理论研究［J］. 科技传播，2011，(1)：14-16.

［54］ 祝翔．公共自行车系统服务水平综合评价研究［D］. 北京交通大学，2011.

［55］ 王丹，杨赞．基于 DEA 的交通运输系统资源配置效果评价［J］. 武汉理工大学学报（交通科学与工程版），2009，33（2）：275-278.

［56］ 姚瑶，周扬军．杭州市公共自行车系统规划［J］. 城市交通，2009，7（4）：30-38.

［57］ Xu Hai-tao，Wu Hao，Xu Jian-fang. Finding Key Stations of Hangzhou Public Bicycle System by Improved K-means Algorithm［J］. Applied Mechanics and Materials，2012，1976（209）：925-929.

［58］ 石晓凤. 杭州公共自行车系统规划建设与使用调查研究［J］. 城乡规划，2011，10（18）：105-114.

［59］ 谷从，王菲．杭州市公共自行车使用情况调查分析［J］. 统计科学与实践，2010，12（3）：8-10.

［60］ 奚协．伦敦与南京地铁的视觉传达设计比较研究［J］. 艺术百家，2008，(6)：140-150.

［61］ 王艳辉，祝凌曦．城市轨道交通运营安全管理方法和技术［M］. 北京交通大学出版社，2011.

［62］ 孙章等．城市轨道交通概论［M］. 北京：中国铁道出版社，2000.

［63］ 叶霞飞，顾保南．城市轨道交通规划与设计［M］. 北京：中国铁道出版社，1999.

［64］ 陆化普，朱军，王建伟．城市轨道交通规划的研究与实践［M］. 北京：中国水利水电出版社，2001.

［65］ 王炜，过秀成．交通工程学［M］. 南京：东南大学出版社，2000.

［66］ 黄建中．1980 年以来我国特大城市居民出行特征分析［J］. 城市规划学刊，2005. 158（3），71-75.

［67］ 陆化普，李瑞敏，朱茵．智能交通系统概述［M］. 北京：中国铁道出版社，2004.

［68］ 刘智勇，李水友．基于信息融合技术的交通量检测方法［J］. 公路交通科技，2003，20（2）：81-84.

［69］ 余稳．几种主要交通流量检测手段的比较［J］. 智能交通．2009，20（4）：48-50.

［70］ 粟红强．城市交通控制信号配时参数优化方法研究［D］. 吉林大学，2004.

［71］ 李元坤，苗彦英．国外现代有轨电车建设发展的启示［J］. 城市轨道交通研究，2013，16（6）：29-33.

［72］ 吴其刚．现代有轨电车系统发展的重难点及对策研究［J］. 铁道工程学报，2013，30（12）：89-92＋98.

［73］ 王玉萍，陈宽民，马超群．城市轨道交通网络与城市形态协调性的量化分析［J］. 铁道工程学报，2008，30（11）：11-15＋26.

［74］ 王卫东，杜香刚，钟晟．城市轨道交通评价指标权重模糊决策方法［J］. 中国铁道科学，2009，35（1）：118-121.

［75］ 王波，明瑞利，贺方会．现代有轨电车系统分析与规划要点［J］. 都市快轨交通，2012，25（3）：25-29.

［76］ 杨珂，于松伟，冯爱军，等．轻轨车辆技术特征及其发展［J］. 都市快轨交通，2012，24（6）：6-9.

南京理工大学高速铁路科学研究所多年从事轨道交通工程、交通运输系统规划、交通信息工程及控制、系统工程等方面的研究，拥有由多名教授和副教授等组成的强有力的科研队伍。研究所承担了国家科技支撑计划项目、国家自然基金项目等多项国家级及省部级课题。发表学术论文100多篇，出版专著7部。获省部级奖励5项、获专利20项。

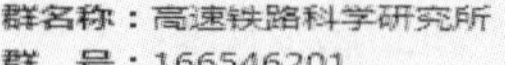

胡启洲，高速铁路科学研究所所长，江苏省高校“青蓝工程”学术带头人，博士，副教授，博士生导师。主要从事高速铁路安全运营、交通规划与管理研究。近年来承担了20多项科研项目，其中主持国家自然基金1项、中国博士后基金1项，负责和参加了国家863项目2项、国家科技支撑计划项目4项，横向课题多项。在国内外重要学术刊物上发表论文60多篇、出版专著5部、教材1部、申请专利15项、获省部级奖励2项。2010年博士学位论文获江苏省优秀博士学位论文和东南大学优秀博士学位论文。Email：qizhouhu@163.com。

诸云，女，讲师，博士研究生，1985.9，江苏省南京人。主持课题3项、发表论文10余篇，申请专利11项。邮箱：921612519@qq.com

高宁波，男，硕士研究生，1990.1，江西赣州人。研究方向为交通工程信息化。发表论文4篇，申请专利10项。邮箱：916747600@qq.com

郑丽媛，女，博士研究生，1990.5，河南焦作人。研究方向交通安全。申请专利10项，发表学术论文3篇。邮箱：1261161463@qq.com

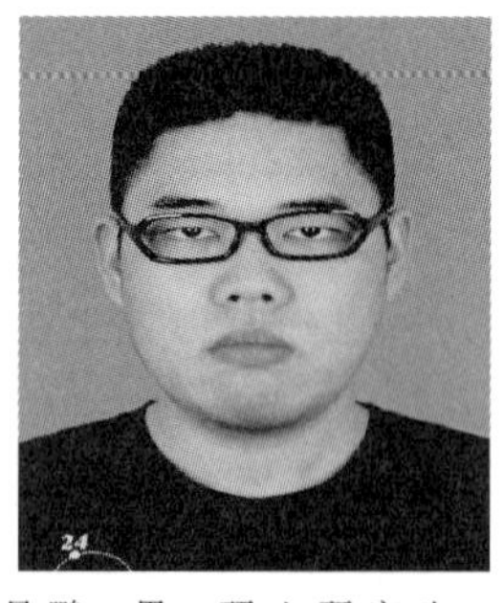

吴鹏，男，硕士研究生，1992.2，江苏宜兴人。研究方向为车辆排放。发表论文3篇、申请专利10项。邮箱：361916931@qq.com

刘倩茜，女，硕士研究生，1989.10，广西南宁人，研究方向铁路安全运营。发表学术论文3篇，申请专利8项。邮箱：181997543@qq.com

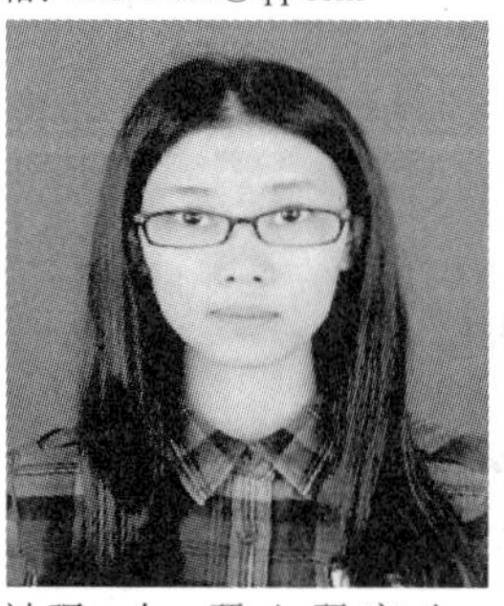

刘琛，女，硕士研究生，1992.2，江西吉安人。研究方向为地震紧急疏散。发表学术论文2篇，申请专利8项。邮箱：531109511@qq.com

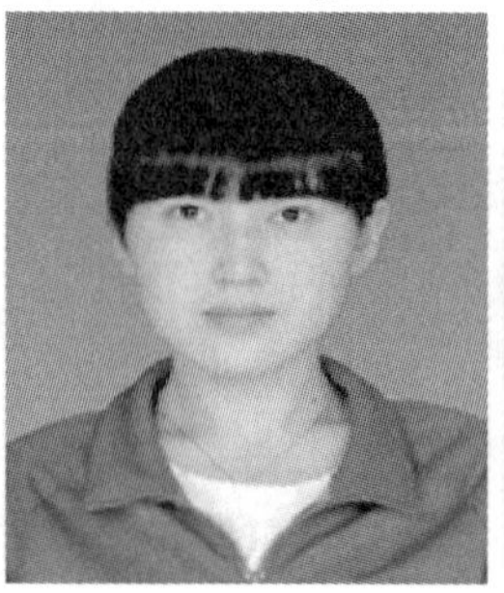

杨莹，女，硕士研究生，1993.5，黑龙江大兴安岭人，研究方向为交通安全。发表学术论文2篇，申请专利4项。邮箱：823427594@qq.com

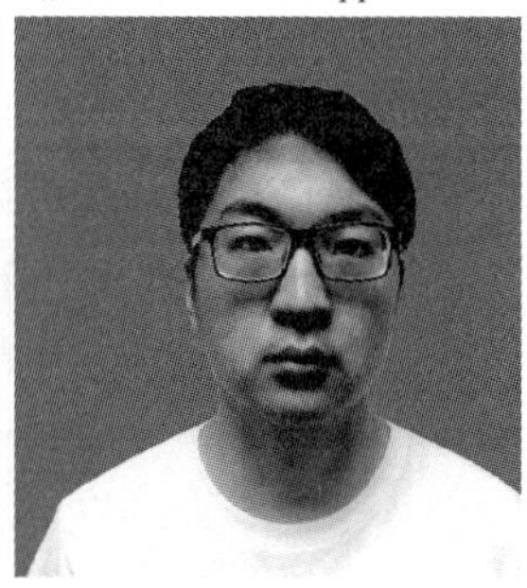

周畅，男，硕士研究生，1993.7，江苏扬州人。研究方向为公路山体边坡智能防护。参编书籍2本，申请专利1项。邮箱：446175697@qq.com